11가지 앱을 만들며 배우는 크로스 플랫폼 앱개발

플러터 프로젝트

저자 시모네 알레산드리아 **번역** 박수빈

YoungJin.com Y.
영진닷컴

플러터 프로젝트

ISBN   978-89-314-6537-2

독자님의 의견을 받습니다

이 책을 구입한 독자님은 영진닷컴의 가장 중요한 비평가이자 조언가입니다. 저희 책의 장점과 문제점이 무엇인지, 어떤 책이 출판되기를 바라는지, 책을 더욱 알차게 꾸밀 수 있는 아이디어가 있으면 이메일, 또는 우편으로 연락주시기 바랍니다. 의견을 주실 때에는 책 제목 및 독자님의 성함과 연락처(전화번호나 이메일)를 꼭 남겨 주시기 바랍니다. 독자님의 의견에 대해 바로 답변을 드리고, 또 독자님의 의견을 다음 책에 충분히 반영하도록 늘 노력하겠습니다.

주   소   서울시 금천구 가산디지털1로 128 STX-V타워 4층 영진닷컴 기획1팀

등   록   2007. 4. 27. 제16-4189호

이 메 일   support@youngjin.com

저자 시모네 알레산드리아 | **번역** 박수빈 | **책임** 김태경 | **진행** 이민혁
표지 디자인 임정원 | **본문 편집** 이경숙 | **영업** 박준용, 임용수, 김도현
마케팅 이승희, 김근주, 조민영, 김예진, 채승희, 김민지, 임해나
제작 황장협 | **인쇄** 예림인쇄

사랑하는 내 아내 쥬시(Giusy)에게, 당신은 매일 나의 인생을 가치있게 만들어줘.

그리고 새로운 언어를 배우느라 고군분투하고 있을 개발자들을 위해.

여러분들의 심정을 이해합니다. 저 역시 같은 상황이었고,

또 기꺼이 다시 같은 상황에 있겠습니다.

– 시모네 알레산드리아(Simone Alessandria)

머리말

모든 언어 또는 프레임워크에서 프로그래밍을 배우는 가장 빠른 방법은… 프로그래밍입니다. 여러분이 직접 실행해봄으로써 플러터를 배울 수 있도록 도와주는 것이 바로 이 책의 목적입니다.

플러터(Flutter)는 Google에서 만든 개발자 친화적인 오픈소스 툴킷으로, Android 및 iOS 모바일 기기를 넘어서 이제는 웹과 데스크탑용 애플리케이션을 만드는 데 사용할 수 있습니다.

이 책에는 11개의 프로젝트가 있는데, 플러터와 함께 실제 앱을 개발하는 데 유용한 주요 개념들을 다루고 있습니다. 각 프로젝트에서는 위젯, 상태 관리, 비동기 프로그래밍, 웹 서비스 사용, 데이터 유지, 애니메이션, Firebase를 사용한 풀 스택 애플리케이션 생성, 웹을 비롯하여 다양한 폼 팩터와 함께 동작하는 반응형 앱 개발 등 플러터를 성공적으로 만드는 몇 가지 기능을 배우고 즉시 사용하게 됩니다.

각 프로젝트는 처음부터 앱을 구축합니다. 여러분은 책의 흐름을 따르거나 이전 장에서 소개한 개념들에 대한 이해만 있다면 어떤 프로젝트로든 건너뛸 수 있습니다.

플러터는 다트(Dart)를 프로그래밍 언어로 사용합니다. 첫 번째 장에서는 다트에 대한 소개하는데, 첫 번째 플러터 앱을 만들고 생산성을 높이는데 필요한 지식을 제공합니다.

이 후의 장에서는 기본 예제를 능가하는 플러터 프로젝트들을 볼 수 있습니다. 여러분은 코드를 가지고 놀 수 있을 것이고, 실제로 앱을 만드는 경험을 해볼 것입니다. 이 책을 계속 읽으면서, 이전 장에서 소개한 개념 중 일부는 이후 프로젝트에서 다른 방법으로 다시 사용되어 해당 주제에 대한 더 깊은 지식을 얻을 수 있을 것입니다.

시모네 알레산드리아(Simone Alessandria)

12살 때 코모도어 64용 텍스트 기반 판타지 게임으로 첫 프로그램을 만들었다. 몇 년이 지난 뒤, 그는 이제 MCT(Microsoft Certified Trainer) 강사, 작가, 강연자, 열정적인 소프트웨어 아키텍트이며, 항상 자부심이 있는 코더다. 그는 Pluralsight에서 Dart 및 Flutter에 대한 여러 강좌를 진행했으며, 그의 꿈은 개발자들이 훈련과 멘토링을 통해 더 많은 것을 이룰 수 있도록 돕는 것이다.

역자의 말

모바일 앱을 개발하는 사람 중 하나로, 앱을 개발하다 보면 아쉬운 부분이 한 가지 있습니다. 그것은 대부분 한 가지 플랫폼에 대한 기술만을 가지고 있기 때문에, 다른 플랫폼에 대한 개발이 어렵다는 사실입니다. 좋은 아이디어를 가지고 개인 앱을 출시하려고 하더라도 한 가지의 플랫폼에 종속된 앱을 만들거나, 아니면 다른 플랫폼 개발자의 도움이 필요한 것이 현실입니다.

그래서 Android 및 iOS 플랫폼 기반의 스마트 모바일 디바이스 시장이 열리면서 동시에 부각된 것이 크로스 플랫폼 앱 개발에 대한 기술입니다. 각각 스마트 모바일 디바이스라는 점 외에는 철학적으로 너무나 뚜렷하게 서로 다른 OS이기 때문에, 이것들을 타깃으로 개발하기 위해서는 많은 노력을 기울여야 합니다. 하지만 크로스 플랫폼 앱 개발을 하게 되면 동일한 개발시간을 들여 두 가지 이상의 결과물을 얻게 됩니다. 그래서 크로스 플랫폼 앱 개발 초기에는 웹을 중심으로 진행되는 하이브리드 앱으로 시작했지만, 곳곳에서 많은 연구와 발전이 이루어졌고, 그 결과로 현재에는 React Native와 Flutter라는 프레임워크들을 중심에 두고 연구와 개발이 이루어지고 있는 상황입니다.

놀랍게도 수 년간 많은 사람의 관심과 피드백을 통해 이루어진 React Native의 발전과는 달리 Flutter가 정식으로 공개된지는 그리 오래되지 않았습니다. 심지어 사용되는 언어인 Dart는 개발자들 사이에서 최악의 개발언어로 선정된 적도 있습니다. 그래서 Flutter의 공개 초기 때만 해도 이 프레임워크의 발전 가능성은 많은 사람의 의심을 사기도 하였습니다. 하지만 다행히도 Google및 관련 커뮤니티들이 개발을 지속하였고, 현재 많은 발전을 이뤄냈습니다. 계속된 버전 업데이트를 진행한 플러그인(https://pub.dev/flutter/packages)들이 그 흔적이라고 말할 수 있을 것입니다(책을 번역하는 사이에도 수없이 버전 업데이트가 이루어지는 것을 보면서 생기를 느낄 정도였습니다!).

제가 Flutter에 관심을 가졌던 건 활동중인 GDG(Google Developer Group) Suwon 챕터를 통해 2019년에 Flutter를 중심으로 해커톤을 진행했던 것이 계기가 되었고, 그 당시 구체적인 조사를 했던 기억이 납니다. 그때 Flutter에 관한 많은 사람들의 관심을 파악할 수 있었습니다. 이 당시 베이스가 되었던 프로젝트를 fork한 프로젝트가 46개나 되었던 점으로 미루어 볼 때(그 시절 발표 세션의 평균 참가자 수가 100명이 채 되지 않았답니다.) 그 관심의 비율이 적지 않았다는 것을 아시겠지요.

하지만 다양한 기술을 접하는 독자의 입장에서, 실무에서 Flutter로 개발된 결과물을 보지 못했다면 그 관심이 크게 와닿지 않을 수도 있습니다. 이미 많은 주요 회사들이 채택하여 개발한 내용을 확인하고 싶으시다면 Flutter의 공식 홈페이지 쇼케이스(https://flutter.dev/showcase)에서 볼 수 있으며, 그 밖에도 다양한 아이디어로 개발된 앱을 참고할 수 있는 웹 사이트(https://itsallwidgets.com/)도 공개되어 있습니다. Flutter가 모든 곳에서 적용하기에 적합하다고 말하기는 아직 이를지도 모르지만, 많은 곳에서 다양한 앱을 만들고 배포하는 목적으로는 이미 충분히 자리잡고 있다고 생각합니다.

이 책은 Flutter로 앱을 만드는 기술을 습득하기 위해 입문자에게는 실제적인 개발 방법을 알려주는 길라잡이가 되는 동시에, 이미 어느정도 알고 있는 분들에게도 좋은 훈련서가 될 것이라고 생각합니다. 각 장마다 하나의 프로젝트를 생성하고 따라할 수 있도록 되어있으며, 그 개수가 11개에 달합니다. 또한 프로젝트 및 코드에 대한 설명도 각 라인별로 설명하듯이 풀어내고 있습니다. 특히 각 장의 서문마다 예상 소요시간이 적혀 있으므로, 본인이 확보된 시간만큼 진행하시면 한 자리에 앉아서 끝까지 진행하는 데 도움이 될 것입니다. 이 책을 읽고 진행한 만큼 여러분의 Flutter 개발에 자신감을 더해줄 것이며, 그 자신감으로 여러분의 아이디어가 담긴 12번째 프로젝트를 진행한다면 훌륭한 자산으로 남을 것입니다.

끝으로 이 책의 번역을 제안해주시고 도움주셨던 영진닷컴의 이민혁님을 비롯한 관계자분들께 감사드리며, 이 작업을 완료하도록 도움주신 저의 주변분들과, 특히 주말마다 작업에 시간을 사용함으로 인해 가장 영향을 많이 받았을 아내 시정, 그리고 가희, 준희에게 미안함과 감사의 마음을 전합니다.

박수빈

안드로이드와 10년이 넘는 시간 동안 함께한 개발자로, 현재는 엔씨소프트에서 근무 중이다. 보안 SDK 개발에 많은 시간을 투자해왔으며, 몇 해 전부터는 게임 플랫폼 SDK 및 애플리케이션 개발을 진행하고 있다. 어떻게 하면 기술로 많은 이들을 이롭게 할 수 있을지를 고민 중이며, 새로운 기술을 찾아보고 공유하며 활용해보는 것을 즐긴다.

이 책은 누구를 위한 책입니까?

이 책은 개발자를 위한 책입니다. 모든 객체지향 프로그래밍 언어에 익숙해야 합니다. 변수, 함수, 클래스 및 객체를 이해한다면 이 책은 여러분을 위한 것입니다.

이 책은 다트(Dart) 과정을 주로 다루는 것은 아니지만 책 전체, 특히 1장 "안녕 플러터"에서는 다트를 시작하는 데 필요한 거의 모든 것을 제공합니다.

요약하자면, 객체지향 프로그래밍 언어에 대한 지식이 있고, 플러터로 멋진 모바일 앱 또는 웹 앱을 만들고 싶은 분들에게 적합합니다.

이 책에서 다루는 내용

1장. 안녕 플러터!

가상 여행사의 프레젠테이션 화면을 보여주는 앱인 "Hello Flutter"를 만듭니다. 이번 프로젝트는 다트, 플러터를 이용해서 아주 기본적인 앱을 만드는 방법에 초점을 맞추고 있으며, 책의 나머지 부분에서 앱을 만드는데 필요한 기초적인 내용을 제공합니다.

2장. 마일 또는 킬로미터? – Stateful 위젯 이용하기

측정값 변환 앱을 어떻게 만드는지 보여줍니다. 이 장의 주요 목표는 플러터 앱에 State를 도입하여 상호작용하도록 만드는 것입니다. 이 프로젝트에서는 TextField, DropDownButton 및 setState() 메서드를 사용하여 Stateful 위젯의 상태를 갱신합니다.

3장. 나의 시간 – 데이터의 스트림 듣기

더 발전된 상태 처리 방법을 보여줍니다. 즉, 데이터 스트림을 듣는 것입니다. 이 프로젝트에서는 스트림을 기반으로 하는 애니메이션을 사용하여 생산성 타이머를 생성하게 됩니다. 이 장에서는 플러터의 비동기 프로그래밍과 탐색, 라이브러리 사용, 데이터 저장과 같은 몇 가지 핵심 개념을 소개합니다.

4장. 퐁 게임 – 2D 애니메이션과 제스처

간단한 2차원 애니메이션 게임을 만듭니다. 공이 화면을 가로질러 이동하고 플레이어는 공이 화면에서 떨어지는 것을 방지해야 하는 애니메이션 게임입니다. 이 장의 주요 주제는 애니메이션 사용하기, Gesture Detector를 이용한 제스처 탐지하기, 난수 생성입니다.

5장. 영화 보러 가자 – 웹에서 데이터 가져오기

웹 서비스에서 가져온 영화 목록을 표시하는 앱 생성을 다룹니다. 주요 주제에는 ListView 사용, JSON 데이터 파싱, HTTP 프로토콜을 통해 원격 서비스에 연결하기, API에서 검색을 수행하기 위한 GET 요청 빌드가 포함됩니다. Dart의 비동기 프로그래밍은 장 전체에서 사용됩니다.

6장. 데이터 저장 – Sq(F)Lite를 사용하여 로컬 데이터베이스에 데이터를 저장하기

이 프로젝트에서는 쇼핑 리스트를 만드는 방법에 대해 보여줍니다. 이 프로젝트의 주요 개념은 플러터에서 SQLite를 사용하는 것, 모델 클래스 만들기, CRUD(Create, Read, Update 및 Delete) 작업 수행하기, 싱글톤 모델 사용입니다.

7장. 앱에 불 붙이기 – 플러터 앱에 파이어베이스 통합하기

파이어베이스를 활용하여 기록적인 시간 내에 프론트엔드 UI와 백엔드를 모두 설계하는 풀스택 애플리케이션을 만드는 방법을 보여줍니다.

8장. 보물 지도 – 지도를 통합하고, 기기의 카메라를 사용하기

사용자가 지도 위에 장소를 표시하고 그곳에 데이터와 사진을 추가할 수 있는 앱을 빌드합니다. 사진은 카메라를 사용하여 생성됩니다. 이 프로젝트는 모바일 프로그래밍의 두 가지 중요한 기능인 지리적 위치와 장치의 카메라 사용을 다룹니다.

9장. 주사위로 놀자: 녹아웃 – Rive로 애니메이션을 생성하기

아름다운 애니메이션을 쉽게 만들고 플러터에 직접 포함시킬 수 있는 온라인 도구인 Rive를 사용하여 플러터에서 주사위 게임을 만드는 프로젝트에 중점을 둡니다.

10장. 할 일 관리 앱 – BLoC 패턴 및 Sembast 활용하기

BLoC(Business Logic Component) 패턴을 활용하여 앱 상태를 관리하는 방법을 보여줍니다. 또한 Simple Embedded Application Store 데이터베이스를 사용하여 장치에 데이터를 저장하는 방법도 알아봅니다.

11장. 플러터 웹 앱 구축하기

브라우저에서 실행되는 플러터 앱을 빌드하는 방법과 반응형 사용자 인터페이스를 만드는 방법을 보여줍니다.

이 책을 최대한 활용하려면

최소한 하나 이상의 객체 지향 프로그래밍 언어에 대한 경험이 있는 것이 좋습니다.

여러분이 직접 코드를 입력하면서 실행해보기를 권장합니다. 다른 방법으로 프로젝트를 작성할 수 있는지 스스로에게 물어보십시오. 이렇게 하면 개념을 훨씬 더 명확하고 쉽게 만들 수 있어서 여러분의 향후 프로젝트에 재사용할 수 있습니다. 각 프로젝트가 끝날 때마다 질문에 답하면, 각 장에서 만든 앱에 대해 다른 관점을 발견할 수 있습니다.

이 책에서는 플러터 1.22.5 버전과 다트 2.10.4 버전을 사용합니다. 코드를 따르려면 웹에 연결된 Windows PC, Mac, Linux 또는 Chrome OS 시스템과 새 소프트웨어 설치 권한이 필요합니다. Android 또는 iOS 장치를 권장하지만, 컴퓨터에서 실행할 수 있는 시뮬레이터나 에뮬레이터를 활용해도 되므로 필수는 아닙니다. 이 책에 사용된 모든 소프트웨어는 오픈소스거나 무료입니다.

예제 코드 파일 다운로드

이 책의 예제 코드 파일은 Packt(www.packt.com) 또는 영진닷컴 홈페이지(http://www.youngjin.com)에서 다운로드할 수 있습니다. 또한 Github(https://github.com/binsoopark/FlutterProjectExamples)에서도 코드 번들이 제공됩니다. 코드에 대한 업데이트가 있는 경우, 이 GitHub 저장소에서 업데이트됩니다.

사용된 규칙

이 책 전체에서 사용되는 여러 텍스트 규칙이 있습니다. 코드 블록은 다음과 같이 설정됩니다.

```
void main() {
  var name = "Dart";
  print("Hello $name!");
}
```

코드 블록의 특정 부분에 주의를 기울이려는 경우 관련 줄이나 항목이 굵게 표시됩니다.

```
return Stack(
  children: <Widget>[
    Positioned(
      child: Ball(),
        top: posY,
        left: posX,
),
```

모든 명령 줄 입력 또는 출력은 다음과 같이 작성됩니다.

```
cd hello_world
flutter run
```

굵게 표시: 새로운 용어, 중요한 단어 또는 화면에 표시되는 단어를 나타냅니다. 예를 들어 메뉴 또는 대화 상자의 단어는 이와 같은 텍스트에 나타납니다. 다음은 예시입니다. "Android Studio의 **File** 메뉴에서 **Open**…을 선택하십시오."

 NOTE

주의사항 또는 중요한 메모는 이렇게 나타냅니다.

 TIP

팁과 트릭은 이렇게 나타냅니다.

차례

Chapter 06　데이터 저장 – Sq(F)Lite를 사용하여 로컬 데이터베이스에 데이터를 저장하기

Chapter 07　앱에 불 붙이기– 플러터 앱에 파이어베이스 통합하기

Chapter 11   플러터 웹 앱 구축하기

Chapter 12   해설

플러터 프로젝트를 구축하기 위한 환경 설정

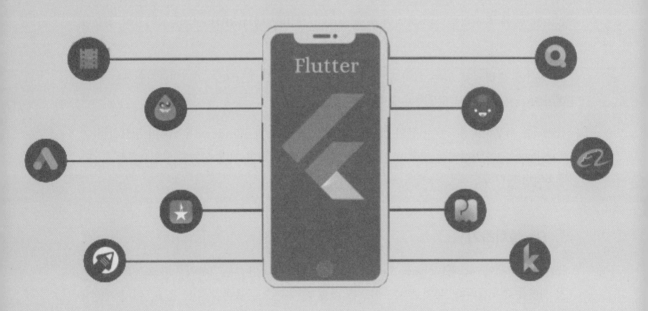

플러터를 시작하는 데 필요한 모든 것을 설치하겠습니다. 여기서는 Windows와 Mac에서의 설치 과정을 소개하고 있지만, Linux 시스템을 사용하는 경우에도 플러터를 설치할 수 있습니다. 플러터를 사용하는데 필요한 최신 가이드는 https://flutter.dev/docs/get-started/install에서 확인할 수 있습니다. 이 책에서 다루고 사용할 편집기는 Android Studio와 Visual Studio Code(VS Code)입니다. 책의 대부분 스크린샷은 VS Code에서 가져왔습니다.

0-1 Windows PC에 플러터 설치하기

Windows에 플러터를 설치하려면 Windows 7 **서비스팩 1(SP1)**(64비트) 이상이 필요합니다.

이 섹션에 설명되어 있는 설치 단계는 Windows 10을 대상으로 하지만, 지원하는 다른 Windows 시스템에서도 유사하게 작동합니다.

플러터를 사용하려면 5.0 이상의 Windows PowerShell과 Windows용 Git이 필요합니다. Windows 10을 사용하는 경우 올바른 버전의 PowerShell이 이미 설치되어 있으므로 Git만 설치하면 됩니다.

Git 설치하기

Git은 버전 제어 시스템(Version Control System, VCS)입니다. 기본적으로 소스 코드의 수정 사항을 추적합니다. 무엇보다도 실수를 했을 때 이전으로 돌아갈 수도 있고, 여러 개발자가 함께 작업하고, 소스의 다른 부분을 업데이트할 때 매우 유용합니다. 만약 소스제어 시스템이 없으면, 잠재적인 충돌로 인해 해결하기가 너무 어려운 악몽 같은 경우가 발생할 수 있습니다.

https://git-scm.com/downloads에서 Git을 다운로드할 수 있습니다. Windows, macOS, Linux에서 사용이 가능합니다. Git 설치 마법사는 설치를 다르게 수행할 이유가 없는 한 매우 간단합니다. 기본 편집기를 제외하고는 대부분의 화면에서 기본 옵션을 그대로 사용할 수 있습니다. 여기에서 기본 편집기를 선택하는 편이 좋습니다. 저는 VS Code를 추천합니다. 다음과 같이 VS Code를 Git에서 사용할 기본 편집기로 선택합시다.

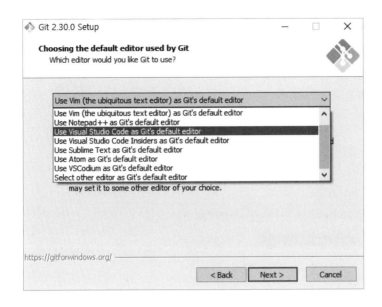

그런 다음 설치가 끝날 때까지 다음을 클릭하십시오.

Flutter Software Development Kit(SDK) 설치하기

https://flutter.dev에서 환경을 설정하는 데 필요한 많은 도구를 찾을 수 있습니다.[1]
Flutter SDK를 설치하려면 다음의 단계를 수행하면 됩니다.

01_ 페이지에 접속하면 'Get Started'라고 적힌 링크 또는 버튼이 눈에 잘 띌 겁니다. 해당 링크
를 클릭하세요.

02_ 들어간 페이지에서 여러분의 운영체제(Windows)를 선택한 다음, Flutter SDK를 다운로드
합니다.

03_ Flutter SDK는 .zip 파일으로 C:/FlutterSDK처럼 이 파일의 압축을 풀 폴더를 만들어야 합
니다.

04_ 압축 파일을 앞에서 만들어 준 새 폴더에 풀어줍니다. 절차가 끝나면 폴더 안에는 파일이 들
어있는 flutter 폴더가 있어야 합니다.

---

1 역자 주: 한국어 페이지에 접근하기를 원하신다면 https://flutter-ko.dev/ 주소로 접속하십시오. 이하 설명은 영문 페이지를 기준으
로 진행됩니다

05_ 다음으로 PATH 환경 변수를 업데이트합니다. 검색 시작 창(시작 버튼 옆에 있는 검색 폼)에서 '**환경**'을 입력합니다. 그런 다음 **시스템 환경 변수 편집** 아이콘을 클릭하고, **시스템 속성** 창의 **고급** 탭에서 '**환경 변수**' 버튼을 클릭하고, **시스템 변수** 그룹 안에서 **Path**를 찾아서 **편집** 버튼을 누른 뒤, 다음 스크린샷과 같이 방금 생성한 FlutterSDK 디렉토리의 bin 폴더를 추가합니다.

06_ 탐색기에서 flutter 폴더로 이동하여, flutter_console.bat 파일을 더블클릭합니다.

07_ 열리는 콘솔에서 다음 명령을 입력합니다.

08_ flutter doctor

09_ 다음의 스크린샷에서 보이는 것처럼, Doctor Summary를 볼 수 있을 것입니다.

이 시점에서 Doctor가 Android Studio와 같이 고쳐야 하는 요소를 표시하더라도 걱정하지 마십시오. 아직 설치가 완료되지 않았습니다. flutter doctor는 Flutter 설치 문제를 해결하는 데 사용할 수 있는 쉬운 도구입니다. 우리는 이것을 나중에 다시 사용할 것입니다.

Android Studio 설치하기

다음으로 Android Studio를 설치합니다. 무조건 코딩에 사용할 편집기로 선택할 필요는 없지만, Android SDK 및 에뮬레이터를 설치하는 가장 쉬운 방법입니다. 다음과 같이 설치 단계를 살펴보겠습니다.

01_ 다음 링크(https://developer.android.com/studio)에서 Android Studio를 찾으십시오.

02_ **Download Android Studio** 페이지에서, 페이지 하단의 확인란을 선택하고 **'다운로드: ANDROID STUDIO (WINDOWS용)'**를 클릭합니다. 파일이 다운로드 되고 다운로드 된 파일을 더블클릭하면 설치가 시작됩니다. 이것은 설치 마법사입니다. 첫 번째 화면에서 **Next**를 클릭하기 전에 **Android Virtual Device**가 선택되어 있는지 확인합니다. 기본 옵션을 그대로 두어도 됩니다.

03_ Android Studio를 처음 열면 설치가 완료됩니다. 다음 스크린샷은 Android Studio가 화면에 어떻게 표시되는지를 보여줍니다.

04_ Welcome to Android Studio 화면에서 Configure 버튼을 누르고 AVD Manager 옵션을 선택합니다.

05_ **Create Virtual Device** 옵션을 클릭합니다. 이 책에서는 Pixel Emulator의 스크린샷을 볼 수 있지만, 시스템에 맞는 다른 장치를 자유롭게 선택할 수 있습니다. system image의 경우 가장 최근의 안정적인 릴리즈를 선택하십시오. 이 책의 예제는 다음 스크린샷과 같이 Android Pie (API 레벨 28-Android 9.0)에서 테스트되었습니다.

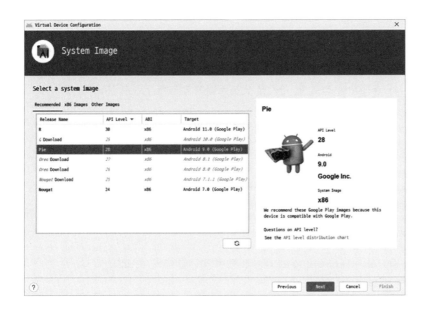

Android Virtual Device(AVD)를 설치한 후 작업 표시줄에서 Launch 버튼을 클릭하여 테스트할 수 있습니다. 모든 것이 예상대로 작동하면, 시스템에서 실행중인 에뮬레이터를 볼 수 있습니다.

🌀 물리적인 Android 기기와 연결하기

또한 여러분은 실제 기기에서 앱을 실행하고 테스트하도록 선택할 수 있으며, 에뮬레이터가 시스템 메모리와 리소스에 많은 영향을 미치기 때문에, 특히 구형 PC를 사용하는 경우라면 이 옵션을 권장합니다.

⚒ NOTE

Android 기기에 따라 드라이버를 다운로드해야 할 수도 있습니다. 사용 가능한 타사 드라이버 목록은 https://developer.android.com/studio/run/oem-usb 링크를 참조하십시오.

Google 기기(Nexus나 Pixel)가 있는 경우, https://developer.android.com/studio/run/win-usb.html 링크를 참조하여, 다운로드할 수 있는 Google USB Driver를 설치해야 합니다.

디버깅 하기 전에 기기에서 개발자 옵션을 활성화해야 합니다. 절차는 사용중인 Android 버전에 따라 다를 수 있지만, 최신 버전의 Android가 있는 경우 단계는 다음과 같습니다.

01_ **설정** 앱을 엽니다.

02_ **시스템**을 선택합니다.

03_ 화면의 맨 아래에서, **휴대전화 정보 및 추가로 소프트웨어 정보**를 선택합니다.

04_ 화면의 맨 아래에서 **빌드번호**를 7번 탭 합니다.

05_ **설정** 화면에서 **개발자 옵션**을 찾을 수 있을 것입니다. 그곳에서 **USB 디버깅**이 활성화되도록 세팅하십시오.

06_ 기기 설정이 예상대로 작동하는지 테스트하려면, 기기를 PC와 연결시켜 주고 명령 프롬프트에서 flutter devices를 입력합니다.

07_ 다음 스크린샷과 같이 화면에서 여러분의 기기 목록을 확인할 수 있습니다.

이 설정 절차 중에 예상대로 작동하지 않는 경우에는 이전 단계를 체크해보고, https://flutter.dev/docs/get-started/install/windows 페이지를 확인해 보십시오.

첫 번째 앱을 만들기 전에 완료해야 하는 마지막 단계는 편집기를 선택하는 것입니다. 권장되는 편집기는 Android Studio, IntelliJ IDEA, VS Code입니다.

Android Studio 구성하기

위의 지침을 잘 따랐다면, 이미 Android Studio가 있어야 하므로, 이제 Flutter 및 Dart 플러그인만 설치하면 됩니다. Android Studio를 시작한 후 다음 단계를 실행하십시오.

01_ File | Settings | Plugins를 선택하십시오.

02_ **Marketplace**를 선택하고, **Flutter**를 찾습니다.

03_ Flutter 플러그인을 설치합니다. Flutter가 Dart에 의존한다는 메시지를 볼 수 있습니다. **Yes**를 클릭하여 이를 수락하면 됩니다.

04_ Android Studio를 다시 시작합니다.

이제, Android Studio를 사용하여 Flutter에서 애플리케이션 개발을 시작할 준비가 되었습니다.

VS Code 설치 및 구성하기

아니면, 추가로 VS Code를 사용하여 Flutter 개발을 할 수 있습니다. VS Code는 https://code.visualstudio.com/download에서 다운로드 가능합니다.

다시 말하지만, 설치는 마법사로 진행됩니다. 기본 옵션을 그대로 두고, 설치를 완료할 수 있습니다. VS Code를 설치한 후 다음 단계를 실행하여 Flutter 및 Dart 플러그인을 설치해야 합니다.

01_ **View** 메뉴에서 **Command Palette**를 선택합니다.

02_ install을 입력하고, **Extensions: Install Extensions**를 선택합니다.

03_ flutter를 입력하고, Flutter support and debugger for Visual Studio Code를 설치합니다.

04_ **View** 메뉴에서 **Command Palette**를 선택합니다.

05_ doctor를 입력하고 **Flutter: Run Flutter Doctor** 옵션을 클릭합니다.

06_ 여러분은 일부 Android 라이선스에 동의해야 할 수도 있습니다. 필요한 경우 다음 명령을 입력하십시오.

07_ flutter doctor --android-licenses

08_ 필요한 라이선스에 동의합니다.

축하합니다! 이제 PC로 Android Studio 및 VS Code를 사용하여 Flutter 개발을 시작할 준비가 되었습니다.

0-2 Mac에 플러터 설치하기

Mac에 Flutter를 설치하려면 64비트 버전의 macOS가 필요합니다. 여기에 강조 표시된 설치 단계와 이미지는 macOS Mojave용입니다.

이 책을 쓰는 시점에서 Mac은 Android와 iOS 모두에서 앱을 테스트하고 실행할 수 있는 유일한 시스템입니다.

◢ Flutter SDK 설치하기

https://flutter.dev에서 환경을 설정하는 데 필요한 많은 도구를 찾을 수 있습니다. 다음 단계를 실행하십시오.

01_ 페이지에서 눈에 잘 띄는 **Get Started** 링크 또는 버튼을 클릭하십시오.

02_ 여기에서 운영체제(이 경우 macOS)를 선택한 다음 .zip 파일인 Flutter SDK를 다운로드 해야합니다. ~/flutterdev와 같은 파일 내용에 대한 폴더를 만듭니다.

03_ Mac의 루트에 새 디렉토리를 만들기 위해서는, Terminal 창을 열고 다음 명령을 입력합니다.

```
$ mkdir ~/flutterdev
```

04_ 다음으로 새로 만든 디렉토리에 압축된 파일을 풀어 놓습니다. 터미널에서 다음 코드를 입력하십시오.

```
$ cd ~/ flutterdev
$ unzip ~/Downloads/flutter_macos_1.22.5-stable.zip
```

05_ 설치를 수행할 때 사용 가능한 버전에 따라 Flutter SDK 버전을 변경해야 할 수도 있습니다.

06_ 진행이 끝나면, flutterdev 폴더가 포함된 폴더와 파일이 있어야 합니다.

07_ 다음으로 PATH 변수를 업데이트해야 합니다. 이렇게 하면 모든 터미널 세션에서 Flutter 명령을 실행할 수 있습니다.

08_ 터미널 창에서 'cd ~/'를 입력하여 루트 폴더로 이동합니다.

09_ .bash_profile을 아직 만들지 않았다면, 다음 명령을 입력하여 새 파일을 만듭니다.[2]

```
$ touch .bash_profile
```

10_ 선호하는 편집기로 .bash_profile을 편집하거나, 다음 명령을 입력하십시오.

```
$ open -e .bash_profile
```

11_ 파일에 export PATH=/home/flutterdev/bin:$PATH를 입력한 다음, 터미널에서 source $HOME/.bash_profile을 실행합니다.

12_ $ echo $PATH를 입력하여 PATH가 올바르게 업데이트되었는지를 확인합니다.

터미널에서 설정한 경로가 표시될 것입니다.

Xcode 설치하기

Xcode는 Mac 및 iOS용 Apple의 공식 **통합 개발 환경(IDE)**입니다. Flutter로 iOS용 앱을 개발하려면 Xcode 9.0 이상이 필요합니다. Mac App Store 또는 웹(https://developer. apple.com/xcode/)에서 다운로드 할 수 있습니다.

다음 단계에 따라 Mac App Store에서 Xcode를 다운로드하여 설치할 수도 있습니다.

01_ 런처에서 App Store를 열고 검색 상자에 Xcode를 입력합니다.

02_ **get** 버튼을 눌러 다운로드하고 앱을 설치합니다.

03_ 설치가 완료되면, 열어서 필요한 모든 라이선스를 수락합니다.

04_ 다음으로 터미널 창에서 다음의 명령을 입력하여 시뮬레이터를 엽니다.

```
$ open -a Simulator
```

---

2 역자 주: zsh을 이용중이라면, 아래에서 zsh_profile로 파일 이름만 바꿔줍니다

05_ Hardware | Devices Manage Devices 메뉴를 사용하여 기기를 선택합니다. iPhone 5s 이상을 사용하고 있는지 확인하십시오. 다음 스크린샷은 iPhone XR을 선택한 경우를 보여주고 있습니다.

06_ 모든 것이 예상대로 작동하는지 확인하려면 터미널 창에서 flutter doctor를 입력하면 결과가 다음 스크린샷에 보이는 것처럼 표시되어야 합니다.

```
● ● ●                    🖥 soobinpark — -zsh — 84×20
soobinpark@Soobinui-MBP ~ % open -a Simulator
soobinpark@Soobinui-MBP ~ % flutter doctor
Doctor summary (to see all details, run flutter doctor -v):
[✓] Flutter (Channel stable, 1.22.5, on macOS 11.1 20C69 darwin-x64, locale ko-KR)

[✓] Android toolchain - develop for Android devices (Android SDK version 29.0.3)
[✓] Xcode - develop for iOS and macOS (Xcode 12.3)
[!] Android Studio (version 4.1)
    ✗ Flutter plugin not installed; this adds Flutter specific functionality.
    ✗ Dart plugin not installed; this adds Dart specific functionality.
[!] IntelliJ IDEA Ultimate Edition (version 2019.3.1)
    ✗ Flutter plugin not installed; this adds Flutter specific functionality.
    ✗ Dart plugin not installed; this adds Dart specific functionality.
[!] VS Code (version 1.52.1)
    ✗ Flutter extension not installed; install from
      https://marketplace.visualstudio.com/items?itemName=Dart-Code.flutter
[✓] Connected device (1 available)

! Doctor found issues in 3 categories.
soobinpark@Soobinui-MBP ~ % ▯
```

이제 iOS 툴체인이 올바르게 설치되었습니다!

✖ **NOTE**

만약 여러분이 실제 기기(iPhone/iPad)에서 테스트하려면 Apple 계정이 있어야 하며 libusbmuxd의 수신 업데이트로 변경될 수 있는 일부 환경설정을 수행해야 합니다. 업데이트된 설치 가이드는 링크(https://flutter.dev/docs/get-started/install/macos#deploy-to-ios-devices)의 내용을 참고하십시오.

Mac을 사용하여 Android에 배포할 수도 있습니다. 이렇게 하려면 'Android Studio 설치하기' 섹션 가이드의 지침을 따르십시오. 'VS Code 설치 및 구성하기' 섹션도 살펴보십시오.

안녕 플러터!

- ✔ 기술 요구사항
- ✔ 다트 언어 기본 이해
- ✔ 여러분의 첫 번째 플러터 앱 생성하기

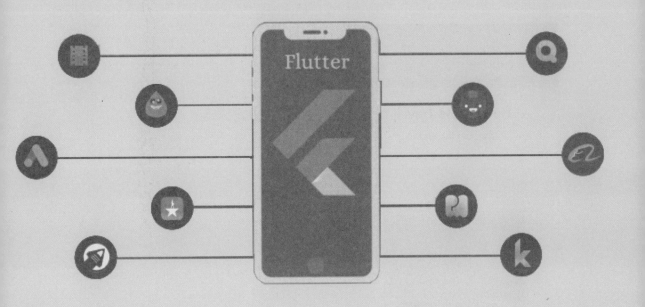

플러터를 배우기 위한 모험에 나선 여러분을 환영합니다!

이 책에서는 실습을 통해 배우는 접근 방식을 취합니다. 책의 각 장은 처음부터 프로젝트를 만들고 각 프로젝트에서 새로운 개념을 배우고, Android 또는 iOS 기기에서 즉시 사용할 수 있는 앱을 빌드합니다.

대부분의 개발자들이 새로운 언어 또는 프레임워크를 배우기 위해서 접하는 첫 번째 프로젝트가 Hello World 이듯 이 책 역시 예외는 아닙니다. 이 Hello World 프로젝트에서는 여러분이 플러터(Flutter) 또는 다트(Dart)에 대해 전혀 알지 못한다고 가정합니다. 이전에 플러터로 이미 앱을 만든 적이 있다면, 이 장을 건너뛰고 바로 다음 장으로 넘어가도 좋습니다. 이 장이 끝나면 다음과 같이 **Hello World Travel** 회사의 프레젠테이션 화면을 만들 수 있습니다.

앱을 만들기 위해서는 여러 단계를 거칩니다. 이 장에서 하나씩 살펴보겠습니다.

- 다트 언어 기본을 이해하기
- 첫 번째 플러터 앱을 만들기
  - 몇 가지 기본 위젯 사용하기: Scaffold, AppBar, RaisedButton, Text
  - 이미지 다운로드와 그것을 사용자에게 보여주기
  - 버튼 클릭에 응답하고 다이얼로그를 보여주기

이 프로젝트를 진행하는 동안, 여러분은 이 모든 것을 배울 수 있습니다.

이 프로젝트는 완료하는 데 최대 2시간이 소요됩니다. 앞에서 설명한 플러터 개발 환경 설정을 완료하지 않았다면 아마도 2시간을 넘기겠지만, 시스템에 따라 예상시간은 크게 달라질 수 있습니다.

1-1 기술 요구사항

플러터 모험을 시작하기 위해서는 아래와 같은 몇 가지 도구가 필요합니다.

- 최신 윈도우 버전이나 Linux OS가 설치된 PC 혹은 최신 MacOS가 설치된 Mac.
- 약간의 조정을 통해 Chrome OS 장비도 이용할 수 있습니다. 현재 써드파티 서비스를 이용하지 않고 iOS 전용 앱을 만드는 유일한 방법은 Mac을 사용하는 것입니다. 물론 모든 운영체제에서 코드를 작성할 수 있지만, iOS 설치 파일인 .ipa 파일은 Mac에서만 만들 수 있습니다.
- GitHub 계정
- Android/iOS 설정. 앱을 만들기 위해서는 Android 및 iOS 환경을 설정해야 합니다.
- 플러터 SDK. 무료이며 가벼운 오픈소스입니다.
- 물리적인 기기, 에뮬레이터, 시뮬레이터. 코드를 실행하기 위해서는 Android 또는 iOS 기기가 필요합니다. 아니면 Android 에뮬레이터 또는 iOS 시뮬레이터를 설치할 수도 있습니다.
- 여러분이 가장 선호하는 편집기. 현재 지원되는 편집기는 다음과 같습니다.
  - Android Studio, IntelliJ IDEA
  - Visual Studio Code

실제로 Flutter CLI와 결합된 다른 텍스트 편집기를 사용하는 것도 가능하지만, 지원되는 편집기를 이용하면 코드 완성, 디버깅 지원 및 기타 여러 이점을 얻을 수 있으므로 훨씬 더 쉽게 개발할 수 있습니다.

플러터 프로젝트를 빌드하기 위해 환경을 설정하는 자세한 단계는 Chapter 00에 있습니다.

여러분은 GitHub의 https://github.com/binsoopark/FlutterProjectExamples에서 이 장의 코드 파일을 찾을 수 있습니다. 몇 개의 기본적인 다트 개념들과 함께 시작해 보겠습니다.

1-2 다트 언어 기본 이해

플러터 앱을 작성할 때, Google에서 개발한 프로그래밍 언어인 다트(Dart)를 사용합니다. 비교적 새로운 버전입니다. 다트의 첫 번째 버전은 2013년 11월 14일에 출시되었고, 버전 2.0은 2018년 8월에 출시되었습니다.

또한 다트는 현재 공식적인 ECMA 표준이 되었습니다. 오픈소스, 객체 지향, 강력한 타이핑, 클래스 정의 등 C-스타일 구문을 사용합니다. 즉, Java 또는 C#을 비롯한 많은 현대 프로그래밍 언어와 비슷하며, 어느 부분에서는 JavaScript와도 닮았습니다.

여러분에게 의문이 들지도 모릅니다(혼자만 그런 게 아니니 걱정마세요). 왜 굳이 다른 언어를 쓰는걸까? 이 질문에 딱 맞는 답변은 없지만, 플러터를 안쓰더라도 다트에 주목할만한 몇 가지 특징들을 말씀드리겠습니다.

- 배우기 쉬움 : Java, C# 또는 JavaScript에 대한 지식이 있다면 다음 몇 페이지에서 볼 수 있듯이 다트는 쉽게 배울 수 있습니다.
- 생산성이 높음 : 구문은 매우 간결하고 읽기 쉽고 디버깅이 쉽습니다.
- 웹 개발과의 호환성 : JavaScript로 변환할 수 있습니다.
- 범용적 : 클라이언트 사이드, 서버 사이드 그리고 모바일 개발에 사용할 수 있습니다.
- Google이 프로젝트에 깊이 관여하고 있으며, Google Fuchsia라는 새로운 운영체제를 포함하여 다트에 대한 몇 가지 큰 계획을 가지고 있습니다.

이 책의 접근방법이 매우 실용적이기 때문에 이것이 여러분이 얻게 될 이론의 전부입니다. 이 장의 뒷부분에서 첫 번째 플러터 프로젝트를 더 쉽게 빌드할 수 있도록 몇 가지 코드 예제와 함께 다트가 작동하는 모습을 살펴보겠습니다.

이 섹션의 목표는 다트 사용에 대한 빠른 시작을 제공하여 플러터 앱을 처음 작성할 때, 다트 자체에 너무 집중하지 않고 플러터에 집중할 수 있도록 하는 것입니다. 이것은 확실히 포괄적인 가이드는 아니지만, 시작하기에 충분하기를 바랍니다.

Hello Dart

이 섹션의 예로는 다트패드(DartPad)를 사용하겠습니다. 시스템에 아무것도 설치하지 않고도 브라우저에서 다트 코드를 사용하여 놀 수 있는 온라인 도구입니다. 여러분은 https://dartpad.dartlang.org 또는 https://dartpad.dev에서 찾을 수 있습니다.

이 Hello Dart 예제에서 여러분은 DartPad를 사용하고 가장 간단한 다트 앱을 작성하고, 변수를 선언하고, 문자열을 연결하는 방법을 볼 수 있습니다. 어떻게 할 수 있는지에 대한 단계를 살펴보겠습니다.

01_ 도구를 처음 열면 다음 이미지와 매우 흡사한 화면이 보일 것입니다. 왼쪽에는 코드가 있고, **RUN** 버튼을 클릭하면 오른쪽에 코드 결과가 표시됩니다.

02_ 우리의 첫 번째 예제를 위해, 기본 코드를 지우고, 다음의 코드를 작성해 봅시다.

```dart
void main() {
  String name = "Dart";
  print("Hello $name!");
}
```

여러분이 이 코드를 실행하면, 여러분의 오른쪽 화면에서 **"Hello Dart!"**를 볼 수 있습니다.

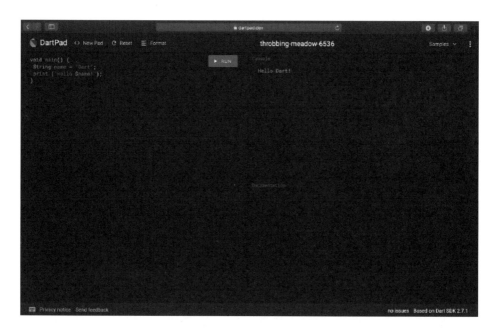

03_ main() 함수는 모든 다트 애플리케이션의 시작점입니다. 이 함수는 필수이기에, 모든 플러터 앱에서 찾을 수 있습니다. 모든 시작은 main() 함수와 함께 합니다.

04_ String name = "Dart"; 라인은 변수 선언입니다. 이 명령어를 사용하여 값이 "Dart"인 문자열 유형의 name이라는 변수를 선언합니다. 다음과 같이 작은 따옴표 (') 또는 큰 따옴표(")를 사용하여 문자열을 담을 수 있습니다.

```
String name = 'Dart';
```

결과는 동일합니다.

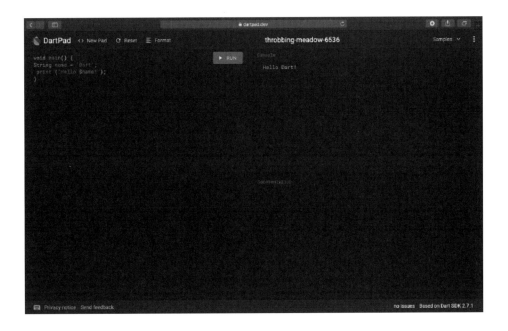

05_ print ("Hello $name!"); 라인은 print 메서드를 호출하여 문자열을 전달합니다. 여기서 흥미로운 부분은 우리에게 익숙한 print ("Hello " + name + "!"); 처럼 + 연결 연산자를 사용하지 않고 $ 기호를 사용하여 변수를 바로 문자열에 삽입한다는 것입니다.

타입을 지정하지 않는 일반 변수 선언도 있습니다. 여러분은 다음과 같이 코드를 작성할 수 있습니다.

```
void main() {
  var name = "Dart";
  print("Hello $name!");
}
```

06_ 이 경우에, 여러분은 name은 동적인 변수라고 생각할 수 있습니다. 하지만 그렇지 않습니다. 변수 타입을 변경해보겠습니다.

```
void main() {
  var name = "Dart";
  name = 42;
  print("Hello $name!");
}
```

이 코드를 실행하려고 하면, 다음과 같은 컴파일 오류를 보게 될 것입니다.

```
Error: A value of type 'int' can't be assigned to a variable of type 'String'. name
= 42; Error: Compilation failed.
```

실제로 다음과 같이 동적 타입을 선언할 수 있습니다.

```
void main() {
  dynamic name = "Dart";
  name = 42;
  print("Hello $name!");
}
```

여러분이 이 코드를 실행하면, 콘솔에서 **"Hello 42!"**가 화면에 표시될 것입니다.

따라서 처음 선언할 때 String이었던 name 변수가 이제는 정수가 되었습니다. 숫자 이야기가 나왔으니 숫자에 대해 자세히 살펴보겠습니다.

면적 계산기

이 예제에서는 다트에서 숫자, 함수, 매개변수를 사용하는 것을 볼 수 있습니다.

다트에는 두 가지의 숫자 타입이 있습니다.

- int: 64비트 이하의 integer 값들을 포함합니다.
- double: 64비트인 배정 밀도(double-precision) 부동 소수점 숫자를 포함합니다.

num 타입도 있습니다. int와 double은 모두 num입니다.

다음 예를 들어보겠습니다.

```
void main() {
  double result = calculateArea(12, 5);
  print('The result is ' + result.toString());
}
```

이 코드에서 나중에 정의할 calculateArea 함수의 반환값을 받을 double 타입의 변수 result를 선언합니다. 이 함수에 12와 5 두 가지 숫자를 전달합니다. 함수가 값을 반환한 뒤에 문자열로 변환하고 결과를 확인할 겁니다.

함수를 작성해 봅시다.

```
double calculateArea(double width, double height) {
  double area = width * height;
  return area;
}
```

 TIP

다트 2.1부터 int 리터럴은 자동으로 double로 변환이 됩니다. 예를 들어 다음과 같이 작성할 수 있습니다. 'double value = 2;'은 'double value = 2.0;'와 같습니다.

이 경우 너비 및 높이 매개변수가 필요합니다. 선택적 매개변수를 대괄호 안에 포함하여 함수에 추가할 수도 있습니다. 함수가 삼각형의 면적을 계산할 수 있도록 하는 선택적 매개변수를 calculateArea() 함수에 삽입해 봅시다.

```
double calculateArea(double width, double height, [bool isTriangle]) {
  double area;
  if (isTriangle) {
    area = width * height / 2;
  } else {
    area = width * height;
  }
  return area;
}
```

이제 main() 메서드에서 우리는 선택적 매개변수를 사용하거나 사용하지 않도록 하여 이 함수를 두 번 호출할 수 있습니다.

```
void main() {
  double result = calculateArea(12, 5, false);
  print('The result for a rectangle is ' + result.toString());
  result = calculateArea(12, 5, true);
  print('The result for a triangle is ' + result.toString());
}
```

예상 결과가 포함된 전체 함수는 다음과 같습니다.

현재 다트에서는 함수 오버로딩이 지원되지 않습니다.

 NOTE

오버로딩은 자바와 C#과 같은 몇몇 OOP 언어의 특징으로, 인자 목록에서 개수나 타입이 다른 경우 클래스에 동일한 이름의 메서드가 둘 이상 존재할 수 있는 것입니다. 예를 들어, 정사각형의 면적을 계산하는 calculateArea(double side)라는 메서드와 직사각형의 면적을 계산하는 calculateArea(double width, double height)라는 또 다른 메서드를 사용할 수도 있습니다. 현재 다트에서는 지원하지 않습니다.

For 반복문과 문자열

다트는 C 언어의 영향을 받은 다른 언어들과 같이 for, while 및 do while 반복문을 지원합니다. 이 예제에서는 문자열을 뒤집는데 사용할 for 반복문을 볼 수 있습니다.

문자열은 작은 따옴표('Dart') 또는 큰 따옴표("Dart")에 포함될 수 있습니다. 이스케이프 문자는 역슬래시(\)입니다.[1] 예를 들어 다음과 같이 작성할 수 있습니다.

```
String myString = 'Throw your \'Dart\'';
```

----

1 역자 주: 한글의 경우 ₩와 동일

그리고 myString 변수에는 "Throw your 'Dart'"가 포함됩니다. 예를 들기 위해 main() 메서드부터 시작하겠습니다.

```
void main() {
  String myString = 'Throw your Dart';
  String result = reverse(myString);
  print(result);
}
```

여기서 기록할 중요한 사항은 없습니다. 우리는 단지 문자열을 설정하고, 그 결과를 출력하기 위해 문자열을 뒤집는 reverse() 메서드를 호출하고 있습니다.

이제 reverse() 메서드를 작성해 보겠습니다.

```
String reverse(String old) {
  int length = old.length;
  String res = '';
  for (int i = length - 1; i >= 0; i--) {
    res += old.substring(i, i + 1);
  }
  return res;
}
```

문자열은 실제로는 객체이므로, length와 같은 프로퍼티가 있습니다. 예상대로 문자열의 length 프로퍼티는 문자열 자체의 문자 수를 의미합니다.

문자열의 각 문자는 0에서 시작하는 위치를 갖습니다. for 반복문에서 먼저 i 변수를 선언하고, 이를 문자열 길이의 초기 값에서 1을 뺀 값으로 설정합니다. 다음 두 단계는 조건(또는 종료 기준)과 증분을 설정하는 것입니다. 반복문은 i가 0보다 크거나 같을 때까지 계속 반복되며, 각 반복에서의 i의 값을 1씩 감소시킵니다.

이것이 의미하는 바는 문자열의 끝에서 시작하여 문자열의 시작 부분에 도달할 때까지 반복된다는 것입니다.

+= 연산자는 연결을 의미합니다. 즉, res = res + old.substring(i, i+1)가 단축된 구문입니다.

substring() 메서드는 첫 번째 매개변수에 지정된 위치에서 시작하여 두 번째 매개변수에 지정된 위치에서 끝나는 문자열의 일부를 반환합니다. 예를 들어 다음 코드는 **Wo**를 출력합니다.

```
String text = "Hello World";
String subText = text.substring(5,8);
print (subText);
```

문자열에서 문자 자체의 위치를 사용하는 substring() 메서드 대신, 문자열에서 문자 하나를 추출하는 방법도 있습니다.

```
res += old.substring(i, i + 1);
```

위와 같은 코드 대신 아래 코드를 입력합니다.

```
res += old[i];
```

작성한 전체 코드의 최종 결과는 다음과 같습니다.

실제 애플리케이션에서는 이런 코드를 작성할 필요가 없습니다. 다음과 같은 코드만으로도 동일한 결과를 얻을 수 있습니다.

```
String result = myString.split('').reversed.join();
```

다음으로, 책의 전체에서 자주 사용할 화살표 구문과 삼항 연산자를 보겠습니다.

🚀 화살표 구문과 삼항 연산자

화살표 구문은 함수가 간결하고 우아하게 값을 반환하는 방법입니다.

다음 함수를 보겠습니다. 인자(value)로 정수를 취하고, 값이 0이면 false를 반환하고, 그렇지 않으면 true를 반환합니다. 따라서 0을 제외한 모든 숫자는 true를 반환합니다.

```
bool convertToBoolLong(int value) {
  if (value == 1) {
    return false;
  } else {
    return true;
  }
}
```

'=>' 표기법과 삼항 연산자를 사용하면 다음과 같이 한 줄의 코드에 동일한 함수를 작성할 수 있습니다.

```
bool convertToBool(int value) => (value == 0) ? false : true;
```

아마도 다트와 플러터에서 이런 종류의 구문을 자주 볼 수 있을 것입니다.

단일 반환문이 있는 경우, '=>'화살표 연산자는 메서드 작성을 단순화할 수 있는 역할을 합니다. 여기에서 화살표 구문이 수행하는 작업의 예를 보면 다음과 같습니다.

```
String sayHello(String name) {
  return "Hello " + name;
}

String sayHello(String name) => "Hello " + name;
```

간단히 말해서 화살표 구문을 사용하면 중괄호와 반환문을 생략하고, 모든 것을 한 줄에 쓸 수 있습니다.

삼항 연산자는 if문을 작성하는 간결한 방법입니다. 다음 코드를 참고하십시오.

```
if (value == 0) {
  i = false;
}
else {
  i = true;
}


i = (value == 0) ? false : true;
```

삼항 연산자를 사용하면 if문, 중괄호 및 else문을 생략할 수 있습니다. 선택적 괄호 안에 부울 제어 표현식 값인 value == 0을 입력합니다.

화살표 구문과 더불어 삼항 연산자는 강력하고 우아한 조합이라고 할 수 있습니다.

While 반복문, 리스트 및 제네릭

새로운 언어를 배울 때 일반적으로 만나는 첫 번째 기능 중 하나는 배열입니다. 다트에서는 컬렉션을 정의할 때 List 객체를 사용합니다.

다음의 코드를 참고해 보십시오.

```
void main() {
  String mySongs = sing();
  print(mySongs);
}

String sing() {
  var songs = List<String>();
  var songString = '';
  songs.add('We will Rock You');
  songs.add('One');
  songs.add('Sultans of Swing');
  int i = 0;
  while (i < songs.length) {
    songString += '${songs[i]} - ';
    i++;
  }
  return songString;
}
```

main() 메서드에서 sing() 메서드를 호출하고 그 결과를 출력합니다. sing() 메서드는 문자열 목록을 정의합니다.

```
var songs = List<String>();
```

목록에는 여러 타입의 객체가 포함될 수 있습니다. 정수, 부울 또는 사용자 정의 객체 목록을 가질 수 있습니다. 다음과 같이 작성하여 목록에 포함된 객체의 타입을 특정하지 않아도 됩니다.

```
var songs = List();
```

List 다음의 〈String〉은 **제네릭** 구문입니다. 제네릭을 사용하면 컬렉션에 포함될 수 있는 값의 타입에 제한이 적용되어 안전한 타입의 컬렉션을 만들 수 있습니다.

목록은 여러 메서드를 구현합니다. add() 메서드를 사용하여 컬렉션에 새 객체를 삽입합니다.

```
songs.add('We will Rock You');
```

새 객체가 목록 끝에 추가됩니다. 다음 코드를 작성하여 정확하게 동일한 결과를 얻을 수 있습니다.

```
var songs = ['We will Rock You', 'One', 'Sultans of Swing'];
```

songs 변수는 여전히 문자열 목록입니다. songs.add(24)와 같은 다른 데이터 타입을 추가하려고 하면 오류가 발생됩니다. 이는 integer를 문자열 목록에 삽입할 수 없고, 기본적으로 타입 안전성이 적용되기 때문입니다.

while 문에는 반복문을 계속하려면 참이어야 하는 조건이 포함되어 있습니다.

```
while (i < songs.length) {
```

반복 조건인 (i 〈 songs.length)가 거짓이면 반복문의 코드는 더 이상 실행되지 않습니다.

앞서 보았던 것처럼 +=연산자는 문자열을 연결하는 연산자입니다. $ 문자를 사용하면 따옴표 안에 표현식을 삽입할 수 있습니다.

```
songString += '${songs[i]} - ';
```

여기 전체 코드의 최종 결과가 있습니다.

보시다시피 세 가지 멋진 노래가 연결되어 있으며, 각 노래 뒤에 '–' 기호를 추가하였습니다.

이제 다트에서 목록을 사용하는 동안 활용할 수 있는 몇 가지 흥미로운 기능을 살펴보려고 합니다.

foreach()

for 및 while 반복문은 일반적으로 모든 타입의 반복문에 사용할 수 있지만, 목록에는 우아하면서 읽기 쉬운 코드를 작성하는 데 도움이 되는 몇 가지 특징적인 메서드들이 있습니다.

목록의 foreach 메서드를 사용하면 배열의 각 요소에 대해 함수를 실행할 수 있습니다. 따라서 동일한 결과를 얻기 위해 while 반복문을 삭제하고, 대신 다음과 같은 코드를 사용할 수 있습니다.

```
songs.forEach((song) => songString += song + " - ");
```

foreach 메서드는 함수를 매개변수로 사용합니다. 이 함수는 익명일 수 있습니다. 이 익명 함수는 목록 자체와 동일한 데이터 타입의 인수(이 경우에서는 song)를 사용합니다. 따라서 노래 목록은 문자열 목록이므로, 노래도 문자열이 됩니다.

여러분은 이전 항목에서 '=>' 화살표 구문을 보았습니다. 이 경우 값을 반환하는 대신, 변수의 값을 설정하고 있으며, 이렇게 하는 것도 완전하게 허용됩니다.

map()

map( ) 메서드는 목록의 각 요소를 변환하고 변환 결과를 새 목록으로 반환합니다. 코드를 편집하여 이 메서드가 작동하는지 살펴보겠습니다.

```
void main() {
  String mySongs = sing();
  print(mySongs);
}

String sing() {
  var songs = List<String>();
  songs.add('We will Rock You');
  songs.add('One');
  songs.add('Sultans of Swing');
  var capitalSongs = songs.map((song) => song.toUpperCase());
  return capitalSongs.toString();
}
```

이 코드의 결과로 노래 제목들이 대문자로 출력되지만 코드에서 흥미로운 부분은 다음 부분입니다.

```
var capitalSongs = songs.map((song)=> song.toUpperCase());
```

여기에서 목록의 map( ) 메서드가 작동하는 것을 볼 수 있습니다. 목록의 각 요소(이 경우에는 song)에 대해, 요소마다 song.toUpperCase( )에 넣어 변환되고, 최종 결과는 capitalSongs 라는 새 변수에 전달됩니다. toString( ) 메서드는 목록을 문자열로 변환합니다. 화면에 출력되는 결과는 다음과 같습니다.

```
(WE WILL ROCK YOU, ONE, SULTANS OF SWING)
```

where()

이 짧은 개요에서 소개하고 싶은 마지막 메서드는 where( ) 메서드입니다. 다음 예제와 같이 where( ) 메서드를 이용하여 sing( ) 함수를 변경해 보겠습니다.

```
String sing() {
  var songs = List<String>();
  songs.add('We will Rock You');
  songs.add('One');
  songs.add('Sultans of Swing');
  var wSongs = songs.where((song) => song.contains('w'));
  return wSongs.toString();
}
```

where( ) 메서드는 song.contains('w') 테스트 표현식을 만족하는 요소만 반환합니다. 이 테스트는 "w"가 포함된 노래만 반환합니다. 따라서 화면에 출력되는 최종 결과는 다음과 같습니다.

```
(We will Rock You, Sultans of Swing)
```

목록을 정렬 및 변환하고, 목록 내부의 요소를 찾는 데 도움이 되는 몇 가지 다른 방법이 있습니다. 이 책 전체에서 이들 중 일부를 사용할 수 있지만, 지금은 foreach(), map(), where( ) 메서드를 사용하여 다트 및 플러터 코드의 목록을 사용할 수 있습니다.

클래스와 객체

다트는 객체지향 프로그래밍 언어이며, 객체 및 클래스는 다트 및 플러터에서 만들어야 하는 중요한 부분입니다. OOP 개념에 익숙하지 않다면, 다음 주소에 있는 글을 읽어보길 권합니다.

- https://www.freecodecamp.org/news/object-oriented-programming-concepts-21bb035f7260

이번에는 다트에서 클래스와 객체를 만드는 방법에 대해 간략히 살펴보겠습니다. 먼저 name과 surname을 나타내는 두 가지 필드를 가지고 Person 클래스를 만듭니다.

```
class Person {
  String name;
  String surname;
}
```

main 메서드에서 Person 클래스의 인스턴스를 만들고, 다음과 같이 name과 surname을 설정할 수 있습니다.

```
main() {
  Person clark = Person();
  clark.name = 'Clark';
  clark.surname = 'Kent';
  print('${clark.name} ${clark.surname}');
}
```

이 코드에는 주목할 만한 몇 가지 흥미로운 기능이 있습니다. name과 surname은 클래스 외부에서 모두 액세스 할 수 있지만, Private 또는 Public과 같은 식별자가 없습니다. 따라서 클래스의 각 프로퍼티는 이름이 밑줄 문자(_)로 시작하지 않는 한 public으로 간주합니다. 이 경우 라이브러리 또는 파일 외부에서 액세스 할 수 없게 됩니다.

Person clark = Person(); 줄에서, 여러분이 Person() 클래스의 인스턴스를 만들고 있으며, 그 결과 객체가 clark 변수에 포함되게 됩니다. 다트에서는 new 키워드를 암시된 대로 명시적으로 지정할 필요가 없습니다. 그래서 Person clark = Person();은 Person clark = new Person( );과 동일합니다.

플러터 프레임워크에서 개발을 하다보면, 다트 개발자들이 new 키워드를 자주 누락한다는 사실을 알게 될 것입니다.

게터와 세터 사용하기

게터(getters) 및 세터(setters)는 클래스에서 데이터를 보호하는 데 사용되는 메서드입니다. 게터 메서드는 클래스 인스턴스의 프로퍼티 값을 반환하고, 세터는 해당 값을 설정하거나 업데이트합니다. 이런 식으로 클래스에서 값을 읽거나(게터), 쓰기(세터) 전에 값을 확인할 수 있습니다.

필드 앞에 get 및 set 키워드를 추가하여 게터 및 세터를 지정합니다. 게터는 지정한 타입의 값을 반환하고, 세터는 void를 반환합니다.

```
main() {
  Person clark = Person();
  clark.name = 'Clark';
```

```
    clark.surname = 'Kent';
    clark.age = 30;
    print('${clark.name} ${clark.surname} ${clark.age}');
}


class Person {
  String name, surname;
  int _age;
  void set age(int years) {
    if (years > 0 && years < 120) {
      _age = years;
    } else {
      _age = 0;
    }
  }


  int get age {
    return _age;
  }
}
```

이 예제에서는 연도가 9에서 120 사이의 숫자인지를 확인하여, 세터 내의 데이터를 보호합니다. 게터는 업데이트 없이 _age를 반환합니다.

생성자

클래스들은 생성자를 가지고 있습니다. 생성자는 클래스의 객체가 생성될 때 자동으로 호출되는 특별한 메서드입니다. 클래스 프로퍼티의 초기 값을 설정하는 데 사용될 수 있습니다. 예를 들어, 생성자를 사용하여 Person 인스턴스를 빌드하도록 코드를 변경해 보겠습니다.

```
main() {
  Person clark = Person('Clark', 'Kent');
  print('${clark.name} ${clark.surname}');
}


class Person {
  String name, surname;
  Person(String name, String surname) {
```

```
      this.name = name;
      this.surname = surname;
   }
 }
```

Person(name, surname)은 name과 surname이라는 두 개의 매개변수를 받는 생성자 메서드입니다. 클래스의 새 인스턴스를 만들 때, 두 매개변수를 모두 전달해야 합니다. 예를 들어, 두 개의 문자열을 전달하지 않고 Person 인스턴스를 만들려고 시도하면, 오류가 발생합니다. 위치 매개변수를 대괄호로 묶어서 선택사항으로 만들 수도 있습니다.

```
Person([String name, String surname]) {
```

이제 매개변수가 없는 두 번째 생성자를 추가하려면 어떻게 해야 할까요? 다음과 같이 두 번째 생성자를 추가할 수 있습니다.

```
Person();
```

그런데, **"The default constructor is already defined."**(기본 생성자가 이미 정의되어 있습니다.)라는 오류가 발생합니다. 다트에서는 명명되지 않은(unnamed) 생성자를 오직 하나만 가질 수 있지만, 명명된(named) 생성자는 원하는 만큼 가질 수 있기 때문입니다. 우리 예제에서는 다음 코드를 추가할 수 있습니다.

```
Person.empty() {
```

이렇게 하면 두 번째 이름이 지정된 생성자가 생성됩니다. 다음 스크린샷에는 이름이 지정되지 않은 생성자인 Person()과 이름이 지정된 생성자인 Person.empty()가 있는 클래스의 예를 볼 수 있습니다.

이 경우에서 두 가지 차이점은 기본(명명되지 않은) 생성자를 호출할 때 두 개의 필수 매개변수인 name과 surname도 전달해야 한다는 것입니다. 반면 명명된 생성자를 사용하면 빈 객체를 만든 다음 나중에 코드에서 이름과 성을 설정할 수 있습니다.

NOTE

다시 말하자면, 다트에서는 명명되지 않은 기본 생성자가 하나만 있을 수 있지만, 명명된 생성자는 필요한 만큼 가질 수 있습니다.

this 키워드

생성자 인자를 객체 변수에 할당하는 작업은 우리가 자주 하는 일이며, 다트는 이 단축키를 사용하여 매우 쉽게 만듭니다. 예를 들어, 다음에 나오는 코드는 이전에 사용한 Person 생성자를 작성하는 코드입니다.

```dart
Person(String name, String surname) {
  this.name = name;
  this.surname = surname;
}
```

그런데, 여러분은 그냥 다음과 같이 쓸 수도 있습니다.

```
Person(this.name, this.surname) {}
```

클래스와 객체를 사용하면 첫 번째 플러터 프로젝트를 시작하는 데 필요한 모든 다트 도구를 사용할 수 있습니다. 다트에는 이 책에서 볼 수 있는 많은 다른 특징과 주제가 있지만, 프로젝트에서 필요할 때 다루도록 하겠습니다.

그럼 여러분의 첫 번째 플러터 프로젝트인 "Hello World Travel" 회사 앱을 만들어 봅시다.

1-3 여러분의 첫 번째 플러터 앱 생성하기

플러터 애플리케이션은 위젯으로 만들어지고, 위젯들은 사용자 인터페이스의 일부에 대한 묘사입니다. 모든 사용자 상호작용과 사용자가 앱을 탐색할 때 볼 수 있는 모든 것은 위젯으로 만들어집니다. 앱 자체가 위젯입니다.

그렇기 때문에 여러분이 플러터를 사용하기 시작할 때, 가장 많이 듣게 될 개념 중 하나는 "플러터에서는 거의 모든 것이 위젯이다"라는 것입니다. 이 말은 모든 경우 사실입니다.

다트를 사용하여 위젯을 작성합니다. 모바일 또는 웹 프로그래밍에 대한 경험이 있다면, 이 점이 다소 불안할 수 있습니다. 대부분의 다른 모바일 프레임워크는 사용자 인터페이스를 묘사하기 위해 XML 또는 HTML 형태와 비즈니스 로직을 위한 전체 프로그래밍 언어를 사용합니다. 플러터에서는 다트를 사용하여 사용자 인터페이스와 앱의 비즈니스 로직을 모두 묘사합니다.

이 장에서 빌드할 앱은 텍스트, 그림 및 클릭 시 사용자에게 메시지를 제공하는 버튼이 있는 단일화면 앱입니다. 따라서 앱이 매우 간단하더라도 위젯 사용, 텍스트 스타일 지정, 웹에서 이미지 다운로드, 경고 생성 등 플러터의 많은 기능을 볼 수 있습니다.

여러분의 첫번째 Hello World 앱 실행하기

이 첫 번째 프로젝트에서는 Flutter CLI를 사용하여 앱을 만들 것입니다. 시작하려면 시스템에 모든 것이 준비되어 있는지 확인하십시오.

01_ 터미널 창을 열고 flutter doctor를 입력합니다.

다음 스크린샷과 같은 몇 가지 메시지가 표시됩니다(이것은 Android용으로 설정된 Windows 시스템에서 가져온 것입니다).

만약 여기에 오류가 표시된다면, 에뮬레이터/시뮬레이터가 현재 실행 중인지 아니면 물리적으로 단말기가 연결되어 있는지 확인하십시오. 그래도 문제가 해결되지 않으면 Chapter 00의 설치 단계를 확인하십시오.

02_ 그 다음, 새로운 앱을 만들기 위한 CLI 명령어로 flutter create를 입력하십시오.

```
flutter create hello_world
```

flutter create는 hello_world라는 이름의 새 프로젝트를 만듭니다. 프로젝트 이름을 지정하는 규칙은 lowercase_with_underscores입니다. flutter create 명령은 앱 실행에 필요한 모든 기본 프로젝트 파일을 포함하는 hello_world라는 새 폴더를 만들어야 합니다.

03_ 이 단계의 결과를 보기 위해서는 터미널에서 다음의 코드를 입력하십시오.

```
cd hello_world
flutter run
```

몇 초 후에 다음 스크린샷과 유사한 플러터 기본 앱이 표시됩니다.

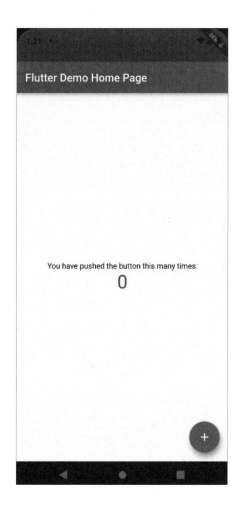

이제 Hello World Travel 에이전트를 제공하도록 이 프로젝트를 변경해야 합니다. 이를 수행하려면 다음 단계를 계속하십시오.

01_ 터미널에 Ctrl+C를 입력한 다음 Y를 입력하여 프로젝트를 중지합니다.

02_ 다음으로 편집기를 엽니다. 이 장에서는 Android Studio를 사용합니다.

03_ Android Studio의 [File] 메뉴에서 [Open…] 또는 [Welcome to Android Studio] 창에서 [Open an Existing Project]를 선택한 다음, 프로젝트 폴더로 이동하여 OK 버튼을 클릭합니다.

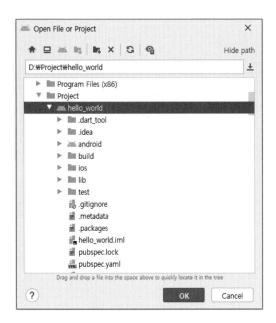

그러면 IDE에서 플러터 프로젝트가 열립니다.

04_ 편집기에 기본 앱의 코드가 포함된 'main.dart'라는 파일이 표시됩니다. 'main.dart' 파일의 모든 내용을 삭제하고 다음 코드를 입력해 보겠습니다.

```dart
import 'package:flutter/material.dart';

void main() => runApp(MyApp());

class MyApp extends StatelessWidget {
  @override
  Widget build(BuildContext context) {
    return Center(
      child: Text(
        'Hello World Travel',
        textDirection: TextDirection.ltr,
      ),
    );
  }
}
```

Android Studio 툴바에서 **Run** 버튼을 누르거나, Shift + F10 키보드 단축키를 사용하여 이 코드를 시험해 볼 수 있습니다. 이제 앱이 다음 스크린샷처럼 보일 것입니다.

우리가 작성한 코드를 한 줄씩 살펴보겠습니다.

```
import 'package:flutter/material.dart';
```

첫 번째 줄에서는 material.dart 패키지를 가져옵니다. 패키지란 재사용 가능한 코드가 포함된 라이브러리입니다. material.dart 패키지는 플러터에서 머티리얼 디자인을 구현하는 material 위젯의 컨테이너입니다.

머티리얼 디자인은 구글에서 개발한 시각 디자인 언어입니다.

다음으로 main으로 불리는 메서드를 만듭니다.

```
void main() => runApp(MyApp());
```

다트 예제에서 보셨겠지만, 이것은 모든 앱의 진입점이며 플러터 앱에서도 마찬가지입니다.

main() 메서드의 경우 화살표 구문을 사용하여, runApp()을 호출합니다. runApp() 메서드는 위젯을 확장하고 화면에 연결합니다. 간단히 말해서 runApp() 메서드는 화면의 앱 내부에 배치한 위젯을 표시합니다.

⚒ NOTE

플러터의 위젯은 뷰 자체가 아니므로 아무것도 그리지 않습니다. **사용자 인터페이스에 대한 설명**일 뿐입니다. 이 설명은 객체가 빌드될 때 실제 뷰로 확장됩니다.

다음 줄에는 MyApp이 StatelessWidget을 확장하는 클래스라고 나와 있습니다. 위젯은 다음과 같습니다.

```
class MyApp extends StatelessWidget {
```

플러터에는 두 가지 유형의 위젯이 있습니다. 바로 **stateless**과 **stateful**입니다. 위젯을 작성한 후 변경할 필요가 없는 경우 stateless 위젯을 사용합니다. 이 경우 앱 생명주기동안 화면의 텍스트("**Hello World Travel**")는 변경되지 않으므로 stateless 위젯만으로도 이 앱에서는 충분합니다. 반면 내용(또는 상태)를 변경해야 할 경우 stateful 위젯을 사용합니다.

⚒ NOTE

플러터에서 위젯 트리는 앱에서 위젯을 구성하는 방법입니다. HTML 페이지에 **DOM** 또는 **Document Object Model**이 있는 경우, 플러터는 내를 "위젯 트리"로 만드는 **위젯의 계층 목록**을 호출합니다.

다음 코드 줄의 build() 메서드는 **위젯 트리**에 위젯을 삽입할 때, 플러터 프레임워크에 의해 자동으로 호출됩니다.

```
Widget build(BuildContext context) {
```

이 예제에서, 위젯 트리는 Center 위젯과 Text 위젯의 두 가지 위젯으로만 구성됩니다. build() 메서드가 위젯을 반환합니다.

Center는 콘텐츠가 화면 중앙에 위치하는 위치 위젯(positional widget)입니다.

```
return Center(
```

따라서 Center 위젯 안에 어떤 것을 넣든 수평과 수직으로 중심에 놓이게 됩니다.

clild는 다른 위젯에 위젯을 중첩할 수 있는 프로퍼티입니다. Text는 텍스트를 표시하는 위젯입니다.

```
child: Text('Hello World Travel',
        textDirection: TextDirection.ltr,),
```

이 경우 textDirection 명령도 지정해야 합니다. ltr은 왼쪽에서 오른쪽을 의미합니다. 따라서 화면 중앙에 Text 위젯을 배치하기 위해 Center 위젯의 child 프로퍼티를 사용합니다. 기본적으로 화면의 배경색은 검은색입니다.

이것은 아마도 여러분이 본 것 중 가장 아름다운 앱은 아닐 것입니다. 하지만 우리는 만드는 것을 지속할 것입니다. 무엇보다도 우선 축하합니다! 여러분의 첫번째 Hello World 앱을 작성하였습니다!

MaterialApp과 Scaffold 이용하기

작은 흰색 텍스트가 있는 검은색 화면은 실제 앱처럼 보이지는 않습니다. 다음 단계를 수행하여 문제를 해결하도록 하겠습니다.

01_ 머티리얼 디자인 앱을 만들 때 사용할 컨테이너인 MaterialApp 위젯을 소개하려고 합니다. 머티리얼 디자인은 Google이 2014년에 잉크나 종이와 같은 '소재(materials)'를 기반으로 개발한 디자인 언어로, 물리적 소재보다 훨씬 더 고급스러운 구현을 했습니다. 플러터는 머티리얼 디자인을 완벽하게 지원합니다.

> **TIP**
>
> 만약 여러분이 머티리얼 디자인에 대해 배우는 것에 흥미를 가지고 있다면, material.io 사이트(https://material.io)를 살펴보세요. 웹, 모바일은 물론 여러분이 만들 멋진 플러터 앱을 만드는 데 사용할 수 있는 예제와 아이디어로 가득 합니다!

02_ 여러분은 대부분의 앱에서 콘텐츠를 MaterialApp 위젯으로 래핑할 것입니다. 이것은 물론 여러분의 앱에 제목을 지정할 수 있도록 해 줍니다. 그럼 다음과 같이 코드를 변경하겠습니다.

```
import 'package:flutter/material.dart';
```

```
void main() => runApp(MyApp());

class MyApp extends StatelessWidget {
  @override
  Widget build(BuildContext context) {
    return MaterialApp(
        title: "Hello World Travel Title",
        home: Center(child: Text('Hello World Travel')));
  }
}
```

03_ Center 위젯을 반환하는 대신 title과 home이라는 두 가지 프로퍼티가 있는 MaterialApp을 반환합니다. home은 사용자가 앱 화면에서 실제로 보게 되는 것입니다. MaterialApp을 사용할 때 텍스트 방향은 장치의 로케일 정보를 기반으로 선택되므로 텍스트 방향을 지정할 필요가 없습니다.

NOTE

현재 오른쪽에서 왼쪽 텍스트 방향을 사용하는 언어는 아랍어, 페르시아어, 히브리어, 파슈토어 및 우르두어입니다. 다른 모든 언어는 왼쪽에서 오른쪽으로 사용합니다.

04_ 여러분이 앱을 실행하면 몇 가지 사항이 변경된 것을 볼 수 있습니다. Android를 사용하는 경우 앱을 살펴보면 앱 제목이 변경되었으며, 글꼴 크기가 변경된 것을 볼 수 있습니다.

05_ 전보다 더 안 좋아 보입니다. 어서 빨리 Scaffold 위젯을 추가하겠습니다. Scaffold 위젯은 AppBar, 아래쪽 내비게이션 바, 플로팅 액션 버튼 및 화면 본문을 포함한 여러 머티리얼 디자인

레이아웃 위젯을 포함할 수 있으므로, MaterialApp 위젯의 화면을 나타냅니다. 우리는 책 전체에서 이러한 위젯을 광범위하게 사용할 것입니다.

06_ Scaffold 위젯을 사용하면 앱에 애플리케이션 표시 줄을 추가할 수 있습니다. appBar 프로퍼티에서 응용프로그램 표시 줄에 표시할 텍스트를 포함하고 있는 AppBar 위젯을 배치합니다.

07_ 다음 코드 블록과 같이 'Hello World Travel'앱에 추가할 텍스트를 설정해 보겠습니다.

```
class MyApp extends StatelessWidget {
  @override
  Widget build(BuildContext context) {
    return MaterialApp(
        title: "Hello World Travel Title",
        home: Scaffold(
            appBar: AppBar(title: Text("Hello World Travel App")),
            body: Center(child: Text('Hello World Travel'))));
  }
}
```

Scaffold 위젯에는 우리가 사용한 두 가지 프로퍼티가 있습니다. 애플리케이션 바를 포함하는 appBar와 화면의 주요 내용을 포함하는 body입니다.

따라서 이제 우리 앱은 적은 양의 텍스트만 포함하더라도 확실히 앱처럼 보입니다.

우리 앱을 더 흥미롭게 만들기 위해 이제 더 많은 위젯을 추가하겠습니다.

텍스트 서식 지정 및 열 사용

우리의 고객인 Hello World Travel은 파란색과 보라색을 좋아하기 때문에, 우리는 앱의 색상과 텍스트 서식을 변경해야 합니다. 여기에 표시된 것처럼 MyApp 클래스 코드를 변경합니다.

```
class MyApp extends StatelessWidget {
  @override
  Widget build(BuildContext context) {
    return MaterialApp(
        title: "Hello World Travel Title",
        home: Scaffold(
            appBar: AppBar(
              title: Text("Hello World Travel App"),
              backgroundColor: Colors.deepPurple,
            ),
            body: Center(
                child: Text(
                  'Hello World Travel',
                  style: TextStyle(
                      fontSize: 26,
                      fontWeight: FontWeight.bold,
                      color: Colors.blue[800]),
            ))));
  }
}
```

앱에 몇 가지 기능을 추가했습니다. 먼저 AppBar의 배경색을 여기에 표시된 대로 추가했습니다.

```
backgroundColor: Colors.deepPurple,
```

Colors 클래스는 여기에서 사용했던 deepPurple을 포함하여 즉시 사용할 수 있는 여러 색상이 포함되어 있습니다. 색상에서 음영을 선택할 수도 있습니다. 일반적으로 100에서 900까지의 숫자(100씩 증가)와 색상 50을 더한 값입니다. 숫자가 클수록 색상이 어두워집니다. 예를 들어, 텍스트의 경우 다소 어두운 파란색(blue[800])을 선택했습니다.

```
style: TextStyle( fontSize: 26,
                fontWeight: FontWeight.bold,
                color: Colors.blue[800]),)
```

Text 위젯에서 style 프로퍼티를 사용하여 TextStyle 클래스를 추가하고 더 큰 fontSize와 굵은 fontWeight와 color를 선택했습니다.

우리 앱은 확실히 나아지고 있지만, 아직 끝나지 않았습니다. 이제 첫 번째 텍스트 아래에 두 번째 텍스트를 추가해야 합니다. 지금 문제는 Center 위젯이 하나의 하위 항목만 가지게 되므로, 두 번째 Text 위젯을 추가할 수 없다는 것입니다. 해결책은 둘 이상의 하위 항목을 허용하는 컨테이너 위젯을 선택하는 것이며, 위젯을 화면에 배치하고 싶을 때 Column 컨테이너 위젯을 사용할 수 있습니다. Column 위젯은 위젯 배열을 사용하는 child 대신 children 프로퍼티를 가지고 있습니다. 따라서 Scaffold 위젯의 바디를 다음과 같이 변경해 보겠습니다.

```
body: Center(
  child: Column(children: [
    Text(
      'Hello World Travel',
      style: TextStyle(
        fontSize: 26,
        fontWeight: FontWeight.bold,
        color: Colors.blue[800]),
    ),
    Text(
      'Discover the World',
      style: TextStyle(
        fontSize: 20,
        color: Colors.deepPurpleAccent),
    )
  ]))
```

이제, Center 위젯은 여전히 하나의 child를 포함하고 있지만, 그것의 child는 이제 두 개의 Text 위젯인 'Hello World Travel'과 'Discover the World'를 포함하고 있는 Column 위젯입니다.

이미지 보여주기와 버튼 사용하기

이제 다음과 같이 두 텍스트 아래에 하나의 Image 위젯을 추가해 봅시다.

```
Image.network(
  'https://images.freeimages.com/images/large-previews/eaa/the-beach-1464354.jpg',
  height: 350,
),
```

Image는 한 줄의 코드로 URL에서 이미지를 자동으로 다운로드 하는 network() 생성자가 있는 위젯입니다. 이미지는 FREEIMAGES(https://www.freeimages.com/)에서 가져온 것입니다. 이 웹사이트는 개인 및 상업용 무료 사진을 제공합니다.

이미지의 height 프로퍼티는 화면의 픽셀 밀도에 따라 높이를 지정합니다. 기본적으로 너비는 비례하여 크기가 증가됩니다.

NOTE

플러터에서 **픽셀**에 대해 말할 때 이것은 실제 물리적 픽셀이 아닌 논리적 픽셀을 말하는 것입니다. 물리적 픽셀은 장치에 있는 픽셀 수입니다. 그러나 몇 가지 폼 팩터가 있으며, 화면 해상도는 크게 다를 수 있습니다.

예를 들어 Sony Xperia E4의 화면 크기는 5인치이고, 해상도는 960 * 540 픽셀입니다. Xperia X의 화면 크기는 5인치와 같지만, 해상도는 1920 * 1080입니다. 따라서 540 픽셀의 정사각형을 그리면 두 번째 장치에서 훨씬 더 작게 그려집니다. 이것이 논리 픽셀이 필요한 이유입니다. 각 장치에는 배율이 있으므로 논리 픽셀을 사용할 때 화면 해상도에 대해 별로 걱정할 필요가 없습니다.

이미지 아래에 버튼을 추가해 보겠습니다.

```
RaisedButton(
  child: Text('Contact Us'),
  onPressed: () => true,),
```

RaisedButton은 사용자가 누르거나 클릭할 수 있는 버튼을 표시합니다. RaisedButton 내에서 Text를 child 위젯으로 배치하고, onPressed 프로퍼티에서 화살표 연산자를 사용하여 anonymous() 함수를 생성했으며, 함수에서 true를 반환합니다. 잠시 일시적으로 이렇게 하는 것뿐입니다. 사용자가 버튼을 눌렀을 때 메시지를 보여주고 싶기 때문에 나중에는 그렇게 진행할 것입니다.

다음으로 지금까지 MyApp 클래스의 코드와 Android 에뮬레이터의 결과를 볼 수 있습니다.

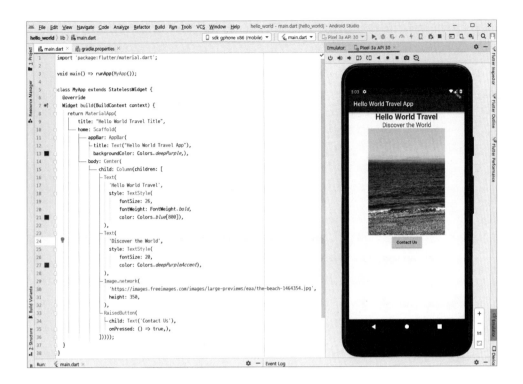

달성하고자 하는 최종 결과에 거의 도달했지만, 수정해야 할 몇 가지 사항들이 있습니다. 위젯 사이에 약간의 공간을 추가하고, 사용자가 문의하기 버튼을 선택할 때 메시지를 표시해야 합니다. 그럼 메시지부터 시작하겠습니다.

경고 대화상자 표시하기

AlertDialog는 피드백을 제공하거나 사용자에게 몇 가지 정보를 요청하는 데 사용하는 위젯입니다. 현재 화면 상단에 머무르는 작은 창이며, 사용자 인터페이스의 일부만 덮습니다. 몇 가지 사용 사례로는 아이템을 삭제하기 전에 확인을 요청하거나(**확실합니까?**), 사용자에게 정보를 제공하는 것(**주문 완료!**)이 있습니다. 코드에서 Hello World Travel 회사의 연락처 정보를 사용자에게 표시합니다.

AlertDialog 위젯을 표시하려면 몇 단계가 필요합니다.

1. showDialog( ) 메서드 호출하기
2. context 설정하기
3. builder 설정하기
4. AlertDialog 프로퍼티 반환하기
5. AlertDialog 프로퍼티들 설정하기

MyApp 클래스 끝에 contactUs라는 새 메서드를 작성해 보겠습니다.

```
void contactUs(BuildContext context) {
  showDialog(
    context: context,
    builder: (BuildContext context) {
      return AlertDialog(
        title: Text('Contact Us'),
        content: Text('Mail us at hello@world.com'),
        actions: <Widget>[
          FlatButton(
            child: Text('Close'),
            onPressed: () => Navigator.of(context).pop(),
          )
        ],
      );
    },
  );
}
```

우리는 컨텍스트 매개변수를 사용하는 contactUs 메서드를 생성하고 있습니다. 그런 다음 사용자에게 메시지를 표시하는 데 필요한 showDialog() 함수를 호출합니다. showDialog 함수에는 설정해야 하는 몇 가지 프로퍼티들이 있습니다. 첫 번째는 기본적으로 대화상자가 표시되어야 하는 context입니다. context 매개변수를 통해 메서드에 전달됩니다.

다음으로 builder 프로퍼티를 설정해야 합니다. 여기에는 함수가 필요하므로 BuildContext 타입의 단일 인수를 받아들이고 위젯(예를 들면 AlertDialog)을 반환하는 함수를 만들어야 합니다.

```
builder: (BuildContext context) {
  return AlertDialog(
```

AlertDialog 위젯에는 사용자에게 표시되는 메시지의 동작을 설정하는 여러 프로퍼티가 있습니다. 이 예제에서 사용하는 세 가지 프로퍼티는 title, content, actions입니다. 다음 스크린샷에서 이러한 프로퍼티를 사용한 결과를 볼 수 있습니다.

알림창의 제목과 hello@world.com으로 메일을 요청하는 **안내글** 같은 콘텐츠 및 액션(**닫기** 버튼)을 볼 수 있습니다. 액션에서 둘 이상의 선택항목이 있는 경우 둘 이상의 버튼을 배치할 수 있습니다. 코드의 다음 발췌 부분에서 확인해 보면, Navigator 클래스의 pop() 메서드는 AlertDialog를 닫습니다. 이 책의 다른 프로젝트에서 플러터의 화면과 탐색에 대해서 자세히 설명하겠습니다.

```
return AlertDialog(
  title: Text('Contact Us'),
  content: Text('Mail us at hello@world.com'),
  actions: <Widget>[
    FlatButton(
      child: Text('Close'),
      onPressed: () => Navigator.of(context).pop(),
    )
  ],
```

AlertDialog가 아직 표시되지 않았습니다. 사용하기 전에 몇 가지 사항을 변경해야 합니다. 첫 번째 변경사항은 방금 만든 contactUs 함수를 호출해야 한다는 것입니다. RaisedButton 위젯의 onPressed 프로퍼티에서 이 작업을 수행합니다.

```
onPressed: () => contactUs(context),
```

수행해야 할 두 번째 변경사항은 Builder 위젯의 Scaffold 위젯 본문에 Center 위젯을 포함하는 것입니다. 이를 통해 Scaffold의 context를 가져와서 다음과 같이 showDialog 메서드에 전달할 수 있습니다.

```
body: Builder(builder: (context)=>Center(
```

참고로 지금까지 작성한 최종 코드는 다음과 같습니다.

```dart
import 'package:flutter/material.dart';

void main() => runApp(MyApp());

class MyApp extends StatelessWidget {
  @override
  Widget build(BuildContext context) {
    return MaterialApp(
        title: "Hello World Travel Title",
        home: Scaffold(
            appBar: AppBar(
              title: Text("Hello World Travel App"),
              backgroundColor: Colors.deepPurple,
            ),
            body: Builder(
                builder: (context) => Center(
                    child: Column(children: [
                  Text(
                    'Hello World Travel',
                    style: TextStyle(
                        fontSize: 26,
                        fontWeight: FontWeight.bold,
                        color: Colors.blue[800]),
                  ),
```

```
                    Text(
                      'Discover the World',
                      style: TextStyle(
                          fontSize: 20, color: Colors.deepPurpleAccent),
                    ),
                    Image.network(
                      'https://images.freeimages.com/images/large-previews/eaa/
                      the-beach-1464354.jpg',
                      height: 350,
                    ),
                    RaisedButton(
                      child: Text('Contact Us'),
                      onPressed: () => contactUs(context),
                    ),
                  ]))));
  }

  void contactUs(BuildContext context) {
    showDialog(
      context: context,
      builder: (BuildContext context) {
        return AlertDialog(
          title: Text('Contact Us'),
          content: Text('Mail us at hello@world.com'),
          actions: <Widget>[
            FlatButton(
              child: Text('Close'),
              onPressed: () => Navigator.of(context).pop(),
            )
          ],
        );
      },
    );
  }
}
```

이 책의 프로젝트를 따르는 동안 코드를 작성할 때 길을 잃은 경우 언제든지 GitHub 저장소에서 앱의 최종버전을 확인할 수 있습니다. 특히 이 장의 프로젝트는 https://github.com/binsoopark/FlutterProjectExamples 에서 이용 가능합니다.

다음 섹션에서는 패딩을 사용하여 앱에 공간을 추가하는 방법을 살펴보겠습니다.

패딩 사용하기

우리 앱의 모든 기능이 완성되었지만, 화면에 있는 모든 것이 혼잡해 보입니다. 위젯 사이에 적절한 공간을 추가하도록 하겠습니다. 일반적으로 패딩(padding) 및 마진(margin) 프로퍼티를 통해 공간을 만들 수 있습니다. 플러터에서 일부 위젯에는 공간을 처리하기 위한 padding과 margin 프로퍼티가 있습니다. 패딩은 콘텐츠와 위젯 테두리(보이지 않을 수 있음) 사이의 공간을 의미하며, 마진은 다음 다이어그램과 같이 테두리 외부의 공간을 의미합니다.

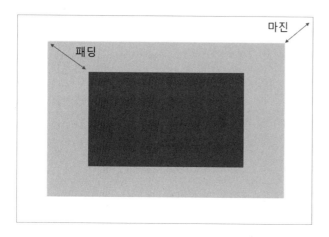

또한 플러터에는 공간을 처리하기 위해 특별히 만들어진 위젯인 Padding 위젯도 있습니다. 오프셋(offset)이라고도 부르는 거리를 지정하기 위해서는 EdgeInsets 클래스를 사용합니다. 이 클래스는 마진 또는 패딩에 대해 왼쪽, 위쪽, 오른쪽, 아래쪽에서 오프셋을 지정합니다. EdgeInsets 클래스를 위해 여러 명명된 생성자가 있습니다.

EdgeInsets.all 생성자는 상자의 네 면(위, 오른쪽, 아래, 왼쪽) 모두에 오프셋을 만듭니다. 다음 예제에서는 상자의 모든 면에 24개의 논리적인 픽셀 오프셋을 만듭니다.

```
EdgeInsets.all(24)
```

오프셋의 측면을 선택하기 위해서는 only() 생성자를 사용할 수 있습니다. 예를 들어 다음 예제에서는 위젯 오른쪽에 80 픽셀의 마진을 만들고 있음을 화면에 표시합니다.

```
EdgeInsets.only(right:80)
```

EdgeInsets.symmetric(vertical: 48.5) 생성자를 사용하면 대칭인 수직 및 수평 오프셋을 만들 수 있습니다. 모든 생성자는 매개변수로 double 값을 사용합니다.

```
EdgeInsets.symmetric(vertical:48.5)
```

이제, 코드에서 공백을 추가해 보겠습니다.

01_ Center 자체를 Padding 위젯으로 묶어 각 면에 20개의 논리 픽셀이 있는 EdgeInsets.all 클래스를 부여합니다.

```
body: Builder(
  builder: (context) => Padding(
    padding: EdgeInsets.all(20),
    child: Center(
      child: Column(children: [
```

02_ 그 다음에는 두 개의 Text 위젯과 Image 위젯, RasedButton 위젯에 대해 동일한 프로세스를 반복합니다. 'Hello World Travel' 텍스트에 10 픽셀 패딩을 지정하여 시작하겠습니다.

```
Padding(
  padding: EdgeInsets.all(10),
  child: Text(
    'Hello World Travel',
```

03_ 그 다음으로 'Discover the world' 텍스트에 패딩을 추가합시다.

```
Padding(
  padding: EdgeInsets.all(5),
  child: Text(
    'Discover the World',
```

04_ 그리고, Image 위젯에 패딩을 추가하겠습니다.

```
Padding(
  padding: EdgeInsets.all(15),
  child: Image.network(
```

05_ 마지막으로 버튼에 패딩을 추가하면 됩니다.

```
Padding(
  padding: EdgeInsets.all(15),
    child: RaisedButton(
```

지금 앱을 사용해 보면 기기에 따라서는 모든 것이 괜찮아 보일 수 있지만, 여전히 문제가 남아 있습니다. 그것이 무엇인지 다음 섹션에서 보도록 하겠습니다.

SingleChildScrollView 사용하기

이제 화면에 약간의 공간을 추가했으므로 문제가 발생할 수 있습니다. 수평으로 볼 수 있도록 여러분의 기기를 회전해 보십시오. 다음 스크린샷과 같은 내용이 표시되어야 합니다.

에러가 있습니다. "**Bottom overflowed by 250 pixels**" 오류는 UI의 크기가 화면의 크기보다 더 크기 때문에 발생합니다.

여러분의 앱을 모바일 용으로 개발할 때에는 항상 모든 방향에서 앱을 확인하세요.

이것을 위한 쉬운 해결책이 있습니다. 우리는 모든 것을 SingleChildScrollView로 묶어야 합니다.

```
builder: (context) => SingleChildScrollView(
  child: Padding(
```

SingleChildScrollView는 스크롤되는 위젯이며, 예제에서는 Padding이라는 하나의 child가 있습니다. 이것은 위젯이 화면의 사용 가능한 공간보다 더 많은 공간을 차지할 수 있고, 특히 넘쳐나는 콘텐츠에 대해 스크롤을 활성화하려는 경우에 유용합니다.

지금 이것을 적용해 보면, 모든 것이 완벽하게 작동하는 것을 확인할 수 있습니다. 필요한 경우 사용자가 위 아래로 스크롤할 수도 있습니다.

이 책의 첫 번째 프로젝트를 완료하셨습니다! 축하합니다. 여러분은 플러터 개발자가 되기 위한 좋은 길 위에 서 있습니다.

요약

이 첫 번째 장에서는 플러터를 배우는 여정에서 얻을 수 있는 몇 가지 기본 사항에 대해 다뤘습니다. 여기에 포함된 내용에는 Flutter CLI 사용 방법과 flutter doctor 명령어를 사용하여 여러분의 설치된 상태를 확인하는 방법이 포함되어 있습니다. 에뮬레이터(Android) 또는 시뮬레이터(iOS)에서 앱을 사용하는 방법도 살펴보았습니다.

다트와 다트의 구문을 소개했습니다. DartPad 온라인 도구를 사용하여 변수, 반복문, 문자열, 화살표 구문, 리스트, 제네릭, Map() 메서드를 포함한 일부 다트 구문을 살펴보았습니다.

생성자, 프로퍼티 및 메서드를 포함한 클래스와 객체와 함께 객체지향 프로그래밍의 기본 사항을 다루었습니다. 마지막으로 플러터를 소개하고 첫 번째 Hello World 앱을 만들었습니다. 플러터의 거의 모든 UI가 위젯이라는 것을 보았고, Center, Text, MaterialApp과 Scaffold, Column, RasiedButton, Image를 포함하여 몇 가지 위젯을 소개하였습니다.

색상 선택 및 글꼴 크기 조정과 같은 위젯의 프로퍼티를 사용하여 앱의 스타일을 수정했습니다. 또한 패딩을 사용하여 화면의 공간을 처리하는 방법과 버튼 클릭과 같은 이벤트에 응답하는 방법도 살펴보았습니다.

마지막으로 사용자에게 피드백을 제공하기 위해 AlertDialog 위젯을 사용하였습니다.

이 장에서 소개하는 주제는 플러터 진행의 기초가 될 것이며, 여기에서 습득한 기술을 통해 이 책의 나머지 프로젝트를 따라갈 수 있습니다. 또한 이것은 자신의 앱을 개발할 때 매우 유용하게 사용될 것입니다.

다음 장에서는 플러터로 상호작용하는 앱을 만들 수 있는 State 개념에 대해 소개할 것입니다.

질문

각 프로젝트의 끝에는 1장에서 다룬 내용을 기억하고 리뷰하는 데에 도움이 되는 몇 가지 질문이 있습니다. 이 첫 번째 장도 예외는 아닙니다.

다음 질문에 답해 보십시오. 확실하지 않은 경우 이 장의 내용을 잘 살펴보면 모든 답을 찾을 수 있습니다.

1. 위젯이란 무엇입니까?
2. 다트와 플러터 앱의 시작점은 무엇입니까?
3. 다트/플러터 클래스에 몇 개의 명명된 생성자를 가질 수 있습니까?
4. 세 개의 EdgeInsets 생성자를 지정할 수 있습니까?
5. Text 위젯에서 텍스트 스타일을 어떻게 지정할 수 있습니까?
6. flutter doctor 명령어를 사용하는 목적은 무엇입니까?
7. 위젯 아래에 다른 위젯을 여러 개 포함하기 위해서, 어떤 위젯을 사용하겠습니까?
8. "화살표 구문(arrow syntax)"이란 무엇입니까?
9. 위젯 사이에 공간을 만드는 데 사용할 수 있는 위젯은 무엇입니까?
10. 사용자에게 이미지를 어떻게 보여줄 수 있습니까?

추가 읽을거리

기술적인 것들은 상황이 매우 빠르게 변하기 때문에, 여러분이 이 책을 읽을 때는 플러터 설치를 위해 제공된 정보들은 변경되었을 수 있습니다. Windows, Mac, Linux 시스템에 플러터를 설치하기 위한 최신 정보는 다음의 링크를 확인하십시오.

- https://flutter.dev/docs/get-started/install

이 책을 쓰는 시점에서 Chrome OS는 공식적으로 지원되지는 않지만[2], Chrome OS에 Flutter SDK를 성공적으로 설치하는 과정을 보여주는 여러 블로그 글과 가이드가 있습니다. 예를 들어 실행중인 Pixelbook(픽셀북)에 플러터를 설치하려면 Chrome OS에서 다음의 링크를 확인하십시오.

- https://proandroiddev.com/flutter-development-on-a-pixelbook-dde984a3fc1e

머티리얼 디자인은 흥미로운 주제입니다. 디자인 패턴, 규칙 및 도구에 대한 전체 설명을 보려면, 다음 링크의 머티리얼 디자인 웹 사이트를 방문하십시오.

- https://material.io/

이 책을 통해 제가 가지고 있는 플러터 기술에 대한 열정을 여러분에게 전하고 싶습니다. 저는 종종 Medium의 플러터 커뮤니티 웹 사이트에서 영감과 훌륭한 아이디어를 찾습니다. 다음의 웹 사이트에서 찾을 수 있습니다.

- https://medium.com/flutter-community

---

2 **역자 주:** 번역 시점에서는 flutter.dev 기준으로 Chrome OS를 공식으로 지원합니다.

CHAPTER 02 >>>>>>

마일 또는 킬로미터?
Stateful 위젯 사용하기

✔ 기술 요구사항

✔ 프로젝트 개요

✔ state와 stateful 위젯 이해하기

✔ 측정값 변환기 프로젝트 만들기

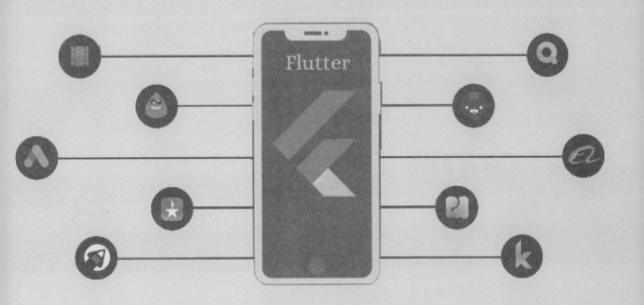

세상은 이상한 곳입니다. 우리 대부분은 다른 나라를 여행할 때, 다른 언어, 문화, 음식을 발견할 수 있다는 것을 알고 있지만, 어디를 가도 최소한 숫자와 측정값은 동일하게 유지될 것이라고 기대하고 있습니다. 글쎄요. 그렇지 않습니다.

거리, 속도, 무게, 볼륨 및 온도 변화와 같은 측정값이 거주지에 따라 달라집니다. 실제로, 오늘날 사용되는 두 가지 주요 측정 시스템이 있습니다. 주로 미국에서 사용되는 영국식 야드파운드법과 다른 대부분의 국가에서 사용되는 미터법입니다.

이 장에서는 이 혼란스러운 세상에 몇 가지 질서를 가져다줄 것입니다. 거리 및 무게 측정값을 영국식에서 미터법으로 또는 그 반대로 변환되는 측정값 변환 앱을 구현합니다.

이 장에서는 다음 부분을 살펴보겠습니다.

- 프로젝트 개요
- State와 Stateful 위젯 이해하기
- 측정값 변환기 프로젝트 만들기

2-1 기술 요구사항

앱 구현 중 길을 잃은 경우, 이 장의 끝 부분이나 책의 GitHub 저장소에서 완성된 앱 코드를 찾을 수 있습니다(https://github.com/binsoopark/FlutterProjectExamples).

이 책의 코드 예제를 따르려면 Windows, Mac, Linux, Chrome OS 기기에 다음 소프트웨어가 설치되어 있어야 합니다.

- Flutter SDK
- Android 용으로 개발하려면 Android SDK가 필요합니다(Android Studio에서 쉽게 설치할 수 있습니다).
- iOS 용으로 개발하려면 macOS 및 Xcode가 필요합니다.
- 에뮬레이터(Android, 시뮬레이터(iOS) 또는 연결된 iOS 또는 Android 기기에서 디버깅이 가능합니다.
- 편집기: Visual Studio Code, Android Studio 또는 IntelliJ 혹은 IDEA를 권장합니다. 모두 Flutter/Dart 확장 프로그램이 설치되어 있어야 합니다.

이 책의 Chapter 00에서 설치 가이드를 찾을 수 있습니다.

이 장에서 앱을 구현하는 데 필요한 시간은 약 2.5시간입니다.

2-2 프로젝트 개요

측정값 변환 앱을 사용하면 측정 항목(미터법 또는 영국식)을 선택하고 다른 측정값으로 변환할 수 있습니다. 예를 들어 마일 단위의 거리를 킬로미터 단위의 거리로 변환하거나 킬로그램 단위의 무게를 파운드 단위의 무게로 변환할 수 있습니다. 따라서 다음에 다른 시스템을 사용하는 국가로 여행할 때 자동차의 속도(그리고 아마도 벌금은 피할 수 있음) 또는 시장에서 구입할 수 있는 식품의 무게를 쉽게 이해할 수 있습니다. 그 방법으로 플러터 기술을 쌓을 수 있습니다.

이 장이 끝나면 TextField와 같은 위젯을 사용해서 State로 사용자와 상호작용하고 앱을 대화형으로 만드는 방법을 알게 될 것입니다.

이 과정에서 플러터에서 몇 가지 기본 개념을 접하게 될 텐데, 특히 다음과 같은 개념을 접하게 될 것입니다.

- 플러터에서 State가 무엇인지 확인하고, Stateful 위젯 사용을 시작하고, Stateless 및 Stateful 위젯을 사용해야 하는 시기를 이해할 수 있습니다.
- 앱에서 State를 업데이트하는 방법과 시기를 확인할 수 있습니다.
- TextField에서 onChanged 및 onSubmitted와 같은 이벤트를 처리하는 방법도 볼 수 있습니다.
- 이 프로젝트에서 사용할 또 다른 매우 중요한 위젯은 DropDownButton입니다. 사용자가 선택할 수 있는 항목을 결정하는 드롭다운 목록입니다. 그리고 이러한 선택을 플러터에서는 DropDownItems라고 합니다.
- 사용자 인터페이스(UI)에서 앱 로직을 분리하는 방법을 확인하고 앱 구조를 구현하는 방법에 대한 몇 가지 팁을 얻을 수 있습니다.

TIP

stateful 위젯은 앱에서 상태를 처리하는 가장 기본적인 방법이지만, 플러터에서 상태를 처리하는 다른 더 효율적인 방법이 있습니다. 그 중 일부는 다음에 진행할 프로젝트에서 보여줄 것입니다.

이 장에서 구현하는 프로젝트의 최종 레이아웃은 다음과 같습니다.

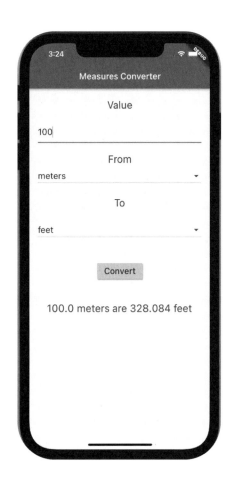

보시다시피, 이것은 머티리얼 디자인 위젯이 있는 다소 표준적인 형태로써 사용자가 쉽게 컴파일 할 수 있습니다. 향후 앱에서 사용하는 모든 형식의 시작점으로 사용할 수 있습니다.

2-3 state와 stateful 위젯 이해하기

지금까지 살펴본 위젯은 stateless 위젯입니다. 즉, 생성된 이후에는 변경할 수 없으며, 상태 정보를 유지하지 않습니다. 사용자와 상호작용할 때 상황이 바뀔 것으로 예상합니다. 예를 들어 측정값을 한 시스템에서 다른 시스템으로 변환하려면 일부 사용자 입력에 따라 결과를 변경해야 합니다.

플러터의 변경사항을 처리하는 가장 기본적인 방법은 State를 사용하는 것입니다.

State는 위젯이 빌드될 때 사용할 수 있고, 위젯이 살아있는 동안 변경될 수 있는 정보입니다.

이 정의의 중요한 부분은 State가 '**변경될 수 있는 정보**'라는 것입니다. 그러나 이 정의를 자세히 읽으면, '**변경되는 것은 위젯 그 자체가 아니라 변경되는 위젯의 State**'이며, 변경되면 위젯이 다시 빌드된다는 의미이기도 합니다. 위젯에 State가 있는 경우, stateful 위젯이라고 합니다. 그리고 플러터에서 stateful 위젯은 변경할 수 없습니다. 변화하는 것은 오직 State 그 자체입니다.

NOTE

State가 변경될 때마다 위젯은 다시 빌드됩니다.

지금까지 사용한 stateless 위젯과 stateful 위젯의 주요 차이점을 살펴보았습니다. 물론 가장 명백한 차이점은 State(State/less, State/ful)라는 이름 자체로 설명이 됩니다.

그러나 다른 구현방법도 있습니다. 자세히 보기 위해 새 앱을 만들어 실제로 살펴보겠습니다.

2-4 측정값 변환기 프로젝트 만들기

이제 이 장에서 완전히 작동하는 측정값 변환기를 구현하는 데 사용할 새 앱을 만들 것입니다.

01_ 좋아하는 편집기에서 새 앱을 만듭니다. 새 앱의 이름을 Unit Converter로 지정합니다.

02_ main.dart 파일에서 예제 코드를 제거하고 다음과 같이 주어진 코드를 작성합니다.

```dart
import 'package:flutter/material.dart';

void main() => runApp(MyApp());

class MyApp extends StatelessWidget {
  @override
  Widget build(BuildContext context) {
    return MaterialApp(
      title: 'Measures Converter',
      home: Scaffold(
        appBar: AppBar(
          title: Text('Measures Converter'),
        ),
```

```
      body: Center(
        child: Text('Measures Converter'),
      ),
    ),
  );
  }
}
```

여러분이 아시는 것처럼 앞의 코드는 Stateless 위젯을 사용합니다.

```
class MyApp extends StatelessWidget {
```

✖ NOTE

Stateless 위젯은 StatelessWidget을 확장하는 **클래스**입니다. StatelessWidget 클래스를 확장하려면 build() 메서드를 재정의하여야 합니다.

build() 메서드에서, 메서드가 반환하는 위젯을 설명합니다.

```
@override
Widget build(BuildContext context) {
```

context를 취하고 widget을 반환하는 build() 메서드입니다.

```
return MaterialApp(
```

요약하면, stateless 위젯을 사용하려면 다음을 수행해야 합니다.

1. StatelessWidget을 확장하는 클래스를 만듭니다.
2. build() 메서드를 재정의합니다.
3. 위젯을 반환합니다.

빌드된 Stateless 위젯은 변경되지 않습니다.

Stateful 위젯 사용하기

이제 MyApp 클래스를 Stateful 위젯으로 변환하여 클래스의 다양한 구현을 볼 수 있습니다.

```
class MyApp extends StatefulWidget {
```

두 가지 오류가 발생하는 것을 즉시 확인할 수 있습니다. MyApp 클래스 위로 마우스를 가져가면, **"Missing concrete implementation of 'StatefulWidget.createState'"**가 표시되고, build 메서드 위로 마우스를 가져가면 **"The method doesn't override an inherited method."**라고 나옵니다.

이러한 오류가 알려주려는 것은 다음과 같습니다.

1. stateful 위젯에는 createState() 메서드가 필요합니다.
2. stateful 위젯에는 재정의할 build() 메서드가 없습니다.

다음 단계를 사용하여 두 문제를 모두 고쳐봅시다.

01_ 필요한 createState() 메서드를 추가합니다. 이 메서드는 곧 생성할 MyAppState를 반환합니다. MyApp 클래스의 정의 바로 아래에 다음 코드를 작성합니다.

```
@override
MyAppState createState() => MyAppState();
```

02_ State를 만드는데, 특히 MyApp의 State를 확장하는 MyAppState라는 새로운 클래스를 만듭니다.

```
class MyAppState extends State<MyApp> {}
```

03_ 두 번째 오류(**"Missing concrete implementation of State.build"**)를 해결하려면 현재 MyApp 클래스에 있는 build() 메서드를 잘라내고 MyAppState 클래스에 붙여 넣습니다.

```
import 'package:flutter/material.dart';

void main() => runApp(MyApp());

class MyApp extends StatefulWidget {
```

```
  @override
  MyAppState createState() => MyAppState();
}

class MyAppState extends State<MyApp> {
  @override
  Widget build(BuildContext context) {
    return MaterialApp(
      title: 'Measures Converter',
      home: Scaffold(
        appBar: AppBar(
          title: Text('Measures Converter'),
        ),
        body: Center(
          child: Text('Measures Converter'),
        ),
      ),
    );
  }
}
```

정리하면, 구문 관점에서 Stateless 위젯과 Stateful 위젯의 차이점은 Stateless 위젯은 build() 메서드를 재정의하고 위젯을 반환하는 반면, Stateful 위젯은 State를 반환하는 createState() 메서드를 재정의한다는 것입니다. State 클래스는 위젯을 반환하는 build() 메서드를 재정의합니다.

기능적으로 보여지는 관점에서, 우리가 작성한 코드에서는 두 경우 모두 앱이 똑같은 방식으로 보이고 동작하기 때문에 둘 사이에는 차이가 없습니다. 따라서 Stateful 위젯이 요구되기 때문에, Stateless 위젯으로는 실현 불가능한 기능을 추가해보겠습니다.

여기에서 지금까지의 앱 레이아웃을 볼 수 있습니다.

다음은 TextField에서 사용자 입력을 읽는 방법에 대해서 알아보도록 하겠습니다.

TextField에서 사용자 입력 읽기

State class에서 _numberFrom이라는 멤버를 추가합니다. 다음 코드에 표시된 것처럼 사용자 입력에 따라 변경되는 값입니다.

```
double _numberFrom;
```

그런 다음, build() 메서드의 본문에서 Text 위젯을 삭제하고 TextField를 추가합니다.

```
body: Center(
  child: TextField(),
),
```

TIP

일반적으로 사용자로부터 입력을 받고 싶을 때 TextField를 사용합니다.

여러분이 볼 수 있는 것처럼, 이제 앱의 중앙에 TextField가 있습니다. 선 위를 클릭한 다음, 무엇인가를 입력하여 그 안에 작성할 수 있습니다.

지금은 TextField가 아무 작업도 하지 않으므로, 먼저 사용자가 입력한 값을 읽어야 합니다.

TextField에서 읽는 방법에는 여러 가지가 있지만 이 프로젝트의 경우 onChanged 메서드를 통해 TextField 내용의 각 변동사항에 대해 처리한 다음 State를 업데이트합니다.

State를 업데이트하려면, setState() 메서드를 호출해야 합니다.

 NOTE

setState() 메서드는 객체의 상태가 변경되었고, UI를 업데이트해야 한다는 것을 프레임워크에 알립니다.

setState() 메서드 내에서 업데이트해야 하는 클래스 멤버(이 경우에서는 _numberFrom)를 변경합니다.

```
child: TextField(
  onChanged: (text) {
    var rv = double.tryParse(text);
    if (rv != null) {
      setState(() {
        _numberFrom = rv;
      });
    }
  },
),
```

앞의 코드에서 TextField의 값이 변경될 때마다(onChanged) 입력된 값이 숫자인지 확인 (tryParse)합니다. 숫자라면 _numberFrom 멤버의 값을 변경합니다. 이런 식으로 실제 State를 업데이트했습니다. 즉, setState() 메서드를 호출하여 클래스 멤버를 업데이트하면, 클래스의 State도 업데이트됩니다.

```
body: Center(
  child: Column(
    children: [
      TextField(
        onChanged: (text) {
          var rv = double.tryParse(text);
          if (rv != null) {
            setState(() {
              _numberFrom = rv;
            });
          }
        },
      ), Text((_numberFrom == null) ? '' : _numberFrom.toString())
    ],
  ),
),
```

앱을 실행하기 전에 MyAppState 클래스에 다른 메서드를 추가해 보겠습니다.

```
@override
void initState() {
  _numberFrom = 0;
  super.initState();
}
```

initState( ) 메서드는 State가 빌드될 때 각 State 객체에 대해 한 번씩 호출됩니다. 일반적으로 클래스를 빌드할 때 필요할 수 있는 초기 값을 입력하는 곳입니다. 이 경우에서는 _numberFrom 초기 값을 설정합니다. 또한 initState( ) 메서드의 끝에서 항상 super.initState( )를 호출해야 합니다.

이제 TextField에 숫자를 쓰면 Text 위젯에도 동일한 숫자가 표시됩니다. 이 간단한 예에서는 한 번에 많은 일이 발생합니다.

- InitState( ) 메서드에서 _numberFrom 클래스 멤버를 통해 앱의 초기 상태를 설정합니다.
- 위젯이 화면에 그려집니다.
- TextField 이벤트(TextField의 내용이 변경될 때마다 호출되는 onChanged 이벤트)에 응답합니다.
- setState( ) 메서드를 호출하여 State를 변경하고, _numberFrom의 값을 변경합니다.
- 위젯은 TextField에 작성한 숫자를 포함하는 새 State로 다시 그려지므로 _numberFrom을 읽는 Text 위젯에는 State의 수정된 값이 포함됩니다.

다음의 다이어그램은 이전에 설명한 단계를 설명하고 있습니다. 몇 가지 변형을 통해 앱에서 Stateful 위젯을 사용할 때마다 유사한 패턴을 확인할 수 있습니다.

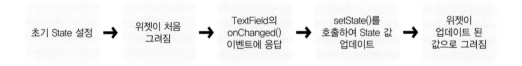

정리하면, setState( )를 호출하여 다음을 수행합니다.

- 이 객체의 내부 상태가 변경되었음을 프레임워크에 알립니다.
- build( ) 메서드를 호출하고 업데이트된 State 객체로 자신을 다시 그립니다.

이제 사용자 입력에 대응하고, State 변경에 따라 UI를 변경하는 앱을 만들 수 있습니다. 플러터에서 대화형 앱을 만드는 가장 기본적인 방법입니다.

다음으로 앱의 UI를 완성해야 합니다. 이를 위해서는 DropdownButton이라는 다른 위젯이 필요합니다. 다음 섹션에서 이것을 만들어 보겠습니다.

DropdownButton 위젯 만들기

DropdownButton은 사용자가 아이템 목록에서 값을 선택할 수 있도록 하는 위젯입니다.

DropdownButton은 현재 선택된 아이템과 다른 아이템을 선택할 수 있는 목록을 여는 작은 삼각형을 표시합니다.

앱에 DropdownButton을 추가하는 데 필요한 단계는 다음과 같습니다.

01_ 목록에 포함될 데이터 타입을 지정하여 DropdownButton의 인스턴스를 만듭니다.

02_ 사용자에게 표시될 아이템 목록을 포함할 items 프로퍼티를 추가합니다.

03_ items 프로퍼티에는 DropdownMenuItem 위젯 목록이 필요합니다. 따라서 표시하려는 각 값을 DropdownMenuItem에 매핑해야 합니다.

04_ 이벤트를 지정하여 사용자 액션에 응답합니다. 일반적으로 DropdownButton의 경우 onChanged 프로퍼티에서 함수를 호출합니다.

예를 들어, 다음 코드는 건강에 좋은 과일 목록을 보여주는 DropdownButton 위젯을 만듭니다.

```
var fruits = ['Orange', 'Apple', 'Strawberry', 'Banana'];

DropdownButton<String>(
  items: fruits.map((String value) {
    return DropdownMenuItem<String>(
      value: value,
      child: Text(value),);
  }).toList(),
  onChanged: (String newValue) {}
),
```

DropdownButton은 DropdownButton〈T〉로 빌드된 제네릭입니다. 여기서 제네릭 타입 T는 DropdownButton 위젯의 아이템 타입입니다(이 경우 T는 문자열입니다).

다트는 **제네릭** 또는 **제네릭 유형**을 지원합니다. 예를 들어 목록에는 여러 타입이 포함될 수 있습니다. List⟨int⟩는 정수 목록, List⟨String⟩은 문자열 목록, List⟨dynamic⟩은 모든 타입의 객체 목록입니다. 제네릭을 사용하면 타입 안정성을 보장하는 데 도움이 됩니다. 예를 들어 목록의 예제에서는 List⟨String⟩에 번호를 추가할 수 없습니다.

map( ) 메서드는 배열의 모든 값을 반복하고, 목록의 각 값에 대해 함수를 수행합니다. map( ) 메서드 내부의 함수는 이전 예제에서 value 프로퍼티와 child 프로퍼티가 있는 DropdownMenuItem 위젯을 반환합니다. child는 사용자에게 표시되는 아이템이며, 이 경우 Text 위젯입니다. value는 목록에서 선택한 아이템을 검색하는 데 사용할 것입니다.

map( ) 메서드는 순차적으로 액세스 할 수 있는 값 모음인 iterable을 반환합니다.

그 위에 반환해야 하는 요소가 포함된 목록을 만드는 toList( ) 메서드를 호출합니다. 이것은 items 프로퍼티에 필요합니다.

우리 앱에는 두 개의 DropdownButton 위젯이 필요합니다. 각 위젯은 변환할 단위(시작값)를 선택하고 변환될 단위(결과)를 선택하는데 사용됩니다.

01_ 처리할 모든 측정값을 포함한 문자열 목록을 만들어 보겠습니다. State 클래스의 시작 부분에 다음 코드를 추가하겠습니다.

```
final List<String> _measures = [
  'meters',
  'kilometers',
  'grams',
  'kilograms',
  'feet',
  'miles',
  'pounds (lbs)',
  'ounces',
];
```

02_ 다음으로, DropdownButton 위젯을 만들어 목록의 값을 읽고 TextField 위의 열 상단에 배치합니다.

```
DropdownButton(
  items: _measures.map((String value) {
    return DropdownMenuItem<String>(
```

```
      value: value,
      child: Text(value),);
  }).toList(),
  onChanged: (_) {},
),
```

지금 앱을 실행해 보면, 화면 상단에 작은 삼각형이 있는 것을 볼 수 있습니다. 이를 클릭하면 단위 목록이 표시되며, 그 중 하나를 클릭하여 선택할 수 있습니다. 이 때 값을 선택해도 DropdownButton은 여전히 비어 있습니다. 이는 DropdownButton의 onChanged 멤버 내부에 함수를 구현해야 하기 때문입니다.

다음 스크린샷은 DropdownButton에 아이템 목록이 포함된 방법을 보여줍니다.

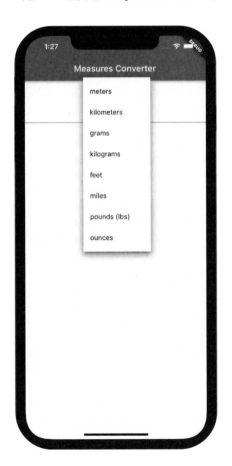

다음 섹션에서는 사용자가 DropdownButton에서 값을 변경할 때 사용자 입력에 응답하는 방법을 알아보겠습니다.

DropdownButton 위젯 업데이트하기

다음 단계를 사용하여 onChanged 프로퍼티를 수정해 보겠습니다.

01_ MyAppState 클래스 가장 위에 _startMeasure라는 새로운 String을 만듭니다. DropdownButton에서 선택한 값이 보관됩니다.

```
String _startMeasure;
```

02_ 밑줄 대신 value 함수에 전달되는 매개변수를 호출하십시오.

03_ 함수 내에서 setState() 메서드를 호출하여 전달된 새 값으로 _startMeasure를 업데이트합니다. 결과 코드는 다음과 같습니다.

```
onChanged: (value) {
  setState(() {
    _startMeasure = value;
  });
}
```

04_ 이 작업의 마지막 단계는 앱이 시작될 때와 변경될 때마다 DropdownButton이 읽을 수 있도록 선택된 값을 읽는 것입니다. DropdownButton에 다음 줄을 추가해 보겠습니다.

```
value: _startMeasure,
```

이제 앱을 실행해 보면, 목록에서 값을 선택하면 값이 DropdownButton에 표시되며, 이는 예상되는 동작과 동일합니다.

다음 섹션에서는 이 화면의 UI를 완성합니다.

앱의 UI를 완성하기

이제 앱의 UI를 완성하겠습니다. 최종 결과는 다음 스크린샷에 표시된 것과 같습니다.

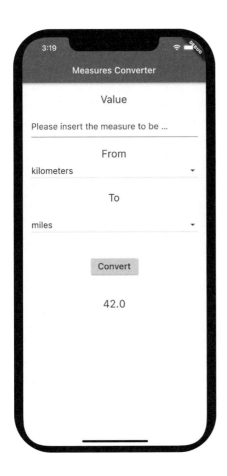

실제로 화면에 8개의 위젯을 표시해야 합니다.

- **Value**를 표현하는 Text
- 시작 값에 대한 TextField
- **From**을 표현하는 Text
- 시작 측정값을 위한 DropdownButton 위젯
- **To**를 표현하는 또 다른 Text
- 변환 측정값을 위한 DropdownButton 위젯
- 변환할 메서드를 호출할 RaisedButton
- 변환 결과를 표현하는 Text

Column의 각 요소는 간격과 스타일도 지정해야 합니다.

두 개의 TextStyle 위젯을 생성하여 시작하겠습니다. 이 접근 방식은 각 위젯에 대한 스타일링 세부 정보를 지정할 필요 없이 여러 번 사용할 수 있다는 장점이 있습니다.

01_ build() 메서드의 맨 위에서 먼저 TextField들, DropdownButton들, Button에 사용할 TextStyle 위젯을 만듭니다. 우리는 이것을 inputStyle이라고 부를 것입니다.

```
final TextStyle inputStyle = TextStyle(
  fontSize: 20,
  color: Colors.blue[900],
);
```

02_ 그런 다음 열의 Text 위젯에 사용할 두 번째 TextStyle 위젯을 만들어 보겠습니다. 우리는 그것을 labelStyle이라고 부를 것입니다.

```
final TextStyle labelStyle = TextStyle(
  fontSize: 24,
  color: Colors.grey[700],
);
```

03_ 또한 Column이 수평 장치 테두리로부터 약간의 거리를 두면 좋겠습니다. 따라서 Center 위젯을 반환하는 대신 20개의 논리적 픽셀의 패딩을 사용하는 Container를 반환할 수 있습니다. EdgeInsets.symmetric을 사용하면 수평 또는 수직 패딩 값을 지정할 수 있습니다.

```
body: Container(
  padding: EdgeInsets.symmetric(horizontal: 20),
  child: Column(
```

04_ 그리고 간격에 대해 말하자면, 열의 위젯 사이에 약간의 공간을 만들기를 원합니다. 이를 이룰 수 있는 간단한 방법은 **Spacer** 위젯을 사용하는 것입니다. Spacer는 인터페이스의 Column 과 같은 유연한 컨테이너에서 위젯 사이의 간격을 설정하는 데 사용할 수 있는 빈 공간을 만듭니다. Spacer 위젯은 기본 값이 1이며, 사용할 공간을 결정하는 flex 프로퍼티가 있습니다. 예를 들어, 두 개의 Spacer 위젯이 있는데 하나는 flex 프로퍼티가 1이고, 다른 하나는 flex 프로퍼티가 2라면, 두 번째 공간은 첫 번째 공간의 두 배를 차지합니다. Column 상단에 초기 Spacer 위젯을 추가해 보도록 하겠습니다.

```
child: Column(
  children: [
    Spacer(),
```

05_ Spacer 위젯 아래에서 'Value' 문자열이 반영된 열의 첫 번째 텍스트를 추가합니다. 또한 이 위젯에 labelStyle을 적용하고, Text 아래에 다른 Spacer를 배치합니다.

```
Text(
  'Value',
  style: labelStyle,
),
Spacer(),
```

06_ 'Value'와 해당 Spacer가 포함된 Text 아래에 사용자가 변환할 숫자를 입력할 수 있도록 이전에 만든 TextField를 배치해야 합니다. TextStyle 위젯 inputStyle을 사용하도록 TextField를 편집해 보겠습니다. TextField의 decoration 프로퍼티도 설정합니다.

TextField의 decoration 프로퍼티는 InputDecoration 객체를 사용합니다. InputDecoration을 사용하면 텍스트 필드를 장식하는 데 사용할 테두리, 레이블, 아이콘 및 스타일을 지정할 수 있습니다.

07_ hintText는 TextField가 비어있을 때 표시되는 텍스트 조각으로, 사용자에게 어떤 종류의 입력이 필요한지 제안합니다. 이 경우 TextField에 대한 hintText 프롬프트로 "Please insert the measure to be converted" (변환할 측정값을 넣어주세요)를 추가하십시오.

```
TextField(
  style: inputStyle,
  decoration: InputDecoration(
    hintText: "Please insert the measure to be converted",
  ),
  onChanged: (text) {
    var rv = double.tryParse(text);
    if (rv != null) {
      setState(() {
        _numberFrom = rv;
      });
    }
  },
),
```

08_ TextField 아래에, 또 다른 Spacer()를 배치하고, 'From' 및 labelStyle 스타일을 반영한 Text를 배치합니다.

```
Spacer(),
Text(
  'From',
  style: labelStyle,
),
```

09_ 'From' Text 하단에는 이전 섹션에서 작성했던, 값이 _startMeasure인 DropdownButton 위젯을 배치합니다.

```
DropdownButton(
  isExpanded: true,
  items: _measures.map((String value) {
      return DropdownMenuItem<String>(
        value: value,
        child: Text(
          value,
          style: inputStyle,
        ),
      );
  }).toList(),
  onChanged: (value) {
    setState(() {
      _startMeasure = value;
    });
  },
  value: _startMeasure,
),
```

10_ 다음으로 두 번째 드롭다운에 다른 Text를 추가합니다. 이 경우 텍스트에는 'To'가 반영되고, 스타일은 이전과 같이 labelStyle이 적용됩니다.

```
Spacer(),
Text(
  'To',
  style: labelStyle,
),
```

11_ 'To' Text 아래에 두 번째 DropdownButton 위젯을 배치해야 하며, 여기에는 다른 클래스 멤버가 필요합니다. 첫 번째 DropdownButton 위젯은 값으로 _startMeasure를 사용했습니다. 이 새로운 것은 _convertedMeasure를 사용합니다.

MyAppState 클래스 맨 위에 다음 선언을 추가합니다.

```
String _convertedMeasure;
```

12_ 이제 두 번째 DropdownButton을 추가할 준비가 되었습니다. 여기에는 이전 위젯과 동일한 측정 목록이 포함됩니다. 여기서 유일한 차이점은 _convertedMeasure 변수를 참조한다는 점입니다. 평소처럼 위젯 앞에 Spacer()를 추가하는 것을 잊지 마시기 바랍니다.

```
Spacer(),
DropdownButton(
  isExpanded: true,
  style: inputStyle,
  items: _measures.map((String value) {
    return DropdownMenuItem<String>(
      value: value,
      child: Text(
        value,
        style: inputStyle,
      ),
    );
  }).toList(),
  onChanged: (value) {
    setState(() {
      _convertedMeasure = value;
    });
  },
  value: _convertedMeasure,
),
```

13_ 다음으로 변환을 적용할 버튼을 추가합니다. Text가 'Convert'이고 스타일이 inputStyle인 RaisedButton이 됩니다. 현재 앱의 로직이 아직 준비되지 않았으므로 onPressed 이벤트는 아무 작업도 수행하지 않습니다. 버튼 전후에 Spacer를 배치하지만, 이번에는 flex 프로퍼티도 2로 설정합니다. 이렇게 하면 버튼과 화면의 다른 위젯 사이의 공간이 다른 스페이서들의 두 배가 됩니다.

```
Spacer(flex: 2,),
RaisedButton(
  child: Text('Convert', style: inputStyle),
  onPressed: () => true,
),
Spacer(flex: 2,),
```

14_ 마지막으로 변환 결과에 대한 Text를 추가합니다. 지금은 _numberFrom 값을 Text로 남겨둡니다. 다음 섹션에서 변경하겠습니다. 결과가 끝나면 화면 끝에 약간의 공간을 남기가 위해 이 화면의 가장 큰 Spacer를 추가하기 위해 flex 값으로 8을 반영합니다.

```
Text((_numberFrom == null) ? '' : _numberFrom.toString(), style: labelStyle),
Spacer(flex: 8,),
```

15_ UI를 완성하기 전에 수행해야 할 마지막 단계가 있습니다. 일부 장치에서는 키보드가 화면에 나타날 때 사용 가능한 화면보다 우리가 디자인한 UI가 더 클 수 있습니다. 이로 인해 앱에 오류가 발생할 수 있습니다. 이 문제를 해결하기 위해 플러터로 레이아웃을 디자인할 때 항상 사용하는 간단한 솔루션이 있습니다. Column 위젯을 스크롤 가능한 위젯(이 경우 SingleChildScrollView)에 넣어야 합니다. 이렇게 하면 화면에서 사용할 수 있는 것보다 더 많은 공간을 차지하는 경우 화면의 위젯이 스크롤됩니다. 따라서 다음 예제와 같이 Column을 SingleChildScrollView 위젯에 포함하면 됩니다.

```
body: Container(
  padding: EdgeInsets.symmetric(horizontal: 20),
  child: SingleChildScrollView(
    child: ConstrainedBox(
      constraints: BoxConstraints(minHeight: 700.0),
      child: IntrinsicHeight(
        child: Column(
          ...
        ),
      ),
    ),
  ),
),
```

지금 앱을 사용해 보면 앱의 최종 모양이 표시되지만, DropdownButton 위젯에서 값을 선택하고 TextField에 텍스트를 추가하는 것 외에는 화면에서 쓸모 있는 어떤 작업도 수행하지 않습니다. 다음으로 앱의 로직을 추가해 보겠습니다.

비즈니스 로직 추가하기

앱의 레이아웃은 완료되었지만, 현재 앱에 사용자 입력을 기준으로 값을 변환하는 부분은 아직 없습니다.

일반적으로 UI에서 앱의 로직을 분리하는 것은 항상 좋은 방법이며, 플러터에서는 이러한 결과를 얻을 수 있도록 도와주는 훌륭한 패턴이 있습니다. 다음 프로젝트에서 ScopedModel 및 **BLoC(Business Logic Components)**와 같은 것들을 사용할 수 있지만, 지금은 변환 함수를 클래스에 추가하기만 하면 됩니다.

이 앱에서 측정값 사이의 변환을 수행하는 코드를 작성하는 방법에는 여러 가지가 있습니다. 가장 쉬운 방법은 행렬이라고도 하는 2차원 값 배열로 적용해야 하는 공식을 보는 것입니다. 이 행렬에는 사용자가 수행할 수 있는 모든 선택 사항에 대한 조합이 포함되어 있습니다.

이 접근 방식에 대한 다이어그램은 다음과 같습니다.

MEASURES	0-Meters	1-Kilometers	2-Grams	3-Kilograms	4-Feet	5-Miles	6-Pounds	7-Ounces
0-Meters	1	0.0001	0	0	3.28084	0.00062	0	0
1-Kilometers	1000	1	0	0	3280.84	0.62137	0	0
2-Grams	0	0	1	0.0001	0	0	0.0022	0.03527
3-Kilograms	0	0	1000	1	0	0	2.20462	35.274
4-Feet	0.3048	0.0003	0	0	1	0.00019	0	0
5-Miles	1609.34	1.60934	0	0	5280	1	0	0
6-Pounds	0	0	453.592	0.45359	0	0	1	16
7-Ounces	0	0	28.3495	0.02835	0	0	0.0625	1

예를 들어, 100km를 마일로 변환하는 경우, 배열에서 찾은 숫자에 100을 곱합니다(이 경우 **0.62137**). 이건 마치 군함놀이를 하는 것 같기도 합니다. 변환할 수 없는 경우 곱하는 수는 0이므로, 불가능한 변환은 0을 반환합니다.

1장 '안녕 플러터!'를 기억해보시면, 다트에서는 배열을 생성하기 위해 List를 사용합니다.

이 경우 2차원 배열 또는 행렬이므로 List를 포함하는 객체를 만듭니다. 단계를 살펴보겠습니다.

01_ 측정 단위의 문자열을 숫자로 변환해야 합니다. MyAppState 클래스의 맨 위에 Map을 사용하여 다음 코드를 추가합니다.

```
final Map<String, int> _measuresMap = {
  'meters' : 0,
  'kilometers' : 1,
  'grams' : 2,
  'kilograms' : 3,
  'feet' : 4,
  'miles' : 5,
  'pounds (lbs)' : 6,
  'ounces' : 7,
};
```

02_ Map을 사용하면 key-value 쌍을 삽입할 수 있습니다. 여기서 첫 번째 요소는 키이고, 두 번째 요소는 값입니다. Map에서 값을 검색해야 하는 경우 다음 구문을 사용할 수 있습니다.

```
myValue = measures['miles'];
```

myValue 변수는 5의 값을 가질 것입니다.

03_ 다음으로 앞의 다이어그램에 표시된 모든 곱하는 수를 포함하는 목록을 만듭니다.

```
final dynamic _formulas = {
  '0': [1, 0.001, 0, 0, 3.28084, 0.000621371, 0, 0],
  '1': [1000, 1, 0, 0, 3280.84, 0.621371, 0, 0],
  '2': [0, 0, 1, 0.0001, 0, 0, 0.00220462, 0.035274],
  '3': [0, 0, 1000, 1, 0, 0, 2.20462, 35.274],
  '4': [0.3048, 0.0003048, 0, 0, 1, 0.000189394, 0, 0],
  '5': [1609.34, 1.60934, 0, 0, 5280, 1, 0, 0],
  '6': [0, 0, 453.592, 0.453592, 0, 0, 1, 16],
  '7': [0, 0, 28.3495, 0.0283495, 3.28084, 0, 0.0625, 1],
};
```

또한 Conversion 클래스가 포함된 Gist 파일을 만들었습니다. 만약 여러분이 이 코드를 직접 입력하지 않고 싶다면, 다음의 주소에서 복사하는 것도 가능합니다.

- https://gist.github.com/simoales/66af9a23235abcb537621e5bf9540bc6

04_ 변환 수식의 가능한 모든 조합이 포함된 행렬을 만들었으므로 이제 수식과 측정값 Map을 사용하여 값을 변환하는 메서드만 작성하면 됩니다. MyAppState 클래스의 맨 아래에 다음 코드를 추가합니다.

```
void convert(double value, String from, String to) {
  int nFrom = _measuresMap[from];
  int nTo = _measuresMap[to];
  var multiplier = _formulas[nFrom.toString()][nTo];
  var result = value * multiplier;
}
```

convert( ) 메서드는 세 가지 매개변수를 사용합니다.

- 변환될 숫자(double value)
- 이 값이 현재 표현되는 측정 단위로 String(String from)
- 값이 변환될 측정 단위이며 String(String to)

예를 들어, 10 미터를 피트로 변환하려는 경우 10은 숫자, meter(미터)는 현재 값이 표현되는 단위, feet(피트)는 숫자가 변환될 단위입니다.

지금까지 convert( ) 메서드가 어떻게 작동했는지 자세히 살펴보겠습니다.

01_ convert( ) 메서드 내에서 측정값 from과 관련된 숫자를 찾습니다.

```
int nFrom = measures[from];
```

02_ 그리고 to 측정값에 대해서도 동일하게 수행합니다.

```
int nTo = measures[to];
```

03_ 그런 다음, 수식 행렬에서 올바른 변환 수식을 가져오는 승수(곱하는 수)값을 만듭니다.

```
var multiplier = formulas[nFrom.toString()][nTo];
```

04_ 마지막으로 변환 결과를 계산합니다.

```
double result = value * multiplier;
```

우리의 경우, 가령 사용자가 체중 측정값을 거리 측정값으로 변환하는 것처럼 변환이 불가능하다고 하더라도, 오류를 발생시키지는 않습니다.

다음으로, 변환 결과를 사용자에게 표시해야 합니다.

01_ MyAppState 클래스의 맨 뒤에 String 변수를 선언합니다.

```
String _resultMessage;
```

02_ convert() 메서드에서 결과를 계산한 후, _resultMessage String을 채우고, setState() 메서드를 호출하여 UI 업데이트가 필요함을 프레임워크에 알립니다.

```
if (result == 0) {
  _resultMessage = 'This conversion cannot be performed';
}
else {
  _resultMessage = '${_numberFrom.toString()} $_startMeasure are
  ${result.toString()} $_convertedMeasure';
}
setState(() {
  _resultMessage = _resultMessage;
});
```

03_ 마지막으로 사용자가 **Convert** 버튼을 눌렀을 때, convert() 메서드를 호출해야 합니다. 메서드를 호출하기 전에 잠재적인 오류를 방지하기 위해 모든 값이 설정되어 있는지를 확인합니다. 다음과 같이 RaisedButton을 편집합니다.

```
RaisedButton(
  child: Text('Convert', style: inputStyle),
  onPressed: () {
    if (_startMeasure.isEmpty || _convertedMeasure.isEmpty || _numberFrom==0) {
      return;
    }
```

```
   else {
     convert(_numberFrom, _startMeasure, _convertedMeasure);
   }
 },
),
```

04_ 결과를 표시하기 위해 사용자에게 메시지가 포함된 문자열을 표시하도록 Text 위젯도 업데이트하겠습니다.

```
Text((_resultMessage == null) ? '' : _resultMessage, style: labelStyle),
```

축하합니다. 드디어 앱이 완성되었습니다! 지금 실행해보면 여기에 표시된 것과 같은 화면이 표시되는 것을 보실 수 있습니다.

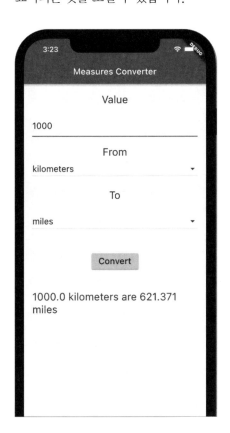

앞의 스크린샷에서 볼 수 있듯이, 두 개의 호환 가능한 측정값을 선택하면 화면에 올바른 결과 가 표시됩니다.

요약

이 장에서 구현한 프로젝트에서는 State를 사용하여 대화형 앱을 만드는 방법을 살펴보았습니다. Stateless 위젯을 만들고 Stateful 위젯으로 변환했습니다. 그렇게 하면서 둘 사이 구현의 차이를 보았고, 플러터에서 위젯은 불변한다는 것을 배웠습니다. 변화하는 것은 State입니다.

사용자와 상호작용하는 데 도움이 되는 두 가지 매우 중요한 위젯인 TextField 및 DropdownButton을 사용했습니다.

TextField의 경우 사용자 입력에 응답이 가능하도록 하는 방법 중 하나인 onChanged() 이벤트를 사용하였으며, 그곳에서 위젯의 내부 상태를 업데이트하는 setState() 메서드를 호출했습니다.

앱에 DropdownButton 위젯을 추가하는 방법과 사용자에게 표시할 DropdownMenuItem 위젯 목록을 포함하는 items 프로퍼티를 설정하는 방법과 onChanged 프로퍼티를 사용하여 사용자에게 응답하는 방법을 살펴보았습니다.

이 책의 다른 프로젝트에서는 플러터에서 State를 처리하는 보다 효율적인 방법을 볼 수 있습니다. 특히 다음 장에서는 타이머 앱을 구현하기 위해 앱의 데이터 스트림을 활용하는 방법을 알아보겠습니다.

질문

각 프로젝트의 끝에는 이 장에서 다룬 내용을 기억하고 리뷰하는 데에 도움이 되는 몇 가지 질문이 있습니다. 이 장도 예외는 아닙니다.

다음 질문에 답해 보십시오. 확실하지 않은 경우 이 장의 내용을 잘 살펴보면 모든 답을 찾을 수 있습니다.

1. 앱에서 언제 Stateful 위젯을 사용해야 합니까?
2. 클래스의 State를 업데이트하는 방법은 무엇입니까?
3. 사용자가 드롭다운 목록에서 옵션을 선택할 수 있도록 하려면, 어떤 위젯을 사용하시겠습니까?
4. 사용자가 텍스트를 입력할 수 있도록 하려면, 어떤 위젯을 사용하시겠습니까?
5. 사용자 입력에 반응할 때 사용할 수 있는 이벤트는 무엇입니까?
6. 위젯이 화면에서 사용할 수 있는 것보다 더 많은 공간을 차지하면 어떻게 됩니까? 이 문제는 어떻게 해결할 수 있습니까?

7. 화면 너비를 어떻게 구할 수 있습니까?

8. 플러터에서 Map이란 무엇입니까?

9. 텍스트 스타일을 어떻게 지정할 수 있습니까?

10. UI에서 앱의 로직을 어떻게 분리할 수 있습니까?

추가 읽을거리

플러터는 빠른 기세로 발전하고 있으므로, 이 프로젝트에서 다루었던 주제에 대해 많은 글과 문서를 찾을 수 있습니다.

패딩, EdgeInsets, 박스 모델 및 레이아웃의 경우 시작하는데 너무나 큰 도움이 되는 내용이 플러터 공식 문서(https://flutter.dev/docs/development/ui/layout)에 있습니다.

TextField의 경우 공식 문서의 관련 내용(https://flutter.dev/docs/cookbook/forms/text-input)을 참고하십시오.

DropdownButton 위젯의 사용 사례도 공식 문서(https://api.flutter.dev/flutter/material/DropdownButton-class.html)에 잘 정리되어 있으니 참고하십시오.

CHAPTER **03** 〉〉〉〉

나의 시간 -
데이터의 스트림 듣기

✔ 기술 요구사항

✔ 타이머 홈페이지 레이아웃 구축

✔ 플러터에서 스트림과 비동기 프로그래밍 사용하기

✔ 설정 라우트로 탐색하기

✔ 설정 화면의 레이아웃 만들기

✔ shared_preferences를 사용하여 앱 데이터 읽기 및 쓰기

여러분은 이 책을 읽으면서 전쟁 중일 것입니다. 매일 발생하고 삶의 질에 영향을 미치는 전투, 그것은 바로 산만함과의 전쟁입니다.

지금 당장은 이메일을 확인하거나 소셜 미디어를 보거나, 근처에서 사람들이 이야기하는 것을 듣거나, 가까운 방에서 여러분을 기다리고 있는 간식을 잡거나, 스마트폰을 잠시동안 보고싶은 유혹이 있을 수 있습니다.

흠… 제발 그러지 마세요!

여러분이 활동하는 분야에서 성공하고 싶다면, 심층 작업(Deep Work, 깊이있게 일하는 것)을 연습해야 한다는 것을 보여주는 몇 가지 연구들이 있습니다. 심층 작업은 인지 능력을 최대화할 수 있는 집중 상태에 있습니다. 이 책과 같은 것으로 공부할 때, 새로운 언어를 배울 때, 또는 앱을 만들 때, 즉 가치를 창출하거나 스킬을 향상시키는 작업을 수행해야 할 때마다 심층 작업을 사용할 수 있습니다.

심층 작업의 정의는 칼 뉴포트(Cal Newport)의 베스트셀러 "딥 워크 : 강렬한 몰입, 최고의 성과(Deep Work: Rules for Focused Success in a Distracted World)"에서 나옵니다.

여기에 간단한 해결책이 있으며, 이 장에서 구현할 앱을 통해 이것을 다룰 것입니다. 작업과 휴식 시간을 계획해야 하며, 그 계획을 고수해야 합니다. 이 장에서는 사용자에게 적합한 시간 간격을 설정하고, 작업 및 휴식 시간을 측정하는 데 도움이 되는 앱을 구현합니다. 실제로 화면에 애니메이션으로 표현하고 남은 작업이나 휴식 시간을 알려주는 카운트다운이 포함된 생산성 앱을 만들 수 있습니다. 두 번째 화면에서는 작업 시간, 짧은 휴식 시간 및 긴 휴식 시간을 설정하고 장치에 저장할 수도 있습니다.

이 장을 마치면 Stream 및 StreamBuilder를 사용하는 방법, 앱에 간단한 탐색을 추가하는 방법, 플러터 프로젝트에서 외부 라이브러리를 통합하는 방법, SharedPreferences를 사용하여 데이터를 유지하는 방법 등을 알 수 있습니다.

다음과 같이 지금까지 다루지 않았던 플러터의 몇 가지 중요한 기능을 배우는 데 좋은 연습이 될 것입니다.

- 외부 라이브러리를 활용한 레이아웃 구축
- 데이터 스트림 듣기 및 비동기 프로그래밍 사용
- 앱에서 한 화면에서 다른 화면으로 이동
- Shared Preferences를 사용하여 장치의 데이터 유지하기
- GridView를 사용하고 앱에 적합한 색상 선택하기

이 프로젝트를 수행하는 데에는 약 3시간이 소요됩니다.

3-1 기술 요구사항

완성된 앱 코드는 책의 GitHub 저장소에서 찾을 수 있습니다(https://github.com/binsoopark/FlutterProjectExamples).

이 책의 코드 예제를 따르려면 Windows, Mac, Linux, Chrome OS 기기에 다음 소프트웨어가 설치되어 있어야 합니다.

- Flutter SDK(Software Development Kit)
- Android 용으로 개발하려면 Android SDK(Android Studio에서 쉽게 설치할 수 있습니다)가 필요합니다.
- iOS 용으로 개발하려면 macOS 및 Xcode가 필요합니다.
- 에뮬레이터(Android), 시뮬레이터(iOS) 또는 연결된 iOS 또는 Android 기기에서 디버깅이 가능합니다.
- 편집기: **Visual Studio Code(VS Code)**, Android Studio 또는 IntelliJ 또는 IDEA를 권장합니다. 모두 Flutter/Dart 확장 프로그램이 설치되어 있어야 합니다.

3-2 타이머 홈페이지 레이아웃 구축

다음 스크린샷의 첫 번째 부분에서 빌드할 레이아웃을 볼 수 있습니다. 이 레이아웃에 대해 수행해야 하는 작업을 더 쉽게 이해하기 위해 위젯이 화면에 배치되는 방식을 보여주는 테두리를 추가하였습니다.

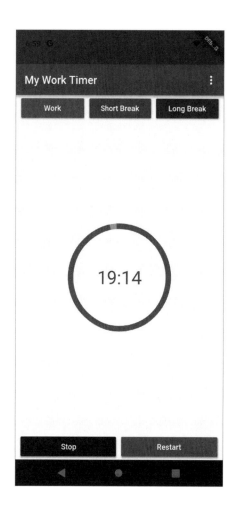

이 레이아웃을 작성하는 가장 쉬운 방법은 Column 및 Row 위젯을 조합하는 것입니다. 이 화면의 기본 컨테이너 위젯은 다음과 같이 공간을 세 부분으로 나누는 열입니다.

1. 상단에 있는 세 개의 버튼: Work, Short Break, Long Break
2. 중간의 타이머
3. 하단에 있는 두 개의 버튼: Stop, Restart

이제 다음과 같이 생산성 타이머를 구현하기 위해, 이 장 전체에서 사용할 새 앱을 만들 것입니다.

01_ 선호하는 편집기에서 새 앱을 만듭니다.

02_ 새 앱의 이름을 productivity_timer로 지정합니다.

03_ main.dart 파일에서 예제 코드를 제거합니다.

04_ 다음 코드를 입력합니다(입력 시간을 절약하고 싶다면, GitHub에 플러터 앱의 기본적인 시작을 위해 gist를 만들어 놓았으니, 새 프로젝트를 시작할 때마다 사용하면 됩니다. 링크는 http://bit.ly/basic_flutter입니다).

```dart
import 'package:flutter/material.dart';

void main() => runApp(MyApp());

class MyApp extends StatelessWidget {
@override
  Widget build(BuildContext context) {
    return MaterialApp(
      title: 'My Work Timer',
      theme: ThemeData(
        primarySwatch: Colors.blueGrey,
      ),
        home: Scaffold(
        appBar: AppBar(
          title: Text('My Work Timer'),
        ),
        body: Center(
          child: Text('My work Timer'),
        ),
      ),
    );
  }
}
```

이 코드는 대부분의 화면에 대한 기본 레이아웃인 기본 Scaffold를 만들고, AppBar에 제목(My Work Timer)을 배치하고, 본문 중앙에 Text(My Work Timer)를 배치합니다. 결과는 다음 스크린샷과 유사해야 합니다.

05_ 다음으로 Text를 반환하는 대신, main.dart 파일 하단에 화면 레이아웃에 대한 클래스를 생성해 보겠습니다. 그것을 TimerHomePage() 라고 부르겠습니다. VS Code, Android Studio 또는 IntelliJ IDEA를 사용하는 경우 stless 숏컷을 사용하여 프레임워크가 코드의 일부를 작성하도록 할 수 있습니다. MyApp 클래스 끝의 다음 줄에서 stless를 입력하십시오.

06_ 클래스 이름을 TimerHomePage라고 붙이겠습니다. 최종 결과는 다음과 같습니다.

```
class TimerHomePage extends StatelessWidget {
  @override
  Widget build(BuildContext context) {
    return Container();
  }
}
```

07_ build() 메서드에서 Container를 반환하는 대신, MyApp 클래스에서 Scaffold를 이동합니다. appBar에서 앱의 제목을 표시하고 본문에는 Column을 포함하는 Center 위젯을 표시합니다. TimerHomePage 클래스에 다음 코드를 추가합니다.

```
@override
Widget build(BuildContext context) {
  return Scaffold(
    appBar: AppBar(
      title: Text('My work timer'),
    ),
    body: Center(
      child: Column(),
    ),
  );
}
```

08_ 다음과 같이 방금 만든 새 클래스를 호출하여 MyApp 클래스의 build() 메서드에서 코드를 단순화할 수 있습니다.

```
home: TimerHomePage(),
```

지금 앱을 실행해보면 이전과 마찬가지로 My Work Timer 앱 바 제목과 함께 빈 화면이 표시됩니다.

이제 화면에 위젯을 배치할 준비가 되었습니다. 매우 유사한 기능을 가진 5개의 버튼 위젯을 구현해야 하므로, 나머지 코드를 깔끔하게 유지하고 입력하는 분량을 조금 줄이기 위해 새로운 클래스를 만드는 것이 좋습니다.

따라서, 다음과 같이 앱의 lib 폴더에 widgets.dart라는 새 파일을 생성해 보겠습니다.

01_ 여기에서는 ProductivityButton이라는 새로운 Stateless 위젯을 만듭니다. 이렇게 하면 값을 설정하는 생성자와 함께 color, text, size, Callback 메서드에 해당하는 네 가지 필드가 표시됩니다. 위젯의 코드는 다음과 같습니다.

```
import 'package:flutter/material.dart';

class ProductivityButton extends StatelessWidget {
  final Color color;
```

```
    final String text;
    final double size;
    final VoidCallback onPressed;

    ProductivityButton(
        {@required this.color,
        @required this.text,
        @required this.onPressed,
        this.size});

    @override
    Widget build(BuildContext context) {
      return MaterialButton(
        child: Text(this.text, style: TextStyle(color: Colors.white)),
        onPressed: this.onPressed,
        color: this.color,
        minWidth: this.size,
      );
    }
  }
```

여러분은 매개변수가 중괄호 속에 포함되어 있고({}) @required 어노테이션이 있음을 알 수 있습니다. 여기에서 명명된 매개변수를 사용하기 때문입니다. 명명된 매개변수를 사용하는 목적은 함수를 호출하고 값을 전달할 때, 설정하는 매개변수의 이름도 지정하는 것입니다. 예를 들어 ProductivityButton의 인스턴스를 만들 때, 다음과 같은 구문을 사용할 수 있습니다.

```
    ProductivityButton (color: Colors.blueAccent, text: 'Hello World',
      onPressed: doSomething, size: 150)
```

명명된 매개 변수는 이름으로 참조되므로 순서에 관계없이 사용할 수 있습니다.

명명된 매개변수는 선택사항이지만, 매개변수가 필수임을 표시하기 위해 @required 어노테이션으로 표현할 수 있습니다.

일반 버튼 위젯을 만들었으므로 이제 화면에 몇 가지 버튼 인스턴스를 배치해야 합니다.

상단 버튼은 화면 상단의 단일 행에 배치되어야 합니다. 사용 가능한 모든 가로공간을 차지하고, 마진을 위한 공간을 저장해야 하며, 화면의 크기와 방향에 따라 너비를 변경해야 합니다.

02_ 다시 main.dart로 돌아와서 버튼에 전달할 메서드를 갖도록 임시의 빈 메서드를 만듭니다. 나중에 제거할 예정입니다. TimerHomePage 클래스 맨 아래에 다음 코드를 추가합니다.

```
void emptyMethod() {}
```

03_ TimerHomePage 클래스 맨 위에서 다음과 같이 화면에서 사용하려는 디폴트 패딩에 대한 상수를 선언하겠습니다.

```
final double defaultPadding = 5.0;
```

04_ 이제 화면 상단에 버튼을 배치합니다. 여기에서 Row 위젯을 사용하고, 이것을 Column 위젯의 첫 번째 요소로 포함해야 합니다. 플러터에서는 실제로 Row 위젯을 Column 위젯에 포함하는 것이 가능하며, 그 반대로도 가능합니다.

아래의 내용을 작성하기 전에 main.dart의 맨 위에 widgets.dart를 import하십시오.

```
import 'widgets.dart';
```

또한 버튼을 배치할 때 사용가능한 수평 공간을 모두 이용하기 바랍니다. 이를 위해 고정 요소들을 배치한 후 열 또는 행의 사용가능한 모든 공간을 차지하는 확장 위젯을 사용합니다. 각 버튼에는 요소들 사이에 약간의 공간을 만들기 위해 선행 및 후행 패딩이 있습니다. 다음과 같이 화면에 처음 세 개의 버튼을 추가하는 코드를 작성합니다.

```
body: Column(children: [
  Row(
    children: [
      Padding(padding: EdgeInsets.all(defaultPadding),),
      Expanded(child: ProductivityButton(color: Color(0xff009688),
          text: "Work", onPressed: emptyMethod)),
      Padding(padding: EdgeInsets.all(defaultPadding),),
      Expanded(child: ProductivityButton(color: Color(0xff607D8B),
          text: "Short Break", onPressed: emptyMethod)),
      Padding(padding: EdgeInsets.all(defaultPadding),),
      Expanded(child: ProductivityButton(color: Color(0xff455A64),
          text: "Long Break", onPressed: emptyMethod)),
      Padding(padding: EdgeInsets.all(defaultPadding),),
```

```
    ],
  ),
])
```

05_ 앱을 실행해 보십시오. 앞의 코드에 대한 실행 결과는 다음과 비슷하게 나와야 합니다.

06_ 타이머는 화면 중앙에 배치하고, 고정된 크기를 가진 맨 위의 행과 맨 아래 행을 배치한 후 남은 공간을 모두 차지해야 합니다. 지금은 Column 위젯 아래에 있는 "Hello" 텍스트를 플레이스홀더(빠져있는 다른 것을 대신해 자리를 채우는 기호나 텍스트의 일부)로 사용하겠습니다. 이 경우 Expanded는 행 대신 열에 사용되므로 다음 코드 조각에 표현되어 있는 것처럼 사용 가능한 모든 수직공간을 차지합니다.

```
Expanded(child: Text("Hello")),
```

07_ 그런 다음 나머지 Stop과 Restart인 두 버튼을 화면 하단에 배치하고, 다음 코드 블록에 설명된 대로 버튼과 화면 테두리 사이의 패딩을 제외하고 모든 가로 공간을 차지합니다.

```
Row(children: [
  Padding(padding: EdgeInsets.all(defaultPadding),),
  Expanded(child: ProductivityButton(color: Color(0xff212121), text: 'Stop',
    onPressed: emptyMethod)),
  Padding(padding: EdgeInsets.all(defaultPadding),),
  Expanded(child: ProductivityButton(color: Color(0xff009688), text: 'Restart',
    onPressed: emptyMethod)),
  Padding(padding: EdgeInsets.all(defaultPadding),),
],)
```

08_ 마지막 결과는 다음 스크린샷과 같이 보여야 합니다.

이제 여러분은 아마도 궁금할 것입니다. 이러한 색상들은 어떻게 정했을까요?

개인적으로 말하면, 저는 디자이너가 아니며, 때로는 앱에 적합한 색상을 선택하기가 어렵기 때문에 선택을 도와줄 도구가 필요합니다. 색상을 생성하는 몇 가지 훌륭한 도구가 있지만, 제가 지속적으로 사용하는 도구는(적어도 처음 시작하는 여러분을 위해 추천하는 곳이라면) materialpalette.com입니다.

이 도구를 사용하면 레이아웃에 사용할 두 가지 기본 색상을 선택할 수 있으며, 두 가지의 조합 중 최상의 조합을 자동으로 생성하여 레이아웃에서 사용할 수 있는 색상 코드를 제공합니다. 어떠한 **사용자 인터페이스(UI)**와 웹 사이트 디자인이라도 사용할 수 있습니다.

예를 들자면, 지금 만들고 있는 앱 색상의 경우, 다음 스크린샷과 같이 **BLUE GREY**(파란 회색)와 **TEAL**(청록)의 조합에 해당합니다.

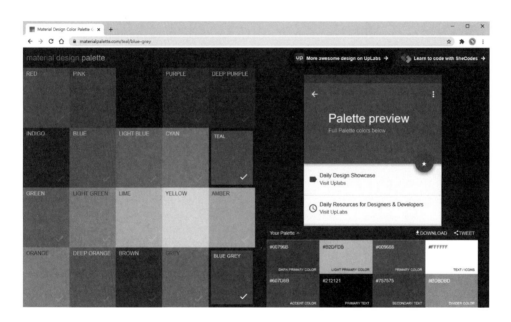

이제 앱의 레이아웃을 완료했지만, 여전히 메인 콘텐츠를 화면 중앙에 올려야 합니다. 타이머 그 자체에 대한 콘텐츠를 말하는 것입니다. 다음에 우리의 레이아웃에 추가하겠습니다.

앱에 percent_indicator 패키지 설치하기

"Hello" 텍스트가 표시되는 화면 중앙에 타이머를 배치해야 합니다. 이 타이머의 경우 우리는 percent_indicator 패키지에 포함된 CircularPercentIndicator 위젯을 사용할 것입니다. 이 패키지는 https://pub.dev/packages/percent_indicator에서 받을 수 있습니다. 이것은 앱에서 원형 및 선형 퍼센트 인디케이터를 매우 쉽게 만들 수 있는 좋은 위젯입니다.

플러터에서 패키지는 일반적으로 커뮤니티에서 개발된 코드의 재사용가능한 조각들이며, 프로젝트에 포함시킬 수 있습니다. 패키지를 찾을 수 있는 메인 사이트는 https://pub.dev/flutter/packages입니다.

이제 우리는 플러터 앱에 어떤 패키지든지 설치하는 데 유효한 절차를 다음과 같이 사용할 것입니다.

01_ CircularPercentIndicator 패키지를 사용하기 위해 https://pub.dev/flutter/packages 웹사이트에서 percent_indicator를 찾아보겠습니다. 첫번째 결과는 다음의 스크린샷에 보여지는 것처럼 percent_indicator 라이브러리여야 합니다.

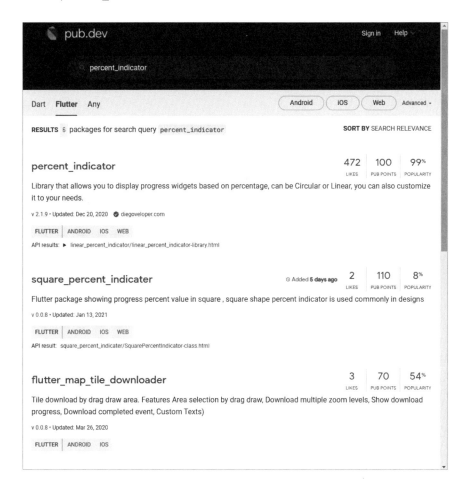

02_ library 링크를 클릭하십시오. 패키지 페이지에는 패키지를 설치하고 사용하는 방법에 대한 정보와 예제가 표시됩니다. 특히 어떤 패키지의 경우라도 pubspec.yaml 구성파일에 종속성을 추가해야만 합니다.

03_ Getting Started 섹션에서 종속성(dependency)을 복사하십시오. 번역하는 시점에는 percent_indicator:"^2.1.9"이지만, 여러분께서 이 책을 읽을 시점에는 변경되었을 수 있습니다.

04_ 앱의 루트 폴더에서 pubspec.yaml 파일을 여십시오. 모든 플러터 프로젝트에는 YAML 언어로 작성된 pubspec.yaml이라는 파일이 있습니다. 이 곳은 플러터 프로젝트에서 필요한 종속성을 지정하는 곳입니다.

05_ 다음 코드 조각과 같이 dependencies 섹션을 찾고, 플러터 SDK 아래에 percent_indicator 종속성을 추가하십시오.

```
dependencies:
  flutter:
    sdk: flutter
  percent_indicator: ^2.1.9
```

YAML과 같은 파일은 들여쓰기를 사용하여 레이어간의 관계를 나타내기 때문에, percent_indicator 종속성은 반드시 앞의 코드에 표시된 플러터 종속성처럼 들여쓰기 되어야 합니다.

06_ 이제 main.dart 파일로 돌아와서, 다음과 같이 percent_indicator import를 추가하십시오.

```
import 'package:percent_indicator/percent_indicator.dart';
```

07_ 그런 다음 Column에서 "Hello" 텍스트를 삭제하고 그 자리에 CircularPercentIndicator를 사용하겠습니다. 열에서 사용 가능한 모든 세로 공간을 차지하도록 Expanded 위젯에 포함합니다. 코드는 10번 항목 아래에 표시해 놓았습니다.

08_ CircularPercentIndicator에는 원의 크기를 논리 픽셀로 나타내는 radius 프로퍼티가 필요합니다. 우리는 200과 같이 임의의 크기를 확정적으로 선택할 수 있지만, 더 나은 방법은 화면의 사용 가능한 공간에 따라 상대적인 크기를 선택하는 것입니다.

이 경우 LayoutBuilder를 사용할 수 있습니다. LayoutBuilder는 부모 위젯의 제약조건을 제공하므로, 위젯을 위한 공간이 얼마나 되는지 확인할 수 있도록 합니다.

09_ Scaffold의 body에서 Column을 반환하는 대신, 해당 빌더의 메서드에서 LayoutBuilder를 반환해 보겠습니다. 메서드에 전달된 BoxConstraints 인스턴스의 maxWidth 프로퍼티를 호출하여 사용가능한 너비를 찾고 다음과 같이 availableWith 상수에 넣습니다.

```
body: LayoutBuilder(builder: (BuildContext context, BoxConstraints constraints) {
  final double availableWidth = constraints.maxWidth;
  return Column(children: [
```

10_ Column 위젯 내에서 Work 및 Break 버튼이 포함된 첫 번째 행 아래에 Circular PercentIndicator를 추가하겠습니다. 원의 반경은 availableWith의 절반이 되고, lineWidth는 10이 될 것입니다. 여러분이 더 두꺼운 테두리를 좋아한다면, 15 또는 20과 같은 다른 값을 시도할 수도 있습니다. 코드는 다음 조각에 있습니다.

```
Expanded(
  child: CircularPercentIndicator(
  radius: availableWidth / 2,
  lineWidth: 10.0,
  percent: 1,
  center: Text("30:00", style: Theme.of(context).textTheme.headline4),
  progressColor: Color(0xff009688),
  ),
),
```

이것으로 앱 메인 스크린 레이아웃이 준비되었습니다. 이제, 다음에 할 일은 타이머가 실제로 시간을 계산하도록 로직을 추가해야 하는 것입니다.

3-3 플러터에서 스트림과 비동기 프로그래밍 사용하기

지금까지 이 책에서 Stateless와 Stateful이라는 두 종류의 위젯을 보았습니다. State는 위젯의 수명에 따라 변경될 수 있는 데이터를 사용할 수 있도록 합니다. 그리고 이것은 여러 경우에서 완벽하게 동작하지만, 앱에서 데이터를 변경하는 다른 방법들이 있습니다. 그 중 하나는 스트림을 사용하는 것입니다.

스트림은 데이터의 비동기 시퀀스를 제공합니다.

여기서 중요한 개념은 스트림이 비동기적이라는 것입니다. 이것은 프로그래밍에서 매우 강력한 개념입니다. 비동기 프로그래밍을 사용하면 코드를 기본 실행라인과 별도로 실행할 수 있습니다. 이는 여러 작업의 실행이 순차적으로 실행되는 것이 아니라 동시에 실행될 수 있음을 의미합니다.

다트는 단일 쓰레드 프로그래밍 언어이며, Isolate를 사용하여 동시에 여러 작업을 처리합니다. Isolate는 자체 전용 메모리와 실행 라인이 있는 앱 쓰레드의 공간입니다.

다음 스크린샷에서는 보조 또는 백그라운드 프로세스가 사용자 입력에 대응하고, 애니메이션을 처리하고, 위젯을 빌드하며, 일반적으로 UI를 처리하는 것들을 차단하지 않으면서, 메인 프로세스와 병렬로 실행되는 방식을 확인할 수 있습니다.

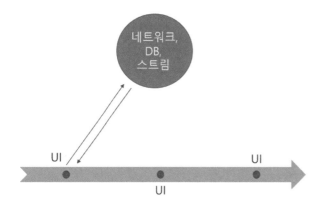

네트워크 호출과 같이 장기 실행 작업을 수행해야 하는 경우, 이 작업은 다른 실행 라인인 다트의 Isolate에서 처리됩니다. 작업 실행이 완료되면 메인 Isolate가 메세지를 수신하고 필요에 따라 처리합니다.

아마도 현실 세계의 예제가 좀 더 쉽게 이해시켜 줄 수 있을 것입니다.

예제 1: 단일-프로세스 프로그래밍

- 당신은 좋은 음식점으로 갑니다. 웨이터가 당신의 테이블로 와서 당신의 주문(페스토 소스를 곁들인 스파게티 한 접시)을 받습니다.
- 웨이터는 요리사이기도 합니다. 그래서 그는 주방에 가서 당신의 요리를 준비합니다. 요리엔 25분이 걸립니다.
- 그러는 동안, 다른 손님들이 식당에 들어옵니다.
- 요리가 준비된 후에, 웨이터는 당신의 테이블로 와서 당신에게 요리를 서빙하고, 당신은 그것을 매우 만족하며 먹습니다.
- 문제는 당신의 요리를 준비하는데 필요한 25분 동안, 다른 손님들이 음식점에 와서 기다리고 아무도 주문을 받을 수 없었습니다. 그래서 그들 중 일부는 떠났고, 일부는 그들의 주문을 받는 데 걸리는 시간에 대해 불평했습니다.

예제 2: 비동기 프로그래밍

- 당신은 좋은 음식점으로 갑니다. 웨이터가 당신의 테이블로 와서 당신의 주문(페스토 소스를 곁들인 스파게티 한 접시)을 받습니다.
- 웨이터는 당신의 주문을 작성한 종이를 주방에 주면 요리사가 음식을 준비하기 시작합니다. 웨이터는 약 1분 정도 걸립니다.
- 다른 손님들이 음식점에 들어옵니다. 웨이터는 그들의 주문들을 받아서 주방에 가져다줍니다.
- 25분이 지난 뒤에 주방으로부터 벨이 울리고, 웨이터는 당신의 테이블로 와서 당신에게 요리를 서빙하고 당신은 그것을 매우 만족해하면서 먹습니다.
- 당신의 요리를 준비하는 데 필요한 25분이 지나는 동안, 다른 손님들은 주문을 했고, 그들은 모두 합리적인 시간 내에 서빙을 받을 수 있었습니다.

(물론 레스토랑 운영과 관련된 작업을 지나치게 단순화했지만) 이 두 가지 예시가 이야기하는 핵심은 동시성입니다.

동시성은 둘 이상의 작업들에 대해 겹치는 기간에 시작, 실행, 완료될 수 있을 때 발생합니다.

이 예에서 웨이터가 주문을 받는 동안(메인 Isolate), 요리사는 요리를 준비할 수 있습니다. 준비시간은 변경되지 않지만(항상 25분 소요), 장기 실행 작업이 보조 Isolate에서 실행되기 때문에 메인 실행라인은 항상 사용자 요청에 응답합니다.

HTTP 연결 또는 데이터베이스 연결과 같이 장기 실행 작업이 있는 경우 항상 비동기로 만들어야 합니다. 그 뒤에 있는 로직은 연결 속도가 느릴 수 있으므로, 데이터를 검색하면, 앱이 너무 오래 차단되거나 데이터를 업데이트하는 데 필요한 시간이 길어 앱이 응답하지 않을 수 있다는 것입니다.

플러터에서 일부 작업은 비동기식으로만 수행될 수 있습니다.

이는 모바일 앱에서 특히 중요한데, 메인 쓰레드에서 긴 작업을 실행하면 사용자가 화면이 멈추는 것을 보게 되고, 어떤 방법으로도 앱과 상호작용할 수 없기 때문입니다. 그리고 몇 초 후 운영체제에서 사용자에게 메시지를 보내서 사용자가 앱을 계속 기다릴 것인지 닫을 것인지 묻는 메시지를 표시할 수도 있습니다. 여러분은 진심으로 이 메시지를 피하고 싶을 것입니다.

플러터에서는 퓨쳐와 스트림이라는 두 가지 유형의 비동기 결과가 있습니다. 퓨처는 나중에 이야기하겠습니다. 스트림은 결과의 시퀀스입니다. 따라서 이전 예제로 돌아가면, 스트림은 음식점에서 접시가 계속 당신의 테이블로 오는 것과 같습니다. 초밥 음식점이나 브라질 음식점에서 당신의 테이블 위에 'Stop' 팻말을 놓기 전까지 계속 벨트로 운반되는 요리를 생각해 보십시오.

다음 단계를 실행하여 앱에서 스트림이 작동하는 모습을 살펴보겠습니다.

01_ 텍스트와 백분율을 가진 CircularPercentIndicator에 대한 모델을 만듭니다. 앱의 lib 폴더에 timermodel.dart라는 파일을 추가합니다.

02_ timermodel.dart 파일에서 TimerModel이라는 클래스를 추가합니다. 이 때, 두 개의 필드와 두 필드 모두 세팅하도록 하는 한 개의 생성자를 다음의 코드 조각과 같이 추가합니다.

```
class TimerModel {
  String time;
  double percent;

  TimerModel(this.time, this.percent);
}
```

03_ 다음으로 앱의 lib 폴더에서 timer.dart라는 새로운 파일을 생성합니다. 그리고 다음의 코드를 입력합니다.

```
import 'dart:async';
import './timermodel.dart';

class CountDownTimer {
  double _radius = 1;
  bool _isActive = true;
  Timer timer;
  Duration _time;
  Duration _fullTime;
}
```

앞의 코드에서는 다섯개의 필드를 사용하여 CountDownTimer라는 새 클래스를 만들고 있습니다. _radius는 완료된 시간의 백분율을 표현하는 데 사용하며, _isActive는 카운터가 활성 상태인지 여부를 알려줍니다. 사용자가 Stop 버튼을 누르면 비활성 상태가 됩니다.

Timer는 카운트다운 타이머를 생성하는 데 사용하는 클래스입니다. 우리는 timer라는 이름의 Timer를 만들었습니다. 그리고 두개의 Duration 필드가 있습니다. _time은 남은 시간을 표현하는 데 사용하며, _fulltime은 시작 시간을 표현하는 데 사용합니다(예를 들면, 5분 정도의 짧은 휴식).

04_ CircularProgressIndicator에 표시될 시간을 반환하기 전에 몇 가지 형식을 지정해야 합니다. CountDownTimer에서 다음과 같이 수행하는 함수를 만들어 보겠습니다.

```
String returnTime(Duration t) {
  String minutes = (t.inMinutes < 10) ? '0' + t.inMinutes.toString()
      : t.inMinutes.toString();
  int numSeconds = t.inSeconds - (t.inMinutes * 60);
  String seconds =
      (numSeconds < 10) ? '0' + numSeconds.toString() : numSeconds.toString();
  String formattedTime = minutes + ":" + seconds;
  return formattedTime;
}
```

Duration은 시간 범위를 표현하는 데 사용되는 다트 클래스입니다. 앞의 코드에서 함수에 전달된 Duration이 String으로 변환되며, "05:42"와 같이 앞의 두 자리 숫자는 분을, 뒤의 두 자리 숫자는 초를 표현합니다.

inMinutes 프로퍼티를 사용하면 Duration 객체의 분을 얻어오며, inSeconds로는 총 초를 얻어옵니다. 분 또는 초에 숫자가 하나만 있는 경우, 숫자 앞에 "0"을 추가한 다음 ":" 기호로 두 값을 연결합니다. 함수의 끝에서 형식화된 문자열을 반환합니다.

05_ 필드 아래에는 stream() 메서드를 만들어 보겠습니다. async 뒤의 별표는 다음 코드 블록과 같이 Stream이 반환되고 있음을 나타내는 데 사용됩니다.

```
Stream<TimerModel> stream() async* {
  yield* Stream.periodic(Duration(seconds: 1), (int a) {
    String time;
    if (this._isActive) {
      _time = _time - Duration(seconds: 1);
      _radius = _time.inSeconds / _fullTime.inSeconds;
      if (_time.inSeconds <= 0) {
        _isActive = false;
      }
    }
    time = returnTime(_time);
    return TimerModel(time, _radius);
  });
}
```

stream( ) 메서드는 Stream을 반환합니다.

Stream은 제네릭이므로 모든 타입의 Stream을 반환할 수 있습니다. 이것의 경우 우리는 TimerModel의 Stream을 반환하고 있습니다. 이 메서드는 (async*로) 비동기입니다. 플러터에서는 Future에는 async(별표 제외)를 사용하고 Stream에서는 async*(별표 포함)를 사용합니다.

Stream과 Future의 차이는 무엇일까요? 그것은 Stream에서는 반환할 수 있는 이벤트의 수에 제한이 없지만, Future에서는 오직 한 번만 반환된다는 것입니다.

여러분이 함수에 async*로 표시하면, 제너레이터 함수가 생성됩니다.

06_ 여러분은 결과를 전달하기 위해 yield* 문을 사용합니다. 간단히 말하면 반환문과 같지만, 함수를 끝내지는 않습니다. 앞에서 설명한 대로 Stream을 반환하기 때문에, "*"기호는 yield 다음에 사용됩니다. 만약 그것이 단일 값이면 여러분은 그저 yield를 사용합니다. 이 코드는 다음 코드 조각에서 볼 수 있습니다.

```
yield* Stream.periodic(Duration(seconds: 1), (int a) {
```

Stream.periodic( )은 첫 번째 매개변수에 지정된 간격으로 이벤트를 방출하는 Stream을 생성하는 생성자입니다. 우리 코드에서는 매 1초마다 값을 내보내게 됩니다.

07_ 그런 다음, time이라는 문자열을 선언하고 다음과 같이 _isActive 필드가 참인지 체크합니다.

```
String time;
if (this._isActive) {
```

그렇다면, 다음과 같이 시간 값을 1초씩 줄입니다(카운트다운을 의미).

```
_time = _time - Duration(seconds: 1);
```

다음으로, _radius값도 갱신합니다. 이것은 다음과 같이 전체 시간으로 나눈 나머지 시간입니다.

```
_radius = _time.inSeconds / _fullTime.inSeconds;
```

이 값은 카운트다운이고 1에서 시작하며, 종료 시에는 0으로 이동합니다.

08_ 다음으로 _time 필드가 0으로 내려갔는지 여부를 확인하고, 그렇게 되었다면, _isActive를 false로 변경하여 카운트다운을 중지합니다. 다음과 같습니다.

```
if (_time.inSeconds <= 0) {
  _isActive = false;
}
```

다음과 같이 returnTime 메서드를 호출하여 남은 Duration을 문자열로 변환합니다.

```
time = returnTime(_time);
```

마지막으로는, 다음과 같이 time 문자열과 _radius 더블형을 포함하는 TimerModel 객체를 반환합니다.

```
return TimerModel(time, _radius);
```

따라서 이 함수는 매초마다 Duration을 줄여, TimerModel의 Stream을 반환합니다.

다음으로 우리는 타이머를 시작하고 결과를 메인 뷰에 표시하는 방법이 필요합니다.

🔹 메인 화면에 시간 표시하기: StreamBuilder

현재 메인 화면은 절대 바뀌지 않으므로, 사용자에게 카운트다운을 보여주고 사용자가 필요할 때마다 타이머를 시작하거나 중지할 수 있도록 다음과 같이 해야 합니다.

01_ 우선 작업 시간을 세는 기능부터 만들도록 하겠습니다. 현재로서는 작업 시간이 30분입니다(이 장의 뒷부분에서 편집 가능하도록 만들 예정). 먼저 timer.dart 파일의 CountDownTimer 클래스에서 work라는 필드를 만들어 30으로 설정합니다. 이 시간은 작업 시간의 기본 시간(분)이며, 다음 코드 조각과 같습니다.

```
int work = 30;
```

02_ 다음으로 CountDownTimer 클래스에서 다음과 같이 _timer 지속시간을 작업 변수에 포함된 시간(분)으로 설정하고, _fullTime 필드에 대해서도 동일하게 설정하도록 하는 void 함수를 만듭니다.

```
void startWork() {
  _radius = 1;
  _time = Duration(minutes: this.work, seconds: 0);
  _fullTime = _time;
}
```

03_ startWork() 메서드는 로드할 때 메인 화면에서 호출해야 합니다. 그래서 main.dart 파일로 돌아가서 다음과 같이 timer.dart 및 timermodel.dart 파일을 가져옵니다.

```
import './timer.dart';
import './timermodel.dart';
```

04_ 그런 다음 TimerHomePage 클래스 상단 위에 다음과 같이 timer라고 이름 붙인 CountDownTimer 변수를 만듭니다.

```
final CountDownTimer timer = CountDownTimer();
```

05_ TimerHomePage의 build() 메서드 맨 위에서 다음과 같이 startWork() 메서드를 호출합니다.

```
timer.startWork();
```

06_ 이제 timer 프로퍼티(timer와 radius)에 접근하여 화면에 표시할 수 있습니다. build() 메서드의 Column에 있는 CircularPercentIndicator에 다음 코드를 추가합니다.

```
return Container(
  child: CircularPercentIndicator(
    radius: availableWidth / 2,
    lineWidth: 10.0,
    percent: timer.percent,
    center: Text( timer.time, style: Theme.of(context).textTheme.headline4),
    progressColor: Color(0xff009688),
));
```

만약 여러분이 앱을 지금 실행하면(실제로는 아직까지는 미완성된 코드이기 때문에 문법 오류로 인해 실행 불가) 타이머가 표시되더라도, 카운트다운은 활성화되지 않을 것입니다.

그것은 우리가 여전히 스트림의 중요한 부분인 StreamBuilder를 반영하지 않았기 때문입니다. 이것은 스트림에서 오는 이벤트를 수신해야 할 때 사용해야 하는 것입니다.

StreamBuilder는 스트림이 변경될 때 그것의 하위 항목들을 다시 빌드합니다.

다음과 같이 Extended 위젯을 StreamBuilder에 포함하여 앱에서 사용하겠습니다.

1. 스트림에서 오는 데이터를 기다리는 동안 빌더가 무엇인가를 표시하도록 몇 가지 initialData를 설정합니다.

2. 그런 다음 TimerModel 클래스에서 만든 스트림 자체를 설정합니다.

3. 마지막으로 빌더를 설정해야 합니다. 이것은 AsyncSnapshot을 취하며, 일부 데이터가 스트림에서 나올 때마다 다시 빌드되는 것입니다. AsyncSnapshot에는 StreamBuilder(또는 FutureBuilder)와의 가장 최근에 상호작용한 데이터가 포함됩니다.

다음 코드 블록에 표시된 대로 CircularPercentIndicator를 StreamBuilder로 감싸줍니다.

```
child: StreamBuilder(
  initialData: '00:00',
  stream: timer.stream(),
  builder: (BuildContext context, AsyncSnapshot snapshot) {
    TimerModel timer = (snapshot.data == '00:00') ? TimerModel('00:00', 1) :
        snapshot.data;
        return Container(
          child: CircularPercentIndicator(
            radius: availableWidth / 2,
            lineWidth: 10.0,
            percent: timer.percent,
            center: Text(timer.time,
              style: Theme.of(context).textTheme.headline4),
            progressColor: Color(0xff009688),
    ));
  })),
```

앞의 코드에서 보면, 스냅샷에는 data 프로퍼티가 포함되어 있습니다. 이것은 TimerModel 객체를 반환한 CountDownTimer 클래스의 stream() 메서드에서 yield*로부터 받은 것입니다.

지금 앱을 실행해보면, 타이머가 올바르게 작동합니다. 그러나 타이머가 작동하는 동안 사용자는 현재 앱과 상호작용할 수 없습니다. 앱은 사용자가 버튼을 하나라도 탭하면 응답할 수 있어야 합니다. 다음으로 앱에 상호작용하는 기능을 추가해 보겠습니다.

🏃 버튼 활성화하기

먼저 start와 stop 버튼을 작동하도록 만들겠습니다. 이를 위해 다음 단계를 따르기 위해 timer.dart 파일로 이동하겠습니다.

01_ stopTimer라고 하는 새로운 void 메서드를 추가합니다. 다음과 같이 _isActive 변수만 false 로 설정합니다.

```
void stopTimer() {
  this._isActive = false;
}
```

02_ 다음으로 남은 시간이 0초보다 큰지 확인하고 _isActive 부울 값을 다음과 같이 true로 설 정하는 startTimer라는 다른 메서드를 작성해 보겠습니다.

```
void startTimer() {
  if (_time.inSeconds > 0) {
    this._isActive = true;
  }
}
```

03_ 마지막으로 main.dart 파일에서 다음과 같이 Restart와 Stop 버튼에서 이 두 가지 새로운 메서드를 호출해 보겠습니다.

```
Expanded(
  child: ProductivityButton(
    color: Color(0xff212121),
    text: 'Stop',
    onPressed: () => timer.stopTimer())),
  Padding(
    padding: EdgeInsets.all(defaultPadding),
  ),
  Expanded(
    child: ProductivityButton(
      color: Color(0xff009688),
      text: 'Restart',
      onPressed: () => timer.startTimer())),
```

여러분이 앱을 지금 실행한다면, 타이머를 재시작과 중지할 수 있습니다.

이제 상단 버튼을 다루도록 하겠습니다. 사용자가 'Work', 'Short Break', 'Long Break' 버튼을 사용할 수 있도록 해야 합니다. 임시로 세 버튼의 지속 시간을 하드코딩 해두겠지만, 이장의 뒷부분에서 사용자에게 값을 설정할 수 있는 권한을 제공하려고 합니다. 여기에서 이를 수행하는 단계에 대해 살펴보겠습니다.

01_ 다음과 같이 timer.dart 파일의 CountDownTimer 클래스에서 짧은 휴식과 긴 휴식의 시간을 위한 두 개의 변수를 추가로 더 선언하겠습니다.

```
int shortBreak = 5;
int longBreak = 20;
```

02_ 그런 다음, 다음의 코드 조각과 같이 짧은 휴식과 긴 휴식에 대해 메서드를 추가하도록 하겠습니다.

```
void startBreak(bool isShort) {
  _radius = 1;
  _time = Duration(
    minutes: (isShort) ? shortBreak : longBreak,
    seconds: 0);
  _fullTime = _time;
}
```

03_ 다음과 같이 main.dart 파일에서 상단에 있는 세 개의 버튼에 알맞는 메서드를 추가하겠습니다.

```
Expanded(
  child: ProductivityButton(
    color: Color(0xff009688),
    text: "Work",
    onPressed: () => timer.startWork())),
Padding(
  padding: EdgeInsets.all(defaultPadding),
),
Expanded(
  child: ProductivityButton(
    color: Color(0xff607D8B),
```

```
      text: "Short Break",
      onPressed: () => timer.startBreak(true))),
  Padding(
    padding: EdgeInsets.all(defaultPadding),
  ),
  Expanded(
    child: ProductivityButton(
      color: Color(0xff455A64),
      text: "Long Break",
      onPressed:() => timer.startBreak(false))),
```

onPressed 매개변수는 값으로 함수를 사용합니다. 다트와 플러터에서는 생성자 또는 다른 메서드에서 매개변수로 함수를 전달할 수 있기 때문입니다.

지금 앱을 실행해보면, 모든 주요 기능이 올바르게 작동하는 것을 볼 수 있습니다! 이제 사용자가 작업 및 휴식 시간을 선택하고 기기 메모리에 저장하도록 하면 됩니다. 이를 위해 다음 섹션에서 구축할 설정 화면이 필요합니다.

3-4 설정 라우트로 탐색하기

현재, 앱은 동작하지만 사용자가 타이머의 시간 설정을 변경할 수 있는 방법은 없습니다. 최대 작업시간이 15분인 사람도 있을 수 있고, 어떤 작업은 90분을 설정하는 것이 더 나은 경우도 있습니다. 따라서 이 파트에서는 앱에 대한 설정 화면을 구축하여 사용자에게 더 적합한 시간 구간을 설정할 수 있습니다. 또한 앱의 이 파트를 구축하는 과정에서 여러분은 플러터를 사용해서 기기에 데이터를 저장하는 간단하고 효과적인 방법을 배울 수 있습니다.

이 파트가 끝나면 설정 화면은 다음 스크린샷처럼 될 것입니다.

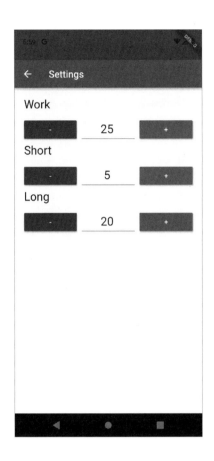

그러면, 앱의 lib 폴더에 settings.dart라는 이름의 새 파일을 추가합니다. 그리고 다음과 같이 진행합니다.

01_ 다음 코드 블록에 표현된 것처럼, build() 메서드에서 제목이 'Settings'인 AppBar와 플레이스홀더로 사용하게 될 'Hello World' 텍스트가 있는 컨테이너를 사용하여 Scaffold를 반환하는 SettingsScreen StatelessWidget을 만듭니다.

```
import 'package:flutter/material.dart';

class SettingsScreen extends StatelessWidget {
  @override
  Widget build(BuildContext context) {
    return Scaffold(
        appBar: AppBar(
          title: Text('Settings'),
        ),
        body: Container(
```

```
        child: Text('Hello World'),
      ));
  }
}
```

02_ 지금은 Settings 라우트로 이동하는 방법이 없으므로 메인 화면에서 열게 하는 기능을 추가해야 합니다.

NOTE

플러터에서는 화면이나 페이지를 라우트(route)라고 합니다. 이 책에서는 이 용어를 같은 의미로 사용하겠습니다.

이를 위해 main.dart 파일로 돌아가서 TimerHomePage 클래스의 build() 메서드에 다음의 코드를 추가합니다.

```
final List<PopupMenuItem<String>> menuItems = [];
menuItems.add(PopupMenuItem(
  value: 'Settings',
  child: Text('Settings'),
));
```

플러터에서 PopupMenuButton을 누르면 메뉴가 표시됩니다. itemBuilder 프로퍼티에서 PopupMenuItem 목록을 표시할 수 있습니다. 그렇기 때문에 이 코드에서 메뉴가 현재 하나라고 해도 PopupMenuItem 목록을 만들었습니다.

03_ PopupMenuButton이 화면에 표시되도록 하려면 Scaffold의 AppBar에 다음과 같이 추가합니다.

```
appBar: AppBar(
  title: Text('My Work Timer'),
  actions: [
    PopupMenuButton<String>(
      itemBuilder: (BuildContext context) {
        return menuItems.toList();
      },
    )
  ],
),
```

다음 스크린샷을 참고하면 PopupMenuButton을 클릭하기 전과 후의 모습을 볼 수 있습니다.

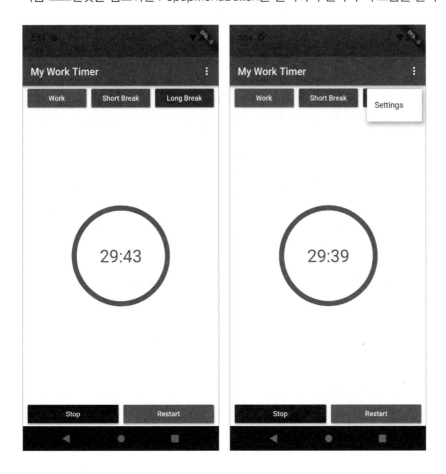

04_ 다음으로 goToSettings 메서드를 만들어 보겠습니다. 이것은 실제로 Settings 라우트로 이동하는 메서드입니다.

플러터에서의 탐색은 스택을 기반으로 합니다. 스택에는 앱이 실행 초기부터 빌드한 화면이 포함됩니다. 플러터 앱에서 화면을 변경해야 할 때마다 Navigator 객체를 사용할 수 있습니다.

Navigator에는 스택과 상호작용하는 여러 메서드가 있지만 지금은 push() 메서드와 pop() 메서드 두 가지만 고려하면 됩니다. push() 메서드는 스택 맨 위에 새 페이지를 배치합니다. pop() 메서드는 스택의 맨 위에 있는 페이지를 제거하여 스택의 이전 화면이 다시 표시되도록 합니다.

push() 메서드를 사용하는 경우, 로드하려는 화면의 라우트를 지정해야 합니다. 이를 위해 푸시하려는 페이지의 이름을 지정하는 MaterialPageRoute 클래스를 사용합니다. push() 및 pop() 메서드 모두 현재 컨텍스트를 필요로 합니다.

그림을 참고하여 push() 및 pop() 메서드의 탐색 흐름을 이해해 보겠습니다.

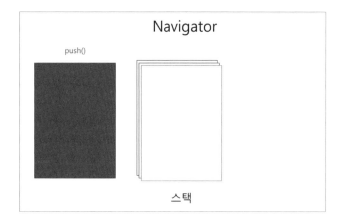

여러분이 Navigator의 push( ) 메서드를 호출하면 다음 스크린샷과 같이 새 라우트 또는 화면이 내비게이션 스택의 맨 위로 이동합니다.

pop( ) 메서드는 다음 스크린샷과 같이 내비게이션 스택에서 화면을 제거합니다.

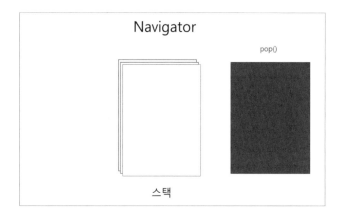

05_ 우리의 코드로 돌아와서, 다음 코드 조각에 보이는 것처럼 goToSettings() 메서드를 작성해 봅시다.

```
void goToSettings(BuildContext context) {
  Navigator.push(
      context, MaterialPageRoute(builder: (context) => SettingsScreen()));
}
```

06_ 다음처럼 settings.dart 파일을 import 해야 한다는 사실을 잊지 마세요.

```
import 'settings.dart';
```

07_ 그런 다음 Scaffold의 appBar에서 다음과 같이 menuItems를 포함하는 itemBuilder로 PopupMenuButton을 지정하는 액션을 추가해 줍니다.

```
actions: [
  PopupMenuButton<String>(
    itemBuilder: (BuildContext context) {
      return menuItems.toList();
    },
    onSelected: (s) {
      if(s=='Settings') {
        goToSettings(context);
      }
    }
  )
],
```

이제 앱을 실행해 보면, 실제로 한 화면에서 다른 화면으로 이동할 수 있습니다!

다음에는 설정 화면의 레이아웃을 만들어 보겠습니다.

3-5 설정 화면의 레이아웃 만들기

이 앱의 설정은 state를 유지해야 하므로, Settings라는 Stateful 위젯을 만들어 보겠습니다. 여러분이 지원되는 편집기(VS Code, IntelliJ IDEA, Android Studio) 중 하나를 사용하는 경우 stful을 입력하면 간단하게 처리가 됩니다. 이렇게 하면 새 Stateful 위젯을 생성하는 보일러플레이트 코드가 생성됩니다.

settings.dart 파일의 끝에서 stful을 입력하고 다음 코드 블록에 표시된 것처럼, 위젯의 이름으로는 Settings를 입력합니다.

```
class Settings extends StatefulWidget {
  @override
  _SettingsState createState() => _SettingsState();
}


class _SettingsState extends State<Settings> {
  @override
  Widget build(BuildContext context) {
    return Container();
  }
}
```

다음 섹션에서는 설정 페이지의 UI를 구현하기 위해 설정 화면에 GridView를 추가합니다.

GridView.Count() 생성자 사용하기

이 화면을 구현하기 위해 Row와 Column 위젯의 조합을 사용할 수 있지만, 여기에서는 새로운 위젯을 사용할 것입니다. 바로 GridView입니다.

GridView는 스크롤 가능한 2D 위젯 배열이며, 이를 사용하여 사용자에게 일부 데이터를 표 형식으로 표시할 수 있습니다.

GridView의 사용 가능한 사례로는 사진 갤러리, 노래 목록, 영화 리스트 등이 있습니다. GridView는 스크롤 가능하며 2차원이 있습니다. 즉, 스크롤 가능한 테이블입니다. 가로 또는 세로로 스크롤할 수 있습니다. 다양한 사용 사례를 다루는 GridView에 대한 여러 생성자가 있지만, 이 앱의 경우 GridView.Count() 생성자를 사용합니다. 다음과 같이 그리드가 화면에 표시해 줄 아이템의 수를 알고 있을 때 사용할 수 있습니다.

```
class _SettingsState extends State<Settings> {
  @override
  Widget build(BuildContext context) {
    return Container(
      child: GridView.count(
      scrollDirection: Axis.vertical,
      crossAxisCount: 3,
      childAspectRatio: 3,
      crossAxisSpacing: 10,
      mainAxisSpacing: 10,
      children: <Widget>[],
      padding: const EdgeInsets.all(20.0),
    ));
  }
}
```

설정한 첫 번째 프로퍼티는 scrollDirection으로 Axis.Vertical입니다. 즉, GridView의 콘텐츠가 사용 가능한 공간보다 크면 콘텐츠는 세로로 스크롤됩니다.

그런 다음 crossAxisCount 프로퍼티를 설정합니다. 세로로 스크롤할 때 각 행에 표시될 아이템의 수입니다. childAspectRatio 프로퍼티는 GridView의 children 크기를 결정합니다. 값은 itemWidth / itemHeight의 비율을 나타냅니다. 이 경우 3을 설정하면, 너비가 높이의 3배가 되어야 한다는 것입니다.

기본적으로 GridView의 children 사이에는 공백이 없으므로 mainAxisSpacing 매개변수를 사용하고, 값을 10으로 지정하여 주 축에 조금 간격을 추가할 수 있습니다.

교차축에 대해서도 동일한 작업을 수행할 수 있습니다. 다시 10 값을 사용합니다. 이 예제를 완료하기 위해 EdgeInsets.all을 사용하는 패딩을 추가하였습니다.

widgets.dart 파일에 커스텀 SettingsButton 추가

ProductivityButton에서 했던 것처럼 불필요한 코드 중복을 방지하기 위해 Settings 화면에서 여러 번 재사용할 수 있는 버튼을 만들 수 있습니다. 이 버튼에는 ProductivityButton과 다른 몇 가지 프로퍼티가 있으므로 다음에 나오는 단계를 이용하여 새 위젯을 만듭니다.

01_ widgets.dart 파일에서 SettingsButton이라고 불릴 새 Stateless 위젯을 생성합니다.

```
class SettingsButton extends StatelessWidget {
  @override
  Widget build(BuildContext context) {
    return Container();
  }
}
```

이 클래스에는 다음과 같이 생성자 메서드에서 사용할 몇 가지 프로퍼티가 있습니다.

```
final Color color;
final String text;
final int value;
SettingsButton(this.color, this.text, this.value);
```

02_ 다음으로 컨테이너를 반환하는 대신 다음과 같이 생성자에 설정된 프로퍼티를 사용하는 MaterialButton을 반환합니다.

```
return MaterialButton(
  child:Text(
    this.text,
    style: TextStyle(color: Colors.white)),
  onPressed: this.onPressed,
  color: this.color,
); }
```

지금은 onPressed 프로퍼티의 메서드가 null을 반환하도록 되어있지만, 나중에 변경하겠습니다.

01_ GridView에 배치할 수 있도록 settings.dart 파일로 돌아가보겠습니다.

02_ settings.dart 파일에 있는 _SettingsState 클래스의 build() 메서드 맨 위에 다음과 같이 글꼴 크기를 지정하는 데 사용할 TextStyle을 만듭니다.

```
TextStyle textStyle = TextStyle(fontSize: 24);
```

03_ 다음으로 화면에 배치해야 하는 모든 위젯을 삽입하도록 하겠습니다. 이 작업을 위해서는 우선 settings.dart 파일 최상단에 widgets.dart를 import로 추가해야 합니다.

```
import 'widgets.dart';
```

이후 GridView.count() 생성자에 위젯을 생성하도록 children 매개변수에 다음과 같이 입력합니다.

```
children: <Widget>[
  Text("Work", style: textStyle),
  Text(""),
  Text(""),
  SettingsButton(Color(0xff455A64), "-", -1),
  TextField(
    style: textStyle,
    textAlign: TextAlign.center,
    keyboardType: TextInputType.number),
  SettingsButton(Color(0xff009688), "+", 1,),
  Text("Short", style: textStyle),
  Text(""),
  Text(""),
  SettingsButton(Color(0xff455A64), "-", -1, ),
  TextField(
    style: textStyle,
    textAlign: TextAlign.center,
    keyboardType: TextInputType.number),
  SettingsButton(Color(0xff009688), "+", 1),
  Text("Long", style: textStyle,),
  Text(""),
  Text(""),
  SettingsButton(Color(0xff455A64), "-", -1,),
  TextField(
    style: textStyle,
    textAlign: TextAlign.center,
    keyboardType: TextInputType.number),
  SettingsButton(Color(0xff009688), "+", 1,),
],
```

04_ GridView를 만들 때, 각 셀의 크기는 동일합니다. crossAxisCount 프로퍼티를 3으로 설정하면 그리드의 각 행에 대해 3개의 요소가 존재하게 됩니다. 첫 번째 행에는 "Work"를 포함하는 텍스트와 비어 있는 두 텍스트를 배치합니다. 두 개의 빈 텍스트는 다음 위젯이 두 번째 행에 있는지 확인하기 위한 것입니다.

```
Text("Work", style: textStyle),
Text(""),
Text(""),
```

두 번째 행에는 두 개의 버튼과 하나의 텍스트 필드가 있습니다.

텍스트 필드는 사용자와 상호 작용하는 데 사용할 수 있는 위젯입니다. 사용자는 하드웨어 키보드 또는 화면 키보드로 텍스트를 입력한 다음 입력한 값을 읽을 수 있습니다.

05_ 이 패턴은 다음 행에서도 반복됩니다. 기본적으로 이 화면을 이용하여 다음 코드 블록에 있는 것처럼 Work time(작업시간), Short break time(짧은 휴식시간), Long break time(긴 휴식시간)의 세 가지 시간 설정을 읽고 씁니다.

```
SettingsButton(Color(0xff455A64), "-", -1),
TextField(
  style: textStyle,
  textAlign: TextAlign.center,
  keyboardType: TextInputType.number),
SettingsButton(Color(0xff009688), "+", 1,),
```

06_ 마지막으로 SettingsScreen 위젯의 build() 메서드에서 Settings() 위젯을 호출해 보겠습니다. 컨테이너를 반환하는 대신 다음과 같이 Settings 클래스를 반환합니다.

```
return Scaffold(
  appBar: AppBar(
    title: Text('Settings'),
  ),
  body: Settings()
);
```

07_ 지금 앱을 실행해 보면, 설정 화면이 다음 스크린샷과 같이 나와야 합니다.

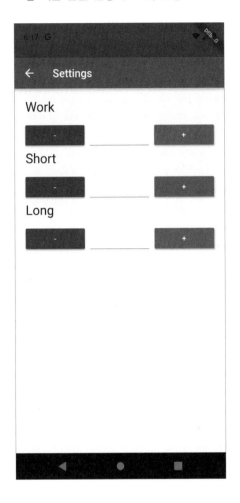

이제, 두 번째 화면의 레이아웃이 준비되었습니다. 우리는 이곳에 앱의 설정을 읽고 쓰는 로직을 추가해야 합니다.

3-6 shared_preferences를 사용하여 앱 데이터 읽기 및 쓰기

모바일 장치에 데이터를 저장하는 방법에는 여러 가지가 있습니다. 데이터를 파일에 유지하거나 SQLite와 같은 로컬 데이터베이스를 사용하거나 SharedPreferences(Android) 또는 NSUserDefaults(iOS)를 사용할 수 있습니다.

shared_preferences는 저장된 데이터가 암호화되는 것이 아니며, 기록하는 것을 항상 보장해주는 것도 아니므로 중요한 데이터에 사용해서는 안 됩니다.

플러터를 사용할 때 shared_preferences 라이브러리를 활용할 수 있습니다. NSUserDefaults 와 SharedPreferences를 모두 감싸는 구조이므로, 두 운영체제의 세부 사항을 처리하지 않고 도 iOS와 Android 모두에서 간단한 데이터를 원활하게 저장할 수 있습니다.

shared_preferences를 사용하면 데이터가 항상 디스크에 비동기식으로 유지됩니다.

SharedPreferences는 키-값 데이터를 디스크에 유지하는 쉬운 방법입니다. 기본 데이터 타 입(int, double, bool, String, stringList)만 저장할 수 있습니다.

SharedPreference 데이터는 앱 내에 저장되므로 사용자가 앱을 제거하면 데이터도 삭제됩 니다.

많은 데이터를 저장하도록 설계되지 않았지만, 우리 앱의 경우 이 도구가 가장 적합합니다. 이 후 장에서 데이터를 처리하는 다른 방법도 살펴볼 것입니다.

프로젝트에 SharedPreferences를 포함해야 합니다. 따라서 pubspec.yaml 파일에서 다음 과 같이 종속성을 추가해 보겠습니다.

```
shared_preferences: ^0.5.12+4
```

이 책을 읽을 때 버전 번호(version number)가 달라질 수 있으므로 올바른 버전을 사용하려면 라이브러리 페이지(https://pub.dev/packages/shared_preferences)를 확인하십시오.

pubspec.yaml 파일에 종속성을 추가하려면 다음 구문을 사용합니다.

```
[package_name]: [version_number]
```

버전 번호는 1.2.34와 같이 점으로 구분된 세 개의 숫자입니다. 또한 마지막에 선택적 빌드 (+1, +2)를 가질 수 있습니다.

캐럿 기호 "^"는 지정된 버전에서 다음 메이저 빌드 전까지 모든 버전이 허용된다는 것을 프레 임워크에 알리는 데 사용됩니다. 예를 들어 ^1.2.34는 2.0.0 미만의 모든 버전을 허용합니다.

그런 다음, 다음의 코드를 실행하여 settings.dart 파일에 라이브러리를 포함해야 합니다.

```
import 'package:shared_preferences/shared_preferences.dart';
```

SharedPreferences 사용의 세부 사항에 들어가기 전에 사용자가 값을 변경할 때 텍스트 필드에서 데이터를 읽고, SharedPreferences로부터 화면을 로드할 때 텍스트 필드에 쓰는 방법이 필요합니다. 텍스트 필드를 사용할 때 데이터를 읽고 쓰는 효과적인 방법은 TextEditingController를 사용하는 것입니다. 단계를 살펴보도록 하겠습니다.

01_ _SettingState 클래스의 제일 상단에 다음과 같이 추가합니다.

```
TextEditingController txtWork;
TextEditingController txtShort;
TextEditingController txtLong;
```

02_ 다음으로 initState() 메서드를 재정의하여 새로운 TextEditingControllers를 다음과 같이 설정합니다.

```
@override
void initState() {
  txtWork = TextEditingController();
  txtShort = TextEditingController();
  txtLong = TextEditingController();
  super.initState();
}
```

여기에서는 TextField 위젯에서 읽고 쓸 수 있는 객체를 만듭니다.

다음으로 관련 TextField에 TextEditingController를 추가하고, 다음과 같이 build() 메서드에서 이전에 만든 세 개의 TextField의 컨트롤러 프로퍼티를 사용하여 실행합니다.

01_ 따라서 다음과 같이 Work time(작업 시간)의 TextField에 컨트롤러를 추가합니다.

```
controller: txtWork,
```

02_ 그런 다음 다음과 같이 Short break(짧은 휴식)의 TextField에 대해 동일한 작업을 수행합니다.

```
controller: txtShort,
```

03_ 마지막으로 다음과 같이 Long break(긴 휴식 시간)의 TextField에 컨트롤러를 추가합니다.

```
controller: txtLong,
```

04_ _SettingState 클래스의 맨 위에 다음과 같이 shared_preferences와 상호 작용하는 데 사용할 상수와 변수를 만들어 보겠습니다.

```
static const String WORKTIME = "workTime";
static const String SHORTBREAK = "shortBreak";
static const String LONGBREAK = "longBreak";
int workTime;
int shortBreak;
int longBreak;
```

05_ 계속해서 다음과 같이 _SettingState 클래스의 시작 부분에 SharedPreferences에 대한 변수를 생성해 보겠습니다.

```
SharedPreferences prefs;
```

다음으로 두 가지 메서드를 만들어야 합니다. 첫 번째 메서드는 shared_preferences에서 읽고, 두 번째 메서드는 사용자가 변경한 내용을 기록합니다.

다음과 같이 설정을 읽는 것으로 시작하겠습니다.

01_ _SettingState 클래스의 build() 메서드 뒤에 다음 코드 블록에 설명된 대로 readSettings()라는 메서드를 추가하겠습니다.

```
readSettings() async {
  prefs = await SharedPreferences.getInstance();
  int workTime = prefs.getInt(WORKTIME);
  int shortBreak = prefs.getInt(SHORTBREAK);
```

```
    int longBreak = prefs.getInt(LONGBREAK);
  setState(() {
    txtWork.text = workTime.toString();
    txtShort.text = shortBreak.toString();
    txtLong.text = longBreak.toString();
  });
}
```

이것은 비동기(async)입니다. 비동기 작업은 나중에 완료해야 하는 Future 객체(futures)를 반환합니다. Future가 완료될 때까지 실행을 일시 중단하려면 비동기 함수에서 await를 사용합니다.

SharedPreferences.getInstance()는 비동기 방식이므로 await 문을 사용하여 다음 코드 줄이 실행되기 전에 prefs가 인스턴스화 되는지 확인할 수 있습니다.

02_ prefs.getInt(KEY)를 호출할 때, SharedPreferences에서 정수를 반환하는 메서드를 호출합니다. 특히 키를 인자로 전달한 값을 갖는 정수입니다. 따라서 "work"라는 키와 25의 값이 있으면 이 함수는 25를 반환합니다. 전달한 키에 값이 없으면 이 함수는 null을 반환합니다.

설정을 위해 저장하려는 모든 값에 대해 이 작업을 반복합니다. 그런 다음 textControllers의 text 프로퍼티를 변경하여 클래스의 상태를 업데이트합니다. 간단히 말해 이 함수는 SharedPreferences에서 설정 값을 읽은 다음 textField에 값을 기록합니다.

03_ 이제, readSettings 메서드에서 설정을 기록하는 메서드도 만들어 보겠습니다. 다음 코드 블록에 보이는 것처럼 updateSettings()라고 하겠습니다.

```
void updateSetting(String key, int value) {
  switch (key) {
  case WORKTIME:
  {
    int workTime = prefs.getInt(WORKTIME);
    workTime += value;
    if (workTime >= 1 && workTime <= 180) {
      prefs.setInt(WORKTIME, workTime);
      setState(() {
        txtWork.text = workTime.toString();
      });
    }
  }
  break;
  case SHORTBREAK:
```

```
    {
      int short = prefs.getInt(SHORTBREAK);
      short += value;
      if (short >= 1 && short <= 120) {
        prefs.setInt(SHORTBREAK, short);
        setState(() {
          txtShort.text = short.toString();
        });
      }
    }
  break;
  case LONGBREAK:
    {
      int long = prefs.getInt(LONGBREAK);
      long += value;
      if (long >= 1 && long <= 180) {
        prefs.setInt(LONGBREAK, long);
        setState(() {
          txtLong.text = long.toString();
        });
      }
    }
  break;
  }
}
```

updateSettings() 메서드는 키와 값이라는 두 개의 매개변수를 사용합니다. 사용자가 화면에서 + 및 − 버튼을 클릭하여 값을 업데이트하는 것을 원하므로 + 버튼의 경우 1, − 버튼의 경우 −1이 됩니다.

키는 우리가 클래스의 맨 위에 선언한 상수 중 하나입니다. 이 메서드는 전달된 키의 값을 읽고 값(+1 또는 −1)을 추가합니다. 다음 코드는 저장된 작업 시간을 읽고 이곳에 값을 추가합니다.

```
int workTime = prefs.getInt(WORKTIME);
workTime += value;
```

다음으로 workTime이 허용된 범위(1에서 180분 사이) 안에 해당하는지 체크합니다.

```
if (workTime >= 1 && workTime <= 180)
```

이 코드는 전달된 키를 업데이트하고 다음과 같이 textController의 text 프로퍼티도 업데이트합니다.

```
prefs.setInt(WORKTIME, workTime);
setState(() {
  txtWork.text = workTime.toString();
});
```

그런 다음에 다른 두 설정인 shortBreak 및 longBreak에 대해 동일한 단계를 반복합니다.

이제 질문이 있습니다. 저 두 메서드를 언제 호출할까요?

화면이 표시될 때, 텍스트 필드에 표시하려는 값을 즉시 읽어야 합니다. 따라서 다음과 같이 initState() 메서드에서 super.initState()를 호출하기 전에 readSettings()를 호출해 보겠습니다.

```
@override
void initState() {
  txtWork = TextEditingController();
  txtShort = TextEditingController();
  txtLong = TextEditingController();
  readSettings();
  super.initState();
}
```

모든 것이 정상적으로 작동하면, 이제 텍스트 필드에 값이 포함됩니다(앱을 처음 실행할 때에는 null입니다).

우리는 사용자가 + 또는 - 버튼 중 하나를 눌러 값을 변경할 때마다 설정을 업데이트하기를 원합니다. 이렇게 하면 관련 텍스트 필드의 값이 변경되고, SharedPreferences의 설정도 업데이트됩니다.

버튼 중 하나를 누리면 올바른 텍스트 필드 및 설정을 업데이트하려는 메서드가 호출되어야 합니다. 그리고 이 목표를 이루기 위해 SettingsButton 위젯을 변경할 필요가 있습니다.

widgets.dart 파일로 돌아가서 다음 단계를 수행해 보겠습니다.

01_ 클래스 정의 전에 다음과 같이 함수에 대한 포인터도 만들어 보겠습니다.

```
typedef CallbackSetting = void Function(String, int);
```

다트에서 typedef은 함수를 참조하는 포인터로 사용할 수 있습니다. 이는 우리가 관련 버튼에서 올바른 매개변수를 사용하여 함수를 호출하는 것을 원하기 때문입니다.

02_ 이제 setting과 callback이라는 두 개의 새로운 매개변수를 추가하여 SettingsButton 위젯을 조정해 보도록 하겠습니다.

03_ 변경된 SettingsButton은 다음과 같습니다.

```
class SettingsButton extends StatelessWidget {
  final Color color;
  final String text;
  final double size;
  final int value;
  final String setting;
  final CallbackSetting callback;
  SettingsButton(this.color, this.text, this.size, this.value, this.setting,
    this.callback);
  @override
  Widget build(BuildContext context) {
    return MaterialButton(
      child:Text(
        this.text,
        style: TextStyle(color: Colors.white)),
      onPressed: () => this.callback(this.setting, this.value),
      color: this.color,
      minWidth: this.size,
    );
  }
}
```

제 onPressed 프로퍼티에는 전달된 callback(settting과 value를 포함한)이 포함됩니다. 이것은 인자를 포함하여 메서드를 매개변수로 전달할 수 있는 매우 강력한 접근 방법입니다. 이제 settings.dart 파일에서 SettingsButton 위젯을 생성하는 코드에 대해 다음과 같이 수정해 보겠습니다. 정상적인 실행을 위해서는 build() 메서드 내 최상단에 아래와 같이 buttonSize를 사전에 지정해야 합니다.

```
double buttonSize = 10.0;

SettingsButton(Color(0xff455A64), "-", buttonSize, -1, WORKTIME, updateSetting ),
...
SettingsButton(Color(0xff009688), "+", buttonSize, 1, WORKTIME, updateSetting),
...
SettingsButton(Color(0xff455A64), "-", buttonSize, -1, SHORTBREAK, updateSetting),
...
SettingsButton(Color(0xff009688), "+", buttonSize, 1, SHORTBREAK, updateSetting),
...
SettingsButton(Color(0xff455A64), "-", buttonSize, -1,LONGBREAK, updateSetting),
...
SettingsButton(Color(0xff009688), "+", buttonSize, 1, LONGBREAK, updateSetting),
```

지금 앱을 실행해보면 다음 스크린샷과 같이 여전히 해결해야할 문제가 남아있음을 알게 될 것입니다.

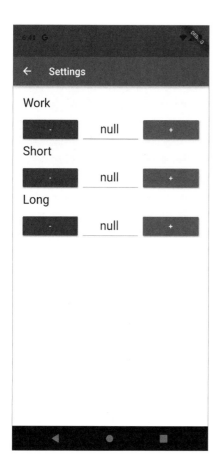

아마 짐작했을 것으로 보이는데, null 문자열이 보이지 않아야 합니다. 문제는 아직 SharedPreferences에 아무것도 기록하지 않았으며, null에 값을 추가할 수 없기 때문에 값을 기록할 수 없다는 것입니다. 따라서 앱이 처음 실행될 때 사용자가 원하는 경우 설정을 변경할 수 있도록 SharedPreferences에 몇 가지 기본 설정을 작성해야 합니다.

```
readSettings() async {
  prefs = await SharedPreferences.getInstance();
  int workTime = prefs.getInt(WORKTIME);
  if (workTime==null) {
    await prefs.setInt(WORKTIME, int.parse('30'));
  }
  int shortBreak = prefs.getInt(SHORTBREAK);
  if (shortBreak==null) {
    await prefs.setInt(SHORTBREAK, int.parse('5'));
  }
  int longBreak = prefs.getInt(LONGBREAK);
  if (longBreak==null) {
    await prefs.setInt(LONGBREAK, int.parse('20'));
  }
  setState(() {
    txtWork.text = workTime.toString();
    txtShort.text = shortBreak.toString();
    txtLong.text = longBreak.toString();
  });
}
```

앱을 완료하는 마지막 단계는 timer.dart 파일에서도 설정을 읽는 것입니다. 이렇게 하려면 다음 단계를 수행하십시오.

01_ timer.dart 파일의 최상단에서 다음과 같이 shared_preferences 패키지를 가져옵니다.

```
import 'package:shared_preferences/shared_preferences.dart';
```

02_ 다음과 같이 SharedPreferences 인스턴스에 저장된 설정을 검색하거나 기본값을 설정하는 메서드를 만듭니다.

```
Future readSettings() async {
  SharedPreferences prefs = await SharedPreferences.getInstance();
```

```
    work = prefs.getInt('workTime') == null ? 30 : prefs.getInt('workTime');
    shortBreak = prefs.getInt('shortBreak') == null ? 30 : prefs.getInt('shortBreak');
    longBreak = prefs.getInt('longBreak') == null ? 30 : prefs.getInt('longBreak');
  }
```

03_ startWork() 메서드의 최상단에서 readSettings() 메서드를 호출하는 코드를 추가합니다.

```
void startWork() async{
    await readSettings();
    _radius = 1;
    _time = Duration(minutes: this.work, seconds: 0);
    _fullTime = _time;
  }
```

여러분이 지금 앱을 실행하면 드디어 작동하는 것을 볼 수 있을 것입니다. 수고하셨습니다. 보다 풍부한 플러터 앱을 완성하셨습니다!

이 책의 GitHub 프로젝트 저장소에서 완성된 앱의 코드를 다운로드 할 수 있습니다.

요약

MyTime은 간단한 앱이지만 이를 구현함으로써 플러터 기능을 많이 다뤘습니다. 특히, 사용자에게 데이터를 표 형식으로 표시하는 데 사용할 수 있도록 스크롤 가능한 위젯의 2D 배열인 GridView 레이아웃을 사용하였습니다.

플러터로 비동기 프로그래밍을 구현하는 방법을 살펴보았습니다. 특히 Stream을 사용하여 앱에 대한 카운트다운을 구현하였으며, StreamBuilder를 사용하여 Stream에서 발생한 이벤트를 수신하였습니다. Stream이 변경될 때 StreamBuilder가 하위 항목들을 다시 빌드하는 것을 보았습니다.

그런 다음 Navigator 클래스를 이용하여 push() 및 pop() 메서드를 통해 사용자에게 다른 화면을 표시하였습니다.

마지막으로, 앱 데이터를 저장하는 간단하고 효과적인 방법인 shared_preference 라이브러리의 SharedPreferences 클래스가 있음을 확인했습니다. 또한 pubspec.yaml 파일을 사용하여 앱에 외부 라이브러리를 설치하고 비동기 메서드에서 await 문을 사용하는 방법도 살펴보았습니다.

이제, 구현할 모든 앱에서 간단한 데이터를 유지하고, 다중 화면 앱을 만들고, 데이터 스트림을 만들 수 있습니다.

이 장에서 많은 부분을 다루었습니다. 이제 게임을 즐길 시간입니다! 다음 장에서는 애니메이션과 제스처 컨트롤을 이용하여 간단한 게임을 구현할 것입니다.

질문

각 프로젝트의 끝에는 이 장에서 다룬 내용을 기억하고 리뷰하는 데에 도움이 되는 몇 가지 질문이 있습니다.

다음 질문에 답해 보십시오. 확실하지 않은 경우 이 장의 내용을 잘 살펴보면 모든 답을 찾을 수 있습니다.

1. 세로로 스크롤되는 GridView의 가로축은 무엇입니까?
2. SharedPreferences에서 값을 어떻게 검색합니까?
3. 화면 너비를 검색하기 위해 어떤 명령을 사용하시겠습니까?
4. 앱에서 다른 화면을 어떻게 엽니까?
5. 앱에서 모든 종속성을 포함하고 있는 파일은 무엇입니까?
6. Stream과 Future의 차이점은 무엇입니까?
7. TextField의 값을 어떻게 변경합니까?
8. 새 Duration 객체를 어떻게 생성합니까?
9. 앱에 메뉴 버튼을 어떻게 추가할 수 있습니까?
10. 앱에 외부 라이브러리를 설치하는 방법은 어떤 단계로 진행합니까?

추가 읽을거리

이 장은 Cal Newport의 딥 워크[1]를 읽고 부분적으로 영감을 받았습니다. 이 책은 생각이 필요한 모든 활동에서 성공할 수 있는 가장 좋은 방법을 설명하고 있다고 소개합니다. 자세한 내용은 http://www.calnewport.com/books/deep-work/에서 찾을 수 있습니다.

많은 개발자가 비동기 프로그래밍을 처음 접할 때 어려움을 겪습니다. Dart팀은 이 모델이 다트와 플러터에서 어떻게 작동하는지 잘 설명했습니다. https://dart.dev/codelabs/async-await에서 많은 콘텐츠와 예제를 찾을 수 있습니다.

Streams에 대한 구체적인 가이드는 https://dart.dev/tutorials/language/streams를 참고하십시오.

요즘은 많은 곳에서 함수형 프로그래밍에 관심을 갖는 편이며, 이 앱을 구현하는 동안 사용한 typedef 선언은 다트에서 중요한 부분입니다. 다트의 함수형 프로그래밍에 대해 더 자세히 알고 싶다면 https://buildflutter.com/functional-programming-with-flutter/를 살펴보시기 바랍니다.

---

1 딥 워크 : 강렬한 몰입, 최고의 성과 (칼 뉴포트 저, 김태훈 역, 민음사, 2017)

퐁 게임 -
2D 애니메이션과 제스처

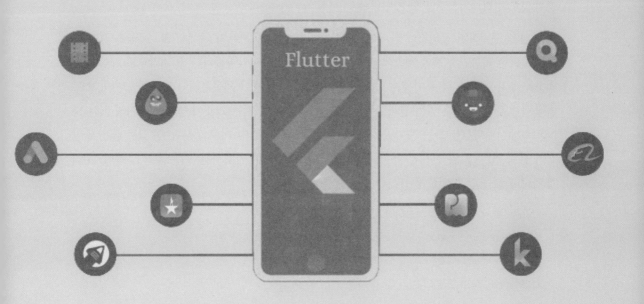

애니메이션은 앱을 더욱 매력적으로 만들기 위해 앱에 추가할 수 있는 중요한 기능입니다. 사용자에게 즐거운 방식으로 중요한 기능을 추가할 수 있습니다. 예를 들어 애니메이션을 사용하여 사용자에게 작업이 완료되었음을 알리거나, 애니메이션을 사용하여 사용자 입력을 받을 수도 있습니다. 어쨌든 애니메이션은 앱을 성공적으로 만드는 데 도움이 되도록 세련된 모양을 제공하는 데 종종 필요합니다. 좋은 소식으로는 플러터는 애니메이션을 매우 잘 지원한다는 사실입니다.

여러분이 저와 같다면, 아마도 게임을 좋아할 것입니다. 그리고 일반적으로 애니메이션을 만드는 과정은 게임 제작과 같습니다. 따라서 이 장에서는 고전게임인 퐁 게임의 단순화된 싱글 플레이어 버전을 구현할 것입니다. 우리는 화면을 통해 튀어나오는 공을 만들고 화면 하단에 닿지 않도록 막대기를 사용할 것입니다.

이 게임을 구현하면 플러터에서 애니메이션이 어떻게 작동하는지 자세히 볼 수 있습니다. 또 다른 중요한 기능인 위젯에 제스처 감지를 추가하는 방법도 알아봅니다. 마지막으로 게임에 임의성을 추가하여 좀 더 흥미롭게 만들 것입니다. 평소와 같이 처음부터 시작하겠습니다. 스토어에 올릴 만큼의 수준 있는 결과물이 나오지는 않겠지만, 저는 그것이 틀에 얽매이지 않는 방식으로 애니메이션을 보는 재미있는 방법이고, 게임의 논리에 대해 생각할 수 있는 좋은 출발점이 될 수 있다고 믿습니다. 이 프로젝트에 필요한 시간은 약 2시간 30분입니다. 특히, 우리가 다룰 주제는 다음과 같습니다.

- Stack 및 Positioned를 사용하여 사용자 인터페이스 구현
- Animation과 AnimationController를 사용하여 Tween 애니메이션 제작
- GestureDetector 사용
- Dart Math 라이브러리의 Random() 사용

4-1 기술 요구사항

완성된 앱 코드는 책의 GitHub 저장소에서 찾을 수 있습니다(https://github.com/binsoopark/FlutterProjectExamples).

이 책의 코드 예제를 따르려면 Windows, Mac, Linux, Chrome OS 기기에 다음 소프트웨어가 설치되어 있어야 합니다.

- Flutter SDK
- Android 용으로 개발하려면 Android SDK(Android Studio에서 쉽게 설치)

- iOS 용으로 개발하려면 macOS 및 Xcode
- 디버깅이 가능한 에뮬레이터(Android), 시뮬레이터(iOS) 또는 연결된 iOS 또는 Android 기기
- 편집기: Visual Studio Code(VS Code), Android Studio 또는 IntelliJ 또는 IDEA를 권장합니다. 모두 Flutter/Dart 확장 프로그램이 설치되어 있어야 합니다.

4-2 앱의 UI 구현하기

게임을 만들기 위한 첫 번째 단계는 UI의 기본 구성요소를 구현하는 것입니다. 새 앱을 만든 후에 공, 막대기, 점수에 대한 텍스트를 만듭니다.

01_ simple_pong이라는 이름의 새 앱을 만듭니다.

02_ main.dart 파일 내에서 MyApp Stateless 위젯의 build() 메서드에서 제목이 "Pong Demo"인 MaterialApp을 반환하고, 테마는 클래식한 파란색을 primarySwatch로 사용합니다.

03_ AppBar에 "Simple Pong"이 세팅된 텍스트를 가져오는 Scaffold를 MaterialApp의 홈에 배치합니다.

04_ 본문에 지금은 빈 컨테이너를 놓을 것이며, 이것은 나중에 수정할 예정입니다.

앞서 나열된 단계에 대해서는 다음의 코드에서 볼 수 있습니다.

```dart
import 'package:flutter/material.dart';

void main() => runApp(MyApp());

class MyApp extends StatelessWidget {
  @override
  Widget build(BuildContext context) {
    return MaterialApp(
        title: 'Pong Demo',
        theme: ThemeData(
          primarySwatch: Colors.blue,
        ),
        home: Scaffold(
          appBar: AppBar(
            title: Text('Simple Pong'),
          ),
```

```
        body: Container()));
    }
}
```

이것에 대해 특별히 새롭거나 흥미로울 만한 사실은 없습니다. 보시는 것처럼 대부분의 앱은 동일한 보일러 플레이트 코드를 사용하는 경향이 있습니다. 색상과 스타일을 변경할지는 모르겠지만, 대부분의 앱에는 Scaffold를 시작점으로 하는 MaterialApp이 있을 가능성이 높습니다.

다음 스크린샷에서 볼 수 있듯이, 이번 앱에는 사용자가 볼 수 있는 세 가지 UI 요소(공, 막대기, 점수 텍스트)가 포함되어 있습니다. 다음 세 가지 요소는 게임 자체의 그리드에 포함되어야 합니다.

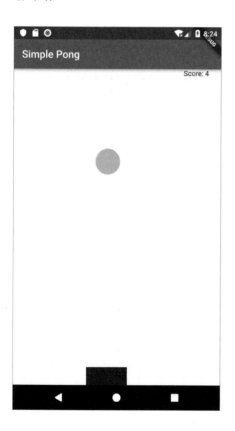

이제 다음으로 UI 구성요소를 구현해 보도록 하겠습니다.

공 생성하기

먼저 공을 다룰 것입니다. 이것은 우리 프로젝트에 ball.dart 라는 새 파일이 있어야 합니다.

01_ ball.dart 라는 새로운 파일을 만들고, 그 안에 "Ball"이라고 이름지어진 Stateless 위젯을 만듭니다. 이 위젯은 앱이 실행되는 중에 위치나 상태를 알 필요가 없기 때문에 Stateless입니다. 애니메이션은 호출 클래스에서 공 위젯의 위치를 변경합니다.

TIP

Stateless 위젯을 만들기 위해 Visual Studio Code, Android Studio, IntelliJ를 사용하는 경우 stless를 입력하면 편집기 자체에서 보일러 플레이트 코드가 생성됩니다.

여기에서 파일의 전체 내용을 확인할 수 있습니다.

```dart
import 'package:flutter/material.dart';

class Ball extends StatelessWidget {
  @override
  Widget build(BuildContext context) {
    final double diam = 50;
    return Container(
      width: diam,
      height: diam,
      decoration: new BoxDecoration(
        color: Colors.amber[400],
        shape: BoxShape.circle,
      ),
    );
  }
}
```

02_ 먼저, Ball 클래스에서 도형의 직경을 50개의 논리 픽셀로 설정할 수 있습니다. 물론 선호도에 따라서 축소하거나 확장하는 것은 자유입니다.

03_ 그런 다음 컨테이너를 반환하게 될 텐데, 컨테이너의 높이와 너비는 우리가 방금 설정한 직경이 될 것이고, 데코레이션은 BoxShape.circle의 모양이 될 것입니다. 컨테이너를 생성할 때 기본 도형은 직사각형입니다.

BoxShape.circle을 지정하면 매우 쉬운 방법으로 각도를 조정하는 것을 피할 수 있습니다.

또한, 색상은 Colcors.amber[400]으로 설정하겠습니다.

 NOTE

앞의 예에서는 Colors.amber[400]을 사용합니다. 대부분의 색상은 100에서 900까지의 값이 100씩 증가하고 색상은 50을 더합니다. 숫자가 클수록 더 어두운 색상을 의미합니다. Colors.blueAccent와 같은 강조색은 100, 200, 400, 700과 같이 더 작은 값 세트를 갖습니다.

그리고 이것이 우리가 공을 위해 필요로 하는 모든 것입니다. 다음 섹션에서는 막대기에 대해 다룰 것입니다.

막대기 생성하기

Bat는 공이 화면 하단으로 떨어지는 것을 방지하는 데 사용할 도형입니다. 그리고 별도의 파일도 필요합니다.

bat.dart라는 새로운 파일을 만듭니다.

01_ Bat가 자신의 위치를 알거나 사용자를 다룰 필요가 없기 때문에 이것도 Stateless 위젯에 포함됩니다. 이러한 모든 액션은 호출하는 곳에서 수행합니다.

```
import 'package:flutter/material.dart';

class Bat extends StatelessWidget {
  @override
  Widget build(BuildContext context) {
    return Container();
  }
}
```

02_ Bat의 너비와 높이는 화면의 크기에 따라 종속적입니다. 이들은 호출자로부터 전달되므로 Bat 클래스에서 width와 height라는 두 개의 final double 변수를 만듭니다.

```
final double width;
final double height;
```

03_ 다음으로, 두 개의 매개변수를 사용하여 두 개의 변수를 채우는 생성자를 만듭니다.

```
Bat(this.width, this.height);
```

04_ 다시 말하지만, build 메서드는 생성자에 전달된 너비와 높이를 매개변수 값으로 가지는 컨테이너를 반환하고, 배경색을 Colors.blue[900]으로 설정하는 데코레이션을 갖게 됩니다. 클래스의 코드는 최종적으로 다음과 같이 됩니다.

```
import 'package:flutter/material.dart';

class Bat extends StatelessWidget {
  final double width;
  final double height;
  Bat(this.width, this.height);
  @override
  Widget build(BuildContext context) {
    return Container(
      width: width,
      height: height,
      decoration: new BoxDecoration(
        color: Colors.blue[900],
      ),
    );
  }
}
```

현재 UI의 두 가지 주요 요소가 있습니다. 나중에 게임 로직을 통합할 때, 점수 텍스트를 다룰 것입니다. 이제, 우리에게 Ball과 Bat를 담을 그리드가 필요합니다.

그리드 생성하기

게임을 위한 새 파일을 만들어보겠습니다. 이 파일을 pong.dart라고 부르겠습니다. 이번에는 이 클래스 생명주기동안 몇 가지 값이 변경되므로 Stateful 위젯으로 만들어야 합니다.

01_ stful 단축키를 사용하여 Pong이라는 새로운 Stateful 위젯을 만들어 보겠습니다.

```
import 'package:flutter/material.dart';
```

```
import './ball.dart';
import './bat.dart';

class Pong extends StatefulWidget {
  @override
  _PongState createState() => _PongState();
}

class _PongState extends State<Pong> {
  @override
  Widget build(BuildContext context) {
    return Container();
  }
}
```

02_ Container를 반환하는 대신, LayoutBuilder를 반환하겠습니다. 이는 상위 제약을 포함하여 컨텍스트에서 사용 가능한 공간을 측정하려는 경우 유용한 위젯입니다. 이를 사용하여 공이 앱의 보이지 않는 공간을 벗어나지 않도록 할 것입니다.

LayoutBuilder 위젯에는 생성자에 빌더가 필요합니다. 이것은 컨텍스트와 제약을 가진 함수를 취합니다. 이 함수 내에서 Stack을 반환합니다.

```
return LayoutBuilder(
  builder: (BuildContext context, BoxConstraints constraints) {
    return Stack();
});
```

NOTE

이를 이루기 위한 방법에는 여러 가지가 있는데, 플러터에서 사용 가능한 컨테이너 중 우리 목적에 적합한 컨테이너가 있고, 그것은 Stack입니다. Stack은 상자의 가장자리를 기준으로 children을 배치하는 위젯입니다.

게임이 진행되는 동안 공과 막대기 모두 움직여야 하므로, Stack의 경계에서 거리를 변경하여 위치를 변경할 수 있습니다.

Stack 위젯에는 Stack 자체에 포함된 모든 요소를 배치할 수 있는 children 프로퍼티가 있습니다. 그 안에 요소를 배치하는 한 가지 방법은 Positioned 위젯을 사용하는 것입니다. 여기에서 top, left, bottom, right 프로퍼티를 지정할 수 있습니다.

Ball과 Bat를 Stack에 추가해 봅시다. 지금은 사용 가능한 공간의 최상단을 의미하는 top:0 위치에 공을 놓고, 사용 가능한 공간의 최하단을 의미하는 bottom:0 위치에 Bat를 놓겠습니다. 지금은 막대기의 크기를 임의로 너비를 200, 높이를 50으로 설정했지만 곧 변경하도록 하겠습니다.

```
return Stack(
  children: <Widget>[
    Positioned(
      child: Ball(),
      top: 0
    ),
    Positioned(
      bottom: 0,
      child: Bat(200,25),)
  ], );
```

지금까지의 레이아웃을 실험해보고 싶다면, main.dart 파일의 MyApp 클래스에서 Pong() 위젯만 호출하면 됩니다. 먼저 MyApp 클래스의 최상단에서 import를 해야 합니다.

```
import './pong.dart';
```

다음은 Scaffold의 바디를 가져옵니다.

```
body: SafeArea(
  child: Pong()
)
```

그리고 지금 바로 앱을 사용해보면 다음과 같이 화면의 왼쪽 상단과 왼쪽 하단에서 각각 공과 막대기를 볼 수 있습니다.

애니메이션을 다루기 전에 크기와 위치의 변화를 처리할 수 있도록 이 레이아웃을 준비합시다.

_PongState 클래스의 최상단에 사용 가능한 공간, 막대기의 크기, 막대기와 공의 위치를 처리할 몇 가지 변수를 만들어 보겠습니다.

```
double width = 0;
double height = 0;
double posX = 0;
double posY = 0;
double batWidth = 0;
double batHeight = 0;
double batPosition = 0;
```

width와 height은 화면에서 사용 가능한 공간을, posX와 posY는 공의 수평 및 수직 위치,

batWidth 및 batHeight는 배트의 크기를, batPosition은 배트의 수평 위치를 나타냅니다. 막대기는 화면 하단에 남아있기 때문에 수직으로 움직일 수 없습니다.

LayoutBuilder 내부에서 먼저 레이아웃의 높이와 너비, 막대기의 크기를 포함하는 변수를 설정해 보겠습니다. 이러한 값은 LayoutBuilder의 builder 메서드에 매개변수로 전달되는 BoxConstraints 인스턴스에 포함되어 있습니다.

우리는 막대기의 크기를 화면의 크기에 종속적으로 만들 것입니다. 따라서 너비는 화면의 20%(width/5), 높이는 사용 가능한 공간의 5%(height/20)가 됩니다. _PongState 클래스의 build() 메서드 및 LayoutBuilder의 builder 메서드에 다음의 코드를 추가합니다.

```
builder: (BuildContext context, BoxConstraints constraints) {
  height = constraints.maxHeight;
  width = constraints.maxWidth;
  batWidth = width / 5;
  batHeight = height / 20;
  return Stack(
    ...
```

다음으로 builder가 반환한 Stack에서 Bat를 빌드할 때 다음 값을 사용하겠습니다.

```
return Stack(
  children: <Widget>[
    Positioned(child: Ball(), top: 0),
    Positioned(
      bottom: 0,
      child: Bat(batWidth, batHeight),
    )
  ],
);
```

레이아웃의 주요 요소에 대해 완료되었으므로, 이제 애니메이션 빌드를 시작할 준비가 되었습니다.

4-3 애니메이션 사용하기

화면 내에서 공을 움직이게 하는 애니메이션을 만들기 위해 플러터에서는 대부분의 애니메이션의 기본이 되는 세 가지 클래스를 사용합니다.

- 첫 번째 클래스는 예상대로 Animation이라고 합니다. Animation 클래스는 몇 가지 값을 가져와 애니메이션으로 변환합니다. Animation의 인스턴스는 화면의 어떤 위젯에도 연결되어 있지 않으므로 화면에서 무슨 일이 일어나고 있는지 알지 못합니다. 각 프레임 변경 중에 애니메이션의 상태를 확인할 수 있는 리스너가 있습니다.

- 두 번째 클래스는 AnimationController입니다. 이름에서 알 수 있듯이 AnimationController는 애니메이션 객체를 제어합니다. 예를 들어 애니메이션을 시작하고 지속시간을 지정하고, 필요할 때 반복하는 데 사용할 수 있습니다. AnimationController는 하나 이상의 애니메이션을 제어할 수 있습니다. 이 장의 프로젝트에서는 하나의 애니메이션만 사용합니다.

- 우리가 사용할 마지막 클래스는 Tween입니다. Tween은 "in between"의 줄임말이며, 애니메이션 중에 변경해야 하는 프로퍼티 값을 포함합니다. 예를 들어 위젯의 왼쪽 위치를 0에서 200까지 움직이는 경우 Tween은 1, 2, 3, … 이런 식으로 증가하며, 최대 200까지의 값을 나타냅니다.

다음 몇 단계에서는 화면을 통해 공을 이동하는 코드에서 다음 세 가지 클래스가 작동하는 것을 볼 수 있습니다.

01_ _PongState 클래스의 맨 위에 Animation 및 AnimationController의 인스턴스를 포함할 변수를 만듭니다.

```
Animation<double> animation;
AnimationController controller;
```

02_ 다음으로 initState() 메서드를 재정의합니다.

```
@override
void initState() {
  super.initState();
}
```

initState 메서드가 무엇인지 궁금할 것입니다. 다음 다이어그램을 살펴보겠습니다.

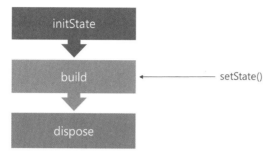

▲ Sateful 위젯의 생명주기 이벤트

Stateful 위젯의 생명주기 동안 호출되는 몇 가지 이벤트 메서드가 있습니다.

initState 메서드는 State가 생성될 때 호출됩니다. 이 메서드는 한 번만 호출되므로 모든 초기화에 사용할 수 있습니다.

이 프로젝트와 이전 프로젝트에서 build() 메서드를 여러 번 사용했습니다. setState() 메서드를 호출할 때마다 build() 메서드가 자동으로 트리거된다는 점은 주목할 만한 가치가 있습니다. 여기에 변경되는 값을 넣을 수 있지만, setState() 메서드가 호출될 때마다 덮어 쓰이게되기 때문에 초기화 값에는 쓸모가 없습니다. Stateful 위젯의 생명이 끝나면 dispose() 메서드를 재정의할 수 있습니다. 이는 시스템에서 리소스를 해제하는 데 도움이 됩니다.

따라서 여러분은 이 설명에서 볼 애니메이션을 initState 메서드에서 설정하고 build 메서드에서 위치를 설정해야 한다고 추측했을 것입니다. 우리가 만들 첫 번째 애니메이션은 공을 top:0, left:0의 위치에서 top:100, left:100의 위치로 이동합니다. 단계를 살펴보겠습니다.

01_ initState부터 시작하겠습니다. 수평 위치에는 posX를 사용하고, 공의 수직 위치에는 posY를 사용합니다. 애니메이션 시작시 둘 다 0이 됩니다.

02_ 다음으로 AnimationController를 초기화합니다. 공이 0, 0의 위치에서 100, 100의 위치로 이동하는 데 3초가 걸리기를 원하므로 지속 시간은 3초입니다.

03_ AnimationController에는 생성자의 vsync 인수를 사용하여 구성된 TickerProvider가 필요합니다. vsync 프로퍼티를 다음과 같이 설정합니다.

```
@override
void initState() {
  posX = 0;
  posY = 0;
  controller = AnimationController(
```

```
    duration: const Duration(seconds: 3),
      vsync: this, );
    super.initState();
}
```

04_ 여기에 오류가 있음을 알 수 있습니다. vsync가 TickerProvider를 사용하기 때문입니다. 이 문제를 해결하려면 with SingleTickerProviderStateMixin을 state에 추가해주어야 합니다.

```
class _PongState extends State<Pong> with SingleTickerProviderStateMixin {
```

여기에는 관련 지식이 조금 필요합니다. 객체지향 프로그래밍 언어에서 Mixin은 다른 클래스의 부모 클래스가 될 필요 없이 다른 클래스에서 사용할 수 있는 메서드를 포함하는 클래스입니다. 이것이 플러터에서 with절을 사용하는 이유입니다. 이런 방식으로 클래스를 상속하지 않고 포함하기 때문입니다. 즉, Mixin은 여러 클래스 계층 구조의 클래스에서 코드를 재사용하는 방법입니다.

 TIP

다트에서 믹스인 사용 방법에 대해 더 자세히 알고 싶다면, 다음 Medium 링크에 좋은 글이 있습니다.
• https://medium.com/flutter-community/dart-what-are-mixins-3a7234401113

SingleTickerProviderStateMixin은 하나의 Ticker를 제공합니다. 간단히 말해서 Ticker는 거의 일정한 간격으로 신호를 보내는 클래스입니다. 플러터에서는 기기가 이 프레임 속도를 허용하는 경우 초당 약 60회 또는 16밀리초에 한 번씩 보냅니다.

05_ 그런 다음 _PongState 클래스의 initState() 메서드에 있는 AnimationController 아래에서 animation 자신을 만듭니다.

```
animation = Tween<double>(begin: 0, end: 100).animate(controller);
  animation.addListener(() {
    setState(() {
      posX++;
      posY++;
    });
  });
```

여기에서 우리는 Tween을 사용하고 있습니다. 앞서 언급했듯이 Tween은 시작 값과 끝 값 사이의 선형 간격입니다. 시작 값은 0이고, 끝 값은 100입니다. 이곳에서 animate() 메서드를 호출하여 방금 만든 controller를 전달합니다. 그렇게 하여 animation 자체를 반환합니다.

06_ 애니메이션에서 addListener() 메서드를 호출하는 리스너를 설정합니다. 이 객체가 변경될 때마다 호출됩니다.

07_ setState() 메서드 내에서 애니메이션이 반복될 때마다 수평 및 수직 위치를 증가시켜서 공이 양쪽 방향 안에서 100 픽셀 아래로 이동합니다.

08_ 마지막 단계는 공 Positioned 위젯의 상단 및 왼쪽 매개변수를 변경하는 것입니다. 둘 다 Tween을 만들 때 정의한 애니메이션 값을 사용하며, 이 값은 0에서 100 사이입니다. 공이 0, 0의 위치에서 100, 100의 위치로 이동하는 데 기본적으로 3초가 걸립니다.

```
return Stack(
  children: <Widget>[
    Positioned(
      child: Ball(),
      top: posY,
      left: posX,
    ),
```

09_ 애니메이션을 시작하려면 initState() 메서드에서 super.initState() 호출 전에 컨트롤러에서 forward() 메서드를 호출합니다.

```
controller.forward();
```

10_ 지금 바로 앱을 사용해보면, 공이 오른쪽 하단 모서리로 천천히 움직이는 것을 볼 수 있을 것입니다. 최종 위치는 다음 스크린샷과 비슷해야 합니다.

요약하면 애니메이션 컨트롤러를 사용하여 애니메이션 시작 시간을 정의하고, Tween을 사용하여 선형 값 증분을 설정하고 forward( ) 메서드를 사용하여 애니메이션을 시작합니다.

지금 앱을 그대로 두면 분명 가장 지루한 게임이 될 것입니다. 가장 먼저 해야 할 일은 공을 계속 움직이고 사용 가능한 공간의 가장자리에 도달하면 방향을 변경하는 것입니다. 이제 앱을 조금 수정해 보겠습니다.

4-4 게임 로직 추가하기

공은 멈추지 않아야 하며, 사용 가능한 공간의 가장 자리에서 튀어나와야 합니다. 바운싱으로 보이는 것은 실제로는 방향의 변화를 의미합니다. 따라서 공이 오른쪽 가장자리를 만나면 왼쪽으로 이동해야 하며, 그 반대의 경우도 마찬가지입니다. 위쪽으로 이동할 때 세로 방향으로도 마찬가지입니다. 공이 위쪽 테두리를 만나면 방향을 바꾸고 아래쪽으로 이동해야 합니다. 또한 애니메이션 값이 불필요하므로, 공 위치를 애니메이션 값과 분리하고, 올바른 위치에 공을 그리는 방법으로만 애니메이션을 사용해야 합니다. 이 논리를 적용하는 단계를 살펴보도록 하겠습니다.

01_ 먼저, pong.dart 파일에서 다음과 같이 import 선언 아래에 방향에 대한 enum을 선언합니다.

```
enum Direction { up, down, left, right }
```

enum 키워드는 Enumerated 타입을 만들어 냅니다. 고정된 수의 상수 값을 나타내는 데 사용할 수 있는 특수한 종류의 클래스입니다. 이 예에서는 up, down, left, right의 네 가지 값을 가질 수 있는 Direction이라는 열거자를 만듭니다. 이렇게 하면 코드가 좀 더 읽기 쉽고, 방향에 숫자나 상수를 사용하는 대신으로 사용할 수 있습니다.

02_ 다음으로 _PongState 클래스의 최상단에 수직(vDir) 및 수평(hDir) 방향을 포함하는 Direction 타입의 두 변수를 추가해 보겠습니다. 처음에는 공이 아래쪽과 왼쪽으로 움직여야 합니다.

```
Direction vDir = Direction.down;
Direction hDir = Direction.right;
```

03_ 다음으로 공이 경계에 도달했는지 확인해야 합니다. LayoutBuilder의 builder 메서드에서 너비 및 높이 변수를 설정했으므로 앱의 경계를 이미 알고 있는 상태입니다. 따라서 공이 경계에 도달했는지 확인하기 위해 공의 위치만 확인하면 됩니다. 여전히 PongState 클래스에서 공이 테두리에 도달했는지 확인하고, 그때마다 방향을 변경하는 checkBorders()라는 메서드를 만듭니다.

```
void checkBorders() {
  if (posX <= 0 && hDir == Direction.left) {
```

```
      hDir = Direction.right;
    }
    if (posX >= width - 50 && hDir == Direction.right) {
      hDir = Direction.left;
    }
    if (posY >= height - 50 && vDir == Direction.down) {
      vDir = Direction.up;
    }
    if (posY <= 0 && vDir == Direction.up) {
      vDir = Direction.down;
    }
  }
```

04_ 필요한 만큼 애니메이션을 계속 유지해야 합니다. _PongState 클래스의 initState() 메서드에서 지금은 3초 대신 10,000분으로 설정하겠습니다. (게임이 참 길겠네요...)

```
controller = AnimationController(
  duration: const Duration(minutes: 10000),
  vsync: this,
);
```

05_ 다음으로 방향에 따라 공을 움직여 봅시다. initState() 메서드에서 애니메이션을 만들 때 addListener()에서 다음과 같이 setState() 코드를 변경해 보겠습니다.

```
animation.addListener(() {
  setState(() {
    (hDir == Direction.right)? posX += 1 : posX -= 1;
    (vDir == Direction.down)? posY += 1 : posY -= 1;
  });
  checkBorders();
});
```

우리는 앞의 코드에서 방향에 따라 공을 움직이기 위해 삼항 연산자를 사용하고 있습니다. 수평 방향이 Direction.right이면 수평 위치를 증가시켜야 합니다. 그렇지 않으면 감소해야 합니다. 수직 위치에도 동일한 논리가 적용됩니다. 방향이 아래일 때 posY를 증가시키고, 방향이 위일 때 감소합니다. 움직일 때마다 checkBorders() 메서드를 호출하여 방향을 변경해야 하는지 확인합니다.

즉시 실행해 볼 수 있으며, 공이 화면을 통해 튀어나와야 합니다. 공이 너무 느리게 움직이는 것을 알 수 있습니다. 위치의 증분을 변경하여 공의 속도를 조절할 수 있습니다. 이 경우에는 항상 1을 더하거나 빼고 있습니다만, 애니메이션을 더 빠르게 만들고 싶다면 1 대신 3 또는 5로 만들 수 있습니다. 더 느리게 만들고 싶다면 (예를 들면 0.5처럼) 1보다 작게 만들 수 있습니다.

06_ 이제 증분(increment) 넘버를 포함하는 변수를 만들어 보겠습니다. 저의 에뮬레이터에서는 5로 할 때 잘 작동합니다. _PongState 클래스의 최상단에 여기에 제공된 선언을 추가해 보겠습니다.

```
double increment = 5;
```

07_ 그 다음엔 우리의 코드에서 increment를 사용해 봅시다.

```
animation.addListener(() {
  setState(() {
    (hDir == Direction.right)? posX += increment : posX -= increment;
    (vDir == Direction.down)? posY += increment : posY -= increment;
  });
  checkBorders();
});
```

지금 앱을 바로 사용해보면, 공의 속도가 훨씬 빨리지는 것을 알 수 있습니다. 게임에 맞다고 느끼는 속도에 따라 increment 값을 자유롭게 조절하십시오.

다음 단계는 공이 떨어지는 것을 막을 수 있도록 막대기를 움직이는 것입니다!

4-5 GestureDetector 사용하기

이름에서 알 수 있는 것처럼 GestureDetector는 제스처를 감지하는 위젯입니다.

레이아웃의 body에 GestureDetector를 삽입합니다. 이 위젯에는 사용자의 제스처에 응답하는 프로퍼티가 있습니다. 여러 사용자 제스처에 응답할 수 있습니다. 가장 일반적인 프로퍼티는 onTap, onDoubleTap, onLongPress입니다. 이러한 각 제스처 프로퍼티 내에 사용자의 제스처에 응답하는 데 필요한 코드를 추가할 수 있습니다. 일반적으로 수행할 작업은 위젯의 상태를 변경하는 것이지만, 이것에 국한되는 것은 아닙니다.

우리의 경우에는 막대기를 움직여야 하므로, 변경될 상태 값은 막대기를 포함하는 Positioned 위젯의 left 프로퍼티입니다. 막대기는 수직으로 움직일 필요가 없기 때문에 수평 드래그에만 반응하면 됩니다. 이를 수행하는 단계를 살펴보겠습니다.

01_ pong.dart 파일의 build() 메서드에서 batPositioned 위젯의 child를 추가하겠습니다. onHorizontalDragUpdate 매개변수를 포함한 GestureDetector를 추가합니다. 이것은 DragUpdateDetails 객체를 취할 것이고, update를 호출할 수 있게 됩니다. 이곳에는 화면에서 발생하는 드래그에 대한 정보를 포함하고 있습니다.

02_ 함수 내에서 업데이트된 값을 받는 moveBat()이라는 메서드를 호출합니다.

```
Positioned(
  bottom: 0,
  left: batPosition,
  child: GestureDetector(
    onHorizontalDragUpdate: (DragUpdateDetails update) => moveBat(update),
    child: Bat(batWidth, batHeight))
),
```

03_ 다음으로는 _PongState 클래스의 아래 부분에 moveBat() 메서드를 작성합니다.

```
void moveBat(DragUpdateDetails update) {
  setState(() {
    batPosition += update.delta.dx;
  });
}
```

DragUpdateDetails에는 드래그 작업 중에 이동한 거리를 나타내는 delta 프로퍼티가 있습니다. dx는 수평 델타입니다. 양수 또는 음수일 수 있는 delta를 추가하여 batPosition을 업데이트합니다.

지금 앱을 사용해보면, 화면에서 막대기를 수평으로 움직일 수 있습니다.

사용자에게 게임과 상호작용할 수 있는 기능을 제공하기 전에 _PongState 클래스의 중요한 메서드인 dispose()를 재정의해 보겠습니다. 이 메서드를 사용하여 애니메이션에서 사용하는 리소스를 해제해야 합니다. 이 경우 dispose() 메서드는 _PongState 객체가 삭제될 때 자동으로 호출됩니다. 이 메서드 내에서 메모리 누수를 방지하기 위해 애니메이션 컨트롤러의 dispose() 메서드에 대한 호출을 추가합니다.

```
@override
void dispose() {
  controller.dispose();
  super.dispose();
}
```

이 때, 공과 막대기는 연결되어 있지 않지만, 다음에 수정하려고 합니다.

4-6 막대기 위치 확인하기

이제 공이 움직이고 막대기가 제스처에 반응하므로, 공이 막대기를 건드리지 않고 화면 하단에 도달하면 알려야 합니다. 이것은 플레이어가 게임에서 지는 순간입니다.

checkBorders() 메서드를 수정해야 합니다. 여기에서는 화면의 네 가지 테두리(top, left, right, bottom)를 다룹니다. 우리가 해야 할 유일한 변화는 bottom입니다. 여기에서 막대기가 올바른 위치에 있는지 확인하여 공이 다시 튀어나오도록 하거나 게임을 중지해야 하는지 확인해야 합니다.

pong.dart 파일에서 다음과 같이 checkBorders() 메서드에서 Direction.down을 확인하는 지점을 편집합니다.

```
if (posY >= height - 50 - batHeight && vDir == Direction.down) {
//막대기가 여기 있는지 확인하고, 그렇지 않으면 진다
  if (posX >= (batPosition - 50) && posX <= (batPosition + batWidth + 50)) {
      vDir = Direction.up;
  } else {
      controller.stop();
    dispose();
  }
}
```

50은 공의 지름입니다. 화면 맨 아래에서 튀는 대신 공이 막대기 위로 튀어 올라야 합니다. 그래서 공이 바닥에서 공의 지름을 뺀 시간에 도달하는지 확인합니다.

중첩된 if문에서 수평 위치를 확인합니다. 공이 튀는 것을 허용하는 막대기의 "이상적인" 위

치는 막대기의 수평 시작 위치인 batPosition과 막대기의 수평 끝 위치인 batPosition + batWidth 사이에 있습니다. 여기에 다시 공의 지름을 추가합니다. 공의 위치가 이 두 값에 포함되면 공이 다시 튀어 오릅니다. 그렇지 않으면 애니메이션을 중지하고 시스템 리소스를 해제합니다.

숫자 50을 반복적으로 사용하고 있으므로, 변수를 추가하고 대신 사용하겠습니다.

01_ 따라서, checkBorders 메서드의 맨 위에 다음을 추가합니다.

```
double diameter = 50;
```

02_ 체크를 위해 diameter 변수를 사용합니다. 최종 checkBorders 메서드는 다음과 같습니다.

```
void checkBorders() {
  double diameter = 50;
  if (posX <= 0 && hDir == Direction.left) {
    hDir = Direction.right;
  }
  if (posX >= width - diameter && hDir == Direction.right) {
    hDir = Direction.left;
  }
  if (posY >= height - diameter - batHeight && vDir == Direction.down) {
    // 막대기가 여기 있는지 확인하고, 그렇지 않으면 진다
    if (posX >= (batPosition - diameter) && posX <= (batPosition + batWidth +
diameter)) {
      vDir = Direction.up;
    } else {
      controller.stop();
      dispose();
    }
  }
  if (posY <= 0 && vDir == Direction.up) {
    vDir = Direction.down;
  }
}
```

객체에 대해 dispose() 메서드를 호출하면 객체를 더 이상 사용할 수 없습니다. 후속 호출은 오류를 발생시킵니다. 앱에서 오류가 발생하지 않도록 하기 위해 setState() 메서드를 호출하

기 전에 컨트롤러가 아직 마운트되어 있고 컨트롤러가 활성 상태인지 확인하는 메서드를 만들 수 있습니다.

01_ _PongState 클래스의 끝에 다음과 같은 코드를 추가합니다.

```
void safeSetState(Function function) {
  if (mounted && controller.isAnimating) {
    setState(() {
      function();
    });
  }
}
```

NOTE

mounted 프로퍼티는 State 객체가 현재 마운트 되어 있는지 여부를 확인합니다. State 객체는 initState()를 호출하기 전과 dispose()가 호출될 때까지 "mounted" 상태가 됩니다. mounted가 true가 아닐 때 setState()를 호출하면 오류가 발생합니다.

02_ initState() 메서드의 animation.addListener에서 setState() 대신 safeSetState() 메서드를 호출합니다.

```
animation.addListener(() {
  safeSetState(() {
    (hDir == Direction.right) ? posX += increment : posX -= increment;
    (vDir == Direction.down) ? posY += increment : posY -= increment;
  });
  checkBorders();
});
```

03_ moveBat() 메서드에서도 safeSetState()를 호출합니다.

```
void moveBat(DragUpdateDetails update) {
  safeSetState(() {
    batPosition += update.delta.dx;
  });
}
```

앱을 사용해보면 드디어 게임을 플레이 할 수 있습니다!

추가해야 할 몇 가지 수정사항이 있기 때문에 다음 섹션에서 진행하겠지만, 그래도 여전히 기본 사항은 모두 있는 상태입니다.

4-7 게임에 무작위성 추가하기

게임을 흥미롭게 만드는 기본 요소 중 하나는 랜덤 요소입니다. 게임에서 무작위성을 추가할 수 있는 두 가지 순간이 있습니다. 하나는 바운싱 각도입니다. 바운스할 때마다 정확히 45도일 필요는 없습니다. 바운싱을 덜 규칙적으로 만들면 게임의 예측 가능성이 낮아집니다. 그리고 공의 스피드에 반영할 수도 있습니다.

우리가 지금 사용하고 있는 완벽한 바운싱을 1이라고 생각해 봅시다. 바운싱이 0.5에서 1.5 사이의 값을 가질 수 있다면 바운싱은 덜 규칙적이지만 여전히 어느 정도의 사실성을 갖고 작동할 겁니다.

01_ 플러터와 다트에서 임의의 값을 사용하려면 math 라이브러리를 import해야 합니다. pong. dart 파일에서 다음과 같이 import 문을 추가합니다.

```
import 'dart:math';
```

02_ 그런 다음 _PongState 클래스에서 randomNumber()라는 메서드를 작성합니다. 이 메서드는 0.5에서 1.5 사이에 해당하는 임의의 double 타입의 숫자를 반환합니다.

```
double randomNumber() {
  //이 숫자는 0.5에서 1.5 사이가 됩니다
  var ran = new Random();
  int myNum = ran.nextInt(101);
  return (50 + myNum) / 100;
}
```

Random 클래스는 임의의 bool, int, double 값을 생성합니다. nextInt 메서드는 0(포함)과 전달하는 매개변수(불포함) 사이의 임의의 정수를 반환합니다. 이 코드의 경우 0에서 100 사이의 숫자가 됩니다.

여기에 50을 더하고 생성된 정수를 더하여 50에서 150 사이의 숫자를 얻은 다음 100으로 나눕니다. 따라서 함수는 0.5에서 1.5 사이의 숫자를 반환하게 됩니다.

03_ 다음으로, _PongState 클래스의 맨 위에 두 개의 변수를 만들어 보겠습니다. 하나는 수직 방향이고 다른 하나는 랜덤 숫자를 포함할 수평 방향입니다. 보이는 것처럼 실행 시작 시 randX 및 randY의 값은 1입니다.

```
double randX = 1;
double randY = 1;
```

04_ 공이 바운딩될 때마다 도달한 테두리에 따라 랜덤 숫자의 값을 변경하려고 합니다. 따라서 공이 왼쪽이나 오른쪽으로 튕길 때 randX 값을 변경할 것입니다. 또한 공이 상단 또는 하단에서 튀어오를 때 randY 값을 변경할 것입니다.

checkBorders() 함수를 수정하여 randomNumber() 메서드에 대한 호출을 추가합니다.

```
void checkBorders() {
  double diameter = 50;
  if (posX <= 0 && hDir == Direction.left) {
    hDir = Direction.right;
    randX = randomNumber();
  }
  if (posX >= width - diameter && hDir == Direction.right) {
    hDir = Direction.left;
    randX = randomNumber();
  }
//막대기의 위치가 잘 있는지 확인한다
  if (posY >= height - diameter - batHeight && vDir == Direction.down) {
//막대기가 여기 있는지 확인하고, 그렇지 않으면 진다
    if (posX >= (batPosition - diameter) &&
        posX <= (batPosition + batWidth + diameter)) {
      vDir = Direction.up;
      randY = randomNumber();
    } else {
      controller.stop();
      dispose();
```

```
    }
  }
  if (posY <= 0 && vDir == Direction.up) {
    vDir = Direction.down;
    randY = randomNumber();
  }
}
```

05_ 마지막으로 initState() 메서드에 정의된 Tween으로 돌아가서 고정된 값만큼 위치를 늘리는
대신 랜덤 숫자를 사용하여 스피드도 변경하도록 애니메이션의 정의를 수정합니다.

```
animation = Tween<double>(begin: 0, end: 100).animate(controller);
animation.addListener(() {
  safeSetState(() {
    (hDir == Direction.right)
      ? posX += ((increment * randX).round())
      : posX -= ((increment * randX).round());
    (vDir == Direction.down)
      ? posY += ((increment * randY).round())
      : posY -= ((increment * randY).round());
  });
  checkBorders();
});
```

지금 게임을 플레이하면, 공의 속도와 바운스가 덜 규칙적이어서 게임을 좀 더 예측할 수 없다
는 것을 알 수 있습니다. 물론 randomNumber 함수에서 다른 범위를 반환하여 랜덤 요소를
늘리거나 줄일 수도 있습니다.

이제, 모든 게임이 가져야 할 마지막 요소가 있습니다. 바로 점수입니다. 이것을 우리 앱에 추
가합시다.

4-8 점수를 추가하고 게임을 완료하기

성과를 측정하는 방법이 없다면 게임은 완성되지 않습니다. 이 경우 수행할 작업은 매우 확실합니다. 공이 막대기에 닿을 때마다 점수에 1점을 더할 겁니다. 이 작업을 어떻게 적용할 수 있는지 살펴보도록 하겠습니다.

01_ _PongState 클래스의 맨 위에 점수를 기록할 변수를 만듭니다.

```
int score = 0;
```

02_ 다음으로 build() 메서드에서 새로운 Positioned 위젯을 Stack에 추가합니다. 이 위젯은 score를 나타내는 Text를 포함합니다.

```
return Stack(
  children: <Widget>[
    Positioned(
      top: 0,
      right: 24,
      child: Text('Score: ' + score.toString()),
    ),
```

03_ 그런 다음, checkBorders() 메서드에서 공이 막대기를 터치할 때 점수를 업데이트하도록 만듭니다.

```
if (posX >= (batPosition - diameter) && posX <= (batPosition + batWidth + diameter)) {
  vDir = Direction.up;
  randY = randomNumber();
  safeSetState(() {
    score++;
  });
}
```

이제, 앱을 사용해 보면 다음과 같이 화면 오른쪽 상단에 점수가 표시됩니다.

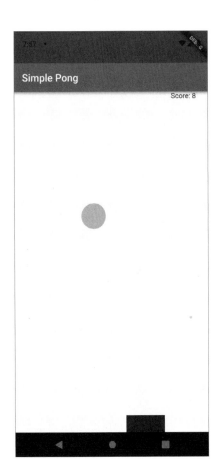

이제, 앱에 마지막 손길을 더하겠습니다. 플레이어가 졌을 때 다시 플레이 할 것인지를 묻는 메시지를 표시하고, 플레이어가 다시 플레이를 원하면 애니메이션을 다시 시작합니다.

01_ _PongState 클래스에 showMessage라는 이름의 새 메서드를 만들어 보겠습니다. 우리가 원하는 것은 다음 스크린샷과 같이 화면 위의 대화상자입니다.

02_ 이것은 화면 위에 머티리얼 디자인 애니메이션과 함께 대화 상자를 표시하는 showDialog 메서드를 호출합니다. 이 메서드는 Dialog 위젯을 빌드하고, 현재 BuildContext를 취하는 builder 메서드를 사용합니다.

```
void showMessage(BuildContext context) {
  showDialog(
    context: context,
    builder: (BuildContext context) {
      return AlertDialog();
    });
}
```

03_ 앱에서 AlertDialog를 사용하여 사용자에게 다시 플레이할 것인지를 묻습니다. 경고 대화상자는 제목(title), 내용(content) 및 작업(actions)을 수행합니다.

04_ showMessage 메서드에는 다음의 특징이 있습니다.

- 대화창 상단에 title이 표시됩니다.
- content는 대화 상자의 주요 내용입니다.
- actions는 사용자가 수행할 수 있는 작업을 지정하는 위젯의 배열입니다. 우리 앱에서는 두 개의 버튼을 사용합니다. 하나는 YES에, 다른 하나는 NO에 대한 작업입니다.

05_ 사용자가 Yes FlatButton을 누르면, setState 메서드를 호출하여 공을 0, 0 위치에 배치하고 점수도 0으로 재설정합니다.

06_ Navigator의 pop 메서드는 화면에서 대화상자를 제거하고 controller.repeat 메서드는 애니메이션을 다시 재생합니다. 다음 코드를 사용하여 AlertDialog를 완료합니다.

```
return AlertDialog(
  title: Text('Game Over'),
  content: Text('Would you like to play again?'),
  actions: <Widget>[
    FlatButton(
      child: Text('Yes'),
      onPressed: () {
        setState(() {
          posX = 0;
          posY = 0;
          score = 0;
        });
        Navigator.of(context).pop();
        controller.repeat();
      },
    ),
    FlatButton(
      child: Text('No'),
      onPressed: () {
        Navigator.of(context).pop();
        dispose();
      },
    )
  ],
);
```

07_ checkBorders() 메서드에서 controller의 dispose() 메서드를 호출하는 대신에 showMessage() 메서드를 호출할 것입니다.

```
controller.stop();
showMessage(context);
```

이제 실행해 보면, 게임에 질 때마다 대화 상자가 표시됩니다.

이것으로 이 프로젝트가 완료되었습니다. 이 게임을 개선하기 위해 추가할 수 있는 몇 가지 기능이 있습니다. 가령 명예의 전당 만들기, 기기에 최고 점수 저장, 화면 상단에 벽돌 추가, 사운드 추가, 위치에 따른 바운스 각도 변경 등이 있습니다. 또한 두 번째 플레이어를 위해 두 번째 막대기를 추가할 수도 있습니다. 직접 테스트하고 싶다면, 이 앱에 이러한 기능 중 일부를 추가해 보세요. 플러터 기술을 향상시킬 수 있는 재미있는 방법이 될 수 있습니다.

요약

이 장에서는 애니메이션과 사용자 제스처 감지를 기반으로 간단한 게임을 만들었습니다.

플러터의 애니메이션은 빠르고 비교적 쉽게 구현할 수 있습니다. 애니메이션을 사용해 움직이는 부분에 대해서는 일부 값을 가져와서 애니메이션으로 변환하는 Animation 클래스, Animation 객체를 제어하는 AnimationController, 애니메이션 중에 변경해야 하는 프로퍼티 값을 포함하고 있는 Tween 및 애니메이션 프레임 당 한 번씩 콜백을 호출하는 Ticker가 있습니다.

GestureDetector에 위젯을 포함하면 사용자가 사용자 인터페이스에서 수행하는 여러 제스처를 감지할 수 있습니다. 이를 통해 GestureDetector의 onHorizontalDragUpdate 프로퍼티를 활용하여 움직이는 막대기를 화면에 구성할 수 있습니다. 임의성을 추가하면 일반적으로 게임이 더 흥미로워집니다. 또한 Random 클래스를 활용하여 nextInt 메서드로 임의의 정수 값을 생성하는 방법도 살펴보았습니다.

게임을 구현하는 동안 LayoutBuilder를 사용하여 화면에서 사용 가능한 공간을 확보하는 방법과 Stack을 사용하여 앱 화면에 위젯을 정확하게 배치하는 방법도 살펴보았습니다.

사용자에게 피드백을 제공하고 선택을 수행하도록 하기 위해 AlertDialog를 사용하여 title, content, actions를 설정하기도 하였습니다.

다음 장에서는 HTTP 라이브러리 서비스를 사용하여 웹 서비스에 연결하는 영화 정보 앱을 만들어 보겠습니다.

질문

각 프로젝트의 끝에는 이 장에서 다룬 내용을 기억하고 리뷰하는 데에 도움이 되는 몇 가지 질문이 있습니다. 다음 질문에 답해 보십시오. 확실하지 않은 경우 이 장의 내용을 잘 살펴보면 모든 답을 찾을 수 있습니다.

1. Stack의 경계를 기준으로 정확한 위치를 결정하기 위해 Stack 내부에서 사용할 수 있는 하위 위젯은 무엇입니까?

2. initState와 build 메서드의 차이점은 무엇입니까?

3. 애니메이션의 지속 시간은 어떻게 설정합니까?

4. 여러분이 가지고 있는 클래스에서 Mixin 클래스는 어떻게 사용합니까?

5. Ticker란 무엇입니까?

6. Animation과 AnimationController의 차이점은 무엇입니까?

7. 실행중인 애니메이션을 어떻게 중지합니까? 그리고 그것의 자원은 어떻게 해제합니까?

8. 0에서 10 사이의 랜덤 숫자를 어떻게 생성할 수 있습니까?

9. 위젯 중 하나(가령 컨테이너)에 대한 사용자의 탭 액션에 응답하려는 경우 어떤 위젯을 사용해야 합니까?

10. 앱에서 AlertDialog를 어떻게 표시합니까?

추가 읽을거리

앱에서 애니메이션을 사용하려는 경우 가장 먼저 플러터 공식 가이드를 확인합시다. 다음 링크(https://flutter.dev/docs/development/ui/animations)에서 찾을 수 있습니다. 비디오, 예제 및 단계별 가이드가 있는 또 다른 훌륭한 자료는 https://buildflutter.com/functional-programming-with-flutter/입니다.

이 장에서는 처음부터 게임을 만들었습니다. 복잡한 앱과 게임을 만드는 데 활용할 수 있는 여러 라이브러리와 툴킷이 있기 때문에 이것은 실제 게임을 만드는 일반적인 시나리오라고 할 수는 없을 것입니다. 눈길을 끄는 애니메이션 제작에 진지하게 관심이 있다면, 놀라운 애니메이션을 만들고 플러터 앱에 추가할 수 있는 Rive라는 이름의 써드파티 도구가 있습니다. 이에 대한 자세한 내용은 https://rive.app/에서 확인할 수 있습니다.

https://medium.com/flutter-community/from-zero-to-a-multiplatform-flutter-game-in-a-week-8245da931c7e에 플러터로 멀티 플랫폼 게임을 빌드하는 방법에 대한 좋은 예가 있습니다. 또한, https://flutterawesome.com/high-performance-animations-and-2d-games-with-flutter/에서 아이디어를 찾고 플러터로 무엇을 할 수 있는지 확인해보시는 것도 추천합니다.

플러터는 생긴지 얼마 안된 프레임워크이지만, 처음부터 시작하지 않고도 플러터에서 게임과 애니메이션을 더 쉽게 만들 수 있는 라이브러리가 이미 여러 개 있고, 프로젝트가 매우 빈번하게 추가되는 편입니다. 예를 들어 https://pub.dev/packages/flame에서 Flame을 살펴보십시오. 플러터로 게임을 만드는 방법에 대한 훌륭한 튜토리얼과 문서도 찾을 수 있습니다.

영화 보러 가자 -
웹에서 데이터 가져오기

✔ 기술 요구사항

✔ 프로젝트 개요

✔ 웹서비스에 연결하고 HTTP를 사용하여 데이터 검색하기

✔ JSON 데이터 파싱하고 모델 객체로 변환하기

✔ ListView로 데이터 보여주기

✔ 상세정보 화면을 표시하고 화면을 통해 데이터를 전달하기

✔ 검색 기능 추가하기

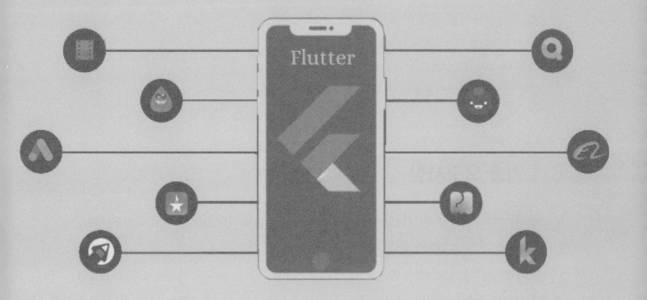

영화 좋아하지 않는 사람이 있을까요?

이 장에서는 영화 앱을 만들 것입니다. 사용자가 앱을 열자마자 영화관에서 개봉될 영화 목록이 표시됩니다. 이 프로젝트를 좋아하는 이유는 여러 가지가 있습니다. 읽기 쉽고, 엄청난 양의 코드가 필요하지 않으며, 동시에 대단히 중요한 개념이 많이 포함되어 있습니다. 여기에는 플러터의 비동기 프로그래밍, 웹에서 JSON 데이터 읽기, ListView 위젯 사용, 한 화면에서 다른 화면으로 데이터 전달이 포함됩니다. 요컨대, 이 프로젝트는 플러터를 계속 다루면 매우 자주 사용할 수 있는 개념으로 가득 차 있습니다. 그리고 클라이언트 측과 서버 측 또는 많은 사람들이 호출하는 프론트엔드/백엔드를 모두 다루는 실제 풀 스택 앱을 구현하게 됩니다.

특히 우리가 다룰 주제는 다음과 같습니다.

- HTTP 라이브러리를 사용하여 웹 서비스에서 데이터 검색
- JSON 데이터를 파싱하여 모델 객체로 변환
- 데이터를 표시하기 위해 ListView 추가
- 상세 화면 표시 및 화면을 통한 데이터 전달

5-1 기술 요구사항

완성된 앱 코드는 책의 GitHub 저장소에서 찾을 수 있습니다(https://github.com/binsoopark/FlutterProjectExamples).

이 책의 코드 예제를 따르려면, Windows, Mac, Linux, Chrome OS 기기에 다음 소프트웨어가 설치되어 있어야 합니다.

- Flutter SDK
- Android 용으로 개발하려면 Android SDK(Android Studio에서 쉽게 설치)
- iOS 용으로 개발하려면 macOS 및 Xcode
- 디버깅이 가능한 에뮬레이터(Android), 시뮬레이터(iOS) 또는 연결된 iOS 또는 Android 기기
- 편집기: Visual Studio Code(VS Code), Android Studio 또는 IntelliJ 또는 IDEA를 권장합니다. 모두 Flutter/Dart 확장 프로그램이 설치되어 있어야 합니다.

5-2 프로젝트 개요

이 장에서는 영화 앱을 만들 것입니다. 사용자가 앱을 열자마자 영화관에서 개봉될 영화 목록이 앱에 표시됩니다. 사용자는 다음과 같이 동일한 화면에서 제목별로 영화를 검색할 수도 있습니다.

영화 중 하나를 탭하면 앱에 두 번째 화면이 표시됩니다. 이 화면은 더 큰 이미지와 개요가 있는 영화 상세 정보 View입니다.

데이터를 검색하기 위해 앱은 **The Movie Database API**의 개방형 웹 서비스를 사용합니다.

이 장을 마치면 웹에 연결하고 원격 웹 서비스에서 데이터를 검색하는 완전한 기능의 앱을 구현하게 됩니다.

이 프로젝트에 필요한 시간은 약 3시간입니다.

5-3 웹 서비스에 연결하고 HTTP를 사용하여 데이터 검색하기

외부 데이터에서 완전히 독립적인 모바일 앱은 거의 없습니다. 일기 예보, 음악 듣기, 책 읽기, 뉴스 또는 이메일 읽기에 사용하는 앱을 생각해 보십시오. 이들은 모두 공통점이 있습니다. 외부 소스에서 가져온 데이터에 의존적입니다. 모바일(또는 모든 클라이언트) 앱에서 데이터를 가져오는 가장 일반적인 소스는 **웹 서비스(Web Service)** 또는 **웹 API(Web API)**라고 합니다.

클라이언트 앱이 웹 서비스에 연결하여 데이터를 가져오도록 **요청(request)**하고, 요청이 정상적인 경우 웹 서비스가 앱에 데이터를 전송하여 **응답(respond)**한 다음, 해당 기능에 대한 데이터를 파싱합니다. 이 접근 방식의 장점은 개발자가 하나의 데이터 소스를 만들고 유지보수하기만 하면 되고, 필요한만큼 많은 클라이언트를 가질 수 있다는 점입니다. 실제로 이 패턴(클라이언트/서버)은 새롭지 않으며, 앱을 설계할 때 매우 일반적이라고 할 수 있습니다.

다음에서 이 패턴을 보여주는 다이어그램을 볼 수 있습니다. 중앙에는 데이터 소스인 원격 서버가 있으며, 그 주변에는 데이터를 검색하기 위해 서버에 연결하는 모바일 앱과 같은 클라이언트가 있습니다.

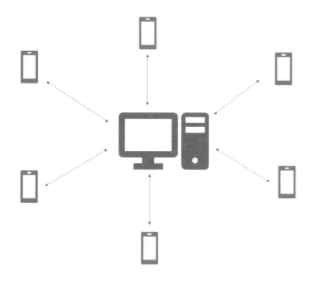

웹 서비스는 일반적으로 JSON 또는 XML의 두 가지 형식으로 데이터를 제공합니다. 둘 다 거의 동일한 종류의 데이터를 나타낼 수 있는 텍스트 포맷이지만, JSON의 경우 좀 더 간결하기 때문에 웹 서비스를 사용할 때 더 자주 볼 수 있는 포맷입니다.

다음 스크린샷에서 각 포맷에 대한 예시를 볼 수 있습니다.

두 포맷 모두 제목(title), 제작 연도(year), 장르(genre) 및 배우들(actors)로 표현한 영화의 예시를 볼 수 있습니다. 우리는 이러한 포맷에 대해 자세히 설명할 필요가 없습니다. 두 포맷 모두 복잡한 데이터를 표현할 수 있으며, 플러터에서는 JSON과 XML을 모두 쉽게 검색하고 파싱할 수 있습니다. 이 장에서 사용할 서비스는 JSON을 제공합니다.

우리는 웹 서비스 생성을 다루지 않을 것입니다. 앱 내에서 하나만 사용하지만, 걱정할 필요는 없습니다. 이후의 장에서 Firebase로 서버측 데이터 소스를 만드는 방법에 대해 살펴보겠습니다.

특히, Movie Database API(https://www.themoviedb.org)를 사용합니다. 이 곳은 여러 언어로 영화 및 TV 정보를 제공하는 방대한 양의 데이터가 포함된 커뮤니티 구축 데이터베이스입니다.

데이터베이스에 처음 연결하기 전에 API 키를 받아야 합니다. https://www.themoviedb.org/에서 계정을 만든 다음, 계정 페이지 왼쪽에 있는 표시줄에서 API 링크를 클릭하여 API 키를 얻을 수 있습니다. 서비스는 무료이지만, 계정을 활성화하려면 유효한 이메일이 있어야 합니다. 이 장의 예제를 따라하려면 API 키가 필요합니다.

다음 섹션에서는 앱을 만들고, 영화 데이터베이스 웹 서비스에서 첫 번째 데이터 세트를 검색합니다.

앱을 만들고 HTTP 라이브러리를 사용하여 API에 연결하기

새로운 플러터 앱을 만들어 보겠습니다. 우리는 이것을 Movies라고 부를 것입니다.

01_ 가장 먼저 할 일은 pubspec.yaml 파일을 열고 HTTP 요청을 만드는데 사용할 HTTP 라이브러리 종속성을 추가하는 것입니다. https://pub.dev/packages/http에서 사용 가능한 최신버

전을 확인하십시오.

다음과 같이 플러터 종속성 아래에 http 라이브러리를 추가합니다.

```
dependencies:
  flutter:
    sdk: flutter
  http: ^0.12.2
```

02_ 그런 다음 웹 서비스에 연결하는 데 사용할 설정 및 메서드를 만드는 데 사용할 http_helper.dart라는 새 파일을 만듭니다. 새 파일에서 HTTP 라이브러리를 가져오겠습니다.

```
import 'package:http/http.dart' as http;
```

as http 명령을 사용하여 라이브러리에 이름을 부여하므로, http 이름을 통해서 HTTP 라이브러리의 모든 함수와 클래스를 사용할 것입니다.

03_ 그런 다음, HttpHelper라고 부를 새로운 클래스를 만들어 봅시다.

```
class HttpHelper {}
```

04_ 다음 단계는 서비스에 연결할 주소 URL을 만드는 것입니다. 여기에는 몇 개의 문자열이 필요하며, 서비스에서 데이터를 검색하기 위해 필요에 따라 연결합니다. HttpHelper 클래스 맨 위에 다음의 선언을 추가합니다.

```
final String urlKey = 'api_key=YOUR API KEY HERE'; //이곳에 발급받은 키 입력
final String urlBase = 'https://api.themoviedb.org/3/movie';
final String urlUpcoming = '/upcoming?';
final String urlLanguage = '&language=ko-KR'; //영문으로 보려면 en-US 입력
```

이러한 문자열의 값을 더 쉽게 검색할 수 있도록 모든 문자열은 url 접두사로 시작합니다. 첫 번째 문자열 urlKey의 값으로는 'api_key=영화 데이터베이스 서비스에서 가져온 API 키'를 입력합니다. urlBase 문자열은 우리가 사용할 모든 주소의 시작입니다. urlUpcoming은 예정된 영화에 대한 URL의 일부분입니다. 마지막으로 urlLanguage에는 쿼리 결과에 사용할 언어를 지정할 수 있는 선택적 매개변수가 포함되어 있습니다.

05_ 이제 20개의 예정된 영화 목록을 검색하는 데 사용할 이 클래스의 첫 번째 메서드를 작성할 준비가 되었습니다.

```
Future<String> getUpcoming() async { }
```

여기에서 여러분이 익숙하지 않을 구문이 있습니다. getUpcoming() 함수는 Future를 반환하고 async로 서명됩니다. 이 두 요소는 모두 비동기 프로그래밍과 관련이 있습니다.

 TIP

'3장. 나의 시간(My Time) - 데이터의 스트림 듣기'에서 이미 스트림과 함께 비동기 프로그래밍을 사용했습니다. 이 장에서는 **Future**를 사용하는 방법을 볼 수 있습니다.

일반적으로 예를 들어 메서드에서 코드를 실행할 때 각 줄은 처음부터 마지막까지 순서대로 실행됩니다. 함수에 10줄의 코드가 있는 경우 5행은 4행이 실행을 마친 후에만 실행됩니다.

반면에 우리는 일반적으로 기기가 동시에 둘 이상의 작업을 수행할 수 있다는 점을 당연시합니다. 기기에서 음악을 들을 때 재생 목록을 탐색하거나 볼륨을 조정할 수도 있습니다. 음량을 조절하기 위해 노래가 끝날 때까지 기다려야만 한다면 매우 실망할 것입니다.

기본적으로 실행되는 모든 단일 작업은 일반적으로 메인 쓰레드 또는 UI 쓰레드라고 하는 단일 쓰레드입니다.

 TIP

응답하지 않는 UI는 어떤 대가를 치르더라도 피해야 합니다. 몇 초 동안 응답이 없다면 Android와 iOS 모두 사용자에게 앱을 종료할 것인지 묻습니다.

플러터에서 이 문제를 해결하기 위해 할 수 있는 일은 앱에 긴 시간이 걸리는 작업이 있을 때 다른 isolate 또는 실행 라인을 생성하여(가령 네트워크 작업이) 우리의 메인 쓰레드와 **동시에** 실행되도록 하는 것입니다.

 NOTE

동시성은 두 개 이상의 작업이 겹치는 시간 중에 시작, 실행 및 완료될 수 있을 때 발생합니다.

즉, 비동기 작업을 통해 다른 작업이 완료될 때까지 기다리는 동안 프로그램이 작업을 완료할 수 있습니다. 다음은 몇 가지 일반적인 비동기 시나리오입니다.

- 웹에서 데이터 검색
- 파일에서 데이터 읽기 및 쓰기
- 로컬 데이터베이스 읽기 및 쓰기

플러터에서 비동기 작업을 수행하려면 Future 클래스와 async, await 및 키워드를 사용할 수 있습니다.

Future는 미래에 사용할 수 있는 잠재적인 값 또는 오류를 나타내는 데 사용됩니다. 기본적으로 함수가 Future를 반환하면 결과가 준비되는 데 시간이 걸리며, 결과는 나중에 사용할 수 있음을 의미합니다. Future 자체는 즉시 반환되고, 기본 객체는 미래의 어느 시점에 반환됩니다. Future〈String〉을 작성한다는 것은 함수가 코드를 중단하지 않고, Future를 즉시 반환한 다음 모든 데이터 검색을 완료하면 String을 반환한다는 것을 의미합니다.

getUpcoming() 메서드에서 async 키워드를 추가합니다. 다트와 플러터에서는 함수 본문에 await 키워드를 사용하려면 async를 추가해야 합니다. Future를 반환하는 모든 메서드는 async로 표시했는지 여부와 상관없이 비동기입니다.

웹 서비스에서 일부 데이터를 검색해 보겠습니다.

01_ getUpcoming 메서드에서 연결 중에 사용할 URL을 생성하는 문자열을 추가해 보겠습니다.

```
final String upcoming = urlBase + urlUpcoming + urlKey + urlLanguage;
```

02_ 다음으로 HTTP 라이브러리를 사용하여 구현한 URL에 대해 연결을 만듭니다.

```
http.Response result = await http.get(upcoming);
```

http 클래스의 get 메서드는 Response를 포함하는 Future를 반환합니다. http.Response 클래스에는 성공적인 HTTP 호출에서 받은 데이터가 포함됩니다. async로 표시된 함수에서만 작동하는 await 키워드는 Future가 완료되기를 기다립니다. 이 줄을 완료할 때까지 쓰레드의 다음 줄로 이동하지 않고 동기식 코드와 매우 유사하게 동작합니다. 하지만 이 모든 일은 두 번째 실행줄에서 발생하므로 UI 쓰레드를 중지하지 않습니다.

03_ 이제 응답 값을 어떻게 읽습니까? 다음 코드를 작성해 봅시다.

```
if (result.statusCode == HttpStatus.ok) {
```

```
    String responseBody = result.body;
    return responseBody;
  }
  else {
    return null;
  }
}
```

04_ HttpStatus 클래스에는 dart:io 라이브러리가 필요합니다. http_helper.dart 파일 맨 뒤에 필요한 import를 추가합니다.

```
import 'dart:io';
```

Response에는 statusCode 및 body 프로퍼티가 있습니다. 상태코드는 HttpStatus.ok인 코드 200 또는 오류인 성공적인 응답을 나타낼 수 있습니다. 404 오류에 대해서는 잘 알고 있을 것입니다. 다트에서는 HttpStatus.notFound로 표현하기만 하면 됩니다.

앞의 코드에서 응답에 유효한 상태 코드가 있는 경우 http.get 메서드에 의해 모든 검색 데이터가 들어있는 문자열인 응답 본문을 읽어 발신자에게 반환합니다.

요약하자면, 현재 HTTP 요청을 하고 문자열이 포함된 미래를 반환하는 비동기 함수가 있습니다. 이제 우리는 메인 메서드에서 이 기능을 호출하여 그 결과를 사용자에게 보여주어야 합니다. 이것은 다음에 진행할 것입니다.

5-4 JSON 데이터 파싱하고 모델 객체로 변환하기

이제 UI의 웹 서비스에서 검색된 데이터를 표시할 준비가 되었습니다.

01_ main.dart 파일을 열고 앱의 기본 코드를 삭제하고 다음과 같이 기본적인 빈 앱을 만듭니다.

```
import 'package:flutter/material.dart';

void main() => runApp(MyMovies());

class MyMovies extends StatelessWidget {
  @override
```

```
  Widget build(BuildContext context) {
    return MaterialApp(
      title: 'My Movies',
      theme: ThemeData(
        primarySwatch: Colors.deepOrange,
      ),
      home: Home(),
    );
  }
}


class Home extends StatelessWidget {
  @override
  Widget build(BuildContext context) {
    return MovieList();
  }
}
```

02_ 이 코드에는 새로울 만한 것이 없습니다. Colors.deepOrange를 설정한 primarySwatch
로 ThemeData를 선택하였고, StatelessWidget인 Home에서는 아직 생성하지 않은 MovieList
클래스를 호출하고 있습니다. lib 폴더에 movie_list.dart라는 새 파일을 추가하고 MovieList
Stateful 위젯을 추가하여 이 문제를 바로 수정하도록 하겠습니다.

```
import 'package:flutter/material.dart';

class MovieList extends StatefulWidget {
  @override
  _MovieListState createState() => _MovieListState();
}

class _MovieListState extends State<MovieList> {
  @override
  Widget build(BuildContext context) {
    return Container();
  }
}
```

03_ 지금 발생한 오류를 수정하기 위해 main.dart 파일에 movie_list.dart 파일을 import합니다.

```
import 'movie_list.dart';
```

04_ 이제 HttpHelper 클래스에서 getUpcoming() async 메서드에 의해 검색된 데이터를 표시해야 합니다. 이를 위해 먼저 movie_list.dart 파일의 맨 위에 http_helper.dart 파일을 import합니다.

```
import 'http_helper.dart';
```

05_ _MovieListState 클래스에서 HttpHelper를 표시하는 데 필요한 데이터를 표현할 helper라는 문자열을 만듭니다.

```
String result;
HttpHelper helper;
```

06_ initState 메서드를 재정의하고 HttpHelper의 인스턴스를 만듭니다.

```
@override
void initState() {
  helper = HttpHelper();
  super.initState();
}
```

07_ 그런 다음, build 메서드에서 getUpcoming async 메서드를 호출하고 결과(then 메서드)가 반환되면, setState 메서드를 호출하여 반환된 값으로 문자열 result를 업데이트합니다.

```
@override
Widget build(BuildContext context) {
  helper.getUpcoming().then((value) {
    setState(() {
      result = value;
    });
  });
  return Scaffold(
      appBar: AppBar(
```

```
        title: Text('Movies'),
      ),
      body: Container(child: Text(result)));
  }
```

08_ 다음으로, 문자열 result를 반환하는 Text child가 포함된 Container를 body에 표시하는 Scaffold를 반환합니다.

09_ 여러분이 지금 앱을 실행해 보면, 최종 결과는 다음과 비슷하게 나올 것입니다.

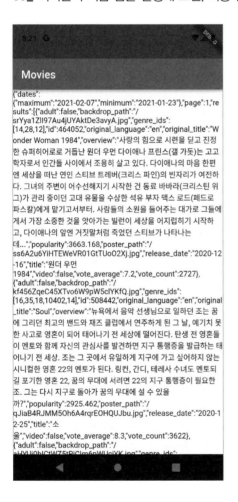

여기에는 화면에서 사용 가능한 모든 공간을 차지하고, Movies API에서 검색된 모든 JSON 코드가 포함된 텍스트가 있습니다. 이는 사용자에게 있어 데이터를 표현해주는 사용자에게 가장 친숙한 방법은 아닐 것입니다. 이것은 다음에 수정하겠습니다!

Movie 모델 클래스 추가하기

객체 지향 언어에서 데이터, 특히 구조화된 데이터를 다룰 때 일반적인 패턴은 데이터와 애플리케이션 간의 인터페이스 역할을 하는 클래스를 만드는 것입니다. 이것은 코드를 읽고 유지보수 하기 쉽게 만들기 위한 것이므로, 이 패턴을 따라 사용자에게 보여주고 싶은 movie 프로퍼티를 포함할 Movie 클래스를 만들 것입니다.

Movies API로부터 받은 JSON 파일에는 몇 가지 데이터가 있지만, ID, 제목(title), 평균 투표수(voteAverage), 출시 날짜(releaseDate), 개요(overview, 영화에 대한 설명) 및 포스터 경로(posterPath, 가능하다면 앱에 표시할 이미지의 경로)가 포함됩니다.

다음 몇 단계에서는 Movie 클래스의 프로퍼티와 메서드를 만들고, HttpHelper 클래스를 업데이트하여 웹 서비스에서 받은 데이터 파싱을 시작합니다.

01_ 다음과 같이 movie.dart라는 새로운 파일을 만들고, 파일 안에 Movie 클래스를 만듭니다.

```
class Movie {
  int id;
  String title;
  double voteAverage;
  String releaseDate;
  String overview;
  String posterPath;
}
```

02_ 다음으로, 클래스 안에 모든 필드를 설정할 수 있는 생성자도 만들어 줍니다.

```
Movie(this.id, this.title, this.voteAverage, this.releaseDate, this.overview,
  this.posterPath);
```

03_ 웹 API에서 데이터를 가져오면, 이를 Movie로 변환하려고 합니다. 따라서, 데이터를 JSON 포맷으로 가져와 Movie 객체로 생성해 주는 메서드가 필요합니다. 다음 코드를 작성해 보겠습니다.

```
Movie.fromJson(Map<String, dynamic> parsedJson) {
  this.id = parsedJson['id'];
  this.title = parsedJson['title'];
```

```
    this.voteAverage = parsedJson['vote_average']*1.0;
    this.releaseDate = parsedJson['release_date'];
    this.overview = parsedJson['overview'];
    this.posterPath = parsedJson['poster_path'];
  }
```

이 명명된 생성자는 Movie 객체를 반환합니다. 매개변수로 **키-값 쌍의 세트**인 Map을 사용합니다. 키는 문자열(예를 들면 "title")이며, 값은 텍스트 또는 숫자일 수 있으므로, dynamic이어야 합니다.

Map을 받으면 대괄호와 키 이름으로 값에 접근할 수 있습니다. 이것이 parsedJson['title']이라고 입력하면 title 키의 값에 접근할 수 있는 이유입니다.

이제 Map을 Movie로 변환할 수 있는 함수가 있습니다. 그러나 현재로서는 Map이 없고, 웹 서비스에서 검색한 모든 텍스트를 포함하는 문자열만 있습니다.

04_ HttpHelper getUpcoming() 함수로 이동하여 다음과 같이 수신한 JSON 콘텐츠를 파싱합니다.

```
Future<List> getUpcoming() async {
  final String upcoming = urlBase + urlUpcoming + urlKey + urlLanguage;
  http.Response result = await http.get(upcoming);
  if (result.statusCode == HttpStatus.ok) {
    final jsonResponse = json.decode(result.body);
    final moviesMap = jsonResponse['results'];
    List movies = moviesMap.map((i) => Movie.fromJson(i)).toList();
    return movies;
  }
  else {
    return null;
  }
}
```

05_ 파일의 맨 위에 convert.dart 라이브러리와 movie.dart를 import합니다.

```
import 'dart:convert';
import 'movie.dart';
```

좋습니다. 무슨 일이 일어나는지 살펴봅시다. 여러분은 Response 객체의 body 프로퍼티는 문자열이라는 사실을 기억하실 겁니다. 요청 결과를 쉽게 파싱하기 위해 이 문자열을 객체로 변환하려고 합니다.

```
final jsonResponse = json.decode(result.body);
```

 TIP

json.decode에 의한 리턴 타입은 dynamic입니다. 이것은 타입이 런타임에 결정된다는 것을 의미합니다.

웹 서비스에서 검색된 JSON 텍스트를 살펴보면 응답에 대한 정보가 있는 헤더와 반환된 모든 영화가 있는 배열이 포함된 결과 노드가 포함됩니다. 우리는 헤더에 관심이 없으므로, 'results' 배열을 파싱하면 됩니다.

```
final moviesMap = jsonResponse['results'];
```

그곳에서 map() 메서드를 호출합니다. Iterable(기본적으로 객체의 세트를 의미함)을 통해 map() 메서드를 호출할 수 있습니다. 이렇게 하면 세트의 각 요소(이 경우에서는 i)가 반복되고 moviesMap 내부의 각 객체에 대해 Movie 클래스의 fromJson 생성자가 반환한 Movie를 반환합니다. 그렇습니다. 이 한 줄의 코드에서 여러 가지 다른 일들이 일어납니다.

```
List movies = moviesMap.map((i) => Movie.fromJson(i)).toList();
```

때때로 저는 좀 더 친숙한 예를 들어 이 개념을 설명합니다. 레모네이드 10잔을 만들고 싶다고 상상해 보십시오. 여러분이 도착한 가게는 '레몬 10개'라는 설명이 적힌 상자에 10개의 레몬을 담아 판매합니다. 집에 가면 상자에서 레몬 10개를 꺼내 상자를 버리고, 레몬을 짜서 10잔의 레모네이드를 준비할 수 있습니다. 이것이 우리가 여기서 이루고자 하는 목표입니다. http.get(upcoming)을 이용하여, 웹 서비스(상점)에서 전체 JSON(레몬 상자)를 얻습니다. jsonResponse['results']로 영화(상자는 필요하지 않으므로 레몬만)만 가져옵니다. 그런 다음 moviesMap.map((i) => Movie.fromJson(i)).toList() 를 사용하여 동적 객체를 영화(lemon에서 lemonade)로 변환합니다.

이제 영화 목록이 생겼습니다. 다음 섹션에서는 이러한 영화를 ListView에서 사용자에게 보여줄 것입니다.

5-5 ListView로 데이터 보여주기

아무런 사용자 상호 작용 없이 단일 텍스트를 표시하는 대신 데이터를 처리하는 가장 일반적인 위젯인 ListView를 사용합시다. 이렇게 하면 사용자가 영화를 세로로 스크롤할 수 있습니다. ListView는 모든 유형의 위젯을 포함할 수 있으므로, 원하는 방식으로 데이터를 자유롭게 표시할 수 있습니다.

01_ 이제 movie_list.dart 파일을 열고 _MovieListState 클래스의 최상단에 영화 목록과 검색된 영화의 수를 표현할 두 개의 변수를 만들어 보겠습니다.

```
int moviesCount;
List movies;
```

02_ 그런 다음, initialize라는 새 메서드를 만듭니다. Future를 반환하고 async로 표시합니다.

03_ 메서드 내에서 httpHelper 클래스의 getUpcoming() 메서드를 호출한 다음 moviesCount 및 movies의 프로퍼티를 설정할 수 있도록 setState 메서드를 호출합니다.

```
Future initialize() async {
  movies = [];
  movies = await helper.getUpcoming();
  setState(() {
    moviesCount = movies.length;
    movies = movies;
  });
}
```

04_ 클래스의 build() 메서드에서 getUpcoming 메서드에 대한 호출과 result 문자열을 포함하는 텍스트를 삭제합니다. 새로운 build 메서드는 다음과 같습니다.

```
@override
Widget build(BuildContext context) {
  return Scaffold(
    appBar: AppBar(title: Text('Movies'),),
    body: Container()
  );
}
```

05_ Container를 반환하는 대신 getUpcoming( ) 메서드에서 반환한 Movies 객체를 보여주는 ListView를 반환하려고 합니다. 따라서 Scaffold의 body에 다음 코드를 작성해 보겠습니다.

```
body: ListView.builder (
    itemCount: (this.moviesCount==null) ? 0 : this.moviesCount,
    itemBuilder: (BuildContext context, int position) {
    })
```

이미 언급했던 것처럼, ListView는 스크롤링 위젯입니다. 수평 또는 수직으로 하위 항목들을 차례로 표시하며, 기본 방향은 수직입니다. 여기에서 사용하는 ListView.builder 생성자는 ListView를 쉽게 생성할 수 있도록 하며, 화면에 스크롤될 때 항목을 생성하므로 매우 성능이 뛰어납니다. 이것은 긴 목록이 있을 때마다 권장됩니다.

빌더 생성자의 itemCount 매개변수는 ListView에 포함될 item 개수를 사용합니다. 우리 코드에서는 삼항 연산자를 사용하고 있습니다. moviesCount 프로퍼티가 null이면, 항목 수는 0이 되고, 그렇지 않으면 initialize( ) 메서드에 설정된 moviesCount 프로퍼티가 됩니다.

두 번째 매개변수는 itemBuilder입니다. 이것은 ListView의 각 항목에 대한 이터레이션 메서드이며 BuildContext와 현재의 position을 취하고 있습니다. 여기에서 사용자에게 무엇을 보여줄 것인지 결정합니다.

06_ 모서리가 약간 둥글고 그림자가 있는 컨테이너 위젯인 Card를 반환해 보겠습니다. Card를 사용할 때 color(색상)와 elevation(고도)을 설정할 수 있습니다. 이 경우 color를 흰색으로 설정하고, elevation을 2.0으로 설정하겠습니다.

07_ Card의 child에 다음과 같이 ListTile을 넣습니다.

```
itemBuilder: (BuildContext context, int position) {
  return Card(
    color: Colors.white,
    elevation: 2.0,
    child: ListTile(
      title: Text(movies[position].title),
      subtitle: Text('Released: ' + movies[position].releaseDate +
        ' - Vote: ' + movies[position].voteAverage.toString()),
    ));
  })
```

ListTile은 시작과 끝에 선택적 아이콘이 있는 텍스트의 한 줄에서 세 줄을 포함할 수 있는 또 다른 material 위젯입니다.

08_ 앱을 실행해 볼 수 있도록 initState 메서드에서 initialize 메서드를 호출해 보겠습니다.

```
@override
void initState() {
  helper = HttpHelper();
  initialize();
  super.initState();
}
```

09_ 결과는 다음과 비슷하게 나와야 합니다(매일 새로운 영화가 나오기 때문에, 제목은 다르게 나와야 합니다!).

보시다시피 결과는 이제 훨씬 더 읽기 쉬워졌습니다. 사용자는 영화를 세로로 스크롤할 수 있으며, 우리가 보기로 결정한 정보만 볼 수 있습니다. 이제 텍스트 왼쪽에 작은 포스터 이미지를 추가하겠습니다.

ListTile에 trailing icon 표시하기

대부분의 영화에는 포스터 이미지가 있습니다. ListTile의 제목과 부제 왼쪽에 포스터 이미지를 추가하려고 합니다. 어떻게 할 수 있는지 살펴보겠습니다.

01_ Movie Database API에는 포스터 이미지 아이콘의 경로가 있습니다. _MovieListState 클래스의 최상단에 추가하겠습니다.

```
final String iconBase = 'https://image.tmdb.org/t/p/w92/';
```

02_ 만약 포스터 이미지가 없다면 기본 이미지를 보여주려 합니다. 클래스의 최상단에 final String을 생성해 보겠습니다.

```
final String defaultImage =
  'https://images.freeimages.com/images/large-previews/5eb/movie-clapboard-1184339.jpg';
```

03_ build 메서드에서 image라는 NetworkImage를 선언해 보겠습니다. 그런 다음, itemBuilder에서 Card를 반환하기 전에 영화의 경로에 따라 이미지를 설정하겠습니다.

```
Widget build(BuildContext context) {
  NetworkImage image;
  return Scaffold(
    appBar: AppBar(title: Text('Movies'),),
    body: ListView.builder (
      itemCount: (this.moviesCount==null) ? 0 : this.moviesCount,
      itemBuilder: (BuildContext context, int position) {
        if (movies[position].posterPath != null) {
          image = NetworkImage(
            iconBase + movies[position].posterPath
          );
        }
        else {
```

```
        image = NetworkImage(defaultImage);
    }
```

04_ 이미지 변수는 posterPath 문자열에 지정된 NetworkImage 또는 기본 이미지를 포함합니다. 이제 ListTile 내부에 이미지를 표시하는 방법이 필요합니다. 이를 위해 CircleAvatar 위젯을 포함하는 선행 매개변수를 추가할 수 있습니다. build() 메서드의 ListTile 위젯에 다음 코드를 추가합니다.

```
leading: CircleAvatar(
  backgroundImage: image,
),
```

05_ CircleAvatar는 이미지 또는 일부 텍스트를 포함할 수 있는 위젯입니다. 일반적으로 사용자의 이미지에 사용되더라도, 우리는 확실히 영화에 맞게 조정할 수 있습니다.

06_ 결과는 다음과 같습니다.

잘했습니다! 이제 앱의 첫 번째 화면 UI가 완성되었습니다. 물론 텍스트 스타일이나 CircleAvatar 크기로 즐길 수 있지만, 이는 기호에 맡기겠습니다. 다음에 해야 할 일은 앱의 두 번째 화면인 영화 상세정보 화면을 추가하는 것입니다.

5-6 상세정보 화면을 표시하고 화면을 통해 데이터를 전달하기

앱의 상세정보 화면에는 더 큰 포스터 이미지와 영화 개요가 표시됩니다. 이미지를 제외한 모든 필수 데이터는 이미 웹 서비스에서 다운로드 및 파싱되었으므로 이 화면에 HTTP 라이브러리를 사용할 필요가 없습니다.

이 부분을 완료하는 데 필요한 단계는 다음과 같습니다.

01_ 영화의 제목, 이미지, 개요를 설정하기 위해 영화 데이터를 수신해야 할 위젯이 있는 두 번째 화면을 만듭니다.

02_ ListView에서 사용자의 탭에 응답합니다.

03_ 첫 번째 화면에서 두 번째 화면으로 영화 데이터를 전달합니다.

이제 앱의 lib 폴더에 movie_detail.dart라는 새 파일을 생성해 보겠습니다. 오직 여기에서는 material 위젯에 접근하기 위한 material.dart 라이브러리와 Movie 클래스를 위한 movie.dart를 import하면 됩니다.

```
import 'package:flutter/material.dart';
import 'movie.dart';
```

우리가 지금 대답해야 할 질문은 '이 화면에 Stateless와 Stateful 위젯 중 무엇을 사용할까?' 입니다. 이미 알고 있듯이 위젯의 생명주기 동안 상태가 변경될 때, Stateful 위젯을 사용합니다. 영화의 이미지, 제목 및 개요가 변경될 수 있으므로 여기에 Stateful 위젯이 필요하다고 생각하고 싶을 수 있지만, 그렇지 않습니다. 사용자가 ListView의 아이템 중 하나를 클릭하면 항상 영화 데이터를 전달하는 화면의 새 인스턴스를 빌드합니다. 따라서 이 화면은 생명주기 동안 변경할 필요가 없습니다.

01_ stless 단축키를 이용하여 Stateless 위젯을 만듭니다. 우리는 이 클래스를 MovieDetail이라고 부를 것입니다.

```
class MovieDetail extends StatelessWidget {
  @override
  Widget build(BuildContext context) {
    return Container(
    );
  }
}
```

02_ MovieDetail을 호출할 때 Movie를 전달하려고 합니다. 따라서 MovieDetail 클래스의 맨 위에 movie 프로퍼티를 만들고, Stateless 위젯이므로 final로 표시합니다.

```
final Movie movie;
```

03_ 그런 다음 Widget 클래스의 movie 프로퍼티를 설정하는 생성자를 만듭니다.

```
MovieDetail(this.movie);
```

04_ build() 메서드에서 Container를 반환하는 대신 Scaffold를 반환합니다. appBar는 Movie 제목을 포함하고, body에는 SingleChildScrollView를 배치합니다. 이 위젯은 화면크기에 맞지 않으면 child를 스크롤 가능하도록 만듭니다.

05_ SingleChildScrollView에 Center 위젯을 배치합니다. 이 위젯은 영화 개요가 있는 Text를 포함하는 Column이 됩니다.

```
return Scaffold(
  appBar: AppBar(
    title: Text(movie.title),
  ),
  body: SingleChildScrollView(child: Center(child:Column(
    children: <Widget>[
      Container(
        padding: EdgeInsets.only(left: 16, right: 16),
        child: Text(movie.overview),
    )],
))));
```

06_ 이제 포스터 이미지만 추가하면 됩니다. movie 선언 아래에 이미지의 경로를 포함하는 final String을 만들어 보겠습니다.

```
final String imgPath='https://image.tmdb.org/t/p/w500/';
```

07_ 그런 다음, MovieList 화면에서 사용한 것과 동일한 로직을 사용합니다. 이미지를 이용할 수 있는 경우, 이미지를 보여줍니다. 그렇지 않으면 기본 사진만 보여줍니다. 따라서 build 메서드의 맨 위에 이미지 경로를 설정하는 코드를 추가합니다.

```
String path;
if (movie.posterPath != null) {
  path= imgPath + movie.posterPath;
}
else {
  path = 'https://images.freeimages.com/images/large-previews/5eb/movie-clapboard-
    1184339.jpg';
}
```

08_ 계속해서 build 메서드에서 이미지의 크기를 결정하기 위해 화면의 높이를 얻어옵니다.

```
double height = MediaQuery.of(context).size.height;
```

09_ 그런 다음, 개요 위의 열에 Image.network 생성자를 호출하여 표시되는 올바른 이미지를 child로 갖는 Container를 추가해 보겠습니다. 또한 padding을 추가하고, 이미지의 높이는 context 높이를 1.5로 나눈 값으로 정합니다.

```
Container(
  padding: EdgeInsets.all(16),
  height: height / 1.5,
  child:Image.network(path)
),
```

10_ 상세보기의 UI가 준비되었습니다. ListView에서 호출만 하면 됩니다. 이제 movie_list.dart 파일로 돌아가서 movie_detail.dart 파일을 import하겠습니다.

```
import 'movie_detail.dart';
```

11_ 그런 다음 build 메서드의 ListTile에 onTap 매개변수를 추가해 보겠습니다. 여기에서는 MovieDetail에 도달할 MaterialPageRoute를 선언하지만, 빌더에서 현재 위치의 영화도 전달합니다. 플러터의 다른 위젯으로 데이터를 전달하는 것이 얼마나 쉬운지 알 수 있습니다!

12_ 그런 다음 Navigator.push 메서드를 호출하여 실제로 MovieDetail 경로를 Navigator 스택에 추가합니다.

```
onTap: () {
  MaterialPageRoute route = MaterialPageRoute(
    builder: (_) => MovieDetail(movies[position]));
  Navigator.push(context, route);
},
```

13_ 그리고 앱을 실행하면, 화면에서 아무 영화나 탭할 수 있고, 아래처럼 상세보기 화면이 보일 것입니다.

이제 우리 앱이 거의 완성되었습니다. 검색 기능만 추가하고, 이 프로젝트를 끝내기만 하면 됩니다!

5-7 검색 기능 추가하기

영화 데이터베이스 웹 서비스 검색 기능을 활용하면 사용자가 제목별로 영화를 검색할 수 있습니다. 우리가 원하는 것은 AppBar에 검색 아이콘 버튼을 표시하는 것입니다. 사용자가 버튼을 탭하면 영화 제목의 일부를 TextField에 입력할 수 있으며, 키보드에서 검색 버튼을 누르면 앱이 웹 서비스를 호출하여 사용자 입력이 포함된 모든 영화를 검색합니다.

검색 기능을 구현하고 검색할 제목으로 Movie Database 웹 API를 호출하는 데 사용할 로직을 추가해 보겠습니다.

01_ http_helper.dart 파일의 HttpHelper 클래스에서 영화 검색을 수행하는 데 필요한 URL의 시작 부분을 포함하는 최종 String을 선언해 보겠습니다. 분명히 각 API에는 고유한 URL 구조가 있지만, 대부분의 공용 웹 서비스에는 올바른 URL을 작성하는 데 도움이 되는 철두철미한 문서가 있습니다.

```
final String urlSearchBase =
   'https://api.themoviedb.org/3/search/movie?api_key=[API KEY 삽입]&query=';
```

 TIP

일반적으로 파일에 설정 구조를 만드는 것이 좋습니다. 예를 들면 이 프로젝트에서는 httpHelper 클래스의 시작 부분에 모든 URL 상수를 설정합니다. 대개 코드를 디버깅하기가 어려워지므로 URL을 사용해야 할 때 URL을 빌드하는 것은 좋지 않습니다.

02_ 다음으로, 영화 목록을 반환하는 findMovies라는 새 함수를 만들어 보겠습니다. 이 함수는 제목이나 제목의 일부를 포함하는 문자열을 받습니다.

```
final String urlSearchBase =
    'https://api.themoviedb.org/3/search/movie?api_key=[API KEY 삽입]&query=';
Future<List> findMovies(String title) async {
  final String query = urlSearchBase + title;
```

```
    http.Response result = await http.get(query);
    if (result.statusCode == HttpStatus.ok) {
      final jsonResponse = json.decode(result.body);
      final moviesMap = jsonResponse['results'];
      List movies = moviesMap.map((i) => Movie.fromJson(i)).toList();
      return movies;
    } else {
      return null;
    }
  }
```

03_ 먼저 findMovies( ) 함수에서 웹 API에 전달할 쿼리를 생성합니다. 이것은 urlSearchBase와 함수에 전달된 제목의 연결입니다.

04_ 그런 다음 http.get 메서드를 호출하여 쿼리를 전달하고 result라고 하는 Response 객체를 가져옵니다.

결과 상태 코드가 HttpStatus.ok라면 result의 body를 디코딩 및 파싱하고 결과에 따라 영화의 목록을 생성 및 반환합니다. 이 프로세스는 getUpcoming 메서드와 매우 유사하지만, 여기서는 사용자 입력을 기반으로 쿼리를 전달합니다.

05_ 다음으로, UI에서 검색 기능을 구현해야 합니다. 이를 이룰 수 있는 방법은 여러 가지가 있지만, 우리가 할 일은 텍스트뿐 아니라 아이콘, 버튼 및 TextField를 포함한 여러 다른 위젯을 활용하는 것입니다.

06_ movie_list.dart 파일로 돌아갑시다. _MovieListState 클래스에 두 개의 프로퍼티를 만들 것입니다. 하나는 보이는 아이콘(화면이 불릴 때 검색 아이콘)에 대한 프로퍼티이고, 다른 하나는 처음에 Movies를 포함하는 Text 위젯이 될 일반 위젯입니다.

```
Icon visibleIcon = Icon(Icons.search);
Widget searchBar= Text('Movies');
```

07_ 다음으로 build() 메서드에 있는 Scaffold의 appBar에서 searchBar 위젯을 가져오도록 제목을 변경하고 actions 매개변수를 추가해 보겠습니다. 제목 뒤에 표시되는 위젯 배열을 사용합니다. 대개 일반적인 작업을 나타내는 버튼입니다. 여기에는 Icons.search가 포함된 IconButton만 포함됩니다.

```
title: searchBar,
actions: <Widget>[
  IconButton(
    icon: visibleIcon,
    onPressed: () {}
  ),
]),
```

08_ IconButton의 onPressed 암수에 대해 setState 메서드를 호출하여 사용자가 검색 버튼을 눌렀을 때 TextField를 표시하고 아이콘을 변경할 수 있습니다.

```
onPressed: () {
  setState(() {
    if (this.visibleIcon.icon == Icons.search) {
      this.visibleIcon = Icon(Icons.cancel);
      this.searchBar = TextField(
        textInputAction: TextInputAction.search,
        style: TextStyle(
          color: Colors.white,
          fontSize: 20.0, ),
      );
    }
    else {
      setState(() {
        this.visibleIcon = Icon(Icons.search);
        this.searchBar= Text('Movies');
      });
    }
  });
},
```

앞의 코드에 대한 몇 가지 참고사항: Icons.search 및 Icons.cancel은 앱에서 예상할 수 있는 작업을 명확하게 하는 데 도움이 되는 두 가지 그래픽입니다. https://api.flutter.dev/flutter/

material/Icons-class.html에서 사용 가능한 플러터 아이콘의 전체 업데이트 목록을 찾을 수 있습니다.

TextField의 textInputAction 프로퍼티를 사용하면 소프트 키보드의 기본 동작을 지정할 수 있습니다. TextInputAction.search는 키보드에 돋보기를 표시해야 하지만, 최종결과는 항상 사용중인 운영체제에 따라 다릅니다.

지금 앱을 실행해보면, 화면 오른쪽 상단에 검색 버튼이 표시되고, 탭하면 AppBar에 입력 텍스트가 표시되어 텍스트를 입력할 수 있습니다.

이제 사용자가 키보드에서 검색 버튼을 누를 때 HttpHelper 클래스에서 findMovies 메서드를 호출하기만 하면 됩니다.

09_ _MovieListState 클래스에서 이를 수행하는 메서드를 작성해 보겠습니다. 우리는 이것을 search라고 부를 것입니다. async 함수를 호출하고 사용자가 입력한 텍스트를 가져오므로 비동기식입니다.

```
Future search(text) async {
  movies = await helper.findMovies(text);
  setState(() {
    moviesCount = movies.length;
    movies = movies;
  });
}
```

검색 메서드의 목적은 HttpHelper findMovies 메서드를 호출하고 그 결과를 기다린 다음 setState 메서드를 호출하여 moviesCount 및 movies 프로퍼티를 업데이트하여 UI에 찾은 영화를 표현하도록 하는 것입니다.

10_ 마지막으로 AppBar의 TextField에서 사용자가 검색어를 제출할 때, search() 메서드를 호출합니다.

```
onSubmitted: (String text) {
  search(text);
},
```

11_ 이제 앱에서 원하는 영화를 검색할 수 있습니다.

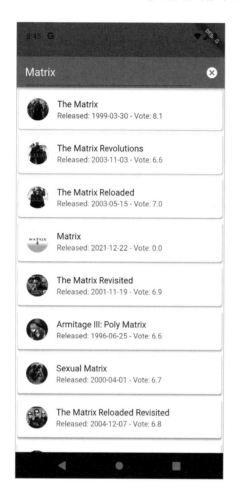

이제 앱이 완성되었습니다! 그런데 제목에는 반영되어 있지 않지만, 화면의 아이콘을 보면 **매 트릭스 4(The Matrix 4)**가 있음을 알 수 있습니다. 이렇게 영화의 네 번째 시리즈가 있다는 것을 알게 됐습니다!

요약

이 장에서 구축한 프로젝트를 통해 이제 설계할 모든 앱에서 외부 소스의 데이터를 읽을 수 있습니다. 이것은 말 그대로 여러분의 창조물에 끝없는 기회를 열어줍니다.

특히 http 라이브러리의 get() 메서드를 활용하여 URL에서 데이터를 검색하는 방법을 살펴보았습니다. 우리는 JSON의 예를 보았고, 디코딩 방법을 사용했으며, http.Response 객체를 처리하는 방법을 보았습니다. HttpStatus 열거자를 이용하여 Response status를 확인하고 map() 메서드를 사용하여 일부 JSON 콘텐츠를 파싱하였습니다.

비동기 프로그래밍인 다트와 플러터의 강력한 도구를 다루었습니다. async, await 및 키워드를 Future 객체와 함께 활용하여 앱의 메인 실행 쓰레드를 차단하지 않는 함수 및 기능의 세트를 만들었습니다. 이제 플러터 앱에서 멀티 쓰레딩을 활용하는 방법을 이해하셨기를 바랍니다. 또한 Image.network() 및 NetworkImage를 사용하여 웹에서 이미지를 다운로드 하였습니다.

UI의 경우 빌더 생성자를 이용하여 ListView를 사용하는 방법을 살펴보았습니다. itemCount 및 itemBuilder 매개변수를 설정하여 효율적인 방식으로 멋진 스크롤 목록을 만들었습니다. 또한 title과 subtitle 및 leading 프로퍼티와 함께 ListTile 위젯을 추가하였습니다.

MaterialPageRoute 빌더 생성자를 이용하여 데이터를 다운로드 하지 않고도 Movie의 세부 정보를 위한 두 번째 화면을 생성함으로써 플러터에서 화면을 통해 데이터를 전달하는 것이 얼마나 쉬운지 살펴보았습니다.

마지막으로 앱에 검색 기능을 추가했습니다. AppBar를 다시 사용하여 사용자 작업에 따라 위젯을 동적으로 변경하고 영화 데이터베이스 웹 서비스를 검색했습니다.

플러터 툴킷에 강력한 도구를 추가하였습니다. 외부 서비스에서 데이터를 검색하는 기능입니다.

다음 장에서는 관계형 데이터베이스에서 기기 내부의 데이터를 저장하는 방법을 살펴보겠습니다. 이 두 기능을 함께 사용하면, 성공적인 비즈니스 앱을 구축하는 데 필요한 기능을 최대한 활용할 수 있습니다.

질문

각 프로젝트의 끝에는 이 장에서 다룬 내용을 기억하고 리뷰하는 데에 도움이 되는 몇 가지 질문이 있습니다.

다음 질문에 답해 보십시오. 확실하지 않은 경우 이 장의 내용을 잘 살펴보면 모든 답을 찾을 수 있습니다.

1. 이 코드는 정상입니까? 만약 그렇지 않다면, 왜 그런가요?

```
String data = http.get(url);
```

2. JSON 및 XML 형식은 무엇에 사용됩니까?

3. 쓰레드란 무엇입니까?

4. 몇 가지 일반적인 비동기 시나리오를 말할 수 있습니까?

5. async/await 키워드는 언제 사용해야 합니까?

6. ListView와 ListTile의 차이점은 무엇입니까?

7. 데이터를 파싱하고 목록을 생성하기 위해 map 메서드를 어떻게 활용할 수 있습니까?

8. 한 화면에서 다른 화면으로 데이터를 어떻게 전달합니까?

9. Response 객체의 body에 json.decode 메서드를 언제 사용해야 합니까?

10. CircleAvatar는 무엇입니까?

추가 읽을거리

웹에서 데이터를 검색하는 것은 많은 이들이 관심을 갖는 주제이므로, 많은 리소스를 찾을 수 있습니다. 좋은 출발점은 공식 웹 사이트에 간단한 예제로 프로세스를 설명하는 짧은 글입니다. https://flutter.dev/docs/cookbook/networking/fetch-data에서 찾을 수 있습니다.

멀티 쓰레딩 및 비동기 프로그래밍은 많은 개발자가 처음 처리할 때 혼란스러울 수 있습니다. https://dart.dev/codelabs/async-await에는 몇 가지 예제 및 사용 사례와 함께 이 패턴을 사용하는 방법의 주요 개념을 확실하게 설명하는 정말 유용한 가이드가 있습니다.

데이터가 복잡한 경우 JSON 콘텐츠 파싱이 복잡해질 수 있습니다. https://flutter.dev/docs/development/data-and-backend/json에서 전체 가이드를 찾을 수 있습니다.

ListView 위젯에 대한 더 깊은 이해를 위해 필요한 다음 단계는 https://api.flutter.dev/flutter/widgets/ListView-class.html에서 콘텐츠를 읽어보는 것입니다.

이 프로젝트의 경우 테스트 기능을 추가하지 않았습니다. 그렇더라도 복잡성을 추가할 때에는 항상 자동화된 테스트 시스템을 사용하는 것이 좋습니다. 시작하기 좋은 사이트는 https://flutter.dev/docs/cookbook/testing/unit/introduction입니다.

데이터 저장 - Sq(F)Lite를 사용하여 로컬 데이터베이스에 데이터를 저장하기

- ✔ 기술 요구사항
- ✔ 본질적인 이론 및 맥락
- ✔ 프로젝트 개요
- ✔ sqflite 데이터베이스 사용하기
- ✔ 모델 클래스 만들기
- ✔ 사용자에게 데이터베이스 데이터를 보여주기

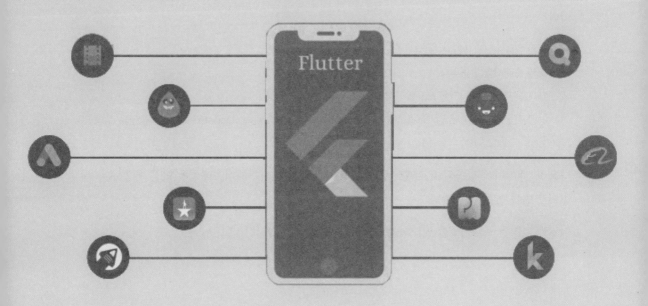

이 장에서 만들 프로젝트는 간단한 쇼핑 목록 앱입니다. 여러분이 저와 같다면 가끔 살 물건을 잊어버릴 수도 있습니다. 이 프로젝트가 아마도 여러분의 기억 문제를 해결하지 못할 수도 있지만, 여러분이 필요한 모든 식료품을 가지고 슈퍼마켓에서 돌아오는 데 도움이 될 것입니다.

5장 '영화 보러 가자 – 웹에서 데이터 가져오기'에서 웹 서비스에서 데이터를 검색하는 방법을 살펴보았습니다. 이 장에서는 기기 자체에 데이터를 저장하는 방법에 대해 설명합니다. HTTP 메서드와 저장 데이터는 많은 비즈니스 앱에서의 핵심 기능을 다룹니다. 스토어 인벤토리를 유지하는 앱, 개인 비용을 추적하는 앱, 운동시간을 측정하는 피트니스 앱을 생각해보세요. 이러한 앱들은 모두 데이터를 저장한다는 공통점이 있습니다.

이 장이 끝나면 완전한 기능의 데이터베이스 앱을 빌드하고 다음을 수행하는 방법을 배우게 됩니다.

- 플러터에서 SQLite를 사용합니다.
- 모델 클래스를 만듭니다.
- 앱 사용자에게 데이터를 표시합니다.
- 싱글톤을 사용하고, 로컬 데이터베이스에서 CRUD(Create, Read, Update, Delete) 작업을 수행합니다.

다음 몇 페이지에 설명된 프로젝트에 따라 로컬 관계형 데이터베이스에 데이터를 저장하는 플러터로 앱을 만들 수 있습니다.

여기에 설명된 프로젝트를 빌드하는 데 필요한 시간은 약 3시간입니다.

6-1 기술 요구사항

완성된 앱 코드는 책의 GitHub 저장소에서 찾을 수 있습니다(https://github.com/binsoopark/FlutterProjectExamples).

이 책의 코드 예제를 따르려면 Windows, Mac, Linux, Chrome OS 기기에 다음 소프트웨어가 설치되어 있어야 합니다.

- Flutter SDK(Software Development Kit)
- Android 용으로 개발하려면 Android SDK(Android Studio에서 쉽게 설치)
- iOS 용으로 개발하려면 macOS 및 Xcode
- 디버깅이 가능한 에뮬레이터(Android), 시뮬레이터(iOS) 또는 연결된 iOS 또는 Android 기기

- 편집기: Visual Studio Code(VS Code), Android Studio 또는 IntelliJ 또는 IDEA를 권장합니다. 모두 Flutter/Dart 확장 프로그램이 설치되어 있어야 합니다.

- 이 장을 위해서 반드시 필요한 것은 아니지만, 관계형 데이터베이스에 대한 일부 지식이 있다면 도움이 될 것입니다.

6-2 본질적인 이론 및 맥락

공식 사이트(SQLite.org)에 따르면 SQLite는 "작고, 빠르며, 독립적이고, 신뢰성 있고, 모든 기능을 갖춘 SQL 데이터베이스 엔진"입니다.

이것이 플러터 모바일 개발자로서 우리에게 무엇을 의미하는지 살펴보겠습니다. 우선 SQLite는 SQL 데이터베이스 엔진입니다. 즉, SQL 언어를 사용하여 쿼리를 작성할 수 있으므로 이미 SQL에 익숙한 경우 이 지식을 활용할 수 있습니다. 데이터베이스에 아주 익숙하지 않다면 https://www.w3schools.com/sql/default.asp에서 W3Schools SQL 자습서를 살펴보시기 바랍니다. 여러분이 이 장에서 프로젝트를 따라하기가 훨씬 더 쉬워진다는 것을 알 수 있을 것입니다.

SQLite의 주요 특징은 다음과 같습니다.

- **작고 빠름**: 개발자들은 SQLite 속도와 파일 크기를 광범위하게 테스트하였으며, 그것은 디스크 공간 및 데이터 검색 속도 측면에서 다른 여러 기술보다 성능이 뛰어났습니다. 자세한 내용은 https://sqlite.org/fasterthanfs.html 및 https://sqlite.org/footprint.html에서 확인할 수 있습니다.

- **독립성**: SQLite에 외부 라이브러리가 거의 필요하지 않다는 것을 의미하므로, 모든 경량 플랫폼 독립 앱을 위한 완벽한 선택이 될 수 있습니다. SQLite는 디스크의 데이터베이스 파일에서 직접 읽고 쓰기 때문에 클라이언트-서버 연결을 설정하지 않아도 됩니다.

- **높은 신뢰성**: SQLite는 수십억 개의 모바일, **사물 인터넷(IoT)** 및 데스크탑 장치에서 10년 넘게 문제없이 사용되어 왔으며, 그 자체로 매우 신뢰할 수 있다는 것을 입증하고 있습니다.

- **전체 기능**: SQLite에는 테이블, 보기, 인덱스, 트리거, 외부 키 제약 조건 및 몇 가지 표준 SQL 함수를 포함한 전체 기능의 SQL 구현이 있습니다.

SQLite는 공용 도메인, 크로스 플랫폼 및 컴팩트한 환경에서 구현이 쉽고 안전하므로, Android 및 iOS에서 데이터를 유지하는 데 매우 적합합니다.

SQL을 발음하는 방법에 대한 두 가지 의견이 있습니다. "에쓰–큐–엘–아이트(Ess–Cuu–EI–Ight)" 또는 "씨–퀄–라이트(See–Quel–Light)". SQLite의 창시자인 리처드 힙은 일반적으로 첫 번째 발음을 사용하지만, 원하는 대로 발음을 할 수 있으며 "공식적인" 발음은 없다고 덧붙이기도 하였습니다.

플러터에서 SQLite 기능을 추가하기 위해 현재 iOS와 Android를 모두 지원하고 있으며, SELECT, INSERT, UPDATE 및 DELETE 쿼리의 비동기 헬퍼 메서드가 포함된 sqflite 플러그인을 사용합니다. 이 장에서는 sqflite 플러그인 라이브러리를 사용하는 데 필요한 단계를 살펴보겠습니다.

작성할 데이터베이스는 lists(목록)과 items(아이템)라는 두 개의 테이블이 있습니다. 다음 스크린샷에서 확인할 수 있습니다.

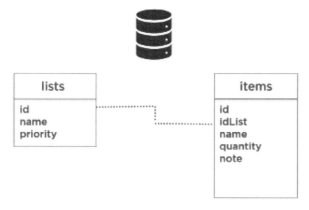

▲ The shoppiong.db Database

lists 테이블에는 **id**(integer), **name**(text) 및 **priority**(integer)의 세 가지 필드가 있습니다.

items 테이블에는 lists의 id를 가리키는 외래 키 제약 조건이 될 **id**(integer), **name**(text), **quantity**(text), **note**(text) 및 **idList**(integer)가 있습니다. 보시는 바와 같이 스키마는 매우 간단하지만 데이터베이스 앱을 빌드하는 데 필요한 많은 기능을 실험할 수 있습니다.

6-3 프로젝트 개요

이 장에서 만들 Shopping List(쇼핑 목록) 앱은 두 개의 화면으로 구성됩니다. 사용자가 앱을 열 때 표시되는 첫 번째 화면에는 다음 스크린샷과 같이 쇼핑 목록이 표시됩니다.

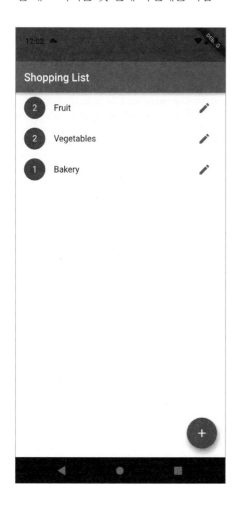

목록의 각 아이템에는 우선 순위가 있으며, 이는 앞의 스크린샷 왼쪽에 표시되는 번호, 이름 (**Bakery, Fruit** 등) 및 오른쪽의 편집 버튼입니다. 목록의 아이템 중 하나를 스와이프하면 항목이 삭제되고, 편집 버튼을 탭하면 앱에 편집 대화상자가 표시되어 그림과 같이 **쇼핑 목록** 이름과 우선 순위를 편집할 수 있습니다.

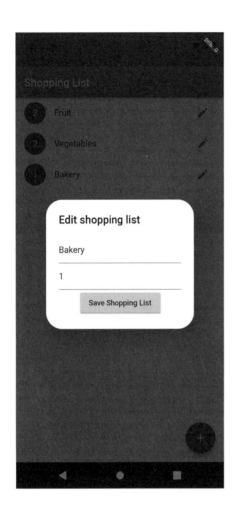

쇼핑 목록 중 하나를 탭하면, 앱의 두 번째 화면으로 이동하여, 선택한 쇼핑 목록에 포함된 아이템의 또 다른 목록을 표시합니다. 예를 들어 **Fruit** 쇼핑 목록을 탭하면, 다음 스크린샷과 같이 **Oranges**와 **Apples** 아이템이 표시됩니다.

목록의 각 아이템들에는 이름, 수량, 메모가 있습니다. 화면의 기능은 첫 번째 화면과 유사합니다. **플로팅 액션 버튼(FAB, Floating Action Button)**을 탭하여 새 아이템을 추가하고, 편집 버튼을 탭하여 항목을 편집하고, 목록 중에 아이템을 골라 스와이프하면 목록에서 아이템을 삭제할 수 있습니다. 평소와 같이 처음부터 새 프로젝트를 만들고, 다음 섹션에서는 플러터 앱에 SQLite 데이터베이스를 추가하는 방법을 볼 수 있습니다.

6-4 sqflite 데이터베이스 사용하기

이 섹션에서는 새 프로젝트를 만들고 sqflite 종속성을 추가하며, SQL 원시 쿼리를 통해 데이터베이스를 만듭니다. 그런 다음, 모의 데이터를 추가하고 디버그 콘솔에서 인쇄하여 만든 데이터베이스를 테스트합니다. 데이터베이스에서 데이터를 삽입하고 검색하려면 몇 가지 방법이 필요합니다.

🔹 sqflite 데이터베이스 생성하기

에디터에서 새로운 플러터 프로젝트를 만들어 보겠습니다. 우리는 그것을 shopping이라고 부르겠습니다. 여기에 제시되어 있는 단계를 따르십시오.

01_ sqflite는 패키지이므로 프로젝트에서 사용하기 위해 수행해야 할 첫 번째 단계는 pubspec. yaml 파일에 종속성을 추가하는 것입니다.

최신 버전의 종속성을 찾으려면 https://pub.dev/packages/sqflite에 방문하십시오. 이 프로젝트에서 사용할 종속성은 다음 코드 블록에 표시해 놓았습니다.

```
dependencies:
  flutter:
    sdk: flutter
  sqflite: ^1.3.2+2
  path: ^1.7.0
```

02_ lib 폴더에서 util이라는 패키지를 만듭니다. 여기에서 dbhelper.dart라는 이름의 새 파일을 만들어 줍니다. 이 파일에는 데이터베이스를 만들고 데이터를 검색하고 기록하는 메서드가 포함됩니다.

03_ 파일의 맨 위에서 sqflite.dart 및 path.dart를 import합니다. path.dart는 파일 경로를 조작할 수 있는 라이브러리입니다. 각 플랫폼(iOS 또는 Android)이 파일을 다른 경로에 저장하므로, 이런 상황에서 유용합니다. path.dart 라이브러리를 사용하면 현재 운영체제에서 파일이 어떻게 저장되는지 알 필요가 없고, 동일한 코드를 사용하여 데이터베이스에 계속 액세스할 수 있습니다. 다음과 같이 dbhelper.dart 파일의 맨 위에 path 및 sqflite.dart 라이브러리를 import합니다.

```
import 'package:path/path.dart';
import 'package:sqflite/sqflite.dart';
```

04_ 코드의 다른 부분에서 호출할 수 있는 클래스를 만듭니다. 예상한대로, 다음 코드 조각에 표시된 것처럼 DbHelper라고 부를 것입니다.

```
class DbHelper {}
```

05_ 클래스 안에 두 개의 변수를 만듭니다. 하나는 version이라는 이름을 가진 integer이고, 다른 하나는 db라는 이름을 가진 Database입니다. version은 데이터베이스의 버전을 나타내는 숫자를 의미하며, 처음에는 1입니다. 이렇게 하면 구조를 변경해야 할 때 데이터베이스를 더 쉽게 업데이트할 수 있습니다. db는 SQLite 데이터베이스 자체를 의미합니다. 다음과 같이 DbHelper 클래스의 맨 위에 두 선언문을 배치해 줍니다.

```
final int version = 1;
Database db;
```

06_ Database가 존재한다면 데이터베이스를 열고, 존재하지 않는다면 데이터베이스를 생성하는 메서드를 만듭니다. 우리는 그것을 openDb라고 부를 것입니다.

07_ 데이터베이스 작업은 실행하는 데 약간의 시간이 걸릴 수 있고, 특히 대량의 데이터를 처리하는 경우가 있으므로 비동기적으로 처리해야 합니다. 따라서 openDb 함수는 비동기식이며, Database 타입의 Future를 반환합니다. DbHelper 클래스의 끝에 다음 코드를 작성하도록 하겠습니다.

```
Future<Database> openDb() async {}
```

08_ 함수 내에서 먼저 db 객체가 null인지 확인해 보아야 합니다. 불필요하게 데이터베이스의 새 인스턴스를 열지 않아야 하기 때문입니다. openDb() 메서드에서 다음 코드를 추가해 보겠습니다.

```
if (db == null) {}
```

09_ db가 null이면, 데이터베이스를 열어야 합니다. sqflite 라이브러리에는 openDatabase 메서드가 있습니다. 호출할 때 열 데이터베이스의 path, 데이터베이스의 version, onCreate 매개변수에 해당하는 세 가지 매개변수를 설정합니다. onCreate 매개변수는 지정된 경로의 데이터베이스를 찾을 수 없거나 버전이 다른 경우에만 호출됩니다. 이에 대한 코드는 다음 블록에서 볼 수 있습니다.

```
if (db == null) {
```

```
  db = await openDatabase(join(await getDatabasesPath(), 'shopping.db'),
    onCreate: (database, version) {
      database.execute(
        'CREATE TABLE lists(id INTEGER PRIMARY KEY, name TEXT, priority INTEGER)');
      database.execute(
        'CREATE TABLE items(id INTEGER PRIMARY KEY, '+
        'idList INTEGER, name TEXT, quantity TEXT, '+
        'note TEXT, ' + 'FOREIGN KEY(idList) REFERENCES lists(id))');
    }, version: version);
}
```

onCreate 매개변수 내부의 함수는 데이터베이스와 버전이라는 두 가지 값을 사용합니다. 이 함수에서 우리는 데이터베이스에서 원시 SQL 쿼리를 수행하는 execute() 메서드를 호출합니다. 이곳에서는 두 번 호출합니다. 첫 번째는 lists 테이블을 생성하고, 두 번째는 items 테이블을 생성합니다.

INTEGER와 TEST 두 가지 데이터 타입만 사용하고 있음을 볼 수 있습니다.

 NOTE

SQLite에는 NULL, INTEGER, REAL, TEXT, BLOB의 다섯 가지 데이터 타입만 있습니다. Boolean 또는 Date 데이터 타입은 없습니다.

items 테이블의 quantity 필드는 사용자가 "5lbs" 또는 "2kg"과 같이 측정값도 삽입할 수 있도록 허용하고 있기 때문에 숫자가 아닌 TEXT입니다.

 TIP

integer 필드가 id라고 하고, primary key인 경우 새 레코드를 삽입하는 동안 NULL을 입력하면, 데이터베이스가 자동 증가 로직을 사용하여 새 값을 자동으로 할당합니다. 따라서 가장 큰 ID가 10이면, 다음 레코드는 자동으로 11을 할당받습니다.

10_ 마지막으로 다음과 같이 openDb() 메서드의 끝에 데이터베이스를 반환해 보겠습니다.

```
  return db;
```

요약하자면, shopping.db라는 데이터베이스가 존재하고 버전 번호가 1인 경우 데이터베이스가 열리며, 그렇지 않으면 생성됩니다.

다음으로 모든 것이 예상대로 작동하는지 확인해 보겠습니다.

데이터베이스 테스트하기

이런 때에, openDb() 메서드를 호출하더라도 데이터베이스가 올바르게 생성되었는지 여부를 알 수 있는 방법이 없습니다.

데이터베이스를 테스트하기 위해 DbHelper 클래스에서 lists 테이블에 하나의 레코드를 삽입하고, items 테이블에 하나의 레코드를 삽입한 다음, 두 테이블 모두를 검색하여 디버그 콘솔에 인쇄하는 메서드를 만듭니다. 마지막으로 main 메서드를 리팩토링하여 테스트 메서드를 호출합니다. 이렇게 하면 데이터베이스가 올바르게 생성되고 데이터를 읽고 쓸 수 있습니다. 다음의 단계를 따라 진행해 보세요.

01_ DbHelper 클래스에 testDb()라는 새 메서드를 만들어 일부 모의 데이터를 데이터베이스에 삽입한 다음 데이터를 검색하여 디버그 콘솔에 인쇄합니다. 모든 데이터베이스 메서드는 비동기식이므로 testDb()는 Future를 반환하고 다음과 같이 async로 표시해 줍니다.

```
Future testDb() async { }
```

Future, async, await에 대한 복습은 5장 '영화 보러 가자 − 웹에서 데이터 가져오기'를 참조하십시오.

02_ 다음 코드 블록에 표시된 대로 lists 테이블의 이 메서드 내부에 레코드를 삽입해 줍니다.

```
Future testDb() async {
  db = await openDb();
  await db.execute('INSERT INTO lists VALUES (0, "Fruit", 2)');
  await db.execute('INSERT INTO items VALUES (0, 0, "Apples",'+
    '"2 Kg", "Better if they are green")');
  List lists = await db.rawQuery('select * from lists');
  List items = await db.rawQuery('select * from items');
  print(lists[0].toString());
  print(items[0].toString());
}
```

앞의 코드에서 무슨 일이 일어나는지 살펴보겠습니다.

- 'db = await openDb;': 먼저 데이터베이스를 반환하는 openDb() 메서드를 기다립니다. 이 메서드를 처음 호출하면, 데이터베이스가 생성됩니다.

- 'await db.execute': 그런 다음 execute 메서드를 두 번 호출합니다. lists 테이블에 레코드를 삽입하기 위해 처음으로 이것을 호출하고, items 테이블에 레코드를 삽입하기 위해 두 번째로 호출합니다. 두 경우 모두 insert 쿼리와 함께 SQL 언어를 사용하고 있습니다.

- 다음으로 rawQuery 메서드를 사용하고, select 쿼리를 전달하여 데이터베이스의 테이블에서 읽습니다. 'Select *'은 지정된 테이블의 모든 값을 가져옵니다. 검색된 값을 List로 반환합니다.

- 마지막으로 rawQuery 메서드를 채운 두 목록 중 첫 번째 요소인 lists 및 items를 디버그 콘솔에 프린트합니다.

03_ 이제 앱의 main 메서드에서 testDb() 메서드를 호출해야 합니다. main.dart 파일로 이동하여 프레임워크에서 생성한 기본 코드를 제거하고, 다음 코드 블록에 표시된 대로 기본 코드만 남겨둡니다.

```
import 'package:flutter/material.dart';

void main() => runApp(MyApp());

class MyApp extends StatelessWidget {
  @override
  Widget build(BuildContext context) {
    return MaterialApp(
        title: 'Shoppping List',
        theme: ThemeData(
          primarySwatch: Colors.blue,
        ),
        home: Container());
  }
}
```

04_ 파일의 맨 위에서 다음과 같이 dbhelper.dart를 import합니다.

```
import './util/dbhelper.dart';
```

05_ MyApp 클래스의 build() 메서드 시작 부분에서 helper라는 DbHelper 클래스의 인스턴스를 만든 다음, 다음과 같이 testDb() 메서드를 호출합니다.

```
DbHelper helper = DbHelper();
helper.testDb();
```

이제 앱을 실행해 볼 준비가 되었습니다. 앱을 실행하고 **디버그 콘솔**을 살펴보면, 데이터베이스에 대해 수행한 SELECT 쿼리의 결과를 볼 수 있습니다. 다음 코드 조각에서 디버그 콘솔 내용에 대한 예시를 볼 수 있습니다.

```
I/flutter ( 4766): {id: 0, name: Fruit, priority: 2}
I/flutter ( 4766): {id: 0, idList: 0, name: Apples, quantity: 2 Kg, note: Better if
they are green}
```

이것은 우리가 데이터베이스의 두 테이블(lists, items)에서 데이터를 성공적으로 삽입하였고, 검색했음을 의미합니다. 좋은 시작점이지만, 지금은 앱이 흰 화면만 표시하고 있습니다. 이 장의 다음 섹션에서는 사용자가 앱 자체에서 데이터를 보고 편집할 수 있도록 상호작용이 가능하게 만들어야 합니다.

 TIP

앱을 두 번 이상 실행하면 동일한 유니크 키를 가진 레코드를 테이블에 삽입하므로, 제약 조건 실패로 인해 SQL 예외가 발생합니다. 더 많은 데이터를 추가하려면 insert 문에서 ID 값을 변경하기만 하면 됩니다.

다음 섹션에서는 보다 효율적으로 데이터베이스와 상호작용하기 위해서 코드에서 사용할 모델 클래스를 만드는 것으로 과정을 시작합니다.

6-5 모델 클래스 만들기

객체 지향 프로그래밍(OOP, Object Oriented Programming)에서 데이터베이스를 처리할 때 일반적인 접근 방식은 데이터베이스의 테이블 구조를 미러링하는 객체를 생성하는 것입니다. 이렇게 하면 코드가 더 안정적이고, 읽기 쉽고, 데이터 불일치를 방지하는 데 도움이 됩니다.

shopping.db 구조는 매우 간단하기 때문에 현재 테이블에 있는 동일한 필드를 포함하는 두 개의 모델 클래스와 데이터베이스에 데이터를 삽입하고 편집하는 프로세스를 단순화하는 맵 메서드를 작성하기만 하면 됩니다. 다음 단계에 따라 모델 클래스를 만들겠습니다.

01_ lists부터 시작하겠습니다. models라는 새 패키지를 만듭니다.

02_ models 패키지 안에 shopping_list.dart라는 새 파일을 만듭니다.

03_ 파일 내에서 다음의 코드 조각에 표시된대로 id(integer), name(String), priority(integer)의 세 가지 프로퍼티를 포함하는 ShoppingList라는 클래스를 만듭니다.

```
class ShoppingList {
  int id;
  String name;
  int priority;
}
```

04_ 다음으로, 다음과 같이 세 가지 프로퍼티를 설정할 생성자를 만듭니다.

```
ShoppingList(this.id, this.name, this.priority);
```

05_ 마지막으로, String, dynamic 타입의 Map을 반환하는 toMap() 메서드를 만듭니다. 맵은 키/값 쌍의 컬렉션입니다. 우리가 지정하는 첫 번째 타입은 키에 관한 것이며, 이 경우 항상 String입니다. Map에서 키를 사용하여 값을 검색할 수 있습니다. 아래 코드를 추가하여 메서드를 만듭니다.

```
Map<String, dynamic> toMap() {
  return {
    'id': (id==0)?null:id,
    'name': name,
    'priority': priority,
  };
}
```

SQLite 데이터베이스에서 새 레코드를 삽입할 때, null 값을 입력하면 데이터베이스는 자동 증가 로직을 사용하여 새 값을 자동으로 할당합니다. 이것이 id에 삼항연산자를 사용하는 이유입니다. id가 0이면, 이것을 null로 변경하여 SQLite가 id를 설정할 수 있도록 합니다.

다른 두 필드의 경우 Map은 클래스의 값을 사용합니다.

이제 Items 모델 클래스에 대해 동일한 단계를 반복할 수 있습니다. 다음 단계와 같이 진행하십시오.

01_ models 패키지에 list_items.dart라는 새 파일을 만듭니다.

02_ 파일 내에서 5개의 프로퍼티를 포함할 ListItem이라는 클래스를 만듭니다. 다음과 같이 id(integer), List의 ID(integer), name(String), quantity(integer), note(String)입니다.

```
class ListItem {
  int id;
  int idList;
  String name;
  String quantity;
  String note;
}
```

03_ 그런 다음, 다음과 같이 모든 프로퍼티를 설정하는 생성자를 만들 것입니다.

```
ListItem(this.id, this.idList, this.name, this.quantity, this.note);
```

04_ 다음과 같이 값이 0일 때 ID를 null로 만드는 동일한 삼항 연산자를 사용하여 String, dynamic 타입의 Map을 반환하는 toMap() 메서드를 만듭니다.

```
Map<String, dynamic> toMap() {
  return {
    'id': (id==0)?null:id,
    'idList': idList,
    'name': name,
    'quantity': quantity,
    'note': note
  };
}
```

이제, DbHelper 클래스에서 모델 클래스를 사용하여 shopping.db 데이터베이스에 데이터를 삽입하는 두 가지 메서드를 작성해야 합니다

05_ 다음과 같이 dbhelper.dart의 DbHelper 클래스로 두 모델 클래스를 import합니다.

```
import '../models/list_items.dart';
import '../models/shopping_list.dart';
```

06_ lists 테이블에 새 레코드를 삽입하는 insertList() 메서드로 시작합니다. 모든 데이터베이스 작업과 마찬가지로 이 함수는 비동기 함수입니다. 그리고 insert 메서드가 삽입된 레코드의 ID를 반환하므로 int 타입의 Future를 반환합니다. 이 메서드는 다음 코드 조각에 표시된 것처럼 ShoppingList 모델 클래스의 인스턴스를 list라는 매개변수로 사용합니다.

```
Future<int> insertList(ShoppingList list) async {}
```

07_ insertList() 메서드 내에서 데이터베이스 객체의 insert() 메서드를 호출합니다. 이것은 다음 코드 및 설명과 같이 세 개의 인수를 취하는 sqflite 라이브러리에 의해 노출되는 특정 헬퍼 메서드입니다.

```
int id = await db.insert(        ◄──────  insert 헬퍼 메서드 호출
    'items',                     ◄──────  테이블의 이름 전달
    item.toMap(),                ◄──────  삽입되는 데이터를 Map으로 전달
);
```

▲ sqflite insert 헬퍼 메서드

insert() 메서드를 사용하면 다음 매개변수를 지정할 수 있습니다.

- 데이터를 삽입할 테이블 이름이며, 이 경우에는 lists입니다.
- 삽입하려는 데이터의 맵: 이를 얻기 위해 list 매개변수의 toMap() 함수를 호출합니다.
- 선택적으로 conflictAlgorithm은 동일한 레코드를 두 번 삽입하려고 할 때 따라야 하는 동작을 지정합니다. 이 경우 동일한 목록이 여러 번 삽입되거나, 이전 데이터가 함수에 전달된 새 목록으로 대체됩니다.

08_ 이제 앱에서 insertList() 메서드에 다음 코드를 작성해 보겠습니다.

```
int id = await this.db.insert(
  'lists',
  list.toMap(),
  conflictAlgorithm: ConflictAlgorithm.replace,
);
```

insert()는 비동기 메서드이므로 await 명령을 사용하여 호출합니다. id에는 삽입된 새 레코드의 ID가 포함됩니다.

09_ 마지막으로 다음 코드를 사용하여 id를 반환해 보겠습니다.

```
return id;
```

10_ 여전히 DbHelper 클래스에서 insertItem이라는 두 번째 메서드를 만들고 insertList() 메서드와 정확하게 동일한 동작을 수행합니다. 이 메서드는 다음 코드 조각에 표시된 것처럼 items 테이블에 ListItem을 삽입합니다.

```
Future<int> insertItem(ListItem item) async {
  int id = await db.insert(
    'items',
    item.toMap(),
    conflictAlgorithm: ConflictAlgorithm.replace,
  );
  return id;
}
```

11_ 이제 이 두 메서드를 테스트할 준비가 되었습니다. main.dart 파일에서 호출하겠습니다. 파일의 맨 위에서 다음과 같이 두 개의 모델 클래스를 import합니다.

```
import './models/list_items.dart';
import './models/shopping_list.dart';
```

메인 화면의 내용은 앱이 살아있는 동안 변경되므로 여기에서 약간의 리팩토링을 수행해야 합니다. 따라서 화면의 내용을 다시 그리려면 Stateful 위젯이 필요합니다. 지금처럼 코드가 거의 없을 때 하기 좋습니다.

12_ main.dart 파일의 맨 아래에서 MyApp 클래스 다음에 stful 숏컷을 사용하여 아래와 같은 ShList를 호출합니다.

```
class ShList extends StatefulWidget {
  @override
  _ShListState createState() => _ShListState();
}

class _ShListState extends State<ShList> {
  @override
```

```
  Widget build(BuildContext context) {
    return Container();
  }
}
```

13_ _ShListState 클래스 맨 위에 다음의 코드를 추가하여, DbHelper 클래스의 인스턴스를 만듭니다.

```
DbHelper helper = DbHelper();
```

14_ MyApp 클래스의 build() 메서드에서 다음 코드를 제거합니다. 여기에서는 더 이상 필요하지 않습니다.

```
DbHelper helper = DbHelper();
helper.testDb();
```

15_ _ShListState 클래스 안에 showData()라는 비동기 메서드를 추가합니다. 나중에 이 메서드는 실제로 화면에 데이터를 표시하지만, 지금은 새 insertList 및 insertItem 메서드를 테스트하는데 사용합니다. 다음 코드 조각은 이러한 것을 보여주고 있습니다.

```
Future showData() async {}
```

16_ showData() 함수 내에서 헬퍼 객체를 통해 openDb 메서드를 호출합니다. await 명령을 사용하면 데이터를 삽입하기 전에 데이터베이스가 열려 있는지를 확인합니다. 이것은 다음 코드 조각에 설명되어 있습니다.

```
await helper.openDb();
```

17_ ShoppingList 인스턴스를 만들고 헬퍼 객체에서 insertList() 메서드를 호출합니다. 다음과 같이 insertList에서 반환된 값을 listId(integer)에 넣습니다.

```
ShoppingList list = ShoppingList(0, 'Bakery', 2);
int listId = await helper.insertList(list);
```

18_ ListItem에 대해 동일한 작업을 반복하겠습니다. 여기에서 목록 ID는 다음과 같이 listId 변수에서 가져옵니다.

```
ListItem item = ListItem(0, listId, 'Bread', 'note', '1 kg');
int itemId = await helper.insertItem(item);
```

19_ 마지막으로 다음과 같이 모든 것이 예상했던 대로 작동하는지 확인하기 위해 검색된 값을 디버그 콘솔에 프린트해 보겠습니다.

```
print('List Id: ' + listId.toString());
print('Item Id: ' + itemId.toString());
```

20_ 이 섹션의 마지막 단계는 showData() 메서드를 호출하는 것입니다. _ShListState 클래스의 build() 메서드에서 다음과 같이 showData() 메서드를 호출합니다.

```
showData();
```

21_ MaterialApp의 MyApp 클래스의 build() 메서드에서 home 프로퍼티에 다음과 같이 ShList 클래스를 호출하는 Scaffold의 body를 만듭니다.

```
home: Scaffold(
  appBar: AppBar(title: Text('Shopping List'),),
  body: ShList()
)
```

이제 앱을 실행할 준비가 되었습니다.

모든 것이 예상대로 작동하면 다음과 같이 데이터베이스에 삽입한 레코드의 ID가 표시됩니다 (표시되는 숫자는 데이터베이스의 레코드 수에 따라 다를 수 있음).

```
I/flutter ( 4589): List Id: 2
I/flutter ( 4589): Item Id: 3
```

잘 하셨습니다! 우리는 데이터베이스를 더 쉽게 다룰 수 있도록 모델 클래스를 만들고, 테이블에 데이터를 삽입하기 위해 insert 헬퍼 메서드를 사용하였습니다. 이제 해당 데이터를 사용자에게 보여줄 시간이 되었습니다!

6-6 사용자에게 데이터베이스 데이터를 보여주기

shopping.db 데이터베이스에 데이터를 추가했으므로, 이제 해당 데이터를 사용자에게 보여줄 차례입니다. 우선 ListView의 첫 번째 화면에 사용 가능한 쇼핑 목록을 표시하는 것으로 시작합니다. 사용자가 목록의 아이템을 탭하면 앱의 두 번째 화면으로 이동하여 쇼핑 목록의 모든 아이템이 표시됩니다.

먼저, 다음과 같이 sqflite 헬퍼 메서드를 사용하여 데이터베이스에서 목록 테이블의 내용을 검색하는 함수를 만듭니다.

01_ DbHelper 클래스에서 ShoppingList를 포함하는 List의 Future를 반환하는 getLists()라는 새로운 메서드를 추가합니다. 평소에 하던 것처럼 비동기식으로 합니다.

```
Future<List<ShoppingList>> getLists() async {}
```

02_ 함수 내에서 데이터베이스의 query 헬퍼 메서드를 호출합니다. 이것은 lists 테이블의 모든 데이터를 검색하므로, 유일하게 여기에 필요한 매개변수는 테이블의 이름이며, 다음 코드 조각과 같습니다.

```
final List<Map<String, dynamic>> maps = await db.query('lists');
```

query() 헬퍼 메서드는 Map 아이템의 List를 반환합니다. 쉽게 사용하려면, List<Map<String, dynamic>>을 List<ShoppingList>로 변환해야 합니다. 값의 목록을 생성하는 데 사용할 수 있는 List.generate() 메서드를 호출하여 이를 수행할 수 있습니다. 첫 번째 매개변수는 목록의 크기를 지정하고, 두 번째 매개변수는 목록의 값을 생성하는 함수입니다.

03_ getLists() 함수에 아래 주어진 코드를 추가합니다.

```
return List.generate(maps.length, (i) {
  return ShoppingList(
    maps[i]['id'],
    maps[i]['name'],
    maps[i]['priority'],
  );
});
```

여기에서 반환 값은 우리가 얻고자 하는 ShoppingList 객체의 List입니다. ShoppingList 객체 List가 확보되면 앱의 첫 화면에 표시되어야 합니다.

04_ main.dart 파일의 _ShListState 클래스의 맨 위에 다음과 같이 ShoppingList 아이템의 목록이 될 shoppingList 프로퍼티를 만듭니다.

```
List<ShoppingList> shoppingList;
```

05_ showData() 메서드에서 'await helper.openDb();' 라인을 제외한 모든 테스트 코드를 삭제합니다. 그 아래에서 다음과 같이 helper 객체의 getLists() 함수를 호출합니다.

```
shoppingList = await helper.getLists();
```

06_ setState() 메서드를 호출하여 다음과 같이 앱에 ShoppingList가 변경되었음을 알립니다.

```
setState(() {
  shoppingList = shoppingList;
});
```

07_ 이제 필요한 모든 데이터를 검색했으므로, 화면에 표시해야 합니다. _ShListState 클래스의 build() 메서드에서 shoppingList 프로퍼티에서 사용할 수 있는 아이템의 수를 포함하는 ListView.builder를 반환합니다. shoppingList가 null이면, ListView의 itemCount는 0이 됩니다. 이를 달성하기 위해 다음 코드 조각에 보이는 삼항연산자 구문을 사용합니다.

```
return ListView.builder(
  itemCount: (shoppingList != null) ? shoppingList.length : 0,
);
```

08_ itemCount 아래에 itemBuilder를 추가하고, itemBuilder에서는 다음과 같이 shoppingList 목록에서 index 위치의 name 프로퍼티를 title로 가지는 ListTile을 반환합니다.

```
itemBuilder:(BuildContext context, int index) {
  return ListTile(
    title: Text(shoppingList[index].name));
}
```

09_ 모든 것이 예상대로 작동했다면, 지금 앱을 실행했을 때, 지금까지 삽입한 쇼핑 목록에 대해서 이름의 목록이 표시됩니다. 다음 스크린샷과 같습니다.

이 화면을 완성하기 위해 다음과 같이 아이템에 대한 데이터를 몇 가지 더 추가합니다.

01_ 먼저, 사용자 인터페이스(UI)를 조금 더 매력적으로 만들기 위해서는 다음과 같이 우선 순위를 포함하는 ListTile의 leading 프로퍼티에 CircleAvatar를 추가합니다.

```
return ListTile(
  title: Text(shoppingList[index].name),
  leading: CircleAvatar(
    child: Text(shoppingList[index].priority.toString())),),
);
```

02_ 그런 다음, 계속해서 ListTile에 나중에 shoppingList를 편집하는 데 사용할 trailing 아이콘을 다음과 같이 추가합니다.

```
trailing: IconButton(
  icon: Icon(Icons.edit),
  onPressed: (){},
)
```

이제 쇼핑 목록을 볼 수 있으므로, 각 목록의 아이템도 표시해 보겠습니다. 이를 위해 다음과 같이 새 파일이 필요합니다.

01_ 코드를 더 잘 구성하기 위해 lib 폴더에 남겨둘 main.dart를 제외하고, 프로젝트의 UI 파일을 포함시킬 ui라는 새 패키지를 만듭니다.

02_ ui 패키지에서 items_screen.dart라는 새 파일을 만듭니다. 새 파일 내에서 먼저 다음과 같이 아이템을 표시하는 데 필요한 파일을 import합니다.

```
import 'package:flutter/material.dart';
import '../models/list_items.dart';
import '../models/shopping_list.dart';
import '../util/dbhelper.dart';
```

03_ 다음과 같이 ItemsScreen이라는 Stateful 위젯을 만듭니다.

```
class ItemsScreen extends StatefulWidget {
  @override
  _ItemsScreenState createState() => _ItemsScreenState();
}

class _ItemsScreenState extends State<ItemsScreen> {
  @override
  Widget build(BuildContext context) {
    return Container();
  }
}
```

이 화면에 도달할 때마다 ShoppingList 객체를 선택했기 때문입니다. 우리는 이 화면을 독립적으로 호출할 필요는 없습니다. 따라서 ItemsScreen 위젯을 만들 때, ShoppingList가 전달될 것으로 예상하는 것이 합리적입니다.

04_ ItemsScreen 클래스의 맨 위에서 shoppingList라는 이름의 final ShoppingList를 만들고, 다음과 같이 shoppingList 프로퍼티를 설정할 생성자를 만들어 보겠습니다.

```
final ShoppingList shoppingList;
ItemsScreen(this.shoppingList);
```

05_ State에 대해서도 동일한 작업을 수행할 것입니다. _ItemsScreenState 클래스의 맨 위에 다음과 같이 ShoppingList를 선언하고 이를 설정하는 생성자를 만들어 줍니다.

```
final ShoppingList shoppingList;
_ItemsScreenState(this.shoppingList);
```

06_ 이제 createState() 메서드를 호출할 때 다음과 같이 shoppingList 인자를 추가하면 됩니다.

```
@override
_ItemsScreenState createState() => _ItemsScreenState(this.shoppingList);
```

07_ 이제 _ItemsScreenState 클래스의 build() 메서드에서 shoppingList를 설정하였으므로, 다음과 같이 AppBar 제목에 shoppingList의 이름을 표시하는 Scaffold를 반환합니다.

```
@override
Widget build(BuildContext context) {
  return Scaffold(
      appBar: AppBar(
        title: Text(shoppingList.name),
      ),
      body: Container());
}
```

08_ 앱을 테스트하려면 사용자가 메인 화면의 ListView에서 아이템 중 하나를 탭할 때 ItemsScreen을 호출합니다. 따라서 main.dart 파일로 돌아가서, 먼저 items_screen.dart 파일을 다음과 같이 import합니다.

```
import './ui/items_screen.dart';
```

09_ 그런 다음, _ShListState 클래스의 build() 메서드에서 ListView의 ListTile 안에 onTap 매개 변수를 추가합니다. 그 안에서 Navigator.push() 메서드를 호출하여 다음과 같이 index 위치에 서 shoppingList의 객체를 전달합니다.

```
onTap: (){
  Navigator.push(
    context,
    MaterialPageRoute(builder: (context) => ItemsScreen(shoppingList[index])),
  );
},
```

10_ 이것을 실행해 보면, ListView의 아이템 중 하나를 탭할 때 다음 스크린샷과 같이 shoppingList의 제목만 표시되는 두 번째 화면이 나타납니다.

수행해야 할 다음 단계는 첫 번째 화면에서 선택한 쇼핑 목록의 아이템을 포함하는 두 번째 화면에 목록을 표시하는 것입니다. 따라서 items 테이블에서 데이터베이스를 쿼리하고 선택한 ShoppingList의 ID를 전달하고, 검색된 모든 요소를 반환하는 메서드를 만들어야 합니다. 이 메서드는 데이터베이스를 다루는 다른 모든 메서드와 함께 DbHelper 클래스에 추가합니다. 이를 이루기 위한 단계를 다음과 같이 살펴보도록 하겠습니다.

01_ 평소처럼, 아래 코드 조각은 List〈ListItem〉 타입의 Future를 반환하는 비동기 메서드입니다.

```
Future<List<ListItem>> getItems(int idList) async { }
```

02_ 그런 다음, getLists() 메서드에서 했던 것처럼 데이터베이스를 통해 query 메서드를 호출하여 테이블 이름인 Items를 첫 번째 인자로 전달합니다. 그러나 특정 필드(이 경우에는 idList)를 기반으로 결과를 필터링하는 where라는 두 번째 인수도 설정합니다. 이 경우 idList는 getItems() 함수에 전달된 값과 같아야 합니다. 기억하겠지만 이것은 List〈Map〈String, dynamic〉〉을 반환합니다. 다음 코드 조각에 표현해 놓은 것처럼 maps라는 변수에 쿼리 결과를 할당합니다.

```
final List<Map<String, dynamic>> maps =
  await db.query('items',
    where: 'idList = ?',
    whereArgs: [idList]);
```

03_ List〈Map〈String, dynamic〉〉을 List〈ListItem〉으로 변환하고, 다음과 같이 호출한 곳에 반환합니다.

```
return List.generate(maps.length, (i) {
  return ListItem(
    maps[i]['id'],
    maps[i]['idList'],
    maps[i]['name'],
    maps[i]['quantity'],
    maps[i]['note'],
  );
});
```

04_ 이제, 사용자에게 아이템을 표시할 시간입니다. items_screen.dart 파일로 돌아가서 _ItemsScreenState 클래스의 맨 위에 두 개의 프로퍼티를 만듭니다. 하나는 DbHelper이고, 다른 하나는 모든 ListItem을 나타냅니다. 다음과 같이 표현됩니다.

```
DbHelper helper;
List<ListItem> items;
```

이제 여러분이 생성해 보면 앱 전체에서 DbHelper 클래스의 여러 인스턴스를 가질 필요가 없습니다. 실제로는 데이터베이스에 대한 단일 연결이 필요할 것입니다.

다트와 플러터에는 클래스 생성자를 호출할 때 기본 동작을 재정의하는 **팩토리 생성자**(factory constructor)라는 기능이 있습니다. **팩토리 생성자는 새 인스턴스를 생성하는 대신 클래스의 인스턴스만 반환합니다.**

우리의 경우, 이것은 팩토리 생성자가 처음 호출될 때 DbHelper의 새 인스턴스를 반환함을 의미합니다. DbHelper가 이미 인스턴스화 되면, 생성자는 다른 인스턴스를 빌드하지 않고 기존 인스턴스를 반환합니다.

마법이 일어나도록 DbHelper 클래스에 다음 코드를 추가합니다.

```
static final DbHelper _dbHelper = DbHelper._internal();
DbHelper._internal();
factory DbHelper() {
  return _dbHelper;
}
```

구체적으로, 먼저 _internal이라는 private 생성자를 만듭니다. 그런 다음 팩토리 생성자에서 외부 호출자에게 반환합니다.

 TIP

다트 및 플러터에서 팩토리 생성자는 싱글톤(singleton) 패턴을 구현하는 데 사용되며, 이는 클래스의 인스턴스화를 하나의 단일 인스턴스로 제한합니다. 이것은 앱에서 하나의 객체만 필요할 때 유용합니다. 예를 들어 여기서처럼 데이터베이스 또는 웹 서비스에 대한 연결 또는 일반적으로 전체 앱에서 공유하는 리소스에 접근할 때마다 사용할 수 있습니다.

05_ items_screen.dart 파일의 _ItemsScreenState 클래스에서, 클래스에 전달된 ShoppingList의 ID를 사용하는 showData( )라는 이름의 비동기 메서드를 만듭니다.

06_ 클래스 내에서 먼저 openDb() 메서드를 호출하여 데이터베이스를 사용할 수 있고, 열려있는지 확인한 다음, 헬퍼 객체에서 getItems() 메서드를 호출하여 idList를 전달합니다. getItems() 메서드의 결과는 items 프로퍼티에 할당합니다.

07_ 다음으로, setState() 메서드를 호출하여 items 프로퍼티의 State를 업데이트하여 UI가 다시 그려지도록 합니다.

```
Future showData(int idList) async {
  await helper.openDb();
  items = await helper.getItems(idList);
  setState(() {
    items = items;
  });
}
```

08_ 계속해서 _ItemsScreenState 클래스의 build() 메서드 맨 위에서 helper를 DbHelper()의 새 인스턴스로 할당해 준 다음, showData() 메서드를 호출하여 다음과 같이 shoppingList의 ID를 전달합니다.

```
helper = DbHelper();
showData(this.shoppingList.id);
```

다음으로, 아래의 단계를 사용하여 UI를 만들어 보겠습니다.

01_ _ItemsScreenState 클래스의 build() 메서드에 의해 반환된 Scaffold의 body에 builder 생성자를 호출하는 ListView를 할당하여 배치합니다. 이전에 ShoppingList의 ListView에 대해서 했던 것처럼, itemCount 매개변수에 대해 삼항 연산자를 사용합니다. items 프로퍼티가 null이면, itemCount는 0으로 설정됩니다. 그렇지 않으면, items 목록의 길이로 설정됩니다. 다음의 코드 조각의 내용은 이것에 대해 보여줍니다.

```
body: ListView.builder(
  itemCount: (items != null) ? items.length : 0,
  itemBuilder: (BuildContext context, int index) {}
)
```

02_ itemBuilder에서 ListTile을 반환합니다.

03_ 여기에서 목록의 각 아이템에 대한 이름(name), 수량(quantity), 메모(note)를 표시하려고 합니다. ListTile의 제목(title)에 이름을 입력하고, 부제목(subtitle)에는 수량과 메모가 모두 표시됩니다.

04_ 또한 onTap 매개변수를 빈 메서드로 설정하고, edit 아이콘이 있는 trailing 아이콘을 배치합니다. 사용자가 이것을 클릭하면 ShoppingList에서 아이템을 편집할 수 있습니다. 지금은 비워두겠습니다. 다음 코드 블록은 이것을 보여줍니다.

```
itemBuilder: (BuildContext context, int index) {
  return ListTile(
    title: Text(items[index].name),
    subtitle: Text(
      'Quantity: ${items[index].quantity} - Note: '+
      '${items[index].note}'),
    onTap: () {},
    trailing: IconButton(
      icon: Icon(Icons.edit),
      onPressed: () {}, ),
  );
}
```

이것을 실행하면, 다음 스크린샷과 같이 trailing 아이콘과 함께 쇼핑 목록의 각 아이템들을 볼 수 있습니다.

이제 앱은 모든 데이터를 사용자에게 보여줍니다. 사용자가 앱에 처음 들어가면, 저장된 쇼핑 목록이 즉시 표시됩니다. 그런 다음 아이템 중 하나를 클릭하면 목록의 아이템 세부 정보가 포함된 두 번째 화면으로 이동합니다. 하지만, 지금은 사용자가 데이터를 삽입, 편집, 삭제할 수 없으므로, 다음 작업을 수행할 것입니다.

데이터 삽입 및 편집하기

이제, 사용자가 새 데이터를 삽입하고 데이터베이스의 기존 레코드를 편집하거나 삭제할 수 있도록 해야 합니다. 삽입 및 편집 기능 모두 사용자가 입력한 텍스트를 포함할 수 있는 약간의 UI가 필요하며, 이를 위해 사용자로부터 정보가 필요할 때 이상적인 대화상자를 사용하고, 그것들이 끝났을 경우 호출자에게 돌아옵니다.

따라서, 두 개의 새로운 파일을 만들 것입니다. 하나는 ShoppingList 용이며, 다른 하나는 ListItems 용입니다. 이것을 shopping_list_dialog.dart 및 list_item_dialog.dart라고 부를 것입니다. 둘 다 앱의 ui 패키지에 배치하겠습니다.

shopping_list_dialog.dart 파일부터 시작하겠습니다. 여기에서 달성하고자 하는 목표는 다음 스크린샷과 같이 사용자가 ShoppingList를 삽입하거나 편집할 수 있는 대화 창을 사용자에게 표시하는 것입니다.

이 대화 상자는 항상 기본 화면에서 호출됩니다. 다음 단계에 따라 이를 수행할 수 있습니다.

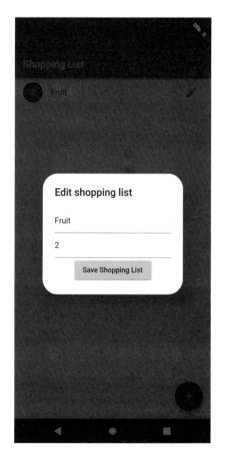

01_ 필요한 종속성들을 import합니다. 필수적인 요소인 material.dart를 비롯하여, 우리의 dbhelper.dart 및 shopping_list.dart 파일을 import합니다.

```
import 'package:flutter/material.dart';
import '../util/dbhelper.dart';
import '../models/shopping_list.dart';
```

02_ 대화 상자의 UI를 포함할 클래스를 만듭니다. 다음과 같이 ShoppingListDialog라고 이름을 붙이도록 하겠습니다.

```
class ShoppingListDialog {}
```

03_ 이 클래스의 경우 사용자에게 ShoppingList의 제목에 대한 것과 사용자가 선택할 우선순위에 대한 것에 해당하는 두 개의 텍스트 상자를 표시하려고 합니다. 따라서 ShoppingListDialog 클래스의 맨 위에 ShoppingList의 이름과 우선순위를 포함할 두 개의 TextController 위젯을 만듭니다. 예상하신 것처럼 다음 코드 조각에서 볼 수 있듯이 txtName 및 txtPriority라고 부를 것입니다.

```
final txtName = TextEditingController();
final txtPriority = TextEditingController();
```

04_ 그런 다음, 현재 BuildContext(플러터에서는 대화 창을 표시하는 데 필요함), 조작하려는 ShoppingList 객체, 그리고 그 여부를 알려주는 bool 값을 사용할 buildDialog()라는 메서드를 생성합니다. list는 새 목록이거나 기존 목록을 업데이트해야 하는 경우입니다. buildDialog() 메서드는 다음과 같이 Widget을 반환합니다.

```
Widget buildDialog(BuildContext context, ShoppingList list, bool isNew) {}
```

05_ buildDialog() 메서드 내에서 DbHelper 클래스를 호출합니다. 여기에서는 openDb() 메서드를 호출할 필요가 없습니다. 이 창에서는 이미 호출된 것을 알고 있고, 클래스의 기존 인스턴스를 받고 있기 때문입니다. 다음 코드 조각은 이것을 보여줍니다.

```
DbHelper helper = DbHelper();
```

06_ 다음으로 전달된 ShoppingList의 인스턴스가 기존 목록인지 확인합니다. 그렇다면, 다음과 같이 두 TextController의 텍스트를 전달된 ShoppingList의 값으로 설정합니다.

```
if (!isNew) {
  txtName.text = list.name;
  txtPriority.text = list.priority.toString();
}
```

07_ 마지막으로 사용자가 UI를 포함하는 AlertDialog를 다음과 같이 반환할 수 있습니다.

```
return AlertDialog();
```

08_ title을 사용하여 이 대화 상자가 새 목록을 삽입하거나 기존 목록을 업데이트하는 데 사용되는지 여부를 알려줍니다. 간단하게 여기에서 삼항 연산자를 사용할 수 있습니다. AlertDialog()에 대한 코드를 추가합니다.

```
return AlertDialog(
  title: Text((isNew)?'New shopping list':'Edit shopping list'),
);
```

09_ 콘텐츠에는 이 대화상자 창의 모든 UI가 포함됩니다. 위젯이 화면에 맞지 않는 경우, 스크롤을 사용할 수 있도록 모든 위젯을 SingleChildScrollView에 배치합니다. AlertDialog()에 다음 코드를 추가합니다.

```
content: SingleChildScrollView()
```

10_ SingleChildScrollView 내부에 이 대화상자의 위젯이 세로로 배치되기를 원하므로 Column을 다음과 같이 배치합니다.

```
child: Column(children: <Widget>[]),
```

11_ Column 내부의 첫 번째 요소는 두 개의 TextField 위젯이 됩니다. 하나는 name을 위한 것이고, 다른 하나는 priority를 위한 것입니다. 두 텍스트 필드에 대한 관련 컨트롤러를 설정한 후 UI 사용을 안내하는 InputDecoration 객체의 hintText를 설정합니다. 다음 코드 블록에 표시된

대로 위젯을 Column에 추가하면 됩니다.

```
TextField(
  controller: txtName,
  decoration: InputDecoration(
    hintText: 'Shopping List Name'
  )
),
TextField(
  controller: txtPriority,
  keyboardType: TextInputType.number,
  decoration: InputDecoration(
    hintText: 'Shopping List Priority (1-3)'
  ),
),
```

12_ 다음으로, 변경사항을 저장할 RaisedButton을 배치합니다. 버튼의 child는 'Save Shopping List'가 있는 텍스트입니다. onPressed 메서드에서 먼저 두 텍스트 필드에서 오는 새 데이터로 list 객체를 업데이트한 다음, helper 객체의 insertList() 메서드를 호출하여 list를 전달합니다. 두 개의 TextField 위젯 아래에 있는 Column에 다음 코드를 추가해 줍니다.

```
RaisedButton(
  child: Text('Save Shopping List'),
  onPressed: (){
    list.name = txtName.text;
    list.priority = int.parse(txtPriority.text);
    helper.insertList(list);
    Navigator.pop(context);
  },
),
```

13_ 또한 Dialog의 모양을 RoundedRectangleBorder로 변경하고, borderRadius를 30.0로 하여 모서리를 둥글게 만듭니다. 다음과 같이 AlertDialog에 shape 프로퍼티를 추가합니다.

```
shape: RoundedRectangleBorder(
  borderRadius: BorderRadius.circular(30.0)
),
```

이를 실행하기 전에, 다음 단계를 사용하여 기본 화면에서 alertDialog를 호출해야 합니다.

01_ main.dart 파일 상단에서 다음과 같이 shopping_list_dialog.dart 파일을 import합니다.

```
import './ui/shopping_list_dialog.dart';
```

02_ _ShListState 클래스에서 먼저 dialog라는 이름의 ShoppingListDialog를 선언한 다음 initState() 메서드를 재정의하여 다음과 같이 클래스의 인스턴스를 만듭니다.

```
ShoppingListDialog dialog;
@override
void initState() {
  dialog = ShoppingListDialog();
  super.initState();
}
```

03_ 편집 기능의 경우 ListTile에 있는 edit 버튼의 onPressed 매개변수에서 showDialog 메서드를 호출합니다. builder에서 우리가 생성한 buildDialog() 메서드를 호출하여 context, 현재의 ShoppingList, false를 전달합니다. 아래와 같이 코드를 수정하겠습니다.

```
onPressed: (){
  showDialog(
    context: context,
    builder: (BuildContext context) =>
      dialog.buildDialog(context, shoppingList[index], false)
  );
},
```

우리는 벌써 이것을 실행할 수 있습니다. 목록에서 edit 버튼을 누르기만 하면 ShoppingList 의 이름과 우선순위를 편집할 수 있습니다.

이제, **새 ShoppingList**를 삽입하는 데 필요한 UI만 추가하면 됩니다. 앱의 첫 번째 화면에서 이것을 기본 액션으로 간주할 수 있습니다.

 TIP

머티리얼 디자인 가이드라인에 따르면 **FAB**는 **화면의 주요 액션**을 나타냅니다.

이것은 우리 화면에서 매우 중요한 액션이므로, FAB를 사용하여 새 ShoppingList를 삽입합니다.

대화 화면에 올바른 컨텍스트를 전달하는 데 필요하므로, main.dart 파일에 작은 리팩토링이 필요합니다. 이제 MyApp Stateless 위젯에 있는 Scaffold를 다음과 같이 ShList Stateful 위젯으로 이동하면 됩니다.

01_ MaterialApp의 home 매개변수에서 다음과 같이 ShList 위젯을 호출합니다.

```
home: ShList()
```

02_ _ShListState 위젯의 build() 메서드에서 ListView.builder를 반환하는 대신 다음과 같이 body에 ListView.builder를 포함하는 Scaffold를 반환합니다.

```
Widget build(BuildContext context) {
  ShoppingListDialog dialog = ShoppingListDialog();
  showData();
  return Scaffold(
    appBar: AppBar(
      title: Text("Shopping List"),
    ),
    body: ListView.builder(
    [...]
```

03_ 이제, Scaffold의 body 아래에 FloatingActionButton을 추가하십시오. onPressed 매개변수의 함수에 대해 showDialog() 메서드를 호출하여 현재 컨텍스트를 전달합니다. builder에서 dialog.buildDialog() 메서드를 호출하여 다시 context, 새 ShoppingList(id는 0, 빈 name, priority는 0), true를 전달하여, 다음 코드 블록에서 표현하고 있는 것처럼 함수에 새 ShoppingList가 있음을 알려줍니다.

```
floatingActionButton: FloatingActionButton(
  onPressed: () {
    showDialog(
      context: context,
      builder: (BuildContext context) =>
      dialog.buildDialog(context, ShoppingList(0, '', 0), true),
    );
```

```
  },
  child: Icon(Icons.add),
  backgroundColor: Colors.pink,
),
```

여러분이 이것을 실행하고 FAB를 누르면 다음 스크린샷과 같이 데이터베이스에 새 쇼핑 목록을 삽입할 수 있습니다.

NOTE

CRUD: Create(생성), **Read**(읽기), **Update**(갱신), **Delete**(삭제)는 데이터 저장을 위한 네 가지 기본 기능입니다. 약어의 각 문자는 SQL문(INSERT, SELECT, UPDATE, DELETE) 또는 HTTP 메서드(POST, GET, PUT, DELETE)에 매핑될 수 있습니다.

이제 ShoppingList를 만들고, 읽고, 업데이트할 수 있습니다. CRUD 약어의 마지막 동사는 **Delete**입니다. 다음 섹션에서 살펴보겠습니다.

🐦 요소 삭제하기

시간이 지남에 따라 모바일 앱에서 널리 채택된 터치 제스처 중 하나는 "스와이프하여 삭제하기" 제스처입니다. 이 제스처는 손가락을 아이템 위로 끌어다 놓고, 경우에 따라 왼쪽 또는 오른쪽으로 스와이프하는 것입니다.

이것은 애플의 메일 앱에서 처음 소개되었으며, 현재 iOS 뿐 아니라 Android 시스템 모두에도 널리 퍼져있습니다.

여기에서 달성하고자 하는 목표는 왼쪽이나 오른쪽으로 스와이프하여 ListView에서 아이템을 삭제하는 것입니다. 첫 번째 단계는 DbHelper 클래스에 다음과 같이 실제로 데이터베이스에서 레코드를 삭제하는 메서드를 만드는 것입니다.

01_ 이 메서드를 deleteList()라고 부르겠습니다. 평소와 같이 비동기식이며, int 타입의 Future를 반환하고 삭제해야 하는 ShoppingList 객체를 가져옵니다.

02_ 메서드 내에서 두 가지 작업을 수행해야 합니다. 먼저 ShoppingList에 속한 모든 아이템을 삭제한 다음 ShoppingList 자체를 삭제합니다.

03_ 함수 내에서 데이터베이스 객체의 delete 메서드를 호출하여 테이블 이름(items)과 where 이름의 매개변수를 사용(필터로 사용할 필드의 이름을 사용)합니다. 이 경우 전달된 ShoppingList의 id와 동일한 idList를 가진 모든 아이템을 삭제하고자 하므로 'idList = ?'로 설정하며, 여기에서 물음표는 whereArgs라는 매개변수에 의해 설정됩니다.

04_ whereArgs는 목록의 id인 단일 요소가 있는 배열을 사용합니다.

05_ delete() 메서드는 삭제된 레코드의 id를 반환하며, 다음 코드 조각과 같이 반환됩니다.

```
Future<int> deleteList(ShoppingList list) async {
  int result = await db.delete("items", where: "idList = ?",
    whereArgs: [list.id]);
  result = await db.delete("lists", where: "id = ?", whereArgs: [list.id]);
  return result;
}
```

이제, deleteList() 메서드가 완성되었으므로, 사용자가 기본 화면에서 아이템을 스와이프할 때 호출할 수 있습니다.

플러터에는 이 패턴을 사용하여 아이템을 삭제할 때 매우 유용하게 쓸 수 있는 완벽한 위젯이 있습니다. 그것은 바로 Dismissible이라고 하는 것입니다.

 TIP

스와이프 동작을 사용하여 상황에 맞는 메뉴를 표시할 수도 있습니다. 이렇게 하면 항상 필요하지 않은 요소로 UI가 복잡해지는 것을 방지할 수 있습니다. 이는 클래식 PC에서 마우스 오른쪽 버튼을 클릭하여 상황에 맞는 메뉴를 표시하는 것과 같습니다.

Dismissible 위젯을 제공함으로써 플러터는 매우 쉽게 스와이프하여 항목을 삭제하는 작업을 수행합니다. 구현된 DismissDirection에서 Dismissible 위젯을 드래그하면 멋진 애니메이션과 함께 아이템이 View에서 사라집니다.

다음과 같이 코드에서 Dismissible 위젯을 사용하여 기본 화면에서 ShoppingList를 삭제하는 방법을 살펴보겠습니다.

01_ Scaffold의 body에 있는 ListView.builder의 itemBuilder 매개변수에서 Dismissible 위젯을 반환하겠습니다.

02_ Dismissible 위젯은 key를 받습니다. 이것은 필수 매개변수이며, 이를 통해 플러터는 위젯을 고유하게 식별할 수 있습니다.

03_ 그런 다음, onDismissed 매개변수를 설정합니다. 지정된 방향으로 스와이프하면 호출됩니다. 이 경우 방향은 신경쓰지 않습니다. 왼쪽과 오른쪽 스와이프 모두 아이템을 삭제합니다.

04_ 함수 내부의 onDismissed 매개변수에서 현재 아이템의 이름을 가져올 수 있으며, 사용자에게 피드백을 제공하는 데 사용할 수 있습니다.

05_ 그런 다음 helper.deleteList 메서드를 호출하여 ListView의 현재 아이템을 전달합니다.

06_ 다음으로 setState 메서드를 호출하여 목록에서 현재 아이템을 제거합니다.

07_ 마지막으로 현재 Scaffold의 showSnackBar 메서드를 호출하여 사용자에게 ShoppingList가 제거되었음을 알립니다.

SnackBar는 앱 하단에 메시지를 표시하는 위젯입니다. 일반적으로 SnackBar를 사용하여 사용자에게 작업이 수행되었음을 알립니다. 성공적인 작업에 대해 시각적인 피드백을 제공하려고 하는 경우에 특히 유용하게 사용됩니다. 실제 앱에서는 사용자에게 작업 실행 취소 옵션도 제공해야 합니다.

Dismissible 위젯의 코드는 다음 코드 블록에 나와 있습니다. ListView의 itemBuilder에 추가하면 됩니다.

```
itemBuilder:(BuildContext context, int index) {
  return Dismissible(
    key: Key(shoppingList[index].name),
    onDismissed: (direction) {
      String strName = shoppingList[index].name;
      helper.deleteList(shoppingList[index]);
      setState(() {
        shoppingList.removeAt(index);
      });
      ScaffoldMessenger
        .of(context)
        .showSnackBar(SnackBar(content: Text("$strName deleted")));
    },
    child: ListTile(
    [...]
```

이제 삭제(delete) 기능이 완성되었습니다. 앱을 실행해 보고 메인 화면의 아이템을 왼쪽이나 오른쪽으로 스와이프하면 다음 스크린샷과 같이 목록 요소가 사라지고 화면 하단에 SnackBar가 표시됩니다.

Chapter 06

앱을 완료하기 위한 마지막 단계는 아이템에 대한 CRUD 기능도 완료하는 것입니다. 이것만 남아 있으니, 이제 도전할 시간입니다.

도전 – 아이템 화면 기능 완성하기

현재 앱의 두 번째 화면에는 데이터베이스의 items 테이블에서 사용할 수 있는 아이템이 나열 되지만, 테이블에 아이템을 삽입, 삭제, 업데이트할 방법이 없습니다. 기본적으로 구현을 완료 하기 위해 ShoppingList와 비슷한 과정을 진행한 뒤, 몇 가지만 수정하면 됩니다. 도전적이 며, 유용한 연습이므로 이러한 기능을 직접 구현하는 것이 좋습니다.

이 도전을 완성하는데 필요한 단계는 다음과 같습니다.

01_ 다음 스크린샷과 같이 사용자가 아이템을 삽입하고 업데이트할 수 있는 UI를 만듭니다.

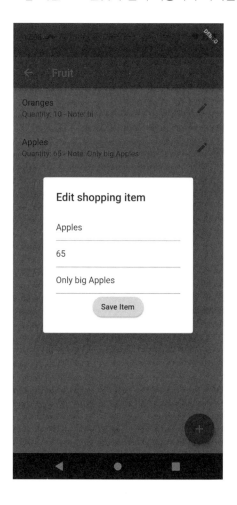

02_ 사용자가 기존 아이템을 편집할 수 있도록 편집용 trailing IconButton을 ListTile에 추가합니다.

03_ 아이템 화면에 FAB를 추가하여 사용자가 새 아이템을 삽입할 수 있도록 합니다.

04_ 인자로 전달된 ListItem을 삭제하는 deleteItem()이라는 DbHelper 클래스에 함수를 만듭니다.

05_ 사용자가 기존 아이템을 삭제할 수 있도록 Dismissible 위젯을 추가합니다.

06_ 방금 추가한 기능을 테스트하여 제대로 작동하는지 확인합니다.

다음 섹션에서는 코드를 확인하기 위해 앱의 최종 구현을 살펴보거나, 연습 중에 약간의 도움이 필요한 경우 완성된 솔루션을 찾아볼 수 있도록 되어 있습니다.

🔸 도전 솔루션 – 아이템 기능 완성하기

도전의 각 단계가 여기에 설명되어 있습니다. 각 작업에 대해 단계 시작 부분에 핵심 포인트가 강조되어 표시되고, 전체 코드가 표시되어 있습니다.

1 단계

키 포인트:

- 사용자에게 표시되는 각 TextField에 대해 TextEditingController 위젯을 만듭니다.
- 삽입 및 업데이트에 동일한 UI를 사용하십시오. isNew bool 값은 수행할 작업을 결정하는 데 도움이 됩니다.
- 스크롤링 위젯에 위젯을 배치하는 것은 항상 좋은 생각이라고 할 수 있습니다. 여기에서는 SingleChildScrollView 위젯을 사용합니다.

솔루션:

다음과 같이 list_item_dialog.dart 파일에 ListItemDialog 클래스를 만듭니다.

```dart
import 'package:flutter/material.dart';
import '../models/list_items.dart';
import '../util/dbhelper.dart';

class ListItemDialog {
  final txtName = TextEditingController();
  final txtQuantity = TextEditingController();
  final txtNote = TextEditingController();

  Widget buildAlert(BuildContext context, ListItem item, bool isNew) {
    DbHelper helper = DbHelper();
    helper.openDb();
    if (!isNew) {
      txtName.text = item.name;
      txtQuantity.text = item.quantity;
      txtNote.text = item.note;
    }
    return AlertDialog(
      title: Text((isNew) ? 'New shopping item' : 'Edit shopping item'),
      content: SingleChildScrollView(
        child: Column(
```

```
            children: <Widget>[
              TextField(
                  controller: txtName,
                  decoration: InputDecoration(hintText: 'Item Name')),
              TextField(
                controller: txtQuantity,
                decoration: InputDecoration(hintText: 'Quantity'),
              ),
              TextField(
                controller: txtNote,
                decoration: InputDecoration(hintText: 'Note'),
              ),
              RaisedButton(
                  child: Text('Save Item'),
                  onPressed: () {
                    item.name = txtName.text;
                    item.quantity = txtQuantity.text;
                    item.note = txtNote.text;
                    helper.insertItem(item);
                    Navigator.pop(context);
                  },
                  shape: RoundedRectangleBorder(
                      borderRadius: BorderRadius.circular(30.0)))
            ],
          ),
        ),
      );
    }
  }
```

이제 ListItemDialog가 완성되었으므로, ItemsScreen에 추가해보겠습니다.

2 단계

키 포인트:

- trailing 매개변수 또는 ListTile을 사용하여 편집 아이콘을 배치하십시오.
- IconButton의 onPressed 매개변수와 builder 매개변수에서 ListItemDialog 인스턴스의 buildAlert 메서드를 호출하십시오.

솔루션:

01_ items_screen.dart 파일의 build() 메서드에서 다음과 같이 ListItemDialog 클래스의 인스턴스를 dialog라는 이름으로 만듭니다. 또한 추가를 위해서는 반드시 list_item_dialog.dart를 import해야 합니다.

```
import 'list_item_dialog.dart';
ListItemDialog dialog = new ListItemDialog();
```

02_ 다음과 같이 동일한 메서드의 ListView.builder에서 itemBuilder의 ListTile을 업데이트합니다.

```
return ListTile(
  title: Text(items[index].name),
  subtitle: Text('Quantity: ${items[index].quantity} - Note: '+
    '${items[index].note}'),
  onTap: () {},
  trailing: IconButton(
    icon: Icon(Icons.edit),
    onPressed: () {
    showDialog(
      context: context,
      builder: (BuildContext context) =>
        dialog.buildAlert(context, items[index], false));
    },
  ),
);
```

다음 단계에서는 화면에 FAB를 추가해 보겠습니다.

3 단계

키 포인트:

- 사용자에게 FAB를 표시하려면 Scaffold의 floatingActionButton 매개변수를 사용합니다.
- FloatingActionButton 생성자에 대한 호출에서 onPressed() 매개변수에 함수를 만들어 사용자의 클릭에 응답해 줍니다.

_ItemsScreenState 클래스의 build() 메서드에 의해 반환된 Scaffold에서 다음과 같이 FloatingActionButton을 추가합니다.

```
floatingActionButton: FloatingActionButton(
  onPressed: () {
    showDialog(
      context: context,
      builder: (BuildContext context) => dialog.buildAlert(
      context, ListItem(0, shoppingList.id, '', '', ''), true),
      );
  },
  child: Icon(Icons.add),
  backgroundColor: Colors.pink,
),
```

다음으로 items 테이블에서 아이템을 삭제하는 메서드를 작성해 보겠습니다.

4 단계

키 포인트:

- 데이터베이스 객체의 delete 헬퍼 메서드는 모든 데이터베이스 작업과 마찬가지로 비동기식입니다.
- delete 메서드에서 where 및 whereArgs라는 매개변수를 사용하여 삭제할 데이터를 필터링합니다.

솔루션:

dbhelper.dart 파일의 DbHelper 클래스에서 다음과 같이 deleteItem 메서드를 추가합니다.

```
Future<int> deleteItem(ListItem item) async {
  int result = await db.delete("items", where: "id = ?", whereArgs: [item.id]);
  return result;
}
```

다음으로 아이템 화면에 Dismissible 위젯을 추가해 보겠습니다.

5 단계

키 포인트:

- Dismissible 위젯을 사용하여 목록의 아이템을 삭제할 수 있습니다.
- 각 Dismissible에는 고유한 key가 있어야 합니다.
- SnackBar를 사용하여 사용자에게 피드백을 제공할 수 있습니다.

솔루션:

items_screen.dart에 있는 _ItemsScreenState 클래스의 build() 메서드 내부 ListView. builder의 itemBuilder에서 다음과 같이 Dismissible 위젯을 추가합니다.

```
itemBuilder: (BuildContext context, int index) {
  return Dismissible(
    key: Key(items[index].name),
    onDismissed: (direction) {
      String strName = items[index].name;
      helper.deleteItem(items[index]);
      setState(() {
        items.removeAt(index);
      });
      ScaffoldMessenger.of(context)
        .showSnackBar(SnackBar(content: Text("$strName deleted")));
    },
    child: ListTile(
```

이제 앱이 완성되었습니다. 수행할 단계가 하나 더 있습니다. 예상대로 작동하는지 확인하는 것입니다.

6 단계

키 포인트:

새로운 기능을 추가한 후 앱을 실행해 보는 것은 개발에서 가장 보람있는 부분이 될 수 있습니다. 특히 모든 것이 처음으로 완벽하게 작동할 때 그렇습니다!

일반적으로는 원하는대로 정확하게 작동하려면 코드를 여러 번 디버그하고 미세조정을 해야 합니다. 하지만, 기억하세요. 실제로 시행 착오를 통해 코딩하는 법을 배웁니다. 뭔가 잘못되었다면 몇 가지 도구를 마음대로 사용할 수 있지만, 첫 번째 멈추는 시점은 코드에 무슨 일이 일어나고 있는지 확인하기 위한 중단 포인트로 잘 사용해야 합니다.

솔루션:

Items 화면에서 새 아이템을 추가한 다음, 여러 번 편집하십시오. 예상치 못한 값을 추가하고, 앱이 어떻게 작동하는지 확인하십시오. 오른쪽과 왼쪽으로 스와이프하여 아이템을 삭제해 보십시오.

요약

기기에 데이터를 저장하는 것은 플러터 개발의 핵심 기술입니다. 이 장에서는 SQLite 데이터베이스를 활용하는 데이터 기반 앱을 만들었습니다.

플러터에 SQLite 기능을 추가하기 위해 SELECT, INSERT, UPDATE, DELETE 쿼리에 대한 비동기 헬퍼 메서드가 포함된 sqflite 라이브러리를 사용하였습니다. 데이터베이스 객체를 반환하는 openDb 메서드를 사용하였습니다. 이 메서드를 처음 호출했을 때 지정된 이름과 버전으로 데이터베이스가 생성되었고, 그 뒤로는 열기만 하였습니다.

SQL 언어를 사용하여 레코드를 삽입하기 위해 execute 메서드를 호출하고 데이터베이스에 대해 SELECT 문을 사용하기 위해 rawQuery 메서드를 호출하였습니다.

우리는 데이터베이스의 테이블 구조를 미러링한 모델 클래스를 만들어 코드를 보다 안정적이고, 읽기 쉽게 만들고, 데이터 불일치를 예방하였습니다.

where 및 whereArgs 매개변수를 지정하는 insert, update, delete 헬퍼 메서드를 사용하고 데이터를 처리하기 위해 Map 객체를 사용하였습니다.

클래스 생성자를 호출할 때마다 기본 동작을 재정의할 수 있는 팩토리 생성자를 보았습니다. 새 인스턴스를 만드는 대신 팩토리 생성자는 클래스의 인스턴스만 반환하므로, 클래스의 인스턴스를 하나의 "단일" 인스턴스로 제한하는 "싱글톤" 패턴을 구현합니다.

showDialog( ) 메서드를 사용하여 UI의 일부를 빌드하여 사용자와 상호작용하고 Dismissible 객체와 함께 스와이프 액션을 활용하여 데이터를 삭제하였습니다.

이제 기기에 데이터를 저장하고, 인터넷 연결에서부터 데이터를 읽는 방법을 알았습니다. 이 지식을 활용하여, 다음 장에서 파이어베이스(Firebase)에 새로운 기능을 추가해 보겠습니다.

질문

각 프로젝트의 끝에는 이 장에서 다룬 내용을 기억하고 리뷰하는 데 도움이 되는 몇 가지 질문이 있습니다.

다음 질문에 답해 보십시오. 확실하지 않은 경우 이 장의 내용을 잘 살펴보면 모든 답을 찾을 수 있습니다.

1. openDatabase() 메서드를 호출하면 어떤 일이 일어납니까?

2. database 객체의 rawQuery() 및 query() 메서드의 차이는 무엇입니까?

3. 팩토리 생성자는 어떻게 사용합니까? 언제 사용해야 합니까?

4. Dismissible 위젯의 목적은 무엇입니까?

5. query() 메서드의 where 및 whereArgs 매개변수를 어떻게 사용합니까?

6. 앱에서 모델 클래스를 언제 사용해야 합니까?

7. SnackBar는 언제 사용합니까?

8. SQLite 데이터베이스에서 insert() 메서드의 구문은 무엇입니까?

9. Dismissible 위젯에서 key의 용도는 무엇입니까?

10. FAB는 언제 사용합니까?

추가 읽을거리

여러분이 플러터에서 데이터 기반 앱을 개발하는 것에 대해 진지하게 고민하고 있다면, 몇 가지 데이터베이스 개념을 공부해야 합니다. 특히 SQLite에 관심이 있다면, https://www.sqlitetutorial.net/을 살펴보시기 바랍니다. 이 곳에서 예제 및 사용 사례가 포함된 광범위한 튜토리얼을 찾을 수 있습니다.

SQL에 대해서 들어본 적이 없거나 언어 자체를 공부하고 싶다면, https://www.w3schools.com/sql/default.asp에 매우 좋은 가이드와 튜토리얼이 있습니다.

싱글톤은 흥미로운 주제입니다. 더 자세히 조사하고 싶다면, https://en.wikipedia.org/wiki/Singleton_pattern에 있는 위키피디아 문서가 좋은 시작점이 될 것입니다.

앱에 불 붙이기 -
플러터 앱에 파이어베이스
통합하기

✔ 기술 요구사항

✔ 파이어베이스 소개

✔ 프로젝트 개요

✔ 여러분의 플러터 프로젝트에 파이어베이스 추가하기

✔ 앱에 인증 추가하기

✔ 파이어베이스에 데이터 쓰기: 즐겨찾기 기능

현실을 직시합시다. 개발자는 게으른 경향이 있습니다. 그래서 항상 최소한의 노력으로 견고하고 유지보수가 가능한 소프트웨어를 구축할 수 있는 방법을 찾습니다. 좋은 소식은 플러터와 파이어베이스는 함께 잘 작동하므로 기록적인 시간 내에 풀 스택 앱을 구축할 수 있다는 것입니다. 이 내용은 이 장에서 다룰 것입니다.

이 프로젝트에서 구축할 앱은 이벤트 앱입니다. 사용자는 이벤트 프로그램(예를 들면, 개발자 회의, 콘서트, 비즈니스 회의)을 볼 수 있으며, 한번 인증을 받으면 일정에서 좋아하는 부분을 선택할 수도 있습니다. 모든 데이터는 데이터베이스인 Cloud Firestore에 원격으로 저장됩니다.

이 장에서는 다음 항목에 대해 다룹니다.

- 파이어베이스 프로젝트 만들기
- 앱에 파이어베이스 및 Firestore 추가하기
- Firestore 데이터베이스에서 데이터를 읽고 플러터 앱에 표시하기
- 인증화면 구현 및 파이어베이스에 연결
- Firestore 데이터베이스에 데이터 쓰기(**생성, 읽기, 업데이트, 삭제(CRUD)**)

7-1 기술 요구사항

완성된 앱 코드는 책의 GitHub 저장소에서 찾을 수 있습니다(https://github.com/binsoopark/FlutterProjectExamples).

이 책의 코드 예제를 따르려면 Windows, Mac, Linux, Chrome OS 기기에 다음 소프트웨어가 설치되어 있어야 합니다.

- Flutter **SDK(Software Development Kit)**
- Android 용으로 개발하려면 Android SDK(Android Studio에서 쉽게 설치)
- iOS 용으로 개발하려면 macOS 및 Xcode
- 디버깅이 가능한 에뮬레이터(Android), 시뮬레이터(iOS) 또는 연결된 iOS 또는 Android 기기
- 편집기: **Visual Studio Code(VS Code)**, Android Studio 또는 IntelliJ 또는 IDEA를 권장합니다. 모두 Flutter/Dart 확장 프로그램이 설치되어 있어야 합니다.

7-2 파이어베이스 소개

파이어베이스(Firebase)는 클라우드에서 확장 가능한 애플리케이션을 빌드하는 데 사용하는 도구 모음입니다. 이러한 도구 중에서 여러분은 authentication(인증), storage(저장소), databases(데이터베이스), notifications(알림), hosting(호스팅)을 찾을 수 있습니다.

여러분은 실제로 파이어베이스 실시간 데이터베이스와 Cloud Firestore의 두 데이터베이스 중에서 선택할 수 있습니다. 이 장에서는 클라우드에서 데이터 저장, 쿼리, 업데이트를 간소화하는 NoSQL 문서 데이터베이스인 Cloud Firestore 데이터베이스를 사용합니다. 이 책의 맥락에서 보다 중요한 것은 웹 서비스의 코드를 작성할 필요 없이 iOS 및 Android 앱의 백엔드로 사용할 수 있으며, 대부분의 경우 서버측 서비스에 대한 코드를 전혀 작성하지 않아도 됩니다.

관계형 데이터베이스는 모든 레코드가 따라야 하는 고정 스키마와 함께 테이블을 사용하여 데이터를 저장합니다. 예를 들어, 사용자 데이터를 저장하는 경우 user_id, name, password의 세 필드가 있는 users 테이블을 만들 수 있습니다. 테이블의 각 레코드는 테이블을 설계할 때 정의한 제약조건(규칙)을 따릅니다.

> ## NOTE
>
> 관계형 데이터베이스에서는 데이터를 테이블에 저장합니다. 테이블의 "열(columns)"을 필드라고 하고, 테이블의 "행(rows)"을 레코드라고 합니다. 예를 들어 users를 저장하는 경우 테이블 이름은 Users이고, 필드는 "Name" 및 "Surname"이 될 수 있습니다. "John"-"Doe" 및 "Bill"-"Smith"는 레코드입니다.

반면 NoSQL 데이터베이스는 자기 설명적이므로 스키마가 필요하지 않습니다. 모든 문서는 JSON 문서이며, 이론적으로 각 문서는 다른 필드와 값(또는 Key-Value 쌍)을 가질 수 있습니다. 앞서 언급한 예에서 users 컬렉션에서 첫 번째 사용자는 user_id, name, password를 가질 수 있지만, 다음 필드에는 "user_role" 또는 "user_age" 필드가 포함될 수도 있습니다. 두 문서 여전히 유효합니다.

또 다른 큰 차이점은 사용되는 언어입니다. SQL 데이터베이스는 구조적 쿼리 언어를 사용하여 데이터를 정의하고 조작합니다. 따라서 SQL 데이터베이스를 사용하기 쉽고 광범위하게 사용할 수 있지만, SQL에서는 미리 정의된 스키마를 사용하여 데이터 구조를 설계해야 합니다.

NoSQL 데이터베이스에는 동적 스키마가 있고, 데이터는 구조화되지 않으며, 다양한 방법으로 저장할 수 있습니다.

일반적으로 여러 테이블에서 복잡한 쿼리를 수행해야 하고, 구조화된 데이터가 있는 경우 SQL

이 최고의 선택입니다. 테이블 간에 여러 "JOIN"이 필요한 쿼리를 수행할 필요가 없고, 쉽게 확장 가능하며, 빠른 솔루션을 원할 경우, NoSQL 데이터베이스를 선택하는 것이 좋습니다.

게다가, 파이어베이스로 만든 백엔드는 Google 서버 팜을 통해 확장이 가능하므로 사실상 제한이 없다고 봐도 좋습니다.

7-3 프로젝트 개요

이 장에서 구축할 앱은 사용자가 이벤트 프로그램을 볼 수 있는 이벤트 앱으로써, 스케줄에 대한 세부정보가 포함되어 있습니다. 모든 데이터는 Firebase 프로젝트에서 원격으로 호스팅됩니다. 이벤트는 Cloud Firestore 데이터베이스에 저장됩니다.

인증이 완료되면, 별 모양 아이콘을 눌러 이벤트에서 가장 좋아하는 부분을 선택할 수 있습니다. 이렇게 하면 "즐겨찾기(favorites)" 또한 원격으로 저장됩니다.

다음 스크린샷은 앱의 기본화면을 보여줍니다.

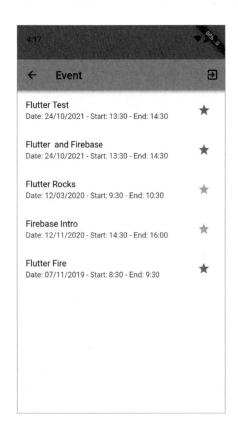

이번 앱의 또 다른 흥미로운 점은 인증을 다룬다는 점입니다. 일반적으로 번거로운 프로세스이지만, 좋은 소식은 파이어베이스와 플러터로 인증을 처리하면 다소 간단해진다는 사실입니다. 다음 스크린샷에서 앱의 인증화면을 볼 수 있습니다.

프로젝트를 구축하는 데에는 약 3시간이 소요됩니다.

7-4 여러분의 플러터 프로젝트에 파이어베이스 추가하기

앞서 언급했듯이 파이어베이스는 클라우드에서 애플리케이션을 구축하는 데 사용할 수 있는 도구 모음입니다. 클라우드 서비스이므로 기기에 소프트웨어를 설치할 필요가 없습니다. 파이어베이스는 Google에서 운영하므로 첫 번째 프로젝트를 만들기 위해서는 Google 계정이 필요합니다.

클라이언트 측 앱을 비롯해 서버 측(또는 백엔드) 서비스까지 작성하는 전통적인 접근 방식 대신 파이어베이스를 사용하면 어떤 이점이 있을까요?

파이어베이스에서 사용할 수 있는 도구는 인증, 데이터베이스, 파일 저장소 등 일반적으로 직접 구축해야 하는 대부분의 서비스를 포함하고 있습니다. 파이어베이스에 연결하는 클라이언트(이 경우 플러터 앱)는 미들웨어 서버 측 서비스 없이 이러한 백엔드 서비스와 직접 상호작용합니다. 즉, Firestore 데이터베이스를 사용하면 플러터 앱에서 직접 쿼리를 작성하게 됩니다! 이는 일반적으로 클라이언트와 서버 소프트웨어를 모두 작성해야 하는 기존 앱 개발과는 완전히 다르며, 백엔드 서비스가 필요한 앱을 개발할 때 파이어베이스를 사용하면 얻을 수 있는 주요 장점일 수 있습니다. PHP, Java또는 C#을 사용하여 웹 서비스를 작성, 설치 또는 유지할 필요가 없습니다. 플러터 앱에서 직접 파이어베이스를 다룰 수 있습니다.

파이어베이스 사용과 관련된 모든 프로젝트는 파이어베이스 콘솔에서 시작됩니다. https://console.firebase.google.com/에서 시작할 수 있습니다.

콘솔에 액세스하기 전에 자신을 인증하라는 메시지가 표시됩니다. Google 계정이 없다면 인증 페이지에서 무료로 만들 수 있습니다. 이제 다음과 같이 시작하겠습니다.

01_ 파이어베이스의 모든 서비스 컨테이너는 프로젝트입니다. 따라서 새로운 파이어베이스 프로젝트를 만들어 앱 구축을 시작하겠습니다.

 NOTE

파이어베이스 프로젝트는 파이어베이스의 최상위 항목입니다. Cloud Firestore 및 인증을 포함한 각 파이어베이스 기능은 파이어베이스 프로젝트에 속하며, 클라이언트 앱의 연결은 프로젝트 자체를 통해 이루어집니다.

02_ "**프로젝트 추가**" 버튼(또는 콘솔 인터페이스에 따라 "**새 프로젝트**")을 클릭하면, 프로젝트 이름을 선택해야 합니다. 다음 스크린샷에 표시된 것처럼 Events라고 하겠습니다.

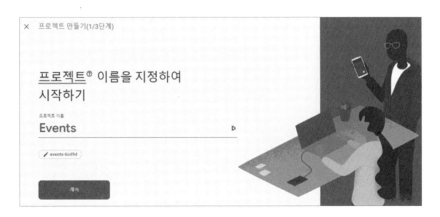

03_ 다음으로 "**계속**" 버튼을 눌러 새 프로젝트를 구성하고 이용약관에 동의하십시오.

04_ 다음 화면에서 파이어베이스 프로젝트에 Google Analytics를 설정하라는 메시지가 표시됩니다. 이 장에서는 사용하지 않을 것이기 때문에 필요하지 않지만, 다른 프로젝트에서는 사용하기를 권장합니다.[1]

05_ "프로젝트 만들기" 버튼을 클릭하면 몇 초 뒤에 프로젝트가 생성됩니다. 이제 앱에서 사용할 파이어베이스 프로젝트가 있습니다. 절차가 끝나면 다음 스크린샷과 유사한 페이지가 표시됩니다.

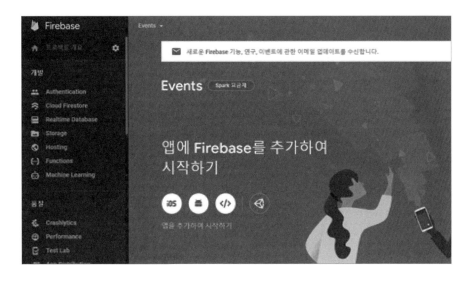

---

1 **역자 주:** Google Analytics 사용 체크 시, 계속 버튼을 클릭하여 Google 애널리틱스 계정을 선택하거나 만들어야 하며, 위치 및 이용약관을 체크하면 "프로젝트 만들기" 버튼이 활성화됩니다

프로젝트 이름(이 경우 **Events**)과 결제 요금제(**Spark 요금제**는 무료 요금제를 의미)가 포함된 파이어베이스 **프로젝트 개요** 페이지입니다. 페이지 왼쪽에는 프로젝트에 추가할 수 있는 주요 도구들이 나열되어 있습니다.

 NOTE

> 파이어베이스는 상대적으로 트래픽이 적은 앱에 대해서는 무료이지만 앱이 커지고 더 많은 자원을 필요로 하면, 앱 사용량에 따라 비용을 지불해야 합니다. 파이어베이스 요금에 대한 자세한 내용은 https://firebase.google.com/pricing을 참고하세요.

이제 파이어베이스 프로젝트가 구축되었으므로 Firestore 데이터베이스를 만들고 앱에서 읽을 데이터를 추가해 보도록 하겠습니다.

⚡ Firestore 데이터베이스 생성하기

이전 장에서는 SQL 데이터베이스를 사용하는 앱을 구축했습니다. Firestore 데이터베이스는 NoSQL 데이터베이스입니다. 이 두 가지는 데이터를 저장하는 매우 다른 방법을 가지며, 스토리지 솔루션에 대해 설계하는 방식을 바꿉니다. 파이어베이스에는 Cloud Firestore와 실시간 데이터베이스라는 두 가지 데이터베이스 도구가 있습니다. 둘 다 **NoSQL** 데이터베이스이지만, 아키텍처가 다소 다릅니다. Cloud Firestore가 가장 최신 버전이기도 하고, 보다 직관적인 데이터 모델과 더 **빠른** 쿼리 및 향상된 확장 옵션을 제공하므로 대부분의 새로운 프로젝트에 권장되는 옵션입니다.

 TIP

> 만약 여러분이 Cloud Firestore와 실시간 데이터베이스의 차이점에 대해 자세히 알고 싶다면, https://firebase.google.com/docs/database/rtdb-vs-firestore에 제공되는 가이드를 참고하세요.

먼저, Cloud Firestore 데이터베이스를 만드는 방법에 대해 살펴본 다음, NoSQL 데이터베이스의 데이터에 대해 생각하는 방법에 대해 몇 가지 팁을 강조하려고 합니다. Cloud Firestore 데이터베이스를 만들기 위해서는 다음 단계를 수행하면 됩니다.

01_ 파이어베이스 프로젝트 개요 페이지 왼쪽에서 "Cloud Firestore" 링크를 클릭합니다.

02_ Cloud Firestore 화면이 열리면 "데이터베이스 만들기" 버튼을 클릭합니다.

03_ "데이터베이스 만들기" 창에서 다음 스크린샷에 표시된 것처럼 인증없이 데이터에 액세스할 수 있는 옵션이므로 "테스트 모드에서 시작"을 선택합니다.

인증 과정은 나중에 추가할 예정입니다.

04_ "다음"을 클릭합니다. Cloud Firestore의 위치 중에서 선택하라는 메시지가 표시됩니다. 여러분과 여러분의 사용자가 데이터에 액세스 할 수 있는 위치에서 가까운 곳으로 선택하십시오. 예를 들어, 저자처럼 유럽에 살고 있다면, "europe-west" 옵션 중 하나로 선택하면 됩니다[2].

05_ 마지막으로 "사용 설정" 버튼을 클릭합니다.

---

2 **역자 주:** 한국 기준으로는 "asia-northeast" 중 하나로 선택하면 됩니다

이제, Cloud Firestore 데이터베이스가 생성되었으며, 다음 스크린샷에 표시된 것과 같이 페이지가 표시되어야 합니다.

이제 다음과 같이 약간의 데이터를 입력합니다.

01_ "컬렉션 시작"을 클릭합니다. 컬렉션은 문서 집합에 대한 컨테이너입니다. 이 컨테이너를 event_details라고 지어주고, "다음"을 클릭합니다.

02_ 여기에 있는 "문서 ID" 옵션에서, "자동 ID"를 클릭한 다음, 다음 스크린샷에 표시된 대로 몇 가지 필드와 값을 추가한 다음 "저장"을 클릭합니다.

03_ 동일한 필드를 사용하고, 여러분의 취향에 따라 값을 변경하여, 다른 몇 개(2~3개 정도)의 문서에 대해 절차를 반복해 봅니다. "+ 문서추가" 버튼을 누르면, 동일한 컬렉션 내에 다른 문서를 추가할 수 있습니다.

Cloud Firebase 데이터베이스의 컬렉션 및 문서를 처리할 때, 다음과 같은 몇 가지 규칙이 있습니다.

- **컬렉션에는 문서만 포함할 수 있으며**, 다른 컬렉션, 문자열 또는 Blob은 포함할 수 없습니다.
- 문서는 1MB 보다 작아야 하며, 이는 대부분의 케이스에 적합하지만, 1MB를 초과할 경우에는 콘텐츠를 여러 문서로 분할해야 합니다.
- 문서는 다른 문서를 포함할 수 없습니다.
- 문서는 다른 문서를 포함할 수 있는 **하위 컬렉션을 포함할 수 있습니다.**
- Firestore 루트는 문서가 아닌 컬렉션만 포함할 수 있습니다.

파이어베이스 프로젝트, Cloud Firestore 데이터베이스를 만들고 데이터를 입력하였으므로, 이제 플러터 앱을 만들고 파이어베이스를 통합시킬 차례입니다.

플러터 앱에 파이어베이스 통합시키기

Cloud Firestore 데이터베이스를 플러터 앱에 통합하려면 다음과 같은 몇 가지 단계가 필요합니다.

01_ 파이어베이스 프로젝트를 만듭니다. 파이어베이스 콘솔에서 이 작업을 수행할 수 있습니다. 로그인해야 합니다. 이미 Gmail과 같이 Google 계정이 있는 경우, 이것을 파이어베이스 프로젝트에서 사용할 수 있습니다.

02_ Firestore 데이터베이스 인스턴스를 생성한 다음, 필요에 따라 컬렉션과 문서를 삽입합니다.

03_ 프로젝트에 Android와(또는) iOS 앱을 등록하고, 진행 과정에서 생성될 configuration 파일을 다운로드합니다. 두 플랫폼 모두에서 앱을 출시할 계획이라면 각 운영체제에 대해 진행 절차를 반복해야 합니다.

04_ 플러터 프로젝트를 만들고 이전에 다운로드한 configuration 파일을 추가합니다.

05_ 프로젝트에 Google Service를 추가합니다(플랫폼 별로).

06_ pubspec.yaml 파일에 종속성을 추가합니다.

이전 섹션의 끝에 설명된 작업 목록에서 이미 1단계와 2단계를 완료하였습니다. 이제 나머지 단계를 어떻게 처리해야 하는지 살펴보려고 합니다.

안드로이드 앱 구성하기

새 플러터 프로젝트를 만들어 events라고 이름을 짓고, 다음의 코드에 보이는 것과 같이 main.dart 파일을 업데이트해 보겠습니다.

```
import 'package:flutter/material.dart';

void main() => runApp(MyApp());

class MyApp extends StatelessWidget {
// This widget is the root of your application.
```

```
    @override
    Widget build(BuildContext context) {
      return MaterialApp(
        title: 'Events',
        theme: ThemeData(
          primarySwatch: Colors.orange,
        ),
        home: Scaffold(),
      );
    }
  }
```

안드로이드 기기를 타겟으로 정할 때에는 파이어베이스 콘솔에서 앱을 안드로이드 앱으로 등록해야 합니다. 먼저 패키지 이름을 설정해야 하며, 다음과 같이 app의 build.gradle 파일에서 applicationId를 설정하면 패키지 이름을 설정할 수 있습니다.

01_ 다음의 경로에서 파일을 엽니다.

```
<project-name>/android/app/build.gradle
```

02_ defaultConfig 노드에서 com.example.events 값이 포함된 applicationId 키를 찾아야 합니다. 이는 안드로이드 앱의 고유 식별자이며, 도메인 이름이 있는 경우 고유한 도메인 이름으로 변경하거나, 고유하게 식별할 수 있는 이름으로 변경해야 합니다. 예를 들어, 저의 경우에는 다음과 같이 변경하겠습니다.

```
it.softwarehouse.events_book
```

03_ 실제로 앱을 파이어베이스에 등록하고, 나중에 원할 경우 Google Play 스토어에 앱을 게시할 때 필요합니다.

04_ 다음으로 파이어베이스의 프로젝트 개요 페이지로 이동합니다. 프로젝트 이름 아래에서 "앱 추가하여 시작하기" 문구의 상단에서 혹은 "앱 추가" 버튼을 클릭한 뒤, "Android" 모양의 아이콘 버튼을 클릭하여 선택합니다.

05_ Android 패키지 이름을 입력하라는 메시지가 표시됩니다. 다음 스크린샷에 표시된 대로 선택사항인 앱 닉네임도 함께 입력합니다.

 TIP

앱 닉네임은 사용자에게 표시되지 않지만, 파이어베이스 콘솔 전체에서 앱을 나타내는 데 사용됩니다.

06_ "앱 등록" 버튼을 클릭하고, google-services.json 파일을 다운로드합니다. 다운로드한 파일을 android/app 폴더에 넣습니다.

07_ 다음으로 google-services 플러그인을 Gradle 파일에 추가합니다.

08_ 프로젝트 레벨의 Gradle 파일(android/build.gradle)에 다음의 규칙을 추가합니다(다음 주소에서 서비스 플러그인의 최신 버전을 확인하십시오: https://developers.google.com/android/guides/google-services-plugin).

```
dependencies {
  // ...
  // 아래의 줄을 추가
  classpath 'com.google.gms:google-services:4.3.4' }
```

09_ 다음으로 pubspec.yaml 파일을 열고 필요한 종속성을 추가해 보겠습니다. 인증을 위해 파이어베이스 firebase_auth 코드 종속성이 필요하고, 데이터를 저장하기 위해서는 cloud_firestore가 필요합니다(다음의 주소에서 최신 버전의 종속성을 확인하는 것을 잊지 마십시오. https://firebaseopensource.com/projects/firebaseextended/flutterfire/).

```
# Firebase dependencies
firebase_core: ^0.7.0
firebase_auth: ^0.20.0+1
cloud_firestore: ^0.16.0
```

다 되었습니다. 이제 안드로이드 앱에 파이어베이스를 사용할 준비가 되었습니다. 다음으로는 iOS용 앱을 구성하는 방법을 살펴보도록 하겠습니다.

iOS 앱 구성하기

Mac 환경의 여러분이 좋아하는 편집기에서, 생성한 플러터 프로젝트를 열고 이전 섹션의 시작 부분에 표시된 대로 main.dart 파일을 업데이트했는지 확인합니다.

다음으로 플러터 프로젝트의 번들 ID를 변경해야 합니다. 이것은 **iOS 앱을 식별하는 값**입니다. 여기에서 이 작업을 수행하는 방법을 살펴보겠습니다.

01_ Xcode에서 앱을 연 다음(앱의 iOS 폴더만 열 수 있음), 최상위 Runner 디렉토리의 **General** 탭에 액세스하십시오.

02_ 다음으로, 다음의 스크린샷과 같이 **Bundle Identifier**의 값에 대해 프로젝트를 고유하게 식별할 수 있는 문자열로 변경합니다.

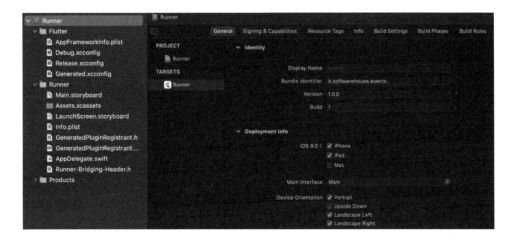

도메인 이름이 있는 경우, 이를 이용할 수 있습니다(예들 들면, 저의 경우에는 it.softwarehouse. events입니다). 이는 파이어베이스에 앱을 등록하고 나중에 원하는 경우 앱을 App Store에 게시하는데 필요합니다.

03_ 프로젝트를 저장하고 파이어베이스 콘솔로 돌아갑니다.

04_ 다음으로, 파이어베이스의 프로젝트 개요 페이지로 이동합니다. 프로젝트 이름 아래에서 "앱 추가" 버튼을 클릭하고 "iOS"를 선택합니다.

05_ iOS 번들 ID를 입력하라는 메시지가 표시됩니다. 다음 스크린샷에 표시된 것처럼 입력한 다음 "앱 등록" 버튼을 누릅니다.

06_ "GoogleService-Info.plist 다운로드"를 클릭하여 GoogleService-Info.plist라는 파이어베이스 iOS 구성 파일을 가져옵니다.

07_ 다음으로, 다운로드한 파일을 다음 스크린샷과 같이 Xcode에서 Flutter 앱의 Runner 디렉토리에 저장합니다.

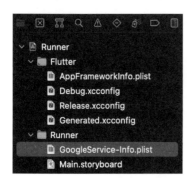

파이어베이스 콘솔로 돌아가서 "다음"을 클릭합니다. 구성의 나머지 단계를 건너뛰면 됩니다.

앱과 파이어베이스 통합 테스트하기

이제 파이어베이스를 사용하기 위한 앱 구성을 완료했으므로 Firestore 데이터베이스에 연결할 수 있는지 테스트해야 합니다. 다음과 같이 시작해 보겠습니다.

01_ pubspec.yaml 파일에 최신 FlutterFire 종속성이 있는지 확인합니다.

> **FlutterFire는 플러터 앱이 파이어베이스 서비스를 사용할 수 있게 해주는 플러터 플러그인**입니다. FlutterFire 라이브러리의 최신 버전은 다음 주소(https://firebaseopensource.com/projects/firebaseextended/flutterfire/)에서 찾을 수 있습니다.

파이어베이스를 사용하려면 항상 firebase_core가 필요합니다. firebase_auth는 인증 서비스용이고, cloud_firestore는 설명하지 않아도 아실 것입니다.

02_ main.dart 파일에서 다음의 import를 추가하여 firebase_core와 Cloud Firestore 패키지를 사용합니다.

```
import 'package:firebase_core/firebase_core.dart';
import 'package:cloud_firestore/cloud_firestore.dart';
```

03_ 그런 다음, 다음과 같이 Cloud Firestore 데이터베이스에 연결하고 디버그 콘솔에서 일부 데이터를 출력하기 위해 시도하는 역할을 담당할 testData()라는 비동기 메서드를 만듭니다.

```
Future testData() async {}
```

04_ 메서드 내에서 다음 코드 조각에 표현된대로 Firestore 데이터베이스의 인스턴스를 만들고 db라고 부르겠습니다. FirebaseFirestore의 instance를 생성하기 전에 반드시 Firebase의 instance를 생성해야 하므로 아래의 굵은 글씨의 구문을 먼저 호출해서 진행합니다.

```
await Firebase.initializeApp();
FirebaseFirestore db = FirebaseFirestore.instance;
```

05_ 그런 다음 event_details라는 컬렉션에서 get() 비동기 메서드를 호출합니다. 이 메서드는 지정된 컬렉션에서 사용 가능한 모든 데이터를 가져옵니다. 결과를 다음과 같이 data 변수에 넣 겠습니다.

```
var data = await db.collection('event_details').get();
```

06_ 데이터가 null이 아닌 경우 details 변수에 포함된 docs를 가져와서, 다음과 같이 details라 는 이름의 List에 넣습니다.

```
var details = data.docs.toList();
```

07_ 세부 정보 목록의 각 아이템에 대해 아이템의 id를 출력합니다. id는 Firestore 컬렉션 내부 의 고유 식별자입니다. 이에 대한 코드는 다음 조각에서 볼 수 있습니다.

```
details.forEach((d) {
  print(d.id);
});
```

08_ 다음과 같이 MyApp의 build() 메서드에서 testData() 메서드에 대한 호출을 추가합니다.

```
testData();
```

09_ 앱을 실행해 보십시오. 모든 것이 예상대로 작동한다면, 디버그 콘솔에 다음 줄과 같은 내용 이 표시되어야 합니다.

```
I/flutter (11381): n9qGRgBsOleb0FV0cSx4
```

즉, Cloud Firestore에서 데이터를 검색하여 앱으로 가져올 수 있습니다!

안드로이드 앱에서는 참조 수와 관련된 오류가 발생할 수도 있습니다. 이 경우, app/build. gradle 파일의 defaultConfig 노드 끝에 다음 코드를 추가해야 합니다.

```
defaultConfig {
  ...
  multiDexEnabled true
}
```

이제 앱을 파이어베이스에 성공적으로 연결했으므로 사용자가 화면에서 이벤트 세부정보 목록을 볼 수 있도록 사용자 인터페이스(UI)를 디자인해 보도록 하겠습니다.

EventDetail 모델 클래스

이제 앱이 Cloud Firestore 데이터베이스에서 데이터를 성공적으로 읽기는 하지만, body가 비어있는 Scaffold만 볼 수 있습니다. 모든 세부 이벤트가 포함된 목록을 만들어야 하지만, 먼저 다음과 같이 데이터베이스 앱을 만들 때 했던 것과 같은 방식으로 단일 이벤트 세부 정보에 대한 모델을 만듭니다.

01_ 앱의 lib 폴더에 models라는 새 패키지를 만듭니다. 여기에서 event_detail.dart라는 새 파일을 만듭니다.

02_ 이곳에서 EventDetail이라는 클래스를 만듭니다.

03_ 여기에서는 다음과 같이 Firestore 문서에 지정한 필드를 미러링하는 필드를 만듭니다.

```
class EventDetail {
  String id;
  String _description;
  String _date;
  String _startTime;
  String _endTime;
  String _speaker;
  bool _isFavorite;
}
```

04_ 클래스 내부에서 다음과 같이 이전에 정의한 모든 필드를 사용하는 생성자를 만듭니다.

```
EventDetail(this.id, this._description, this._date,
  this._startTime, this._endTime, this._speaker, this._isFavorite);
```

NOTE

여러분은 아마도 id를 제외한 EventDetail 클래스의 모든 필드에 밑줄(_)이 있음을 알 수 있을 것입니다. 필드가 밑줄로 시작되면, 정의된 **동일한 파일**에서만 액세스할 수 있습니다.

05_ id를 제외한 모든 필드가 private이므로, 다음 코드를 실행하여 읽을 수 있게 하려는 EventDetail 프로퍼티에 대한 getter를 만들어야 합니다.

```
String get description => _description;
String get date => _date;
String get startTime => _startTime;
String get endTime => _endTime;
String get speaker => _speaker;
bool get isFavorite => _isFavorite;
```

06_ 다음으로, 동적 객체를 가져와서 EventDetail로 변환하는 명명된 생성자 fromMap()을 만들어 보겠습니다.

```
EventDetail.fromMap(dynamic obj) {
  this.id = (obj as QueryDocumentSnapshot).id; //obj['id'];
  this._description = obj['description'];
  this._date = obj['date'];
  this._startTime = obj['start_time'];
  this._endTime = obj['end_time'];
  this._speaker = obj['speaker'];
  this._isFavorite = obj['is_favorite'];
}
```

id는 obj['id'] 방식으로는 가져올 수 없으므로 (obj as QueryDocumentSnapshot).id; 와 같은 방식으로 id를 가져와야 합니다. 또한 이것을 위해서는 cloud_firestore에 대한 import를 본 파일의 맨 위에 추가해 주어야 합니다.

```
import 'package:cloud_firestore/cloud_firestore.dart';
```

07_ EventDetail 객체를 Map으로 변환하는 메서드도 만들어야 합니다. 다트에서 Map은 Key-Value 쌍의 모음입니다. 이는 웹 서비스와 상호작용할 때 데이터를 공유하는 매우 좋은 방법입니다. 이 메서드를 toMap()이라고 부르겠습니다. String, dynamic 타입의 Map 인스턴스를 반환합니다. 이는 Key가 항상 String이고, Value는 EventDetail 클래스에서 데이터 타입으로 String과 bool을 모두 사용하므로 모든 타입의 데이터가 될 수 있기 때문입니다. 코드는 다음 블록에 나타내고 있습니다.

```
Map<String, dynamic> toMap() {
  var map = Map<String, dynamic>();
  if (id != null) {
    map['id'] = id;
  }
  map['description'] = _description;
  map['date'] = _date;
  map['start_time'] = _startTime;
  map['end_time'] = _endTime;
  map['speaker'] = _speaker;
  map['is_favorite'] = _isFavorite;
  return map;
}
```

이제 EventDetail 클래스가 완성되었습니다. 이 클래스를 사용해 Cloud Firestore 데이터베이스에서 데이터를 검색하고 사용자에게 데이터를 표시해야 합니다.

Event Detail(이벤트 상세정보) 화면 생성하기

앱이 완성되면, 사용자는 이벤트의 프로그램인 이벤트 세부 정보 목록과 인증을 위한 두 번째 화면과 상호 작용합니다. 다음과 같이 이벤트 세부 정보 화면을 생성합니다.

01_ 먼저, 앱의 lib 폴더에 screens라는 새 패키지를 만듭니다.

02_ 다음으로 screens 패키지에 event_screen.dart라는 새 파일을 추가합니다.

03_ event_screen.dart 파일에서 material.dart 라이브러리를 import한 다음, 다음 코드 블록에 표시된 대로 EventScreen이라는 Stateless 위젯을 만듭니다.

```
import 'package:flutter/material.dart';
class EventScreen extends StatelessWidget {
  @override
  Widget build(BuildContext context) {
    return Container(
    );
  }
}
```

04_ EventScreen 클래스의 build() 메서드에서 Scaffold를 반환합니다. Scaffold의 appBar에서 다음 코드 조각과 같이 Event라는 새 AppBar를 만듭니다.

```
return Scaffold(
  appBar: AppBar(
    title: Text('Event'),
  ),
```

05_ Scaffold의 body에 다음과 같이 EventList라는 위젯을 배치합니다.

```
body: EventList()
```

06_ EventScreen 클래스 외부에서 EventList라는 새 Stateful 위젯을 만듭니다.

지금까지 설명한 단계의 최종 결과는 다음 코드 블록에 나와 있습니다.

```
import 'package:flutter/material.dart';

class EventScreen extends StatelessWidget {
  @override
  Widget build(BuildContext context) {
    return Scaffold(
        appBar: AppBar(
          title: Text('Event'),
        ),
        body: EventList());
  }
}

class EventList extends StatefulWidget {
  EventList() {
    Firebase.initializeApp();
  }
  @override
  _EventListState createState() => _EventListState();
}

class _EventListState extends State<EventList> {
```

```
    @override
    Widget build(BuildContext context) {
      return Container();
    }
}
```

화면이 로드되면, Cloud Firestore 데이터베이스에서 이벤트 세부 정보를 검색하여 ListView를 이용해 사용자에게 표시하고자 합니다. 이를 수행하는 단계를 다음과 같이 살펴보겠습니다.

01_ _EventsScreenState 클래스의 맨 위에서 다음과 같이 Firestore의 최종 인스턴스와 인스턴스에서 가져온 데이터로 채워질 EventDetails 목록을 선언합니다.

```
final FirebaseFirestore db = FirebaseFirestore.instance;
List<EventDetail> details = [];
```

물론 다음 코드 조각에 표시된 필수 import에 대해서도 잊지 마세요.

```
import 'package:cloud_firestore/cloud_firestore.dart';
import '../models/event_detail.dart';
```

02_ 이제, 데이터를 검색할 메서드를 만들어 보겠습니다. 이것을 getDetailsList()라고 하겠습니다. 비동기식으로 작동하며, 다음과 같이 EventDetails의 List 인스턴스를 반환합니다.

```
Future<List<EventDetail>> getDetailsList() async {}
```

03_ getDetailsList() 메서드 내에서 다음과 같이 event_details 컬렉션의 모든 문서를 검색합니다.

```
var data = await db.collection('event_details').get();
```

04_ 그런 다음 data 변수가 null이 아닌 경우, docs 프로퍼티로 검색한 문서에서 map( ) 메서드를 호출하고 여기에서 EventDetails 객체 목록을 생성하여 fromMap 생성자를 호출합니다. 이는 다음 코드 조각에서 볼 수 있습니다.

```
if (data!= null) {details = data.docs.map((document) =>
   EventDetail.fromMap(document)).toList();
```

05_ 다음으로, 세부 정보 목록의 각 EventDetail에 대해 id를 문서의 id 인스턴스로 설정합니다 (id가 객체 자체보다 높은 레벨로 저장되기 때문입니다). 마지막으로 다음과 같이 세부 정보를 반환합니다.

```
int i = 0;
details.forEach((detail){
  detail.id = data.docs[i].id;
   i++;
});
    }
    return details;
  }
```

06_ 이제, getDetailsList( ) 메서드를 호출해야 하지만, build( ) 메서드에서 호출할 수 없습니다. 이는 State가 변경될 때마다 build( ) 메서드가 자동으로 호출되기 때문입니다. getDetailsList( ) 메서드에서 setState( )를 호출하면 자동으로 build( )를 트리거합니다. build에 getDetailsList( ) 호출이 포함되어 있으면 무한 루프 호출이 발생하게 됩니다.

따라서 getDetailsList( ) 메서드를 호출하는 가장 좋은 위치는 위젯이 생성될 때, 한 번만 호출되는 initState( ) 메서드입니다.

07_ getDetailsList( )가 세부 사항 자체가 아닌, Future를 반환하므로 Future에서 then 메서드를 호출합니다. 함수 내에서 위젯이 마운트 되었는지 확인한 후 setState( )를 호출하고 getDetailsList( ) 호출의 결과로 세부 정보를 설정합니다. _EventListState 클래스의 initState( ) 메서드에 다음 코드를 추가합니다.

```
@override
void initState() {
  if (mounted) {
    getDetailsList().then((data) {
```

```
      setState(() {
        details = data;
      });
    });
  }
  super.initState();
}
```

따라서 화면이 로드되면, getDetailsList() 메서드를 호출하고, 시간이 지나면 세부 정보 목록이 업데이트되어 현재 보고 있는 이벤트의 EventDetail 객체를 할당하게 됩니다.

08_ 수행할 남은 단계는 사용자에게 결과를 보여주는 것입니다. 이 작업은 _EventListState 클래스의 build() 메서드에서 수행합니다. build() 메서드에서 Container를 반환하는 대신 itemCount로 세부 정보 목록의 길이를 갖는 ListView.builder를 반환합니다. itemBuilder 매개변수는 다음과 같이 ListTile을 반환하는 함수를 사용합니다.

```
@override
Widget build(BuildContext context) {
  return ListView.builder(
    itemCount: (details != null) ? details.length : 0,
    itemBuilder: (context, position) {
      return ListTile();
    },
  );
}
```

09_ ListTile에서 일단 제목(title)과 부제(subtitle)을 지정하겠습니다. EventDetail에 대한 설명을 포함하도록 제목을 설정하고 부제의 경우 다음 코드 조각에 표시된 것처럼 이벤트 세부 정보의 날짜, 시작 시간 및 종료 시간을 연결합니다.

```
@override
Widget build(BuildContext context) {
  return ListView.builder(
    itemCount: (details != null) ? details.length : 0,
    itemBuilder: (context, position) {
      String sub = 'Date: ${details[position].date} - Start: ' +
          '${details[position].startTime} - End: ' +
          '${details[position].endTime}';
```

```
    return ListTile(
      title: Text(details[position].description),
      subtitle: Text(sub),
    );
  },
);
}
```

10_ 앱을 실행해 보기 전에 main.dart 파일에서 다음과 같이 EventScreen 위젯을 호출해야 합니다.

```
home: EventScreen(),
```

이제, 앱을 실행하면 다음 스크린샷과 같이 화면이 표시됩니다.

잘 하셨습니다! 이벤트 프로그램을 살펴보았으니, 이제 앱용 파이어베이스 인증과 로그인 화면을 추가하여 어떻게 개선할 것인지에 대해 이야기해 보겠습니다.

7-5 앱에 인증 추가하기

대부분의 앱은 사용자의 신원을 알아야 할 필요가 있습니다. 예를 들어, 이 장을 통해 구축하는 앱에서 사용자가 이벤트 프로그램의 좋아하는 부분을 선택하고 해당 데이터를 원격으로 저장할 수 있었으면 합니다. 이를 위해서는 사용자가 누구인지 알아야 합니다.

사용자 식별은 일반적으로 두 가지 다른 작업을 의미합니다.

- 인증은 사용자의 신원을 확인하는 것을 의미합니다.
- 인증은 사용자가 앱의 다른 부분이나 앱 뒤에 있는 데이터베이스에 액세스 할 수 있음을 의미합니다.

파이어베이스 인증은 앱에 인증을 제공하는데 필요한 여러 서비스를 제공합니다.

- 사용자 이름과 암호, 또는 Google, Microsoft, Facebook 및 기타 여러 공급자를 통한 인증(기본적으로 인증 프로세스를 외부 공급자에게 위임할 수 있으며, 사용자는 데이터에 액세스하기 위해 또다른 사용자 이름과 암호를 기억할 필요가 없습니다).
- 사용자 신원 생성
- 로그인, 로그아웃, 가입, 비밀번호 재설정 등의 메서드
- 파이어베이스의 다른 서비스와 통합(ID가 생성되고 난 뒤부터는 쉽게 승인 규칙을 처리할 수 있습니다).

우리 앱에서는 사용자 이름과 비밀번호로 인증을 추가하고, 사용자가 가입 및 로그인할 수 있도록 할 것입니다. 그런 다음 인증된 사용자만 Cloud Firestore 데이터베이스에 있는 데이터에 액세스 할 수 있도록 규칙을 설정합니다. 또한, 우리 앱에서 우리는 각 사용자에게 그들이 가장 좋아하는 이벤트 세부사항을 읽고 쓸 수 있도록 기능을 제공할 것입니다. 자, 그러면 어떻게 수행되었는지, 다음과 같이 살펴보겠습니다.

01_ 인증을 활성화하려면 파이어베이스 콘솔로 돌아가야 합니다. 여기에서 파이어베이스 프로젝트 대시보드의 왼쪽 메뉴에서 **개발** 섹션에 있는 **Authentication** 메뉴로 이동하여(처음이면 "시작하기"버튼을 클릭 후) "**Sign-in method**" 탭을 클릭합니다.

02_ 모든 인증 방법이 기본적으로 "사용 중지됨"으로 되어있음을 알 수 있습니다. 현재로서는 **이메일/비밀번호** 인증 방법만 활성화하면 됩니다. 이 공급자를 활성화했기 때문에 이메일과 비밀번호로 가입하고 로그인할 수 있습니다. 많은 앱에서 여러분은 아마도 Google 또는 Facebook과 같은 다른 제공업체를 추가하여 로그인할 수 있기를 원할 것입니다.

03_ 최종 결과는 다음 스크린샷과 비슷해야 합니다.

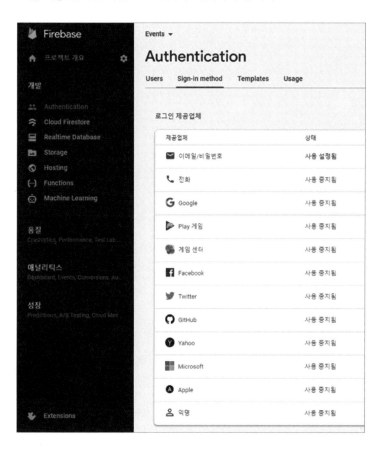

다른 제공자를 사용하여 로그인하는 방법에 대해 자세히 알아보려면, 이 장 끝에 있는 "추가 읽을거리" 섹션을 참고하십시오.

04_ 다음과 같이 파이어베이스 팀에서 관리하는 인증용 공식 플러그인 firebase_auth의 최신 버전을 pubspec.yaml 파일에 추가했는지 확인합니다(최신 버전의 플러그인은 https://pub.dev/packages/firebase_auth를 확인하십시오).

```
dependencies:
  [...]
  firebase_auth: ^0.20.0+1
```

이제, 파이어베이스 프로젝트에 인증 기능이 활성화되었으므로 앱에서 로그인 화면을 만들 준비가 되었습니다.

🔥 로그인/회원가입 화면 추가하기

로그인 화면은 두 가지 용도로 사용됩니다. 사용자가 앱에 로그인하거나 가입하여 신원을 확보할 수 있습니다. 이메일과 비밀번호 인증을 사용할 것이므로 로그인과 비밀번호를 입력할 수 있는 화면을 디자인해야 합니다. 우리는 사용자의 다른 데이터를 필요로 하거나 사용하지 않습니다. 다음과 같이 진행할 것입니다.

01_ 앱 코드로 돌아가서, screens 패키지에 새 파일을 만들고 이름을 login_screen.dart로 지정합니다.

02_ login_screen.dart 파일 내에서 material.dart 라이브러리를 import하고, stful 숏컷을 이용하여 새로운 Stateful 위젯을 생성합니다. 이 위젯을 LoginScreen이라고 하겠습니다.

03_ _LoginScreenState 클래스 안에 몇 가지 State-level 변수를 생성합니다.

```
bool _isLogin = true;
String _userId;
String _password;
String _email;
String _message = "";
```

_userId, _password, _email은 인증 데이터를 보관할 변수입니다. _isLogin bool이 사용되면, 로그인을 수행하고, false인 경우 가입을 활성화합니다. _message 문자열은 로그인 또는 가입 중에 발생할 수 있는 오류에 대한 메시지를 보관합니다.

화면에는 이메일과 비밀번호를 위한 TextFormField 위젯 2개, 버튼 2개, 메시지를 위한 Text 1개 등 5개의 위젯이 있는 열이 있습니다. 이렇게 각 위젯에 대해 코드를 읽거나 유지보수하기 쉽도록 메서드를 만들 것입니다.

다음 스크린샷에서 로그인 화면의 최종 결과를 볼 수 있습니다.

04_ 이메일 입력부터 시작하겠습니다. 다음과 같이 emailInput이라는 이름으로 위젯을 반환하는 메서드를 생성하겠습니다.

```
Widget emailInput() {
  return Padding(
    padding: EdgeInsets.only(top:120),
    child: TextFormField(
      controller: txtEmail,
      keyboardType: TextInputType.emailAddress,
      decoration: InputDecoration(
        hintText: 'email',
        icon: Icon(Icons.mail)
      ),
      validator: (text) => text.isEmpty ? 'Email is required' : '',
```

```
    )
  );
}
```

emailInput() 메서드는 상단에 약간의 간격이 있는 Padding을 반환하고, child로는 TextFormField를 포함합니다. 이것은 TextField를 FormField로 감싸고 쉽게 확인할 수 있는 위젯입니다. 이메일에 대한 특정 키보드를 표시하는 keyboardType을 추가하였으며, hintText 및 Icon이 있는 InputDecoration을 추가했다는 것도 눈치채셨을 것입니다.

05_ 또한 다음 코드 조각에 표시된 것처럼 _LoginScreenState 클래스의 맨 위에 선언한 다음 txtEmail을 호출할 수 있는 TextEditingController 위젯이 필요합니다.

```
final TextEditingController txtEmail = TextEditingController();
```

06_ passwordInput() 메서드에 대해 동일한 패턴을 반복하고, keyboardType 및 Icon을 변경하고, obscureText 매개변수를 추가하고 true로 설정하여 다음과 같이 입력하는 동안 문자가 표시되지 않도록 합니다.

```
Widget passwordInput() {
  return Padding(
    padding: EdgeInsets.only(top: 120),
    child: TextFormField(
      controller: txtPassword,
      keyboardType: TextInputType.emailAddress,
      obscureText: true,
      decoration: InputDecoration(
        hintText: 'password', icon: Icon(Icons.enhanced_encryption)),
      validator: (text) => text.isEmpty ? 'Password is required' : '',
    ));
}
```

07_ 이 경우 다음 코드 조각에서 볼 수 있듯이 TextEditingController는 txtPassword라고 하겠습니다.

```
final TextEditingController txtPassword = TextEditingController();
```

08_ 이제 두 개의 버튼을 추가하겠습니다. _isLogin 필드에 따라 다른 기본 버튼과 보조 버튼이 표시됩니다. _isLogin이 true라면 사용자가 로그인 해야 하며, 기본 버튼은 로그인 작업이 되고, 보조 버튼은 가입 프로세스를 활성화하기 때문입니다. _isLogin이 false인 경우 기본 버튼은 회원가입 제출 작업이 되고 보조 버튼은 로그인 프로세스로 이동해야 합니다.

누르면 메인 버튼이 submit() 메서드를 호출합니다(곧 만들 것입니다. 지금은 메서드의 형태만 만들어 놓겠습니다). 그러면 사용자가 입력한 데이터의 유효성을 검사하고 제출합니다. 두 개의 텍스트 필드 바로 아래에 위치합니다.

09_ 좀 더 멋지게 만들기 위해 원형 반경이 있는 RoundedRectangleBorder 모양을 지정합니다. 또한 현재 테마에서 가져온 배경색을 지정하여 테마가 변경되면 다음 코드 블록과 같이 버튼 색상도 업데이트됩니다.

```
Widget mainButton() {
  String buttonText = _isLogin ? 'Login' : 'Sign up';
  return Padding(
      padding: EdgeInsets.only(top: 120),
      child: Container(
          height: 50,
          child: RaisedButton(
            shape:
                RoundedRectangleBorder(borderRadius: BorderRadius.circular(20)),
            color: Theme.of(context).accentColor,
            elevation: 3,
            child: Text(buttonText),
            onPressed: submit,
          )));
}

Future submit() async {}
```

보조 버튼은 로그인에서 회원가입 기능으로 또는 그 반대로 전환됩니다. 누르면 _isLogin 값을 토글처럼 사용하여 setState() 메서드를 호출합니다. 즉, _isLogin이 true이면 false가 되고, false 이면 true가 됩니다.

이 버튼의 위치는 메인 버튼 아래에 있고, 메인 버튼이 화면에서 가장 중요한 동작을 하기 때문에, 이 버튼은 약간 작게 할 것입니다. 코드는 다음 조각에 나타내었습니다.

```
Widget secondaryButton() {
  String buttonText = !_isLogin ? 'Login' : 'Sign up';
  return FlatButton(
    child: Text(buttonText),
    onPressed: () {
      setState(() {
        _isLogin = !_isLogin;
      });
    },
  );
}
```

10_ 화면의 마지막 위젯은 사용자가 이메일 또는 비밀번호 필드에 데이터를 입력하지 않을 때 활성화되는 오류 메시지를 표현할 텍스트입니다. 유효성 검사 후 오류가 없으면 아무 것도 표시되지 않습니다. 이 마지막 메서드인 validationMessage()를 호출하고, 다음 코드 조각과 같이 Text를 반환합니다.

```
Widget validationMessage() {
  return Text(
    _message,
    style:
        TextStyle(fontSize: 14, color: Colors.red, fontWeight: FontWeight.bold),
  );
}
```

11_ 위젯을 완성했으므로 이제 _LoginScreenState 클래스의 build() 메서드에서 화면 UI를 구성해야 합니다.

평소와 같이 build() 메서드는 appBar 및 body와 함께 Scaffold를 반환합니다. Scaffold body에 Form 위젯이 있는 컨테이너를 배치합니다. 플러터의 Form은 필드 컨테이너이며, 필드의 유효성을 검사하는 것을 더 쉽게 만들어 줍니다.

12_ Form에서 다음 코드 블록에 나타낸 것처럼 이전에 만든 모든 위젯이 포함된 스크롤 Column을 배치합니다.

```
@override
Widget build(BuildContext context) {
  return Scaffold(
```

```
    appBar: AppBar(
      title: Text('Login'),
    ),
    body: Container(
      padding: EdgeInsets.all(24),
      child: SingleChildScrollView(
        child: Form(
          child: Column(
            children: <Widget>[
              emailInput(),
              passwordInput(),
              mainButton(),
              secondaryButton(),
              validationMessage(),
            ],
          ),
        ),
      ),
    ),
  );
}
```

이제, LoginScreen의 UI를 완성하였으므로, 인증 로직을 추가하고, 파이어베이스의 인증과 상호작용해야 합니다.

인증 로직 추가하기

새 클래스에 인증 로직을 구현할 것입니다. 이 클래스에는 다음 네 가지 메서드가 포함됩니다.

- 로그인 메서드
- 회원 가입 메서드
- 로그아웃 메서드
- 현재 사용자를 구하는 메서드

다음과 같이 로그인 추가하는 것부터 시작하겠습니다.

01_ 앱의 lib 폴더에 새 패키지를 만들고 shared라고 합니다. 이 shared 패키지 안에 authentication.dart라는 새 파일도 만들어 보겠습니다.

02_ 이 파일에서 firebase_auth 패키지와 async.dart를 import합니다. 이전에는 FirebaseUser를 사용하였으나 1.18.0 버전 이후에는 deprecated 되었으며, 대신 User 클래스를 이용해야 합니다. 또한 User 클래스의 이름은 일반적이기 때문에, 클래스 이름의 충돌을 피하기 위해서는 import 시에 namespace를 지정할 것을 권장하고 있습니다. 방법은 아래와 같습니다. 또한 이 파일에서는 firebase_auth.dart 내의 모든 클래스 사용시 반드시 auth.을 클래스명 앞에 붙여서 사용할 수 있도록 합니다.

03_ 다음으로, Authentication이라는 새 클래스를 만듭니다.

```
import 'dart:async';
import 'package:firebase_auth/firebase_auth.dart' as auth;
class Authentication {}
```

04_ Authentication 클래스에서 다음과 같이 파이어베이스 Authentication의 메서드 및 프로퍼티를 사용할 수 있도록 하는 객체인 FirebaseAuth 인스턴스를 선언합니다.

```
final auth.FirebaseAuth _firebaseAuth = auth.FirebaseAuth.instance;
```

> **✖ NOTE**
>
> FirebaseAuth의 모든 메서드는 비동기입니다.

05_ 그런 다음 사용자가 로그인할 수 있도록 하는 메서드를 생성합니다. 비동기이며, String 타입의 Future를 반환하며, 다음과 같이 사용자 이름과 비밀번호에 대해 각각 하나씩 사용하여, 총 두개의 문자열을 사용합니다.

```
Future<String> login(String email, String password) async {}
```

06_ login() 메서드 내에서 signInWithEmailAndPassword() 메서드를 호출하면 됩니다. 다음과 같이 이름이 의미하는 바를 정확하게 수행합니다.

```
auth.UserCredential userCredential
  = await _firebaseAuth
    .signInWithEmailAndPassword(
        email: email, password: password
    );
```

07_ 다음으로, User 객체를 만들어 보겠습니다. User는 사용자를 나타내며, 앱에서 사용할 수 있는 여러 프로퍼티(예를 들면 사용자 ID인 uid 및 email)를 포함합니다. 이 경우 함수는 다음 코드 조각에 나타내고 있는 것처럼 사용자의 uid를 반환합니다.

```
auth.User user = userCredential.user;
return user.uid;
```

TIP

User 클래스의 전체 프로퍼티 목록은 다음의 문서 페이지를 참고하세요.
• https://pub.dev/documentation/firebase_auth/latest/firebase_auth/User-class.html

08_ 회원 가입 절차는 매우 유사합니다. signUp() 이라는 비동기 메서드를 만들고 signlnWithUserNameAndPassword() 메서드를 호출하는 대신 createUserWithUserNameAndPassword() 메서드를 호출하여 파이어베이스 프로젝트에 새 사용자를 만듭니다. 이 메서드의 코드는 다음 코드 조각에 나와 있습니다.

```
Future<String> signUp(String email, String password) async {
  auth.UserCredential userCredential
      = await _firebaseAuth.createUserWithEmailAndPassword(
        email: email, password: password
      );
  auth.User user = userCredential.user;
  return user.uid;
}
```

09_ 이제 로그인한 사용자를 로그아웃하는 메서드를 만들어야 합니다. 다음과 같이 FirebaseAuth 인스턴스에서 signOut() 메서드만 호출하면 되므로 간단하게 할 수 있습니다.

```
Future<void> signOut() async {
  return _firebaseAuth.signOut();
}
```

10_ Authentication 클래스에 추가할 마지막 메서드는 현재 사용자를 얻어오는 메서드입니다. 사용자가 로그인했는지 여부를 확인해야 할 때 유용합니다. 다음 코드 조각에 나와있는 대로 getUser() 라고 하며, FirebaseAuth.currentUser() 메서드를 호출합니다.

```
Future<auth.User> getUser() async {
  auth.User user = _firebaseAuth.currentUser;
  return user;
}
```

이제 인증 로직을 완료했으므로 인증 화면에서 Authentication 클래스의 메서드를 추가해야 합니다. 또한 사용자가 앱에 처음 들어가면 인증 화면이 표시되어야 합니다. 한번 로그인하면 사용자는 이벤트 화면을 볼 수 있습니다.

이를 가능하게 하기 위해 getUser() 메서드를 사용하여 CurrentUser가 사용 가능한지 여부를 확인할 수 있습니다. LaunchScreen이라는 새 화면에서 이 작업을 수행하겠습니다. 이 화면의 작업은 사용자 데이터를 얻어오는 동안, 로딩 애니메이션을 표시하는 것입니다. 그런 다음 사용자를 적절한 화면 즉, 인증 화면 또는 이벤트 화면으로 리다이렉션 합니다.

다음과 같이 앱의 시작 화면을 만들어 보겠습니다.

01_ screens 폴더에 launch_screen.dart 라는 새 파일을 생성해 보겠습니다. 파일 상단에서 material.dart, 시작 화면에서 열 수 있는 두 개의 화면, Authentication 클래스를 위한 패키지, firebase_auth 패키지, cloud_firestore 패키지, firebase_core 패키지를 import합니다.

02_ 다음으로, LaunchScreen이라는 Stateful 위젯을 생성합니다. _launchScreenState 클래스의 build() 메서드에서 다음과 같이 데이터가 로딩되는 동안 멋진 애니메이션을 보여주는 CircularProgressIndicator 위젯을 표시합니다.

```
import 'package:flutter/material.dart';
import 'package:firebase_auth/firebase_auth.dart';
import 'package:cloud_firestore/cloud_firestore.dart';
import 'package:firebase_core/firebase_core.dart';
import 'login_screen.dart';
import 'event_screen.dart';
import '../shared/authentication.dart';

class LaunchScreen extends StatefulWidget {
  @override
  _LaunchScreenState createState() => _LaunchScreenState();
}

class _LaunchScreenState extends State<LaunchScreen> {
```

```
  @override
  Widget build(BuildContext context) {
    return Scaffold(
      body: Center(
        child: CircularProgressIndicator(),
      ),
    );
  }
}
```

03_ 다음으로 현재 사용자 상태를 확인하는 initState() 메서드를 재정의합니다.

04_ 메서드 내에서 Authentication 클래스의 인스턴스를 호출한 다음 getUser() 메서드를 호출합니다.

05_ 로그인한 사용자가 있는 경우, 사용자에게 EventScreen이 표시됩니다. 그렇지 않으면 로그인 화면만 표시됩니다.

06_ Navigator에서 push() 메서드를 사용하는 대신 pushReplacement()를 사용하고 있는 것을 유의해서 보십시오. 이렇게 하면 새 라우트가 화면의 맨 위로 푸시될 뿐 아니라, 이전 라우트도 제거됩니다. 이렇게 하면 사용자가 LaunchScreen으로 이동할 수 없게 됩니다. 이는 다음 코드 블록에 표현되어 있습니다.

```
  @override
  void initState() {
    super.initState();
    Firebase.initializeApp();
    Authentication auth = Authentication();
    auth.getUser().then((user) {
      MaterialPageRoute route;
      if (user != null) {
        route = MaterialPageRoute(builder: (context) => EventScreen());
      } else {
        route = MaterialPageRoute(builder: (context) => LoginScreen());
      }
      Navigator.pushReplacement(context, route);
    }).catchError((err) => print(err));
  }
```

이것을 실행하려면, 사용자가 처음으로 앱을 열 때, 발생하는 것을 변경해야 합니다. 현재 앱이 열리면 EventScreen이 표시되지만 변경하겠습니다. 사용자가 이미 로그인한 경우 EventScreen이 표시되기 때문입니다. 로그인되지 않은 경우 LoginScreen을 표시해야 합니다. LaunchScreen을 시도하기 전에, main.dart 파일의 MyApp 클래스에서 호출해야 합니다. 따라서 MaterialApp의 home을 변경하여 다음과 같이 LaunchScreen을 호출하겠습니다. 호출을 위해서는 launch_screen.dart 파일을 import해야 합니다.

```
import 'screens/launch_screen.dart';
home: LaunchScreen(),
```

지금 바로 앱을 실행해 보면, 매우 짧은 CircularProgressIndicator 애니메이션 후에(기기에 따라 너무 빠르게 동작하여 보이지 않을 수도 있음) 로그인 화면에 표시됩니다.

안타깝게도 그곳에서 아직 로그인을 할 수도, 회원 가입을 할 수도 없지만, 이제 거의 다 왔습니다. login_screen.dart 파일로 돌아가서 다음과 같이 로그인 및 회원 가입 작업을 수행하는 로직을 추가해 보겠습니다.

01_ 먼저, 다음과 같이 파이어베이스 인증 서비스에 대한 호출이 포함된 authentication.dart 파일과 로그인 이후 진행에 사용될 event_screen.dart를 import합니다.

```
import '../shared/authentication.dart';
import 'event_screen.dart';
```

02_ 그런 다음, 다음과 같이 auth라는 Authentication 변수를 만들고 initState() 메서드를 재정의하고 Authentication 클래스의 인스턴스를 만듭니다.

```
Authentication auth;
@override
void initState() {
  auth = Authentication();
  super.initState();
}
```

03_ 사용자가 메인 버튼을 누를 때 호출되는 _LoginScreenState 클래스의 submit() 메서드에서 _message를 재설정하여 이전 유효성 검사 메시지가 있는 경우 화면에서 제거됩니다. 또한

다음과 같이 메서드를 비동기식으로 만들 것입니다.

```
Future submit() async {
  setState(() {
    _message = "";
  });
```

04_ 그런 다음, try-catch 블록에서 _isLogin bool 변수의 값에 따라 auth 객체의 login 또는 signup 메서드를 호출합니다. 각 작업 후에는 로그인했거나 로그인한 사용자에 대한 정보도 다음과 같이 디버그 콘솔에 출력합니다.

```
try {
  if (_isLogin) {
    _userId = await auth.login(txtEmail.text, txtPassword.text);
    print('Login for user $_userId');
  }
  else {
    _userId = await auth.signUp(txtEmail.text, txtPassword.text);
    print('Sign up for user $_userId');
  }
  if (_userId != null) {
    Navigator.push(context, MaterialPageRoute(builder:
    (context)=> EventScreen()));
  }
} catch (e) {
  print('Error: $e');
  setState(() {
    _message = e.message;
  });
}
```

로그인 또는 회원 가입 작업이 성공한 경우, 이제 _userId에 로그인한 사용자의 ID가 할당되어야 합니다. 그러나 사용자 이름 또는 비밀번호가 잘못되었거나 호출에 실패하면 파이어베이스 Authentication 호출이 실패합니다. 이 경우 사용자가 문제를 볼 수 있도록 오류 메시지를 출력합니다.

파이어베이스 인증 서비스가 보여주는 다른 메시지를 확인하기 위해 잘못된 형식의 이메일을 사용하거나 비밀번호를 건너 뛰거나 잘못된 이메일과 비밀번호를 입력하여 로그인에 몇 번 실패하십시오. 그러면 파이어베이스 인증 서비스가 잘못된 경우에 반환하는 다양한 메시지를 확인할 수 있습니다.

다른 오류 메시지를 확인한 후 올바른 데이터로 등록할 수 있습니다. 절차가 성공적이면 이벤트 화면으로 리다이렉션 되어야 합니다. 이제 앱을 다시 시작하면 앱에서 로그인 데이터를 보관하고 있으므로, 로그인 절차를 건너 뛰고 이벤트 화면으로 즉시 리다이렉션 됩니다.

05_ 사용자가 로그아웃 할 수 있는 메서드를 추가해야 합니다. 다음 코드 블록과 같이 EventScreen 클래스의 Scaffold AppBar 작업에서 IconButton 위젯을 사용하여 Authentication 클래스의 로그아웃 메서드를 호출합니다.

```
final Authentication auth = new Authentication();
return Scaffold(
  appBar: AppBar(
    title: Text('Event'),
    actions:[
      IconButton(
        icon: Icon(Icons.exit_to_app),
        onPressed: () {
          auth.signOut().then((result) {
            Navigator.push(context,
              MaterialPageRoute(builder: (context) => LoginScreen()));
          });
        },
      )
    ],
  ),
);
```

위 작업을 위해서는 login_screen.dart 및 authentication.dart 파일을 아래와 같이 import 해야 합니다.

```
import 'login_screen.dart';
import '../shared/authentication.dart';
```

여러분이 지금 앱을 실행해서 로그아웃 IconButton을 누르면 로그인 화면으로 다시 리다이렉션 되어야 합니다. 로그인하면 EventScreen으로 돌아갑니다. 이제 앱에서는 로그인한 사용자만 이벤트 정보에 액세스 할 수 있습니다.

그러나 여기에서 구현한 보안은 클라이언트 측에 불과하며, 모든 보안 전문가는 이렇게 하면 대부분의 보안이 전혀 없다고 말할 것입니다. 좋은 소식은 파이어베이스에서 서버 측 보안을 매우 쉽게 설정할 수 있다는 것입니다. 다음에서 어떻게 하는지 보겠습니다!

🚀 파이어베이스 규칙 소개

파이어베이스, 특히 Cloud Firestore에서는 사용자 인증 정보를 활용하고 권한 부여 규칙을 설정하는 방법으로 서버측 보안을 구현하여 사용자 ID를 기반으로 데이터에 대한 액세스를 제어할 수 있습니다. 예를 들어 인증된 사용자만 데이터를 읽거나 자신의 데이터를 쓸 수 있도록 결정할 수 있습니다.

다음 스크린샷처럼 규칙 탭을 클릭하여 Cloud Firestore 데이터베이스 페이지에서 권한 부여 규칙에 액세스 할 수 있습니다.

여기에서 로그인한 사용자에게만 읽기 및 쓰기 권한이 있는 데이터 액세스를 허용하고자 합니다. 다음 규칙을 설정하면 이렇게 할 수 있습니다.

```
// Allow read/write access on all documents to any user signed in to the application
service cloud.firestore {
  match /databases/{database}/documents {
    match /{document=**} {
      allow read, write: if request.auth.uid != null;
    }
  }
}
```

지금 앱을 실행해보면 이전과 마찬가지로 모든 데이터가 표시되지만, 이제는 서버의 보안 측면에서도 장점을 갖게 되었습니다.

앱에 추가할 남은 하나의 기능은 사용자에게 좋아하는 항목을 선택할 수 있는 기회를 제공하는 것입니다.

7-6 파이어베이스에 데이터 쓰기: 즐겨찾기 기능 추가

사용자가 이벤트 프로그램에서 가장 좋아하는 부분을 선택할 수 있도록 하는 기능을 제공하고 자 합니다. 이러한 방식으로 Cloud Firestore 데이터베이스에 데이터를 쓰는 방법과 특정 선 택 기준에 따라 데이터를 쿼리하는 방법도 알아보겠습니다.

EventDetail 클래스에서 했던 것처럼 다음과 같이 사용자의 즐겨찾기를 포함할 새 모델 클래 스를 만들어 보겠습니다.

01_ models 패키지에 favorite.dart라는 새로운 파일을 생성해 보겠습니다.

02_ 즐겨찾기 객체에는 ID, 사용자의 **user ID(UID)** 및 이벤트 세부 정보의 ID가 포함되어야 합 니다. 모든 프로퍼티를 private으로 표시하고, 다음과 같이 즐겨찾기의 새 인스턴스를 설정하는 명명되지 않은 생성자를 만듭니다.

```
class Favorite {
  String _id;
  String _eventId;
  String _userId;
  Favorite(this._id, this._eventId, this._userId);
}
```

03_ 그런 다음 Cloud Firestore 데이터베이스의 문서에서 읽은 데이터가 포함된 Document Snapshot을 가져오는 map이라는 명명된 생성자를 만듭니다. DocumentSnapshot 객체에서는 다음 코드 조각에 표시된 것처럼 항상 문서의 ID인 id와 문서 내부에 지정된 Key-Value 쌍을 포 함하는 데이터 객체를 찾습니다.

```
Favorite.map(DocumentSnapshot document) {
  this._id = document.id;
  this._eventId = document.data()['eventId'];
  this._userId = document.data()['userId'];
}
```

정상 진행을 위해 다음과 같이 cloud_firestore 패키지를 import 해야 합니다.

```
import 'package:cloud_firestore/cloud_firestore.dart';
```

04_ 또한 Cloud Firestore 데이터베이스에 데이터를 더 쉽게 쓸 수 있도록 Map을 반환하는 메서드를 만들어야 합니다. 이 메서드를 toMap()이라고 부르겠습니다. Map의 Key는 String이고 Value는 dynamic입니다. toMap() 메서드의 코드는 다음 코드 조각에 나타내었습니다.

```
Map<String, dynamic> toMap() {
  Map map = Map<String, dynamic>();
  if (_id != null) {
    map['id'] = _id;
  }
  map['eventId'] = _eventId;
  map['userId'] = _userId;
  return map;
}
```

이제 Favorite 클래스가 완성되었습니다. 지금 필요한 것은 읽기 및 쓰기 작업이 필요할 경우 수행할 메서드를 구현하는 것입니다. 여러 메서드가 있을 것이며, 항상 앱의 로직을 UI에서 분리하는 것이 좋으므로, 이러한 메서드를 담을 새 파일을 다음과 같이 만들 것입니다.

01_ shared 패키지에서 firestore_helper.dart라는 새 파일을 만듭니다. 여기에는 Cloud Firestore 데이터베이스와 상호작용하는 헬퍼 메서드가 포함됩니다.

02_ 이 파일에서 두 개의 모델 클래스와 Cloud Firestore 패키지를 import합니다.

03_ 그런 다음, 다음 코드 조각과 같이 Firestore의 인스턴스가 되고, 클래스 전체에서 사용되는 static db 프로퍼티를 만듭니다.

```
import '../models/event_detail.dart';
import '../models/favorite.dart';
import 'package:cloud_firestore/cloud_firestore.dart';

class FirestoreHelper {
  static final FirebaseFirestore db = FirebaseFirestore.instance;
}
```

이 클래스의 모든 메서드는 static입니다. 실제로 사용하기 위해 이 클래스를 인스턴스화 할 필요가 없기 때문입니다.

04_ 이 클래스에서 만들 첫 번째 메서드는 Firestore 데이터베이스에 새로운 즐겨찾기를 추가하

는 메서드입니다. 다음과 같이 현재 로그인한 사용자의 uid와 즐겨찾기로 추가될 이벤트를 받는 addFavorite라는 static 메서드입니다.

```
static Future addFavorite(EventDetail eventDetail, String uid) {
  Favorite fav = Favorite(null, eventDetail.id, uid);
  var result = db.collection('favorites').add(fav.toMap())
    .then((value) => print(value))
    .catchError((error)=> print (error));
  return result;
}
```

보시다시피 메서드 내부에서 Favorite 클래스의 인스턴스를 만들고 fav라고 부릅니다. 그런 다음 데이터베이스 인스턴스에서 Favorites라는 컬렉션에 fav 객체를 추가하고 Map으로 변환합니다.

모든 것이 올바르게 작동한다면, 디버그 콘솔에 결과를 출력하고, 문제가 발생하면 오류를 출력합니다.

이제 사용자가 UI에서 즐겨찾기를 추가할 수 있는 방법이 필요합니다. 이를 가능하게 하기 위해 이벤트 캘린더 목록에 별 아이콘을 추가하여 사용자가 별 아이콘을 누를 때 즐겨찾기가 추가되도록 할 수 있습니다. 나중에 즐겨찾기를 즉시 인식할 수 있도록 아이콘 색상도 변경합니다.

별모양(star) IconButton을 추가하기 전에 로그인 후 로그인한 사용자의 UID를 이벤트 화면으로 보내봅시다. 이렇게 하면 화면 자체에서 즐겨찾기 데이터를 읽고 쓰기가 더 쉬워집니다.

우리는 다음과 같이 진행할 것입니다.

01_ EventScreen 클래스에서 다음과 같이 String uid 프로퍼티를 추가하고, 생성자에서 그것을 설정합니다.

```
final String uid;
EventScreen(this.uid);
```

02_ Scaffold의 body에서 EventList 클래스를 호출할 때 다음과 같이 uid를 전달합니다.

```
EventList(uid);
```

03_ EventList 클래스에서 동일한 작업을 수행하여 uid 프로퍼티를 추가하고, 생성자에서 받는 방법은 다음과 같습니다.

```
final String uid;
EventList(this.uid) {
```

04_ 이러한 방식으로 uid를 인증 절차에서 _EventListState로 다시 전파하였으며, 이제 사용자가 즐겨찾기를 읽고 쓰는 데 필요한 모든 데이터를 확보하였습니다.

05_ 이제, _EventListState 클래스에서 다음과 같이 즐겨찾기가 되어야 하는 EventDetail을 가져와 FirestoreHelper.addFavorite() 메서드를 호출하는 toggleFavorite()라는 메서드를 만듭니다. 원활한 진행을 위해 먼저 firestore_helper.dart 파일을 import해야 합니다.

```
import '../shared/firestore_helper.dart';
void toggleFavorite(EventDetail ed) {
  FirestoreHelper.addFavorite(ed, widget.uid);
}
```

06_ 그런 다음, event_screen.dart 파일에 있는 _EventListState 클래스의 build() 메서드에서 trailing IconButton 위젯을 ListViewBuilder 위젯의 ListTile에 추가해 보겠습니다. 이 위젯은 Cloud Firestore 데이터베이스에서 즐겨찾기를 추가하는 위젯입니다. 나중에 색상을 사용하여 목록의 현재 아이템이 즐겨찾기인지 여부와 데이터베이스에서 즐겨찾기를 제거할지의 여부를 사용자에게 알립니다. 이에 대한 코드는 다음 코드 조각에 나타내고 있습니다.

```
trailing: IconButton(
  icon: Icon(Icons.star, color: Colors.grey),
  onPressed: () {toggleFavorite(details[position]);},
),
```

07_ 이 새로운 기능을 실행하기 전에, EventScreen 클래스에 대한 호출을 수정해야 합니다. 하나는 launch_screen.dart 파일의 LaunchScreenState 클래스에 있습니다. EventScreen 클래스를 호출하는 라우트를 설정할 때, 다음 코드 조각과 같이 라우트를 수정해야 합니다.

```
route = MaterialPageRoute(builder: (context) => EventScreen(user.uid));
```

08_ 그런 다음 login_screen.dart 파일의 _LoginScreenState 클래스의 submit() 메서드에서 다음 코드 조각과 같이 MaterialPageRoute에 _userId 변수를 추가해야 합니다.

```
if (_userId != null) {
  Navigator.push(
    context, MaterialPageRoute(builder: (context)=> EventScreen(_userId))
  );
}
```

09_ 이제, 앱을 실행해 보겠습니다. events 화면에서 목록의 아무 아이템이나 별 아이콘 버튼을 누릅니다. 모든 것이 올바르게 작동하는 경우, 파이어베이스 콘솔로 이동하여 데이터베이스 데이터를 볼 때 다음 스크린샷과 같이 약간의 데이터가 포함된 즐겨찾기 컬렉션을 찾을 수 있어야 합니다.

이는 이제 앱이 즐겨찾기 정보를 Cloud Firestore 데이터베이스에 쓰고 있음을 의미합니다.

다음으로 즐겨찾기를 읽고, 사용자에게 피드백을 제공하고, 데이터베이스에서 즐겨찾기를 삭제해야 합니다.

즐겨찾기 보이기와 삭제하기

FirestoreHelper 클래스에서 두 가지 새로운 기능을 추가해야 합니다. 데이터베이스에서 기존 즐겨찾기를 삭제하는 메서드와 현재 로그인한 사용자의 모든 즐겨찾기를 가져오는 메서드입니다.

deleteFavorite() 메서드부터 시작하겠습니다. 삭제될 즐겨찾기의 ID만 가져옵니다. 평소와 같이 static인 비동기 메서드입니다. Cloud Firestore 데이터베이스의 컬렉션에서 항목을 실제로 삭제하려면 컬렉션으로 이동한 다음 다음과 같이 delete() 메서드를 호출하면 됩니다.

```
static Future deleteFavorite(String favId) async {
  await db.collection('favorites').doc(favId).delete();
}
```

또한, getUserFavorites() 메서드를 추가해야 합니다. getUserFavorites() 메서드는 static 및 비동기로 사용자 id를 매개변수로 취하고, 즐겨찾는 객체 목록을 포함하는 Future를 반환합니다.

함수 내에서 where() 메서드를 사용하여 컬렉션 내부를 쿼리하는 Cloud Firestore 데이터베이스의 매우 유용한 기능을 볼 수 있습니다. 여기에는 필터를 적용할 필드와 적용해야 하는 필터 타입(이 경우 isEqualTo) 및 필터 자체의 값이 필요합니다. get() 메서드를 적용하여 쿼리 결과를 즐겨찾기 목록으로 변환하는 데 사용할 수 있는 QuerySnapshot 유형의 객체를 반환하고 호출자에게 반환합니다.

기본적으로 이 메서드는 다음과 같이 ID가 매개변수로 전달된 사용자의 모든 즐겨찾기 문서를 포함하는 목록을 반환합니다.

```
static Future<List<Favorite>> getUserFavorites(String uid) async {
  List<Favorite> favs;
  QuerySnapshot docs = await db.collection('favorites')
    .where('userId', isEqualTo: uid).get();
  if (docs != null) {
    favs = docs.docs.map((data)=> Favorite.map(data)).toList();
  }
  return favs;
}
```

이제, 이벤트 캘린더에서 사용자가 즐겨찾는 항목을 표시해야 하며, 별 아이콘을 밝은 호박색 (bright amber)으로 채워서 다음과 같이 진행합니다.

01_ event_screen.dart 파일의 _EventListState 클래스로 돌아가서 favorites라고 하는 Favorite의 List를 선언하겠습니다('../models/favorites.dart' 파일을 import해야 합니다).

```
List<Favorite> favorites = [];
```

02_ initState() 메서드에서 즐겨찾기 배열을 업데이트해야 하므로 super.initState()를 호출하기 직전에, 다음과 같이 setState() 메서드를 호출하는 FirestoreHelper.getUserFavorites() 메서드를 호출합니다.

```
FirestoreHelper.getUserFavorites(widget.uid).then((data){
  setState(() {
    favorites = data;
  });
});
```

03_ 즐겨찾기와 세부 정보는 별개의 객체이므로 세부 정보가 실제로 즐겨찾기인지 여부를 빠르게 확인할 수 있는 방법이 필요합니다. 정확히 하는 방법을 만들어 보겠습니다. 다음 코드 조각에 설명된 것처럼 이벤트 세부사항이 즐겨찾기면 true를 반환하고, 그렇지 않으면 false를 반환합니다.

```
bool isUserFavorite(String eventId) {
  Favorite favorite = favorites
      .firstWhere((Favorite f) => (f.eventId == eventId), orElse: () => null);
  if (favorite == null)
    return false;
  else
    return true;
}
```

List에서 호출되는 firstWhere() 메서드는 테스트 매개변수에 지정한 조건을 충족하는 List의 첫 번째 요소를 검색합니다. 즐겨찾기 변수에는 사용 가능한 경우, 함수에 전달된 이벤트 id와 동일한 id를 가진 첫 번째 즐겨찾기가 포함됩니다. 그렇지 않으면 null을 반환합니다.

04_ 이 코드가 작동하려면 다음과 같이 favorite.dart 파일의 Favorite 클래스에 getter 메서드도 만들어야 합니다. 또한 다음에 나올 toggleFavorite() 메서드를 위해서 id에 대한 getter도 추가로 생성해 줍니다.

```
String get eventId => _eventId;
String get id => _id;
```

05_ 이제 지금까지 준비한 모든 것을 활용하여 목록의 별 모양 아이콘에 색상을 지정하면 됩니다. _EventListState 클래스의 build( ) 메서드에서 ListView.builder 생성자의 itemBuilder 매개변수에서 String sub 선언 아래에, EventDetail이 즐겨찾기에 포함되었는지 여부에 따라 달라지는 Color 위젯을 선언합니다. 다음과 같이 세부 정보가 즐겨찾기에 추가되면 호박색으로 설정하고 그렇지 않으면 회색으로 설정합니다.

```
Color starColor = (isUserFavorite(details[position].id) ?
  Colors.amber : Colors.grey);
```

06_ trailing 아이콘의 경우 고정된 색상을 반환하는 대신 다음과 같이 starColor 값을 반환합니다.

```
trailing: IconButton(
  icon: Icon(Icons.star, color: starColor),
```

07_ 이제 앱을 다시 시작하면, 이전에 클릭한 값이 호박색인 별색으로 표시되어야 합니다. 이를 통해 사용자는 목록에서 자신이 즐겨찾는 항목을 확인할 수 있습니다.

08_ 지금까지 즐겨찾기를 추가할 수 있었지만, 제거할 수는 없었습니다. 다음 코드 블록과 같이 toggleFavorite( ) 메서드에 약간의 조정을 추가할 필요가 있습니다.

```
toggleFavorite(EventDetail ed) async {
  if (isUserFavorite(ed.id)) {
    Favorite favorite =
        favorites.firstWhere((Favorite f) => (f.eventId == ed.id));
    String favId = favorite.id;
    await FirestoreHelper.deleteFavorite(favId);
  } else {
    await FirestoreHelper.addFavorite(ed, widget.uid);
  }
  List<Favorite> updatedFavorites =
      await FirestoreHelper.getUserFavorites(widget.uid);
  setState(() {
    favorites = updatedFavorites;
  });
}
```

여러분이 지금 보시는 것처럼, 이 메서드는 이전과 같이 addFavorite( )를 호출할 수 있지만,

메서드에 전달된 EventDetail의 ID를 통해 isUserFavorite() 메서드를 호출한 결과에 따라 deleteFavorite()도 호출할 수 있습니다.

데이터베이스에서 즐겨찾기를 추가하거나 삭제한 후, 이 메서드는 getUserFavorites() 메서드도 호출하여 State를 업데이트합니다. 이렇게 하면 즐겨찾기 목록이 변경되어 UI가 업데이트됩니다. 기기 연결 속도에 따라 사용자가 별 모양 아이콘 버튼을 누를 때 약간의 지연이 발생할 수 있지만, 네트워크 통신이 완료되는 동안이라면 정상적인 현상으로 볼 수 있습니다.

지금 앱을 실행해 보면, 별 모양 IconButton을 클릭하여 목록에서 즐겨찾기를 추가하거나 제거할 수 있습니다. 그리고 이 마지막 기능으로 앱이 완성되었습니다. 잘 했습니다! 이제 플러터와 파이어베이스를 활용하여 풀 스택 애플리케이션을 만드는 데 필요한 기술을 알게 됐습니다.

요약

이 장에서는 풀 스택 앱을 처음부터 구축하는 방법을 살펴보았습니다. 서버 측에서는 파이어베이스를 활용하여 데이터베이스 및 인증 서비스를 포함한 웹 서비스를 만들었습니다. 클라이언트 측에서는 플러터를 활용하여 클라우드에서 데이터를 읽고 씁니다.

여러분은 모든 플러터 서비스의 진입점인 새 파이어베이스 프로젝트를 만드는 방법을 살펴보았습니다. 프로젝트 내에서 Cloud Firestore 데이터베이스로 새로운 NoSQL 데이터베이스를 만들었습니다. 이 데이터베이스는 문서를 포함하는 컬렉션을 포함합니다. 문서는 Key-Value 쌍 또는 필드로 구성됩니다. 그런 다음 iOS와 Android 모두에서 파이어베이스를 플러터 프로젝트에 통합하는 방법을 살펴보았습니다. 이 멀티로 진행된 단계의 절차에는 두 운영체제에 대해 다른 구성파일을 다운로드하고 이를 프로젝트에 추가하는 작업이 포함됩니다. 물론 pubspec.yaml 파일에 관련 패키지를 추가하는 것도 포함됩니다.

Cloud Firestore 데이터베이스의 인스턴스를 추가하는 방법과 필터를 사용하거나 사용하지 않고 컬렉션에서 문서를 검색하는 방법을 살펴보았습니다. 플러터 코드에서 문서를 추가하고 삭제하는 방법도 살펴보았습니다. 파이어베이스의 모든 읽기 및 쓰기 메서드는 비동기식입니다. 파이어베이스에서 인증 서비스가 작동하는 방식을 살펴보았습니다. 앱에 새 사용자를 추가하고 데이터를 검색하기 전에 로그에 기록합니다. 이러한 맥락에서 우리는 Firestore 인증 규칙과 동시에 서버 측 보안을 구현하는 방법을 소개하였습니다.

마지막으로 데이터베이스를 쿼리하고 새 문서를 삽입할 때 사용자 정보를 추가하여 사용자에게 개인화된 콘텐츠를 제공하는 방법을 살펴보았습니다. 도구 상자에 파이어베이스를 추가하면 서버측 코드를 작성하거나 데이터베이스를 만들 필요 없이 원격 서비스를 만들 수 있으며, 사실상 무제한 확장이 가능합니다. 다음 장에서는 앱에 매우 중요한 두 가지 기능인 지리적 위치 파악과 지도를 사용할 것입니다!

질문

다음 질문에 답해 보십시오(확실하지 않은 경우, 이 장에 포함된 내용을 살펴보십시오. 여기에서 모든 답을 찾을 수 있습니다!).

1. Cloud Firestore 데이터베이스에서 문서와 컬렉션의 차이점은 무엇입니까? 문서에 컬렉션이 포함될 수 있습니까?

2. SQL과 NoSQL 데이터베이스의 주요 차이점 세 가지를 말씀해 주시겠습니까?

3. 다음 코드를 잘 보십시오. 이 쿼리는 무엇을 수행합니까? 그리고 docs 변수는 어떤 데이터 타입입니까?

```
docs = await db.collection('favorites')
  .where('userId', isEqualTo: uid).get();
```

4. Cloud Firestore 데이터베이스에서 인증된 사용자에게만 데이터 액세스를 허용할 수 있습니까? 그렇다면 어떤 방법으로 할 수 있을까요?

5. FirebaseAuth 클래스의 인스턴스를 어떻게 만들 수 있습니까?

6. 다음 코드를 잘 보십시오. 이 코드가 수행하는 작업을 설명할 수 있습니까?

```
var result = db.collection('favorites').add(fav.toMap()
  .then((value) => print(value.id))
  .catchError((error)=> print (error));
```

7. 클래스의 프로퍼티에 대해서 getter 메서드는 언제 생성합니까? 그리고 그것을 만드는 코드를 어떻게 작성합니까?

8. Cloud Firestore 데이터베이스와 상호작용하기 위해 언제 Map 객체가 필요합니까?

9. Cloud Firestore 데이터베이스에서 문서를 어떻게 삭제합니까?

10. 한 화면에서 다른 화면으로 데이터를 어떻게 전달합니까?

추가 읽을거리

일반적으로 파이어베이스에 대해 자세히 알아보고, 특히 선택한 기술과 파이어베이스를 통합하는 방법을 알고 싶은 경우, 가장 포괄적인 자료는 다음 주소(https://firebase.google.com/docs/guides)에서 제공되는 파이어베이스 공식 문서입니다.

공식 문서에는 Firestore 데이터베이스(https://firebase.google.com/docs/firestore) 및 Firestore 인증(https://firebase.google.com/docs/firestore/security/get-started)에 대한 가이드도 있습니다.

플러터에서 파이어베이스를 설치하는 방법에 대한 특정 가이드(https://firebase.google.com/docs/flutter/setup)도 참고하시기 바랍니다. 사용 가능한 인증 제공자에 대한 업데이트된 목록은 https://firebase.google.com/docs/reference/js/firebase.auth.AuthProvider를 참고하면 됩니다.

NoSQL 데이터베이스 및 NoSQL 데이터베이스의 여러 종류에 대한 자세한 설명을 위해서 IBM은 매우 읽기 쉬운 문서(https://www.ibm.com/cloud/learn/nosql-databases)를 제공했습니다.

처음 보안을 다룰 때 혼동을 일으킬 수 있는 개념은 인증(authentication)과 권한 부여(authorization)의 차이입니다. https://auth0.com/docs/authorization/authentication-and-authorization에 간단하면서 매우 명확한 설명이 있으니 참고하시기 바랍니다.

보물 지도 –
지도를 통합하고 기기의
카메라를 사용하기

✔ 기술 요구사항

✔ 위치 정보 및 카메라 – 강력한 한 쌍

✔ Google 지도를 플러터에 통합하기

✔ 기기의 카메라 사용하기

길을 걷고 있는데, 영감을 주는 새로운 가게를 봤다고 생각해 봅시다. 아니면 기억에 남는 레스토랑에서 저녁을 먹었는데, 그 위치와 모습을 기억하고 싶을 수도 있습니다. 또는 차를 주차한 뒤에 어디에 두었는지 기억할 필요가 있기도 하죠. 아무 장소에 표시해 놓고 간단한 설명과 사진을 추가할 수 있다면 좋지 않을까요?

Treasure Mapp(보물 지도)은 사용자가 지도에 장소를 표시한 다음, 그 위에 이름과 그림을 추가할 수 있는 앱입니다. 기기의 카메라를 이용하여 사진을 촬영합니다. 사용자는 지도나 목록을 통해 저장되어 있는 모든 표시된 장소를 볼 수 있습니다. 또한 편집하거나 삭제할 수도 있습니다.

이 프로젝트는 모바일 프로그래밍의 두 가지 중요한 기능인 지리적 위치와 기기의 카메라를 다룹니다. 또한 기기의 퍼미션 처리에 대해서도 다룹니다. 이 장에서는 다음 주제에 대해 다루려고 합니다.

- 위치 정보 및 카메라: 강력한 한 쌍
- Google 지도를 플러터에 통합하기
- 기기 카메라 사용하기

8-1 기술 요구사항

완성된 앱 코드는 책의 GitHub 저장소에서 찾을 수 있습니다(https://github.com/binsoopark/FlutterProjectExamples).

이 책의 코드 예제를 따르려면 Windows, Mac, Linux, Chrome OS 기기에 다음 소프트웨어가 설치되어 있어야 합니다.

- Flutter SDK(Software Development Kit)
- Android 용으로 개발하려면 Android SDK(Android Studio에서 쉽게 설치)
- iOS 용으로 개발하려면 macOS 및 Xcode
- 디버깅이 가능한 에뮬레이터(Android), 시뮬레이터(iOS) 또는 연결된 iOS 또는 Android 기기
- 편집기: Visual Studio Code(VS Code), Android Studio 또는 IntelliJ 또는 IDEA를 권장합니다. 모두 Flutter/Dart 확장 프로그램이 설치되어 있어야 합니다.
- 이 장을 위해서 기기의 하드웨어 카메라 및 위치 정보 기능을 이용하려면 iOS 또는 Android 기기가 필요합니다.

8-2 위치 정보 및 카메라 – 강력한 한 쌍

모바일 장치의 가장 중요한 기능 중 일부를 지정하라는 질문을 받는다면, 그 목록에는 카메라와 내장 **GPS(Global Positioning System)**를 포함시킬 것입니다. 오늘날 우리가 당연하게 여기는 이 두 가지 기능은 모바일 개발에 매우 특화되어 있으며, 사람들에게 앱을 돋보이도록 만들 수 있게 합니다.

위치 정보 기능을 사용하면 개발자는 앱 사용자의 좌표, 특히 위도와 경도를 식별할 수 있습니다. 또한 향후 사용을 위해 해당 좌표를 잠재적으로 저장합니다. 이는 개발자에게 엄청난 잠재력을 제공합니다. 근처 이벤트를 제안하는 소셜 네트워크, 레스토랑이나 호텔을 추천하는 여행사, 새로운 사람을 추천하는 데이트 앱 등을 생각해보십시오. 사용자에게 관련되며, 개인화된 정보를 제공할 수 있는 많은 잠재된 시나리오가 있습니다!

사진의 경우는 훨씬 더 명확합니다. 사람들은 사진 촬영하는 것과 공유하는 것을 좋아합니다. 가장 성공적인 소셜미디어는 텍스트보다 사진을 더 많이 포함하고 있습니다. 휴대폰 제조업체들도 카메라가 얼마나 좋은 지 홍보하는 것이 마케팅의 중요한 부분을 차지할 정도입니다. 따라서 개발자로서 우리는 이 기회를 활용하고, 사용자가 좋아하는 것을 제공할 준비가 되어 있어야 합니다. 즉, 앱의 퀄리티를 올릴 때마다 카메라를 더 잘 활용할 수 있도록 해야 합니다.

그리고, 위치 정보와 카메라를 하나의 앱에 합치면 어떨까요? 보물 지도에 온 것을 환영합니다!

8-3 Google 지도를 플러터에 통합하기

이 프로젝트의 경우 Google Maps API를 사용하여 사용자에게 지도를 표시하고 마커를 추가합니다. 다른 Google 서비스와 마찬가지로 지도는 일정한 기준까지는 무료입니다. 여러분과 같은 개발자는 대부분의 경우 무료로 사용이 가능합니다. 그러나 출시 목적으로 하기에는 이정도의 임계치는 적절하지 않을 수 있습니다.

출시를 위한 앱용 Google 지도의 요금 정책 및 임계치에 대해 자세한 내용은 아래 페이지를 참고하시기 바랍니다.
https://cloud.google.com/maps-platform/pricing/

다음과 같이 지도를 플러터에 통합해 보겠습니다.

01_ 새 플러터 앱을 만들고, 이름을 treasure_mapp으로 하겠습니다.

02_ Pubspec.yaml 파일에 Google Maps 플러그인을 종속성으로 추가합니다. 패키지 이름은 google_maps_flutter이며, https://pub.dev/에서 최신 버전을 찾을 수 있습니다. 다음의 코드 조각에서 확인할 수 있습니다.

```
dependencies:
  google_maps_flutter: ^1.1.1
```

03_ 그런 다음, Google Maps를 사용하려면 **API 키**를 얻어와야 합니다. 다음 주소(https://console.cloud.google.com)의 **Google Cloud Platform(GCP)** 콘솔에서 가져올 수 있습니다.

04_ Google 계정으로 로그인하면, 다음 스크린샷과 같이 콘솔이 표시됩니다.

05_ 모든 API 키는 프로젝트에 속하므로 자격 증명을 얻기 전에, 하나를 만들거나, 기존 키를 선택해야 합니다. 다음 스크린샷에 표시된 대로 프로젝트 이름을 Treasure-Mapp으로 지정하고 위치의 값으로는 **조직 없음**을 설정해 둔 다음 **만들기**를 클릭합니다. 밑줄(_)은 이름으로 넣을 수 없습니다.

06_ 이제, 왼쪽 상단의 탐색 메뉴 버튼을 클릭하고, **API 및 서비스 | 사용자 인증 정보**를 선택하고, **사용자 인증 정보** 페이지에서 **+ 사용자 인증 정보 만들기 | API 키**를 선택합니다.

07_ 이제 획득한 키를 프로젝트에 추가해야 합니다. **Android**의 경우 애플리케이션 매니페스트(android/app/src/main/AndroidManifest.xml)에 정보를 추가해야 합니다. 다음과 같이 아이콘 아래의 application 노드에 코드를 작성하면 됩니다.

```
<application
  android:name="io.flutter.app.FlutterApplication"
  android:label="testing"
  android:icon="@mipmap/ic_launcher">
<meta-data android:name="com.google.android.geo.API_KEY"
  android:value="ADD YOUR KEY HERE"/>
```

✖ NOTE

플러터 프로젝트에서 이 파일의 역할이 궁금할 것입니다. Android 구축에 필요한 파일인 Android 앱 매니페스트에는 앱에 대한 필수 정보가 포함되어 있습니다. 이 정보는 Android 빌드 도구, Android **운영체제(OS)** 내부에서도 사용되며, Google Play Store에 앱을 게시할 때 사용됩니다.

예를 들어, 여러 가지 중에서 매니페스트에는 앱의 패키지 이름, 앱이 시스템의 보호된 부분(예: 카메라 또는 인터넷 연결) 또는 다른 앱에 액세스하는 데 필요한 권한, 앱에 필요한 하드웨어 및 소프트웨어 기능이 포함되어 있습니다.

08_ **iOS** 앱의 경우에는 절차가 약간 다릅니다. API 키를 얻은 후, 다음 위치(ios/Runner/AppDelegate.swift)에서 AppDelegate 파일을 열어야 합니다.

09_ 파일의 맨 위에서 다음과 같이 GoogleMaps를 import합니다.

```
import UIKit
import Flutter
import GoogleMaps
```

10_ 그런 다음, 다음과 같이 AppDelegate 클래스에 아래에서 굵게 표시된 코드 줄을 추가합니다.

```
@objc class AppDelegate: FlutterAppDelegate {
  override func application(
    _ application: UIApplication,
    didFinishLaunchingWithOptions launchOptions:
    [UIApplication.LaunchOptionsKey: Any]?
    ) -> Bool {
  GMSServices.provideAPIKey("YOUR API KEY HERE")
  GeneratedPluginRegistrant.register(with: self)
  return super.application(application,
    didFinishLaunchingWithOptions: launchOptions)
  }
}
```

AppDelegate.swift 파일은 앱의 공유 동작을 관리하며, **iOS 앱의 루트 객체**입니다.

iOS 프로젝트의 경우 내장된 미리보기(the embedded views preview)도 가져와야 합니다. 앱의 Info.plist 파일에 Boolean 프로퍼티를 추가하면 됩니다.

11_ 따라서, 프로젝트의 ios/Runner/Info.plist 파일을 열고 〈dict〉 노드에 다음의 코드를 추가합니다.

```
<key>io.flutter.embedded_views_preview</key>
<true/>
```

추가로 Android 및 iOS에서 작업을 위해 라이브러리 사용 활성화를 해야 합니다. 과정에 대해서는 다음 순서로 진행합니다.

01_ **API 및 서비스 | 라이브러리**를 선택하여, 라이브러리 메뉴로 진입합니다.

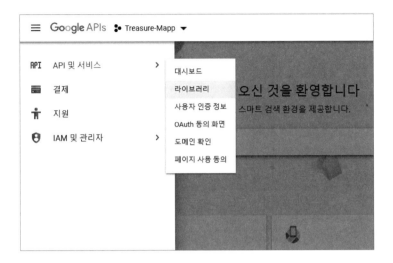

02_ 검색화면에서 Maps SDK for Android를 검색합니다.

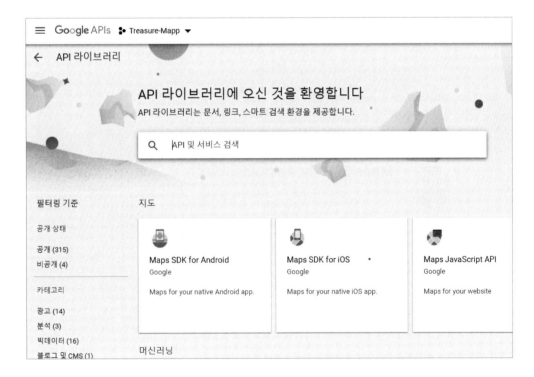

03_ Maps SDK for Android로 진입하여, **사용** 버튼을 눌러 활성화합니다.

04_ 정상적으로 활성화되면, 다음 화면과 같이 **관리** 버튼이 보이게 되며, **API 사용 설정됨**이란 메시지가 표시됩니다.

05_ 마찬가지 방법으로 **Maps SDK for iOS**를 검색하여, 동일하게 활성화를 진행합니다.

이제, Android 또는 iOS 앱에서 Google 지도를 올바르게 설정했으므로 화면에 지도를 표시해 보겠습니다.

Google Maps로 지도 보여주기

iOS 및 Android에 대한 모든 준비가 완료되었으므로, 이제 다음과 같이 앱의 기본 화면에 GoogleMap 위젯을 추가할 수 있습니다.

01_ 평소와 같이 패키지를 사용하기 위해, 우리는 파일 맨 위에 import를 할 수 있습니다. 그래서 다음과 같이 main.dart 파일에 필요한 Google Maps 종속성을 포함해 보겠습니다.

```
import 'package:flutter/material.dart';
import 'package:google_maps_flutter/google_maps_flutter.dart';
```

✖ NOTE

main.dart에 대한 전체 코드는 https://github.com/binsoopark/FlutterProjectExamples/blob/main/ch_08/treasure_mapp/lib/main.dart에서 찾을 수 있습니다.

02_ 그런 다음, 기본 앱에서 이미 있는 Stateful 위젯을 제거하고, 다음과 같이 MainMap이라는 새 Stateful 위젯을 만듭니다.

```
class MainMap extends StatefulWidget {
  @override
  _MainMapState createState() => _MainMapState();
}

class _MainMapState extends State<MainMap> {
  @override
  Widget build(BuildContext context) {
    return Container();
  }
}
```

03_ _MainMapState 클래스에서 제목이 'The Treasure Mapp'(저는 이 요상한 이름이 자랑스 럽습니다)인 Scaffold를 반환하고, body에는 child로 GoogleMap 위젯이 될 컨테이너가 포함됩 니다.

GoogleMap은 화면에 지도를 표시하는 개체입니다. 우리 앱에서는 사용 가능한 모든 공간을 차 지합니다. 이것은 다음 코드 블록에 나타내고 있습니다.

```
@override
Widget build(BuildContext context) {
  return Scaffold(
    appBar: AppBar(
      title: Text('The Treasure Mapp'),
    ),
    body: Container(
      child: GoogleMap(),
    ),
  );
}
```

GoogleMap 위젯에는 initialCameraPosition 매개변수가 필요합니다. 이것은 사용자에게 처음 보여줄 때의 지도 중심이 됩니다. Google은 지리적 좌표(위도와 경도)를 사용하여, 지도를 배치 하거나 그 위에 마커를 배치합니다.

수학자, 천문학자, 지리학자인 Claudius Ptolemy가 서기 150년에 지리학적인 세계지도를 기록했기 때문에, 위도/경도 시스템은 몇 가지 작은 변경사항과 함께 사용되었습니다. 두 숫자가 여러분이 지구상 어디에 있든 여러분의 위치를 정확히 알려주는 방법은 흥미로운 부분입니다.

최근까지 선원들이 이 시스템의 주요 사용자였지만, 이제는 GPS를 사용할 수 있고, 지도에 쉽게 액세스할 수 있으므로, 이 시스템이 어떻게 작동하는지 이해하는 것이 중요합니다. 이에 대해 자세히 알아보려면 https://gisgeography.com/latitude-longitude-coordinates/를 참고하세요.

04_ CameraPosition에는 실제 위치를 표현하기 위해 LatLng를 사용하는 target이 필요합니다. 선택적으로 확대/축소 레벨을 지정할 수도 있습니다. 줌 레벨은 12로 시작하겠습니다. _MainMapState 클래스의 맨 위에 다음 코드를 작성해 보겠습니다.

```
final CameraPosition position = CameraPosition(
  //본인의 실행 장소에 따라 아래의 좌표는 조정하면 됩니다
  target: LatLng(37.2381676, 127.0708563),
  zoom: 12,
);
```

05_ 그런 다음 GoogleMap 생성자에서 다음과 같이 initialCameraPosition을 지정할 수 있습니다.

```
body: Container(
  child: GoogleMap(
    initialCameraPosition: position,
  ),
),
```

06_ MyApp 클래스의 build에서 home 프로퍼티에 MainMap()을 설정한 뒤, 앱을 실행해 보면, 다음 스크린샷과 유사하게 지도가 표시됩니다.

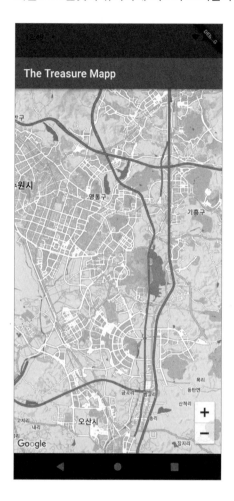

이것은 지금까지 모든 것이 작동하고 있음을 의미합니다. 다음 단계는 지도에 마커를 추가하여 위치를 강조하는 것입니다.[1]

위치 정보를 사용하여 현재 위치 찾기

플랫폼 별 위치 서비스에 대한 액세스를 제공하는 Geolocator 플러터 플러그인이 있습니다. 다음과 같이 시작하겠습니다.

---

1 역자 주: 앱이 java.lang.AbstractMethodError: abstract method "void io.flutter.plugin.platform.PlatformView. onFlutterViewAttached(android.view.View)" 에러와 함께 강제종료된다면, android/gradle.properties 파일에 android.enable DexingArtifactTransform=false 옵션을 추가해보는 것을 권합니다.

01_ 다음과 같이 pubspec.yaml 파일에 종속성을 추가해야 합니다.

```
geolocator: ^6.1.14
```

02_ 그런 다음, main.dart 파일에서 다음과 같이 Geolocator 라이브러리를 import합니다.

```
import 'package:geolocator/geolocator.dart';
```

03_ 사용자의 현재 위치를 찾기 위해 기기의 GPS를 사용하여 현재 위치에 대한 위도와 경도를 찾고, 이를 호출자에게 반환해주는 _getCurrentLocation이라는 새 메서드를 만듭니다.

```
Future _getCurrentLocation() async {}
```

Geolocator 메서드는 모두 비동기이므로, 이 메서드도 비동기입니다.

04_ 모든 장치에서 위치 정보 서비스를 사용할 수 있는 것은 아니므로 _getCurrentLocation 메서드 내에서 다음 코드를 실행하여 현재 위치를 찾기 전에, 기능을 사용할 수 있는지에 대한 여부를 확인할 수 있습니다.

```
bool isGeolocationAvailable = await Geolocator.isLocationServiceEnabled();
```

05_ 그런 다음, 서비스를 사용할 수 있으면, 현재 위치를 가져오기 위해 시도할 것입니다. 그렇지 않으면, 다음과 같이 이전에 설정된 고정 위치를 반환합니다.

```
Position _position = Position(latitude: this.position.target.latitude,
  longitude: this.position.target.longitude);
if (isGeolocationAvailable) {
  try {
    _position = await Geolocator.getCurrentPosition(
    desiredAccuracy: LocationAccuracy.best);
  }
  catch (error) {
    return _position;
  }
}
return _position;
```

TIP

Geolocator.getCurrentPosition( ) 메서드는 Position 객체를 반환합니다. 여기에는 위도와 경도뿐 아니라, 앱에는 필요하지 않지만 다른 앱에서는 유용하게 사용될 수 있는 다른 데이터(예: 고도, 속도, 방향 등)도 포함될 수 있습니다.

이제 사용자의 현재 위치를 얻었으므로 지도의 해당 위치에 마커를 배치하는 방법을 살펴보겠습니다.

지도에 마커 추가하기

마커는 지도에서 위치를 식별합니다. 마커를 사용하여 사용자의 현재 위치를 표시하고, 저장된 장소의 마커도 지도에 추가합니다. 단계를 살펴보겠습니다.

01_ 다음과 같이 _MainMapState 클래스의 맨 위에 마커 List를 만듭니다.

```
List<Marker> markers = [];
```

02_ 그런 다음 마커 목록에 마커를 추가하는 일반 메서드를 만듭니다. Position, Marker 식별자가 포함된 String, title에 대한 또 다른 String을 사용합니다.

Marker 자체에 대한 정보를 사용자에게 표시하는 방법은 infoWindow 매개변수입니다. 특히 사용자가 Marker 자체를 탭할 때마다 표시되는 텍스트가 포함된 title을 사용합니다.

03_ Marker는 기본 이미지를 사용하지만, Marker에 대한 사용자 정의 이미지를 사용할 수도 있습니다. 이 앱의 기본 아이콘을 사용할 것이지만, 현재 위치 마커의 색상은 변경하겠습니다. 마커의 기본 색은 빨간색(red)입니다. 우리의 앱에서 MarkerId가 currpos라면 사용자가 자신의 위치를 식별하는 데 도움이 되는 하늘색(azure)을 선택합니다. 다른 마커의 경우 주황색(orange)을 선택합니다.

04_ 마커가 추가되면 setState 메서드를 호출하여 화면을 업데이트하겠습니다. 여기에 앞에서 설명한 단계에 대한 코드가 있습니다. 다음과 같이 _MainMapState 클래스의 맨 아래에 추가해 줍니다.

```
void addMarker(Position pos, String markerId, String markerTitle )
{
  final marker = Marker(
    markerId: MarkerId(markerId),
```

```
    position: LatLng(pos.latitude, pos.longitude),
    infoWindow: InfoWindow(title: markerTitle),
    icon: (markerId=='currpos') ?
    BitmapDescriptor.defaultMarkerWithHue(BitmapDescriptor.hueAzure)
    :BitmapDescriptor.defaultMarkerWithHue(BitmapDescriptor.hueOrange)
  );
  markers.add(marker);
  setState(() {
    markers = markers;
  });
}
```

05_ 이제 현재 위치를 찾은 후 이 메서드를 호출해야 합니다. 따라서 initState 메서드를 재정의하고 그 안에서 _getCurrentLocation() 메서드를 호출합니다. 결과가 검색된 후 addMarker 메서드를 호출하여 실제로 지도에 마커를 표시합니다. 오류가 발생하면 디버그 콘솔에 오류를 인쇄하겠습니다. 이것들은 모두 다음 코드에 있는 대로 실행하면 됩니다.

```
@override
void initState() {
  _getCurrentLocation().then((pos) {
    addMarker(pos, 'currpos', 'You are here!');
  }).catchError((err) => print(err.toString()));
  super.initState();
}
```

06_ 이 부분의 마지막 상세항목은 지도에 마커를 추가하는 것입니다. build() 메서드에서 GoogleMap 생성자를 호출할 때 다음의 코드 블록처럼 마커를 추가합니다.

```
child: GoogleMap(
  initialCameraPosition: position, markers: Set<Marker>.of(markers),
```

지금 앱을 실행해 보면, 다음 스크린샷과 같이 현재 위치가 표시됩니다.

이제 사용자에게 좋아하는 장소를 저장하고, 지도에 표시할 수 있는 권한을 부여합시다!

만약 여러분이 에뮬레이터로 실행한다면, 현재 위치가 정확하게 나오지 않을 수 있으므로, 에뮬레이터의 좌측 하단의 '…'을 눌러 설정을 열어서 Location 메뉴에서 주소를 찾은 뒤, 우측 하단의 'SET LOCATION'을 눌러 다음과 같이 위치를 지정해주어야 합니다.

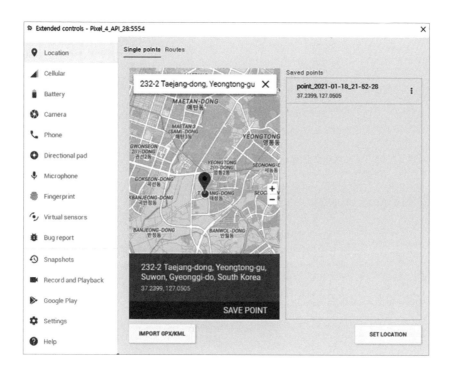

장소 모델과 헬퍼 클래스 만들기

사용자가 좋아하는 장소를 저장하기 위해 SQLite 데이터베이스를 사용합니다. 우리가 6장(데이터 저장 – Sq(F)Lite를 사용하여 로컬 데이터베이스에 데이터를 저장하기)에서 했던 프로젝트처럼 모델을 사용하여 데이터베이스에 장소(Place)를 삽입할 것입니다. 이제 다음과 같이 시작하겠습니다.

01_ 프로젝트에 place.dart라는 새 파일을 만듭니다. 파일 내에서 5개의 프로퍼티를 포함하는 Place라는 클래스를 만듭니다.

- id: Integer
- name: String
- latitude, longitude: Double
- image: 나중에 이미지를 포함할 String

Place에 있는 프로퍼티는 아래와 같습니다.

```
class Place {
  int id;
```

```
  String name;
  double lat;
  double lon;
  String image;
}
```

02_ 다음으로, 아래와 같이 모든 프로퍼티를 설정하는 생성자를 만듭니다.

```
Place(this.id, this.name, this.lat, this.lon, this.image);
```

03_ 마지막으로 String, dynamic 타입의 Map을 반환하는 toMap() 메서드를 만듭니다. 여러분이 기억하는 것처럼 Map은 Key-Value 쌍의 모음입니다. 키는 String이고, 테이블에 다른 타입들을 가지고 있으므로, 값은 dynamic입니다. 코드는 다음 블록에 나와 있습니다.

```
Map<String, dynamic> toMap() {
  return {
    'id': (id == 0) ? null : id,
    'name': name,
    'lat': lat,
    'lon': lon,
    'image': image
  };
}
```

04_ 이제 Place 클래스를 완성하였으므로, 데이터베이스와 상호작용할 헬퍼 클래스도 만들어 보겠습니다. dbhelper.dart라고 부르겠습니다. 이 파일에는 데이터베이스를 만들고, 데이터를 검색하고, 데이터를 기록하는 메서드가 포함됩니다.

sqflite 패키지를 사용할 것이므로, 다음과 같이 pubspec.yaml 파일에 종속성을 추가해야 합니다.

```
dependencies:
  [ ... ]
  sqflite: ^1.3.2+2
  path: ^1.7.0
```

최신 버전의 종속성을 찾으려면 다음 사이트(https://pub.dev/packages/sqflite)를 방문하면 됩니다. 또한 iOS 및 Android에서 동일한 코드로 데이터베이스에 액세스 할 수 있도록 path 패키지(https://pub.dev/packages/path)를 사용할 것입니다.

05_ dbhelper.dart 파일에서 다음과 같이 sqflite.dart 및 path.dart를 import합니다.

```
import 'package:path/path.dart';
import 'package:sqflite/sqflite.dart';
```

06_ 다음으로 DbHelper 클래스를 만듭니다.

```
class DbHelper {}
```

07_ 클래스 내에서 두 개의 변수를 생성합니다. 하나는 데이터베이스 버전의 Integer이며, 1부터 시작합니다. 그런 다음 데이터베이스 자체를 할당받을 변수 db를 생성해 줍니다.

```
final int version = 1;
Database db;
```

08_ 다음으로, 우리는 openDb() 메서드를 생성할 것입니다. 이 메서드는 데이터베이스가 존재한다면 open하고, 그렇지 않으면 생성할 것입니다. 모든 데이터베이스 작업은 비동기이므로 openDb() 함수는 비동기이며, 다음 코드 조각처럼 Future 타입의 Database를 반환합니다.

```
Future<Database> openDb() async {    }
```

09_ 함수 내에서 먼저 다음 코드를 실행하여 db 객체가 null인지 확인합니다.

```
if (db == null) {}
```

db가 null이면 데이터베이스를 open해야 합니다. Sqflite opendatabase() 메서드를 호출하여 데이터베이스의 경로와 버전을 전달하고, 지정된 경로의 데이터베이스를 찾을 수 없는 경우 호출될 onCreate 매개변수를 전달합니다. 이 데이터베이스를 mapp.db라고 부를 것이고, 이 데이터베이스에는 Place 클래스와 동일한 스키마를 가진 단일 테이블만 포함하겠습니다.

10_ 데이터베이스를 open하거나 생성한 후, 다음과 같이 호출자에게 반환합니다.

```
Future<Database> openDb() async {
  if (db == null) {
    db = await openDatabase(join(await getDatabasesPath(), 'mapp.db'),
        onCreate: (database, version) {
      database.execute(
          'CREATE TABLE places(id INTEGER PRIMARY KEY, name TEXT, ' +
              'lat DOUBLE, lon DOUBLE, image TEXT)');
    }, version: version);
  }
  return db;
}
```

11_ 앱 전체에서 DbHelper 클래스의 여러 인스턴스를 가질 필요가 없으므로, 호출할 때마다 새 인스턴스를 만드는 대신 단일 인스턴스만 반환하는 Factory 생성자를 만듭니다. 다음과 같습니다.

```
static final DbHelper _dbHelper = DbHelper._internal();
DbHelper._internal();

factory DbHelper() {
  return _dbHelper;
}
```

이제 지도에서 마커를 보고 모든 것이 올바르게 작동하는지 테스트할 수 있도록 가짜 데이터를 삽입해 보겠습니다.

12_ 우리는 데이터베이스에 기본 데이터를 삽입하는 것을 목적으로 하는 insertMockData()라는 새 메서드를 만들 것입니다. places 테이블에 세 개의 레코드를 삽입하겠습니다(좌표를 지금 여러분의 현재 위치에 더 가깝게 변경해도 됩니다). 평소처럼 이 메서드는 비동기입니다. 다음 코드 블록을 확인합니다.

```
Future insertMockData() async {
  db = await openDb();
  await db.execute('INSERT INTO places VALUES (1, ' +
      '"아름다운 공원", 37.28315849652304, 127.06577954236695, "")');
  await db.execute('INSERT INTO places VALUES (2, ' +
```

```
       '"세계 최고의 피자", 37.25310263918093, 127.07969512922185, "")');
   await db.execute('INSERT INTO places VALUES (3, ' +
       '"지구 최상의 아이스크림", 37.23890638513927, 127.05551418054587, "")');
   List places = await db.rawQuery('select * from places');
   print(places[0].toString());
}
```

13_ DbHelper 클래스의 맨 위에서 다음과 같이 쿼리 결과를 포함할 Place 객체의 List를 선언합니다. 정상적인 실행을 위해서는 place.dart를 import해야 합니다.

```
List<Place> places = [];
```

14_ 그런 다음 places 테이블에서 모든 레코드를 검색하는 메서드를 만들어 보겠습니다. 이번에는 query() 헬퍼 메서드를 사용하여 places 테이블에서 모든 레코드를 검색합니다. query() 메서드는 Map의 List를 반환하고 이것을 사용하여 각 Map을 Place로 변환합니다. 다음 코드 블록에 나타낸 대로 getPlaces() 메서드를 호출합니다.

```
Future<List<Place>> getPlaces() async {
  final List<Map<String, dynamic>> maps = await db.query('places');
  this.places = List.generate(maps.length, (i) {
    return Place( maps[i]['id'],
      maps[i]['name'], maps[i]['lat'], maps[i]['lon'],
      maps[i]['image'],
    );
  });
  return places;
}
```

15_ 이제 main.dart 파일에서 dbhelper.dart 및 place.dart 파일을 다음과 같이 import합니다.

```
import 'dbhelper.dart';
import 'place.dart';
```

16_ 그런 다음 _MainMapState 클래스에서 다음과 같이 DbHelper 객체를 선언합니다.

```
DbHelper helper;
```

17_ initState() 메서드에서 다음과 같이 객체 인스턴스를 호출합니다.

```
helper = DbHelper();
```

18_ _MainMapState 클래스에서, 데이터베이스에서 장소를 검색하는 새 메서드를 만들어 보겠습니다. 다음 코드 조각에 표시된 것처럼 _getData() 라고 하겠습니다.

```
Future _getData() async {}
```

메서드 내에서 helper.openDb() 메서드를 호출한 후 insertMockData() 메서드를 호출하여 첫 번째 마커를 앱에 추가한 다음 getPlaces() 메서드로 읽을 수 있습니다. _places List에는 검색된 장소가 포함됩니다.

19_ 다음으로, _places List의 각 Place에 대해서, 다음과 같이 이전에 만든 addMarker() 메서드를 호출합니다.

```
await helper.openDb();
// await helper.testDb();
List <Place> _places = await helper.getPlaces();
for (Place p in _places) {
  addMarker(Position(latitude: p.lat, longitude: p.lon),
  p.id.toString(), p.name);
}
setState(() {
  markers = markers;
});
```

20_ 마지막으로 initState() 메서드의 끝에서, super.initState()의 바로 위에, 다음과 같이 insertMockData() **(앱이 처음 실행될 때만)** 및 _getData()를 호출합니다.

```
helper.insertMockData();
_getData();
```

앱이 두 번째 실행될 때부터 helper.insertMockData() 호출을 주석 처리합니다.

이제 현재 위치와 저장한 모든 위치를 검색할 수 있으므로 앱을 실행해 보겠습니다. 다음 스크린샷과 유사한 화면이 보여야 합니다(현재 위치를 나타내는 파란 마커 한 개와 저장된 위치를 나타내는 붉은 마커 세 개가 보여야 합니다).

지도의 마커를 탭하면 제목도 볼 수 있습니다. 요약하면, 앱은 이제 모든 데이터를 사용자에게 보여줍니다. 앱에 처음 들어가면, 즉시 현재 위치와 저장된 장소를 지도에서 볼 수 있습니다.

아직 사용자는 저장된 장소와 관련된 데이터를 삽입, 편집 또는 삭제할 수 없습니다. 다음으로 이 기능들을 다루겠습니다.

지도에 새로운 장소 삽입하기

이제 사용자가 새로운 데이터를 삽입하고, 데이터베이스의 기존 레코드를 편집하거나 삭제할 수 있도록 해야 합니다.

첫 번째 단계는 places 테이블에 새 레코드를 추가하는 비동기 메서드를 만드는 것입니다.

이것은 Place의 인스턴스를 취하고, insert( ) 데이터베이스 헬퍼 메서드를 호출하여 새로운 장소를 추가합니다. dbhelper.dart 파일의 DbHelper 클래스에 다음 코드를 추가합니다.

```
Future<int> insertPlace(Place place) async {
  int id = await this.db.insert(
      'places',
      place.toMap(),
      conflictAlgorithm: ConflictAlgorithm.replace,
    );
  return id;
}
```

삽입 및 편집 기능에는 사용자가 입력하는 텍스트를 포함할 수 있는 약간의 사용자 인터페이스 (UI)가 필요합니다. 기능 추가 및 편집을 위해 다른 대화상자를 사용하고 다음과 같이 진행합니다.

01_ 앱의 lib 폴더에 place_dialog.dart라는 새 파일을 만듭니다. 여기에는 좌표를 포함하여 Place를 삽입하거나 편집할 수 있는 대화상자 창을 사용자에게 표시하려고 합니다. 이 대화 상자는 기본 화면에서 사용자가 새 장소를 추가하려고 할 때 호출됩니다.

02_ 새 파일의 맨 위에서 다음과 같이 필요한 종속성인 material.dart, dbhelper.dart, places. dart 파일을 import합니다.

```
import 'package:flutter/material.dart';
import './dbhelper.dart';
import './place.dart';
```

03_ 그런 다음, 다음과 같이 대화 상자의 UI를 포함할 클래스를 만듭니다.

```
class PlaceDialog{}
```

04_ 이 클래스의 경우 사용자에게 몇 가지 텍스트 상자를 보여주려고 합니다. 따라서 PlaceDialog 클래스의 맨 위에 다음과 같이 먼저 Place의 이름과 좌표를 포함할 세 개의 TextEditingController를 만들어 줍니다.

```
final txtName = TextEditingController();
final txtLat = TextEditingController();
final txtLon = TextEditingController();
```

05_ 다음으로는 이 클래스에 대해 두 개의 다른 필드를 만들어 줍니다. 새 장소인지 여부를 알려주는 bool 변수와 Place 객체입니다.

```
final bool isNew;
final Place place;
```

06_ PlaceDialog가 호출되면, 항상 Place와 Place가 새로운 것인지 여부를 알려주는 bool을 받기를 원하므로, 다음과 같이 두 매개변수를 모두 사용하는 생성자를 만듭니다.

```
PlaceDialog(this.place, this.isNew);
```

07_ 그런 다음 플러터에서 대화 창을 표시하는 데 필요한 buildDialog()라는 메서드를 만듭니다. buildDialog()는 현재의 BuildContext를 사용하며, 다음과 같이 일반 위젯을 반환합니다.

```
Widget buildDialog(BuildContext context) {}
```

08_ buildDialog() 메서드 내에서 먼저 DbHelper 클래스를 호출합니다. 여기에서는 openDb() 메서드를 호출할 필요가 없습니다. 이 창에서 이미 호출되었다는 것을 알고 있으며, 다음 코드 조각과 같이 클래스의 기존 인스턴스를 수신하고 있습니다.

```
DbHelper helper = DbHelper();
```

09_ 그런 다음 TextEditingController 위젯의 텍스트를 다음과 같이 전달된 Place의 값으로 설정합니다.

```
txtName.text = place.name;
txtLat.text = place.lat.toString();
txtLon.text = place.lon.toString();
```

10_ 마지막으로 다음과 같이 사용자에게 표시되는 UI가 포함된 AlertDialog를 반환할 수 있습니다.

```
return AlertDialog();
```

11_ AlertDialog의 title은 다음 코드 조각에서 나타내고 있는 대로 단순히 'Place'를 표현하는 Text 위젯입니다.

```
title: Text('Place'),
```

12_ 콘텐츠의 경우, 다음과 같이 위젯이 화면에 맞지 않는 경우 스크롤을 사용할 수 있도록 모든 위젯을 SIngleChildScrollView에 배치합니다.

```
content: SingleChildScrollView()
```

13_ SingleChildScrollView 내부에 다음과 같이 이 대화상자의 위젯이 세로로 배치되기를 원하므로 Column을 배치합니다.

```
child: Column(children: <Widget>[]),
```

14_ Column 내부의 첫 번째 element는 세 개의 TextField 위젯입니다. 첫 번째는 이름, 두 번째는 위도, 세 번째는 경도입니다. 관련 컨트롤러를 설정한 후 모든 TextField에 대해 다음과 같이 UI 사용을 안내하는 InputDecoration 객체의 hintText를 설정합니다.

```
TextField(
  controller: txtName,
  decoration: InputDecoration(
    hintText: 'Name'
  ),
),
TextField(
  controller: txtLat,
  decoration: InputDecoration(
    hintText: 'Latitude'
  ),
),
```

```
TextField(
  controller: txtLon,
  decoration: InputDecoration(
    hintText: 'Longitude'
  ),
),
```

15_ 나중에 여기에 이미지를 추가하겠지만, 지금은 RaisedButton을 Column의 마지막 위젯으로 배치하려고 합니다. 누르면 모든 변경사항이 저장됩니다. 버튼의 child는 'OK' 문자열이 있는 Text입니다. onPressed 프로퍼티에서 텍스트필드로부터 오는 새 데이터로 Place 객체를 업데이트한 다음, 헬퍼 객체에서 insertPlace()를 호출하여 텍스트필드에 데이터가 포함된 Place를 전달합니다.

16_ 마지막으로 다음과 같이 Navigator의 pop() 메서드를 호출하여, 대화 상자를 닫고, 현재 지도화면으로 돌아가겠습니다.

```
RaisedButton(
  child: Text('OK'),
  onPressed: () {
    place.name = txtName.text;
    place.lat = double.tryParse(txtLat.text);
    place.lon = double.tryParse(txtLon.text);
    helper.insertPlace(place);
    Navigator.pop(context);
  },
)
```

다음 단계는 지도에서 대화상자를 호출하는 것입니다. 지도에서 새 장소를 추가하는 것이 화면의 주요 작업이므로 _MainMapState 클래스의 Scaffold에 FloatingActionButton 위젯을 추가할 수 있습니다.

main.dart 파일로 돌아가서 _MainMapState의 build() 메서드에서 Scaffold를 호출할 때 FloatingActionButton 위젯을 표현할 floatingActionButton 매개변수를 추가해 보겠습니다. 우리의 목적에 딱 맞는 add_location이라는 아이콘이 있는데, 이것을 child로 사용하겠습니다.

사용자가 FloatingActionButton을 누르면 먼저 이전에 찾은 현재 위치가 포함된 String currpos가 markerId에 포함되어 있는 마커를 찾을 수 있습니다. 이 마커를 찾을 수 없을 경우 위도 및 경도가 0으로 된 LatLng 객체를 만듭니다.

현재 위치가 포함된 Marker가 발견되면 LatLng 객체의 좌표를 가져오고, 현재 위치로 Place 객체를 만듭니다.

다음으로 새 Place이므로 place와 true 값을 전달하여 PlaceDialog 인스턴스를 생성합니다. 마지막으로 코드 블록과 같이 현재 컨텍스트를 전달하는 showDialog() 메서드를 호출합니다.

다음의 진행을 위해서는 place_dialog.dart 파일을 import해야 합니다.

```
floatingActionButton: FloatingActionButton(
  child: Icon(Icons.add_location),
  onPressed: () {
    int here = markers.indexWhere((p)=> p.markerId == MarkerId('currpos'));
    Place place;
    if (here == -1) {
      //the current position is not available
      place = Place(0, '', 0, 0, '');
    }
    else {
      LatLng pos = markers[here].position;
      place = Place(0, '', pos.latitude, pos.longitude, '');
    }
    PlaceDialog dialog = PlaceDialog(place, true);
    showDialog(
      context: context,
      builder: (context) =>
        dialog.buildDialog(context)
    );
  },
)
```

지금 앱을 실행해 보면, 새 FloatingActionButton이 표시되고, 이 버튼을 누르면 다음의 스크린샷과 같이 현재 좌표가 있는 대화 상자가 표시됩니다.

그리고 이름을 입력하고 OK 버튼을 누르면 새로운 장소가 데이터베이스에 저장됩니다. 이제 목록에 새 장소를 추가할 수 있으므로 데이터베이스에서 저장된 항목을 편집하고 삭제할 방법도 필요합니다. 다음으로 진행하겠습니다!

기존 장소 수정하고 삭제하기

데이터베이스에서 항목을 편집하고 삭제하는 기능을 추가하는 가장 쉬운 방법은 저장된 모든 항목이 들어있는 ListView 위젯으로 새 화면을 만드는 것입니다. 이를 구현하기 위해 다음과 같이 앱에 새 화면을 만듭니다.

01_ lib 폴더에서 manage_places.dart라는 새 파일을 만듭니다.

02_ material.dart 라이브러리를 import한 후, place_dialog.dart 파일과 dbhelper.dart도 import합니다.

```dart
import 'package:flutter/material.dart';
import 'place_dialog.dart';
import 'dbhelper.dart';
```

03_ 이 파일 내에서 ManagePlaces라는 새로운 Stateless 위젯을 생성합니다. 여기에는 AppBar title이 'Manage Places'인 Scaffold가 포함되고, 다음과 같이 생성할 PlacesList라는 새 위젯을 body에서 호출합니다.

```dart
class ManagePlaces extends StatelessWidget {
  @override
  Widget build(BuildContext context) {
    return Scaffold(
      appBar: AppBar(
        title: Text('Manage Places'),
      ),
      body: PlacesList(),
    );
  }
}
```

04_ 이제 PlacesList 클래스를 만들어야 합니다. 이것은 Stateful 위젯이 될 것입니다. 다음 코드 블록에서 보이는 것처럼, 클래스의 맨 위에서 DbHelper의 인스턴스를 호출하여 데이터베이스와 상호작용하는 메서드를 포함하는 helper를 호출하고 build() 메서드에서 ListView.builder() 생성자를 반환합니다.

```dart
class PlacesList extends StatefulWidget {
  @override
  _PlacesListState createState() => _PlacesListState();
}

class _PlacesListState extends State<PlacesList> {
  DbHelper helper = DbHelper();
  @override
```

```
  Widget build(BuildContext context) {
    return ListView.builder();
  }
}
```

itemCount 매개변수에는 helper 객체의 placesList의 length가 할당됩니다. itemBuilder의 경우 사용자가 제스처를 통해 항목을 쉽게 삭제할 수 있도록 Dismissible을 반환합니다. 기억하시겠지만 Dismissible에는 키가 필요합니다. 이 경우 현재 위치의 장소 목록에 있는 항목의 이름이 키가 됩니다.

05_ dbhelper.dart 파일의 dbHelper 클래스에 places 테이블의 레코드를 삭제할 메서드를 추가해 보겠습니다. 다음 코드 블록에 보이는 것처럼 데이터베이스의 delete() 헬퍼 메서드를 사용하여 Place를 제거합니다.

```
Future<int> deletePlace(Place place) async {
  int result =
      await db.delete("places", where: "id = ?", whereArgs: [place.id]);
  return result;
}
```

다시 _PlacesListState 클래스로 돌아와서 onDismissed 함수의 경우, 헬퍼 객체의 deletePlace() 메서드를 호출하여 현재 위치의 장소를 전달하도록 만들 수 있습니다. 그런 다음 setState() 메서드를 호출하여 UI를 업데이트하고 SnackBar를 사용하여 다음 코드 블록에 보여주고 있는 대로 사용자에게 장소가 제거되었음을 알리는 메시지를 표시합니다.

```
@override
Widget build(BuildContext context) {
  return ListView.builder(
    itemCount: helper.places.length,
    itemBuilder: (BuildContext context, int index) {
      return Dismissible(
        key: Key(helper.places[index].name),
        onDismissed: (direction) {
          String strName = helper.places[index].name;
          helper.deletePlace(helper.places[index]);
          setState(() {
            helper.places.removeAt(index);
```

```
      });
      ScaffoldMessenger.of(context)
        .showSnackBar(SnackBar(content: Text("$strName deleted")));
    },
  );
  },
);
}
```

06_ title이 Dismissible의 child인 경우 현재 위치의 Place 이름인 ListTile을 사용할 수 있습니다. trailing 매개변수의 경우 아이콘이 edit 아이콘인 IconButton을 사용합니다.

사용자가 IconButton을 누르면 PlaceDialog의 인스턴스를 호출하여 사용자가 기존 Place를 편집할 수 있도록 합니다. PlaceDialog의 인스턴스를 만들 때 두 번째 매개변수로 false를 전달합니다. 이는 새로운 Place가 아니라 기존의 것이기 때문입니다. 이는 다음 코드 블록에서 나타내고 있습니다.

```
child:ListTile(
  title: Text(helper.places[index].name),
  trailing: IconButton(
    icon: Icon(Icons.edit),
    onPressed: () {
      PlaceDialog dialog = PlaceDialog(helper.places[index], false);
      showDialog(
        context: context,
        builder: (context) =>
        dialog.buildDialog(context)
      );
    },
  ),
),
```

07_ 이제 앱의 메인 화면에서 이 화면을 호출하는 방법이 필요합니다. main.dart 파일에 있는 _MainMapState 클래스의 build() 메서드에서 actions 매개변수를 Scaffold에 추가할 수 있습니다. 여기에서 목록 아이콘과 함께 IconButton을 추가할 수 있습니다. 이 아이콘을 누르면 ManagePlaces의 인스턴스를 빌드하고 Navigator.push() 메서드를 호출하는 MaterialPageRoute를 생성하여 화면을 변경하고, 다음과 같이 지도를 표시하는 대신 저장된 장소로 ListView를 표시할 수 있습니다. 다음의 내용을 추가하기 위해서는 main.dart에 manage_ places.dart를 import해야 합니다.

```
return Scaffold(
  appBar: AppBar(title: Text('The Treasure Mapp'),
  actions: <Widget>[
    IconButton(
      icon: Icon(Icons.list),
      onPressed: () {
        MaterialPageRoute route =
        MaterialPageRoute(builder: (context)=> ManagePlaces());
        Navigator.push(context, route);
      },
    ),
  ],
),
```

08_ 앱을 실행해 봅시다. IconButton 목록을 클릭하면, 다음 스크린샷과 같이 저장된 장소의 목록이 표시됩니다.

목록에서 장소를 스와이프하면 장소가 삭제되고 SnackBar 확인 메시지가 표시됩니다. 편집 IconButton을 누르면 선택한 장소의 이름과 좌표가 있는 대화 상자가 표시되며, 장소 데이터를 변경할 수 있습니다.

이제 앱에서 소개해야 할 마지막 기능이 있습니다. 사진을 촬영하고, 장소에 추가하는 기능입니다. 다음 섹션에서 진행해 보겠습니다.

8-4 기기의 카메라 사용하기

카메라 기능을 사용할 수 있다는 것은 모든 모바일 프레임워크에서 중요한 부분이며, 플러터는 이를 위해 카메라 플러그인을 제공합니다. **카메라 플러그인을 사용하면 기기에서 사용가능한 카메라 목록을 가져오고, Preview를 표시하고, 사진과 동영상을 찍을 수 있습니다.**

카메라를 사용하기 위한 첫 번째 단계는 앱을 설정하는 것입니다. 이를 위해 다음과 같이 진행합니다.

01_ pubspec.yaml 파일에서 종속성을 추가해 보겠습니다. 물론 다음 코드 블록에 표시된 대로 앱에서 찍은 사진을 저장하고 검색하려면 camera, path(이 프로젝트의 시작 부분에서 이미 추가됨), path_provider가 필요합니다.

```
camera: ^0.6.4+5
path_provider: ^1.6.27
```

Android의 경우 다음과 같이 android/app/build.gradle 파일에서 minSdkVersion을 21(또는 그 이상)로 변경해야 합니다.

```
minSdkVersion 21
```

iOS를 사용하는 경우 다음과 같이 ios/Runner/Info.plist 파일에 두 개의 행을 추가해야 합니다.

```
<key>NSCameraUsageDescription</key>
<string>Enable TreasureMapp to access your camera to capture your photo</string>
<key>NSMicrophoneUsageDescription</key>
<string>Enable TreasureMapp to access mic to record your voice</string>
```

이제 앱이 구성되었으므로 실제로 카메라를 사용하는 코드를 작성할 수 있습니다. 사용자가 PlaceDialog 화면에서 IconButton을 클릭하면 사진을 찍을 수 있게 할 것입니다. 사진을 올바른 위치에 저장하려면 항상 장소 Id를 전달해야 합니다.

02_ 앱에서 camera_screen.dart라는 새 파일을 만듭니다. 여기에는 새 사진을 찍을 수 있는 UI가 포함됩니다. 파일의 맨 위에서 다음과 같이 필요한 모든 라이브러리를 import하겠습니다.

```
import 'package:flutter/material.dart';
import 'package:camera/camera.dart';
import 'package:path/path.dart';
import 'package:path_provider/path_provider.dart';
import 'place.dart';
```

03_ 다음으로, 아래와 같이 CameraScreen이라는 Stateful 위젯을 만듭니다.

```
class CameraScreen extends StatefulWidget {
  @override
  _CameraScreenState createState() => _CameraScreenState();
}

class _CameraScreenState extends State<CameraScreen> {
  @override
  Widget build(BuildContext context) {
    return Container();
  }
}
```

04_ _CameraScreenState 클래스의 맨 위에 몇 개의 필드를 선언합니다. place라는 이름의 Place와 _controller라는 이름의 CameraController입니다. **CameraController는 기기의 카메라에 연결을 설정하고, 이를 통해 실제로 사진을 찍을 수 있습니다.**

```
final Place place;
CameraController _controller;

_CameraScreenState(this.place);
```

05_ CameraScreen도 수정하여, 다음과 같이 호출자로부터 Place를 받을 수 있도록 합니다.

```
class CameraScreen extends StatefulWidget {
  final Place place;
  CameraScreen(this.place);
  @override
  _CameraScreenState createState() => _CameraScreenState(this.place);
}
```

TIP

대부분의 장치에는 전면과 후면에 각각 하나씩 두 개의 카메라가 있지만, 사용자의 기기에 따라 외부 카메라를 연결하거나 카메라가 하나만 있을 수도 있고 두 개 이상이 있을 수도 있습니다. 이 프로젝트에서는 첫 번째 카메라만 사용하지만, 한 카메라에서 다른 카메라로 전환하는 것은 매우 쉽습니다. 카메라 전환에 대해 자세히 알아보려면 다음 링크를 참고하세요.

• https://pub.dev/packages/camera

06_ 계속해서 _CameraScreenState 클래스의 맨 위에 추가로 몇 가지 다른 변수(사용가능한 카메라 목록, 선택한 카메라, 미리보기용 일반 위젯, 이미지)를 선언합니다. 카메라가 포함된 위젯은 다음 코드 조각에 표시된 것처럼 CameraDescription입니다.

```
List<CameraDescription> cameras;
CameraDescription camera;
Widget cameraPreview;
Image image;
```

_CameraScreenState 클래스에서 생성할 첫 번째 메서드는 기기에 카메라를 설정하는 메서드입니다.

사용 가능한 모든 카메라를 반환하는 메서드는 예상대로 availableCameras()라고 하며 List<CameraDescription> 타입의 Future를 반환합니다. 따라서 setCamera() 메서드도 비동기이며, 카메라를 기기 뒷면의 카메라를(일반적으로 기본 카메라) 첫 번째 카메라로 설정합니다.

07_ 카메라가 없는 경우 오류가 발생하지 않도록, 다음과 같이 List가 비어있는지도 확인합니다.

```
Future setCamera() async {
  cameras = await availableCameras();
  if (cameras.length != 0) {
    camera = cameras.first;
  }
}
```

08_ 다음으로 initState() 메서드를 재정의합니다. 메서드 내에서 setCamera()를 호출하고, 비동기 메서드가 반환되면 새 CameraController를 만들고, 이 컨트롤러에 사용할 특정 카메라를 전달하고, 사용할 해상도를 정의합니다(이 경우에는 ResolutionPreset.medium).

09_ 그런 다음, 아래와 같이 CameraController의 비동기 initialize() 메서드를 호출하고 then() 함수에서 setState() 메서드를 호출하여, cameraPreview 위젯을 컨트롤러의 CameraPreview 위젯으로 설정합니다.

```
@override
void initState() {
  setCamera().then((_) {
    _controller = CameraController(
    // 사용 가능한 카메라 목록에서 특정 카메라를 가져옵니다
      camera,
    // 사용할 해상도를 정의합니다
      ResolutionPreset.medium,
    );
    _controller.initialize().then((snapshot) {
      cameraPreview = Center(child: CameraPreview(_controller));
      setState(() {
        cameraPreview = cameraPreview;
      });
    });
  });
  super.initState();
}
```

✖ **NOTE**

CameraPreview 위젯은 카메라 피드의 미리보기를 보여줍니다.

10_ 다음으로 _CameraScreenState 클래스에 대한 dispose() 메서드를 재정의합니다. 다음과 같이 위젯이 삭제될 때, 컨트롤러가 삭제됩니다.

```
@override
void dispose() {
  _controller.dispose();
  super.dispose();
}
```

이제, 이 화면은 사용자에게 카메라 미리보기를 보여줄 준비가 되었습니다. 다음과 같이 이 기능을 테스트하는 UI를 구현하겠습니다.

01_ build() 메서드에서 Scaffold를 반환합니다. Scaffold의 appBar에서 'Take Picture'가 지정된 Text를 표시합니다. 나중에 appBar를 사용하여 사진도 찍겠지만, 지금은 미리보기만 보여주도록 하겠습니다.

02_ Scaffold의 body에 다음과 같이 initState() 메서드에서 설정한 cameraPreview가 child인 Container를 배치합니다.

```
@override
Widget build(BuildContext context) {
  return Scaffold(
      appBar: AppBar(
        title: Text('Take Picture'),
      ),
      body: Container(
        child: cameraPreview,
      ));
}
```

03_ 카메라가 작동하는지 확인하려면 PlaceDialog 클래스에서 이 화면을 호출해야 합니다. 따라서 place_dialog.dart 파일의 buildDialog() 메서드에서 longitude TextField 아래에 IconButton을 추가해 보겠습니다. 아이콘은 camera_front 아이콘이 되고, 사용자가 IconButton을 누를 때 Place가 새로운 장소인 경우, 먼저 DbHelper 인스턴스를 통해 insertPlace() 메서드를 호출하여 데이터베이스에 삽입합니다.

04_ 그런 다음 CameraScreen 라우트를 호출하는 새로운 MaterialPageRoute를 만듭니다.

place_dialog.dart에서 cameraScreen 라우트를 호출하기 위해서는 camera_screen.dart를 import해야 합니다.

전체 코드는 아래와 같습니다.

```
IconButton(
  icon: Icon(Icons.camera_front),
  onPressed: () {
    if (isNew) {
      helper.insertPlace(place).then((data){
      place.id = data;
      MaterialPageRoute route = MaterialPageRoute(builder: (context)=>
      CameraScreen(place));
      Navigator.push(context, route);
      });
    }
    else {
      MaterialPageRoute route = MaterialPageRoute(builder: (context)=>
      CameraScreen(place));
      Navigator.push(context, route);
    }
  }
),
```

카메라 미리보기를 시도하려면, PlaceList 화면에서 아무 장소나 탭하세요. 대화상자에서 카메라 IconButton을 볼 수 있습니다. 이를 클릭하면 카메라 미리보기가 표시됩니다. 다음 스크린샷에는 지금 바로 볼 수 있는 것과 매우 유사한 화면이 있습니다(여러분이 앱 구현하는 것을 잘 따라하고 있다면 말이죠!).

TIP

iOS 시뮬레이터를 사용하는 경우 카메라를 사용할 수 없습니다. 실제 기기를 사용하여, 이 앱의 카메라 기능을 테스트해야 합니다.

이제 남은 일은 사진을 찍는 것뿐입니다.

로컬 파일로 사진 저장 및 검색하기

여전히 _CameraScreenState 클래스에 있는 build() 메서드의 AppBar에서 IconButton을 포함하도록 actions 매개변수를 설정합니다. 누르면 사진이 임시 디렉토리에 저장되며, path_provider 플러그인을 사용하여 찾을 수 있습니다. 파일 이름은 현재 날짜와 시간이 될 것입니다.

마지막으로 CameraController의 takePicture() 메서드를 호출할 수 있습니다. 그러면 다음 코드 블록에 표시된 대로, 제공된 경로에 사진이 저장됩니다.

```
actions: <Widget>[
  IconButton(
    icon: Icon(Icons.camera_alt),
    onPressed: () async {
      final path = join(
        (await getTemporaryDirectory()).path, '${DateTime.now()}.png',);
      //사진을 찍고, 저장된 위치를 기록합니다
      XFile xFile = await _controller.takePicture();
      xFile.saveTo(path);
    },
  )
],
```

사진을 찍은 후 사용자에게 보여주려고 합니다. PictureScreen이라는 또 다른 화면을 만들어 줍니다.

다음과 같이 await _controller.takePicture(path); 바로 아래에서, 다음에 생성할 새 코드를 호출하여 화면을 변경하는 코드를 추가해 보겠습니다.

다음에 생성할 파일은 picture_screen.dart 파일이므로 import 'picture_screen.dart'; 구문을 추가해 주어야 합니다.

```
MaterialPageRoute route = MaterialPageRoute(
  builder: (context) => PictureScreen(path, place)
);
Navigator.push(context, route);
```

여러분의 앱의 경우, 사진에 대해 다른 위치를 선택하고 갤러리와 상호작용할 수 있습니다. 플러터를 사용하여 기기 갤러리에 이미지를 저장하는 방법에 대해 자세히 알아보려면, https://pub.dev/packages/image_gallery_saver 링크에서 사용할 수 있는 image_gallery_saver 플러그인을 살펴보시기 바랍니다.

이제 PictureScreen 위젯을 만듭니다. 이 화면의 목적은 찍은 사진을 표시하고, 관련 Place 레코드의 데이터베이스에 경로(path)를 저장하는 것입니다.

따라서 lib 폴더에 picture_screen.dart라는 새 파일을 만들어 보겠습니다. 이 파일에 다음과 같이 필수 종속성을 import하고 Stateless 위젯을 생성합니다.

```
import 'dart:io';
import 'package:flutter/material.dart';
import './main.dart';
import 'place.dart';
import 'dbhelper.dart';

class PictureScreen extends StatelessWidget {
  @override
  Widget build(BuildContext context) {
    return Container();
  }
}
```

이 위젯은 두 개의 변수를 받습니다. 하나는 호출 화면에서 가져온 이미지의 경로이고, 다른 하나는 사진을 찍은 장소입니다. 따라서 다음과 같이 **PictureScreen 클래스의 맨 위에** 필드와 생성자를 만들어 보겠습니다.

```
final String imagePath;
final Place place;
PictureScreen(this.imagePath, this.place);
```

build() 메서드에서 DbHelper의 인스턴스를 호출합니다. 그런 다음 Scaffold를 반환합니다. Scaffold의 body의 child는 Image가 될 Container를 배치해 줍니다.

🛠 **NOTE**

Image.file() 생성자는 기기의 파일에서 가져온 이미지를 표시하는 위젯을 만듭니다.

Scaffold에 있는 appBar의 actions 프로퍼티에 save 아이콘을 사용하는 IconButton을 배치합니다. onPressed 프로퍼티에서 insertPlace() 메서드를 호출하여 이미지 경로를 데이터베이스에 저장합니다.

경로를 저장한 후 다음과 같이 앱의 기본화면으로 돌아갑니다.

```
DbHelper helper = DbHelper();
return Scaffold(
  appBar: AppBar(
    title: Text('Save picture'),
    actions: <Widget>[
      IconButton(
      icon: Icon(Icons.save),
      onPressed: () {
        place.image = imagePath;
        //이미지 저장
        helper.insertPlace(place);
        MaterialPageRoute route = MaterialPageRoute(
          builder:(context)=> MainMap());
        Navigator.push(context, route);
      },
      )
    ],
  ),
  body:Container(
    child: Image.file(File(imagePath)),
  )
);
```

현재로서는 사진이 올바르게 저장되었는지 여부를 알 수 있는 방법이 없습니다. 가능한 경우, PlaceDialog 화면에서 찍은 사진을 표시하려고 합니다.

따라서 아래와 같이 PlaceDialog 클래스의 buildDialog() 메서드에서 IconButton 바로 앞과 latitude TextField 아래에 (가능한 경우) 이미지를 추가해 보겠습니다.

이것을 수행하기 위해서는 place_dialog.dart의 맨 위에 import 'dart:io';를 추가해 주어야 합니다.

```
(place.image!= '')?Container(child:
  Image.file(File(place.image))): Container(),
```

지금 앱을 실행하여, 기존 장소에 새 사진을 추가할 수 있는지 확인해 보겠습니다. 단계는 다음과 같습니다.

01_ PlaceList 화면의 List에서 항목을 선택합니다.

02_ 다이얼로그 화면에서 카메라 IconButton을 누릅니다.

03_ 미리보기에서 앱바 IconButton을 사용하여 사진을 찍습니다.

04_ pictureScreen에서 AppBar의 저장 IconButton을 누릅니다.

05_ List를 다시 열고, 이전에 선택한 항목을 누릅니다. 이제 다음 스크린샷과 같이 사진이 표시됩니다.

이것으로 앱의 모든 기능을 완성하였습니다.

우리가 완성한 것을 요약하고, 이 앱을 개선하기 위해 할 수 있는 일들이 무엇이 있는지 살펴보도록 하겠습니다.

요약

위치 정보는 기기의 물리적 위치를 식별할 수 있는 기술입니다. 이 것은 모바일 개발자에게 매우 유용한 도구입니다. 왜냐하면 오늘날 위치 확인 가능한 스마트폰은 거의 모든 사람의 주머니에 있고, 앱이 사용자 요구사항에 맞는 관련된 메시지를 제공하는 것이 매우 중요하기 때문입니다. 이 장에서는 플랫폼별 위치 서비스에 액세스할 수 있는 라이브러리인 Geolocator를 사용하여 사용자의 좌표를 찾는 방법에 대해 배웠습니다.

이 프로젝트의 또 다른 흥미로운 기능은 google_maps_flutter 패키지를 사용하여 Google Maps API를 앱에 통합하는 것입니다. 지도를 표시하는 방법과 지도에 마커를 추가하는 방법을 살펴보았습니다. 이것은 SQLite 데이터베이스에 저장된 정보를 사용하고, 다른 방식으로 표시할 수 있는 흔치 않은 기회였습니다. 일반적인 ListView 또는 폼을 이용하는 대신, 모든 데이터를 Map에 배치하였습니다.

기기의 카메라를 사용하기 위해 카메라 플러그인을 활용하는 방법도 살펴보았습니다. Path 및 path_provider 라이브러리를 사용하여, 카메라 미리보기를 사용하고, 사진을 촬영하고, 기기의 임시 디렉토리에 사진을 저장하였습니다.

현재 앱은 여전히 프로토타입 수준입니다. 파일은 아마 다른 위치에 저장되어야 할 것입니다. 사진과 데이터는 웹을 통해 공유되고 저장될 수도 있습니다. 카메라와의 상호 작용이 더 매끄럽고, 앱 자체가 더 안전하고, 안정적으로 만들 수 있습니다. 그러나 여기에서 사용한 주요 기능은 사용자를 위해 개인화되고, 매력적인 경험을 만드는 출발점 역할을 하게 될 것입니다.

다음 장은 분명 재미있을 것입니다. Rive와 함께 애니메이션을 사용하여 주사위 게임을 만들겠습니다!

질문

각 프로젝트의 끝에는 이 장에서 다룬 내용을 기억하고 리뷰하는 데에 도움이 되는 몇 가지 질문이 있습니다.

다음 질문에 답해 보십시오. 확실하지 않은 경우 이 장의 내용을 잘 살펴보면 모든 답을 찾을수 있습니다.

1. 앱에 path 및 path_provider 라이브러리를 추가하는 목적은 무엇입니까?

2. Android와 iOS용 프로젝트에서 Google Maps용 API 키를 어떤 파일에 추가해야 합니까?

3. GoogleMap 위젯에 initialCameraPosition을 전달할 때 어떤 타입의 위젯을 전달해야 합니까?

4. 기기의 현재 위치를 어떻게 알 수 있습니까?

5. 마커란 무엇이며, 언제 사용합니까?

6. Marker에서 LatLng 위젯을 언제 사용해야 합니까?

7. 장치에서 사용가능한 카메라 목록을 반환하는 방법은 무엇입니까?

8. 사용자에게 카메라 미리보기를 어떻게 보여줄 수 있습니까?

9. CameraController의 목적은 무엇이며, 어떻게 생성합니까?

10. 플러터에서 사진을 어떻게 찍습니까?

추가 읽을거리

Google Codelabs에서는 특정 기술을 사용하여 작은 애플리케이션을 구현하는 방법을 보여주는 가이드인 튜토리얼을 제공합니다. 웹 서비스를 사용하여 데이터를 검색하고 지도에 표시하는 매우 명확하고 따라하기 쉬운 튜토리얼이 있습니다. 이 장에서 구축한 프로젝트에 새로운 기능을 추가하기 위해 따라야 할 완벽한 튜토리얼이 될 수 있습니다. 다음 링크(https://codelabs.developers.google.com/codelabs/google-maps-in-flutter)로 가면 코드랩에 액세스 할 수 있습니다.

Google Codelabs와 비슷하지만 플러터에만 국한된 Flutter Cookbook이 있습니다. 카메라 사용 방법은 https://flutter.dev/docs/cookbook/plugins/picture-using-camera에서 찾을 수 있습니다.

또한, https://flutterawesome.com/a-simple-camera-app-built-with-flutter-and-using-sqlfite-for-sqlite-storage/에서 카메라 플러그인을 사용하는 앱의 광범위한 예를 찾을 수 있습니다.

이 장의 프로젝트를 더 좋게 만들 수 있는 몇 가지 방법이 있습니다. 하나는 앱의 파일과 폴더를 보다 치밀한 방식으로 처리하는 것입니다. 이에 대해 더 자세하게 알아보려면 플러터로 파일을 읽고 쓰는 방법에 대한 다음 Cookbook(https://flutter.dev/docs/cookbook/persistence/reading-writing-files)을 참고하세요.

위치 정보와 기기 카메라를 사용하는 앱은 프로덕션 앱을 만들 때 권한이 필요합니다. 플러터에는 permission_handler라는 훌륭한 도구가 있습니다. 자세한 내용은 패키지 페이지(https://pub.dev/packages/permission_handler)를 방문하세요.

CHAPTER 09

주사위로 놀자: 녹아웃 -
Rive로 애니메이션을 생성하기

✔ 기술 요구사항

✔ 프로젝트 개요

✔ Rive란?

✔ Rive로 오브젝트 만들기

✔ Rive를 사용하여 오브젝트를 살아 움직이게 하기

✔ 플러터 앱에 Rive 통합하기

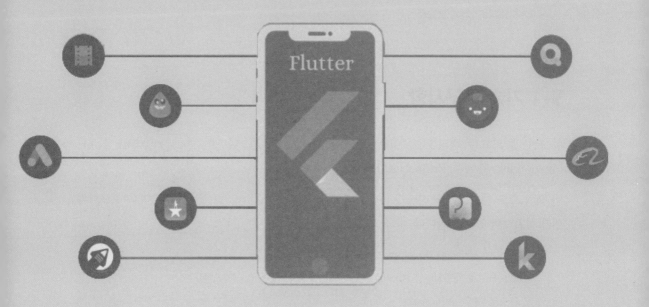

사용자에게 있어 앱을 특별하도록 만드는 중요한 부분은 사용자 인터페이스(UI)의 애니메이션이 얼마나 매력적이고, 부드러운지에 따라 달렸습니다. 플러터에는 앱에 애니메이션을 포함하는 여러 가지 방법이 있으며, 이미 '4장 퐁 게임 – 2D 애니메이션과 제스처'에서 그 중 일부를 보았습니다. 이 장에서는 애니메이션 기술을 다음 단계로 끌어올릴 수 있는 또 다른 강력한 소프트웨어인 Rive를 소개합니다.

이 장에서는 다음 항목을 다룹니다.

- Rive란?
- Rive로 객체 만들기
- Rive를 사용하여 객체 애니메이션 만들기
- Rive를 플러터 앱에 통합하기

9-1 기술 요구사항

완성된 앱 코드는 책의 GitHub 저장소에서 찾을 수 있습니다(https://github.com/binsoopark/FlutterProjectExamples).

이 책의 코드 예제를 따르려면 Windows, Mac, Linux, Chrome OS 기기에 다음 소프트웨어가 설치되어 있어야 합니다.

- Flutter SDK(Software Development Kit)
- Android 용으로 개발하려면 Android SDK(Android Studio에서 쉽게 설치)
- iOS 용으로 개발하려면 macOS 및 Xcode
- 디버깅이 가능한 에뮬레이터(Android), 시뮬레이터(iOS) 또는 연결된 iOS 또는 Android 기기
- 편집기: Visual Studio Code(VS Code), Android Studio 또는 IntelliJ 또는 IDEA를 권장합니다. 모두 Flutter/Dart 확장 프로그램이 설치되어 있어야 합니다.

9-2 프로젝트 개요

이 장에서 빌드할 앱은 이 책의 두 번째(그리고 마지막) 게임으로, '4장. 퐁게임 – 2D 애니메이션과 제스처'에서 이어집니다. 이번에는 주사위를 다루고, 녹아웃 주사위 게임의 재해석 버전을 만들겠습니다.

앱에는 두 개의 화면이 포함됩니다. 첫 번째 화면에는 사용자가 굴릴 수 있는 주사위 하나만 포함됩니다. 그러면 Rive로 만들 애니메이션이 표시됩니다.

화면은 다음 스크린샷과 비슷하게 구성될 것입니다.

두 번째 화면에는 녹아웃 게임이 포함됩니다. 규칙은 매우 간단합니다.

- 플레이어는 기기(앱에서는 AI라고 부름)와 대결합니다.
- 플레이어가 'Play' 버튼을 클릭합니다. 그러면, 1에서 6까지 적힌 6개의 면으로 되어있는 두 개의 주사위가 움직이고, 몇 초 후에 무작위로 결과가 생성됩니다.
- 주사위의 합이 7(녹아웃 번호)이 아니면 두 주사위의 합이 플레이어의 점수에 더해집니다.
- 두 주사위의 합이 7이면 점수에 아무것도 더해지지 않습니다.
- AI에도 동일한 규칙이 적용되지만, 애니메이션은 인간 플레이어에 한해서만 수행됩니다. AI의 경우에는 점수만 변경됩니다.

- 플레이어 또는 AI가 50점 이상이 되면 게임이 끝납니다. 이 경우 플레이어는 자신의 점수가 AI의 점수 보다 높으면 이기고, 반대라면 지게 됩니다. 무승부의 경우 아무도 이기지 않게 됩니다.
- 언제든지 'Restart' 버튼을 클릭하여 게임을 초기화할 수 있습니다.

다음의 스크린샷에서 **Knockout Game**(녹아웃 게임) 화면의 레이아웃의 예를 볼 수 있습니다.

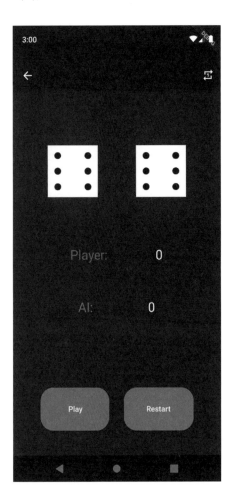

이 프로젝트를 완료하기 위해서는 Rive 애니메이션 제작을 포함하여 약 3시간이 소요됩니다.

9-3 Rive란?

Rive(구 Flare 및 2Dimensions)는 플러터로 직접 내보낼 수 있는 벡터 디자인 및 애니메이션 도구입니다. Flutter Live 2018에서 발표되었으며, 가장 큰 특징은 플러터 앱에서 사용할 동일한 애셋으로 정확하게 작업할 수 있다는 점입니다. Rive로 만든 애니메이션은 런타임에 플러터 코드에서 변경할 수 있으므로 사용자와 상호작용이 필요한 앱이라면 매우 적합하다고 할 수 있습니다.

즉, 애셋을 생성하고, 애니메이션을 적용한 다음, 디자인 작업의 최종 결과를 플러터에 직접 포함시킬 수 있도록 하는 디자이너 도구가 있습니다.

Rive는 플러터 뿐 아니라, JavaScript, React, Swift 및 Framer도 지원합니다. 사용 가능한 런타임 목록은 https://rive.app/runtimes 링크에서 참고하실 수 있습니다.

대규모 워크그룹에서는 Rive를 사용하여 디자이너가 파일을 만들고, 애니메이션을 적용하고, 개발자와 공유할 수 있으며, 엔드유저가 완성된 앱에서 제대로 된 파일을 볼 수 있게 됩니다.

개발자도 쉽게 Rive로 애셋을 가져오고, 완만한 러닝커브로 애니메이션을 적용할 수 있습니다. Rive 자체는 브라우저에서 직접 사용할 수 있습니다. 따라서 PC나 Mac에 아무것도 설치할 필요가 없습니다. Rive는 개인적인 목적으로 사용한다면 완전히 무료로 사용할 수 있습니다.

9-4 Rive로 오브젝트 만들기

Rive를 사용하려면 rive.app 웹 사이트에 로그인하기만 하면 브라우저에서 무료로 사용할 수 있습니다. 준비 과정은 다음과 같습니다.

01_ 브라우저에서 rive.app 사이트로 이동하여, Register 버튼을 선택합니다(Rive 1의 회원가입이 불가할 경우, Rive 2의 가입을 위해 https://beta.rive.app/으로 이동하여 Get started를 누르거나, https://preview.rive.app/lobby/register로 이동하여 Rive 2의 회원가입을 진행할 수 있습니다).

02_ 무료 계정을 생성하라는 메시지가 표시됩니다. 서비스에서 제공하는 지침을 따르십시오(해당 페이지에서 무료 계정을 생성할 수 있도록 Username, Email, Password를 입력하는 화면이 보입니다. 또는 Google이나 Facebook을 선택하여 가입하는 것도 가능합니다).

03_ 등록이 완료되면 여러 프로젝트를 탐색할 수 있습니다. 다른 디자이너가 만든 아이디어를 알고 싶다면 프로젝트를 살펴보십시오. 또한 화면 오른쪽 상단에 **파일** 버튼이 있습니다. 다음과 같은 페이지가 표시되어야 합니다.

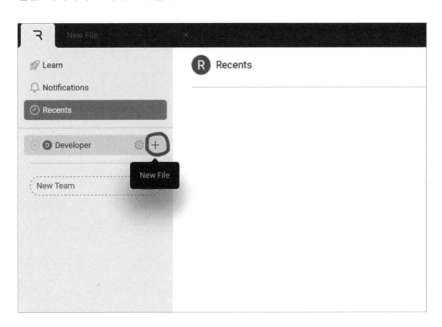

04_ + 버튼을 클릭하여 새 프로젝트를 만듭니다. 새 프로젝트가 열립니다. 이 새로운 프로젝트를 **Dice**라고 부르겠습니다.

05_ 이제 Rive를 사용하여 오브젝트 및 애니메이션 빌드를 시작할 준비가 되었습니다.

Rive 2는 개인적인 목적으로 생성하려면 공개유무에 상관없이 무료로 사용이 가능합니다. 팀으로 작업할 경우의 요금을 알고 싶다면 다음의 링크를 참고하십시오. https://help.rive.app/admin/pricing

다음으로 플러터에서 나중에 사용하게 될 주사위의 디자인을 시작하도록 하겠습니다.

Rive에서 새 오브젝트 만들기

Rive에 새 프로젝트를 입력하면, Stage가 표시됩니다. **Stage**는 모든 디자인을 만들고, **아트보드(Artboard)**를 배치하는 작업 영역입니다.

Artboard는 Rive 계층 구조의 최상위 노드이며, 여기에 모든 오브젝트와 애니메이션을 배치합니다. **Hierarchy**는 Stage에 있는 항목 사이의 상위/하위 관계를 보여주는 트리 뷰입니다. 따라서 Artboard가 있고 여기에 넣은 모든 것이 하위 항목입니다. 다른 오브젝트를 추가하고 해당 오브젝트를 상위 항목의 하위 항목으로 만들어 Hierarchy에 항목을 추가할 수 있습니다.

각 Rive 프로젝트에는 Artboard가 하나 이상 필요하지만 원하는 만큼 만들 수 있습니다. Rive에는 **Design** 및 **Animate**의 두 가지 작업 모드가 있습니다. Design 모드에서는 그래픽 오브젝트를 만들고, Animate 모드에서는 디자인한 오브젝트에 애니메이션을 적용합니다. Rive의 인터페이스와 도구는 작업중인 모드에 따라 변경됩니다. 다음 스크린샷에서 아래와 같은 인터페이스를 볼 수 있습니다.

- 왼쪽 Current View 모드, Hierarchy와 Asset
- 중앙에는 도구 **생성** 버튼과 Artboard
- 오른쪽의 프로퍼티와 **옵션** 패널

Artboard의 이름을 바꾸려면, 다음 스크린샷과 같이 Hierarchy 창에서 해당 이름을 두 번 클릭하면 됩니다.

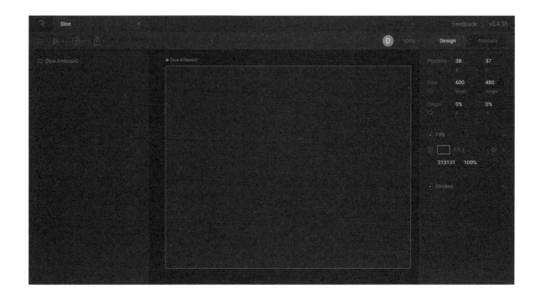

이제, 다음과 같이 주사위의 표면을 디자인합니다.

01_ Design 모드에서 **만들기 도구** 버튼을 클릭하고, 다음 스크린샷에서 볼 수 있는 것처럼 Artboard에 **Rectangle**을 추가합니다.

02_ Artboard에 사각형을 그린 후 오른쪽에 프로퍼티가 나타나게 하기 위해 사각형을 선택합니다.

03_ Position(위치)을 **X**의 경우 **500**, **Y**의 경우 **450**으로 변경해 줍니다.

04_ 사이즈는 Rectangle의 하위 항목인 Rectangle Path로 이동하여, **Width**와 **Height**을 600 *
600으로 변경해 줍니다.

05_ 주사위의 각도를 부드럽게 하기 위해, **Corner**의 값을 25로 설정해야 합니다.

06_ **Fill** Color를 흰색으로 변경합니다(Hex값 #FFFFFF).

07_ **Stroke**를 제거합니다. **Stroke**는 Shape의 테두리입니다(기본적으로는 설정되어 있지 않으
므로, 그냥 두면 됩니다).

이제 모양이 다음 스크린샷과 같아야 합니다. 오브젝트가 선택되면, 선택한 색상이 흰색이더
라도 테두리가 밝은 파란색으로 표시됩니다.

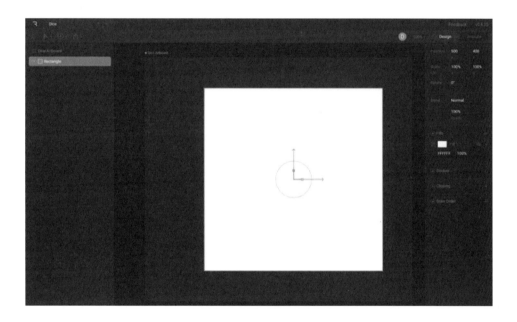

주사위의 표면이 완성되었으므로, 주사위의 각 면에 대한 숫자를 추가해야 합니다. 다음 이미
지에서 볼 수 있는 것처럼 고전적인 6면 주사위를 사용하고, Shape로 숫자를 디자인하겠습
니다.

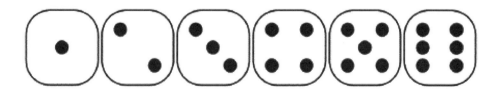

이를 완성하기 위해, 다음과 같이 주사위 값의 가능한 모든 조합을 포함하는 7개의 검은 색 원을 디자인하겠습니다.

디자인에 앞서, Rive 2에서 진행을 원활하게 하기 위해 Rectangle과 Ellipse를 모두 포함하는 Group을 하나 만들어야 합니다. 다음 그림에 있는 Group을 추가해 준 뒤, 더블 클릭하여 이름을 Rectangle Group이라고 변경해 줍니다. 위치는 X 500, Y 400으로 변경해 줍니다. 또한 앞에서 생성한 Rectangle을 Rectangle Group 내에 포함시켜 줍니다. 이 때 Rectangle의 위치는 Group에 상대적이기 때문에 X 0, Y 0으로 변경합니다. 그러면 그룹화하기 위한 준비는 끝나게 됩니다. 아래의 설명은 모두 Rive 2를 기준으로 설명합니다.

1. Artboard에 Ellipses 유형의 새 Shape를 추가합니다. 주사위의 첫 번째 원이 됩니다.

2. 주사위의 왼쪽 상단 모서리에 도형을 놓습니다.

3. Hierarchy 창에서 **Ellipse Shape**를 **Rectangle Group** 내에 포함시키고, Rectangle 보다 위에 위치하도록 합니다.

4. **Ellipse** Shape를 더블클릭하고 Shape의 이름을 **TopLeft**로 바꿔줍니다.

5. **TopLeft Shape**의 속성을 변경합니다.

6. Position은 **X**와 **Y**에 대해 **-180**으로 설정합니다.

7. Size는 **Width**와 **Height**에 대해 **80**으로 설정합니다(TopLeft의 하위 항목으로 있는 TopLeft Path에서 Size를 조절할 수 있습니다).

8. **Fill**은 검정색으로 설정합니다(Hex값으로는 #000000입니다).

9. **Stroke**가 설정되어 있을 경우 제거합니다(기본적으로는 설정되어 있지 않으므로 그대로 두면 됩니다).

이제, **TopLeft**를 여섯 번 복사해 보겠습니다. 모든 **Ellipse Shape**는 Rectangle보다 위에 존재해야 합니다. 그런 식으로 모든 오브젝트를 그룹화하여 Rectangle을 이동시킬 때 모든 내용도 이동할 수 있도록 해야 합니다.

각 원에 대해, 다음과 같이 이름과 위치를 변경해 줍니다.

이름	위치(Position)
CenterLeft	−180 0
BottomLeft	−180 180
TopRight	180 −180
CenterRight	180 0
BottomRight	180 180
CenterCenter	0 0

최종 결과는 다음 스크린샷과 같이 되어야 합니다.

이렇게 우리가 사용할 주사위의 디자인 과정을 완료합니다. 다음으로 재미있는 부분인 앱을 더 재미있게 사용할 수 있는 애니메이션을 만들 것입니다.

9-5 Rive를 사용하여 오브젝트를 살아 움직이게 하기

디자인 모드에서 애니메이션 모드로 전환해 보겠습니다. 페이지 하단에 타임라인이 나타납니다. 다른 애니메이션 도구를 사용했거나 비디오 또는 오디오 콘텐츠를 제작한 적이 있는 경우 익숙하게 보아왔던 타임라인을 볼 수 있습니다. **타임라인은 애니메이션의 진행을 제어하는 곳**입니다. Rive에서 **애니메이션 지속시간**과 **초당 프레임 수(FPS)**를 지정할 수도 있습니다.

다음 스크린샷에서 프로젝트의 애니메이션 페이지를 볼 수 있습니다. 타임라인과 지속시간, FPS 설정을 확인합니다.

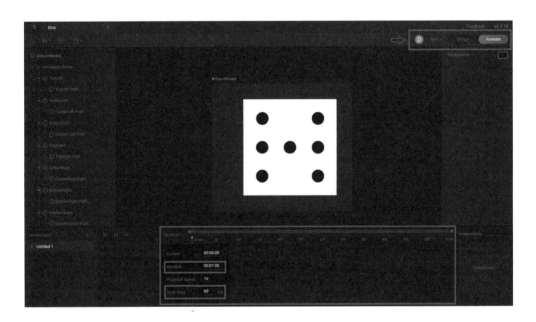

✖ NOTE

FPS 또는 Frame rate는 애니메이션 1초마다 표시되는 이미지 수를 나타냅니다. 기본값 60은 일반적으로 높은 것으로 간주되며, 매우 부드러운 애니메이션을 만듭니다. 플러터는 60FPS 성능 제공을 목표로 하고 있으며, 이것이 강점 중 하나라고 할 수 있습니다. 물론 기기에 일부 리소스를 저장하고 싶다면, 애니메이션이 30FPS에서 어떻게 작동하는지 확인할 수도 있습니다. 이 장의 예에서는 기본 값인 60FPS를 유지하겠습니다.

이제 타임라인에 익숙해질 수 있도록, 첫 번째 애니메이션을 만드는 방법에 대해 알아보겠습니다.

Rectangle을 선택하면 페이지 오른쪽의 **프로퍼티** 창에 애니메이션을 수행하기 위해 변경할 수 있는 모든 설정이 표시됩니다. 예를 들어 직사각형의 **크기/위치**를 변경할 수 있습니다. 다음과 같이 단계를 살펴보겠습니다.

01_ 정사각형을 90도 회전한다고 가정해 보겠습니다. **Dice Artboard**에서 정사각형을 선택합니다.

02_ 플레이 헤드가 애니메이션 시작 부분인 **00.00.00**초에 있는지 확인합니다.

03_ 타임라인에는 "키가 입력된" 오브젝트 및 프로퍼티가 표시됩니다. Rive를 **Keying하는 것은 애니메이션 시퀀스에 오브젝트를 추가한다는 것을 의미**합니다. 정사각형의 Rotation 프로퍼티 주변에 있는 다이아몬드 모양을 누르면 애니메이션 시작 시 타임라인의 회전 키가 지정됩니다. 다이아몬드 색상이 변경되고 정사각형이 타임라인에 나타납니다. 다음 스크린샷의 프로퍼티 창에서 결과의 세부 정보를 볼 수 있습니다.

총 8초간 움직일 것이기 때문에 Rive 2 기준으로 Duration은 00:08:00으로, Snap Keys는 480fps(1초당 60fps * 8초)로 설정합니다.

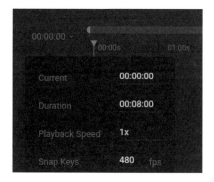

04_ 다음 스크린샷과 같이 타임라인에서 플레이 헤드를 2초로 이동합니다. 플레이 헤드를 움직여도 되며, Current의 값을 00:02:00으로 변경해도 동일한 결과를 가져옵니다.

05_ 다음 스크린샷과 같이 정사각형의 Rotation을 **45**로 설정하고 사각형 키를 다시 입력합니다.

06_ 스페이스 바를 누르면, 정사각형이 초기 위치에서 45도 회전하는 것을 볼 수 있으며, 이를 수행하는 데 2초가 걸립니다. Rive는 첫 번째 키에서 두 번째 키까지의 시간으로 지정한 2초 내에 모든 프레임을 "마법처럼" 채우게 됩니다.

07_ 다음 표에 따라 프로세스를 반복해 줍니다.

00:00	0도
02:00	45도
04:00	90도
06:00	135도
08:00	180도

애니메이션 시간을 8초로 설정합니다.

08_ 애니메이션 이름(Untitled)를 더블클릭하여 이름을 바꿉니다. **Rotate**라고 하겠습니다.

09_ 애니메이션이 끝나자마자 다시 자동으로 시작되도록 **Loop** 버튼을 누르고 애니메이션을 실행합니다. 주사위가 끝없이 회전하는 것을 볼 수 있습니다.

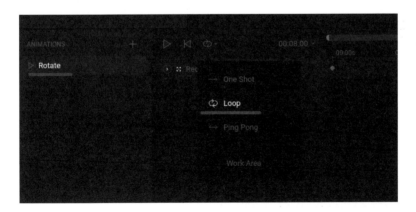

 TIP

정사각형 표면에 디자인한 모든 원이 정사각형 자체와 함께 회전하고 있음을 알 수 있습니다. 이것은 원이 사각형의 하위 항목이기 때문입니다.

여러분은 이제 첫 번째 애니메이션을 만들었습니다. Rive 인터페이스에 익숙해지기를 희망합니다. 안타깝게도 앱에서는 방금 만든 애니메이션을 사용하지 않을 것이지만, 참조하기 위해 보관해두는 것도 좋습니다. 다음으로 앱에 필요한 실제 애니메이션을 만들 것입니다.

굴리는 애니메이션 만들기

우리 앱에는 여러 애니메이션이 있습니다. 우리가 만들 첫 번째는 주사위 "Rolling"을 시뮬레이션 하는 것입니다. 이 프로젝트의 범위를 훨씬 넘어서는 3D 애니메이션을 만들지는 않을 것입니다. 따라서 사용자에게 표시되는 숫자를 1에서 6으로 변경합니다. **채우기 불투명도**를 변경하여 이렇게 할 수 있습니다. Rectangle의 표면에 배치한 각 원에서 다음 단계를 수행해 보세요.

01_ 애니메이션 창에서 + 버튼을 클릭하여 새 애니메이션을 만들고 이름을 Roll이라고 지정합니다.

02_ 애니메이션 수행시간을 1초로 설정합니다.

03_ 키보드에서 Ctrl 버튼(Mac의 경우 cmd)을 누르고, **CenterCenter**를 제외한 각 원을 클릭하여 중앙을 제외한 주사위 표면의 모든 원을 선택합니다.

04_ Fill Opacity를 선택하여 **0**으로 설정합니다.

05_ 각 선택한 항목의 키를 누르고, **KEY INTERPOLATION** 값을 Hold로 변경합니다.

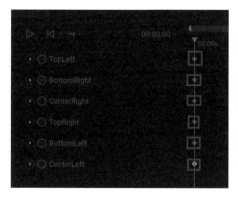 

06_ 앞의 다른 원처럼, 이번엔 Ctrl/cmd 키를 누른 상태에서 **CenterCenter** 원을 선택한 다음 **Fill Opacity** 값을 100으로, CenterCenter의 키를 선택한 다음, **KEY INTERPOLATION** 유형 값을 Hold로 설정합니다.

이 작업의 결과는 다음 스크린샷과 같습니다.

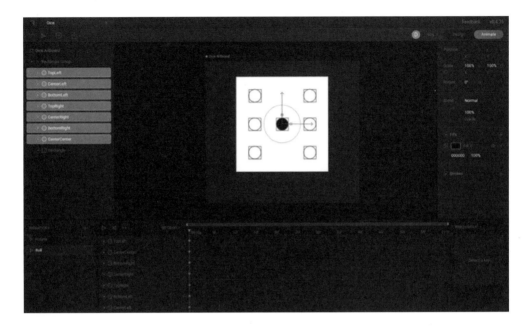

07_ 타임라인에서 플레이 헤드를 **00:00:10**초로 이동합니다.

08_ Hierarchy 창에서 CenterCenter라는 중앙 원을 선택합니다. **Fill Opaticy**를 눌러 0으로 설정하고, 오브젝트에 키를 선택한 뒤, **Key Interpolation** 값을 **Hold**로 설정합니다.

09_ **TopLeft** 및 **BottomRight** 원을 선택하고, **Fill Opacity**를 눌러서 **100**으로 입력하고, 오브젝트에 키를 지정하고, **Key Interpolation** 값을 **Hold**로 설정합니다. 이제 원 2에 대한 애니메이션을 완료하였습니다.

10_ 타임라인에서 플레이 헤드를 **00:00:20**초로 이동합니다.

11_ Hierarchy 창에서 **CenterCenter** 원을 선택하고, **Fill Opacity** 값을 100, 키를 선택 후, Key Interpolation 값을 **Hold**로 설정합니다. 이제 원 3에 대한 애니메이션도 완료하였습니다.

12_ 타임라인에서 플레이 헤드를 **00:00:30**초로 이동합니다.

13_ **Hierarchy** 창에서 CenterCenter 원을 선택하고 **Fill Opacity**의 값을 0으로 설정합니다. 오브젝트의 키를 선택 후 **Key Interpolation** 값을 **Hold**로 설정합니다.

14_ TopRight 및 BottomLeft 원을 선택하고 **Fill Opacity**의 값을 100으로 설정하고 오브젝트의 키를 선택한 뒤, **Key Interpolation** 값을 **Hold**로 설정합니다. 이제 원 4에 대한 애니메이션을 완료하였습니다.

15_ 타임라인에서 플레이 헤드를 **00:00:40**초로 이동합니다.

16_ Hierarchy 창에서 CenterCenter 원을 선택하고, **Fill Opacity**의 값을 100으로 설정한 뒤, 오브젝트의 키를 선택합니다. 그리고 **Key Interpolation** 값을 **Hold**로 지정합니다. 원 5에 대한 애니메이션도 완료하였습니다.

17_ 타임라인에서 재생헤드를 **00:00:50**초로 이동합니다.

18_ Hierarchy 창에서 CenterCenter 원을 선택하고 **Fill Opacity**의 값을 0으로 설정하고, 오브젝트의 키를 선택 후, **Key Interpolation** 값을 **Hold**로 지정합니다.

19_ CenterLeft 및 CenterRight 원을 선택하고 **Fill Opacity**의 값을 100으로 설정하고 오브젝트의 키를 지정합니다. 그리고 **Key Interpolation** 값을 **Hold**로 지정합니다. 이제 원 6에 대한 애니메이션까지 완료되었기 때문에 이 애니메이션을 완료한 것입니다.

20_ 애니메이션이 완료될 때마다 반복되도록 **Loop** 버튼을 눌러줍니다. 키보드의 스페이스 바를 눌러 애니메이션을 수행해 보십시오.

다음 스크린샷과 같이 주사위의 값이 1초 동안 1에서 6까지 변경되는 것을 볼 수 있습니다.

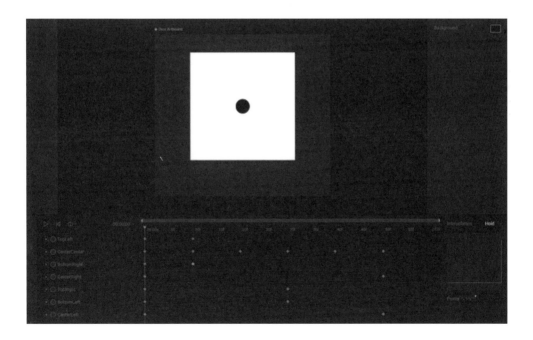

이제 굴리는 애니메이션이 완성되었습니다. 이 애니메이션은 사용자가 주사위를 던질 때마다 앱에서 호출됩니다. 굴리기 후 숫자의 결과는 1에서 6 사이가 됩니다. 따라서 이제 가능한 각 결과에 대한 애니메이션을 만들어야 합니다.

이곳에서는 간단하게 유지하겠습니다. 주사위 표면이 왼쪽과 오른쪽으로 회전한 뒤 결과 수를 표시합니다. 1로 시작한 다음, 2에서 6까지 다음과 같이 반복해 줍니다.

01_ 애니메이션 창에서 + 버튼을 클릭하여 새 애니메이션을 만들고 이름을 Set1으로 지정합니다.

02_ 애니메이션 시간을 1초로 설정합니다.

03_ **CenterCenter** 원의 **Fill Opacity** 프로퍼티를 **100**으로 설정하고, 다른 모든 원을 **0**으로 설정하고, 오브젝트에 키를 지정합니다(CenterCenter가 애니메이션 키에 보이지 않을 경우 잠시 0이나 다른 값으로 변경했다가, 100으로 다시 변경해 줍니다).

04_ 플레이 헤드를 **00:00:06**으로 이동합니다.

05_ 주사위의 표면을 선택합니다.

06_ **Rotation** 프로퍼티를 5도로 설정하고, 오브젝트의 키를 지정합니다. 결과는 다음 스크린샷에 표시되는 것과 같습니다.

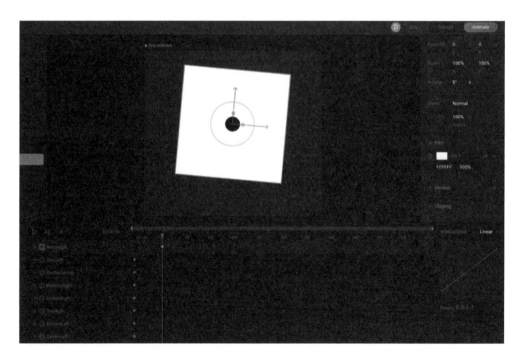

07_ 플레이 헤드를 **00:00:11**로 이동합니다.

08_ **Rotation** 프로퍼티를 **−5**도로 설정하고 오브젝트의 키를 지정합니다. 다음과 같은 스크린샷을 볼 수 있을 것입니다.

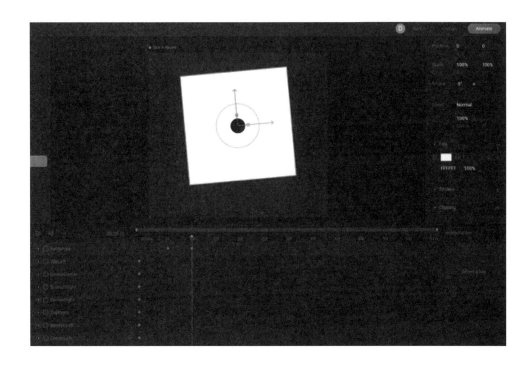

09_ 플레이 헤드를 **00:00:15**로 이동합니다.

10_ **Rotation** 프로퍼티를 **0**도로 설정하고, 오브젝트의 키를 설정합니다. 다음 스크린샷과 같이 보일 것입니다.

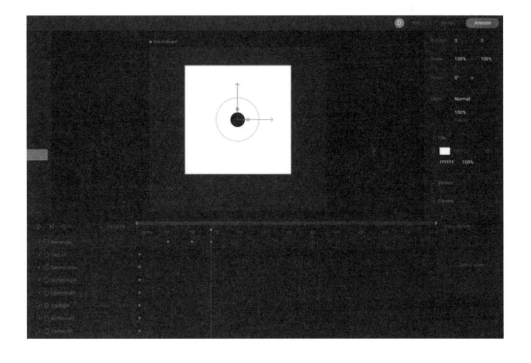

애니메이션을 실행해 보세요. 주사위 표면이 매우 빠르게 좌우로 이동한 다음 멈추고 결과적으로 1이 표시됩니다.

이제, 남은 가능한 결과에 대해 이전 단계를 반복하여 애니메이션 **Set2, Set3, Set4, Set5, Set6** 까지 호출합니다.

플러터에 가기 전에 만들어야 하는 작은 애니메이션은 사용자가 플레이하기 전에 처음에 표시될 애니메이션입니다. 사실, 그것은 애니메이션이 아니라 주사위 표면에 해당하는 6번의 정적 이미지일 뿐입니다. 이렇게 하려면 다음 단계를 수행해 주세요.

1. 애니메이션 창에서 + 버튼을 클릭하여 새 애니메이션을 만들고 이름을 Start라고 합니다.
2. 애니메이션 지속시간을 1초로 설정합니다.
3. CenterCenter원의 **Fill Opacity** 속성을 0으로 설정하고, 다른 모든 원에 대해서는 100으로 설정한 뒤, 오브젝트의 키를 지정해 줍니다.

이 작업들의 결과는 다음 스크린샷과 같습니다.

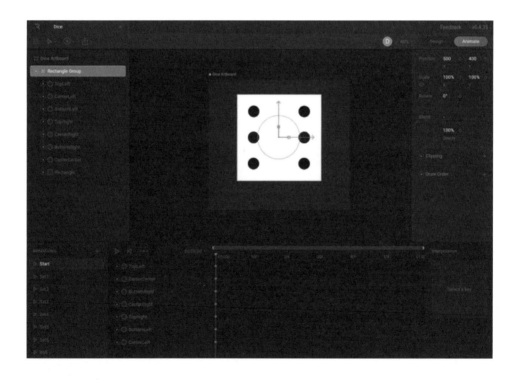

이게 전부입니다. Rive에서 앱에 필요한 모든 것을 완료했습니다. 앱 화면이 만들어질 때, 주사위를 움직이고 싶다면, 자유롭게 몇 가지 애니메이션을 실험하면 됩니다.

요약하자면 Rive에서는 앱에서 호출할, 다음의 애니메이션을 구현해야 합니다.

- Start
- Roll
- Set1
- Set2
- Set3
- Set4
- Set5
- Set6

다음으로 앱을 만들고 플러터에서 Rive 애니메이션을 통합하는 방법을 살펴보겠습니다.

9-6 플러터 앱에 Rive 통합하기

보시는 것처럼, Rive는 애니메이션을 만드는 훌륭한 도구이지만 플러터 앱에서 사용할 수 없다면, 우리의 목적에 비추어 볼 때 전혀 쓸모가 없습니다. 다음은 이를 수행하는 데 도움이 되는 몇 가지 간단한 단계입니다.

1. Rive 패키지 추가하기
2. Rive 애니메이션을 파일로 내보내기
3. 내보낸 파일을 앱의 애셋에 포함
4. pubspec.yaml 파일에 애셋 선언

설정이 완료되면, 사용자와 상호작용하고 관련 애니메이션을 표시할 수 있도록 Dart 코드에 Rive를 통합해야 합니다. 다음과 같이 시작하겠습니다.

01_ 'Dice'라는 새 플러터 프로젝트를 만들고, 다음 코드를 포함하도록 main.dart 파일을 업데이트합니다.

```
import 'package:flutter/material.dart';

void main() => runApp(MyApp());

class MyApp extends StatelessWidget {
```

```
    @override
    Widget build(BuildContext context) {
      return MaterialApp(
        title: 'Dice',
        theme: ThemeData(
          primarySwatch: Colors.orange,
        ),
        home: Scaffold(),
      );
    }
  }
```

02_ 앱 루트에 assets라는 새 폴더를 만듭니다.

03_ 우리는 assets 폴더에 추가할 파일을 내보내기 위해서, 잠시 Rive 파일로 돌아가야 합니다. rive.app 웹 사이트로 이동하여 주사위 파일에서 화면 왼쪽 상단의 **Export** 버튼을 누르고, Download 메뉴를 선택합니다.

04_ dice.riv 파일이 로컬로 다운로드됩니다. 다운로드한 파일을 2단계에서 만든 assets 폴더로 이동시킵니다.

05_ pubspec.yaml 파일을 열고, 다음과 같이 rive 종속성을 추가합니다(라이브러리 페이지에서 올바른 버전을 확인하십시오).

```
dependencies:
  flutter:
    sdk: flutter
  rive: ^0.6.6+1
```

06_ 계속해서 pubspec.yaml 파일에서 다음과 같이 assets 섹션에 애니메이션을 추가하십시오.

```
assets:
  - assets/dice.riv
```

이제 설정이 완료되었습니다. 다음으로 코드에 애니메이션을 추가해 보겠습니다.

Dice 클래스 만들기

앱에서 만들 첫 번째 화면에는 주사위 하나가 표시됩니다. 화면을 열면 사용자는 시작 위치에 주사위와 Play 버튼을 볼 수 있습니다. 버튼을 누르면, 주사위를 굴리고, **Roll** 애니메이션을 볼 수 있으며, 1에서 6 사이에 해당하는 임의의 결과를 얻을 수 있습니다. 다음 스크린샷에서 **단일 주사위** 화면의 예를 볼 수 있습니다.

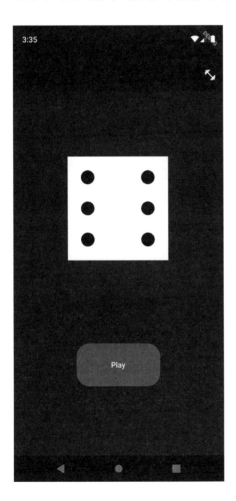

첫 번째 화면을 추가하기 전에 다음과 같이 결과에 대한 난수와 애니메이션 이름을 가져오는데 필요한 메서드를 포함하게 될 새 서비스 클래스를 만들어 보겠습니다.

01_ 프로젝트의 lib 폴더에 dice.dart라는 새 파일을 만듭니다.

02_ 새 파일의 맨 위에서 다음과 같이 난수를 생성하는 데 필요한 math 라이브러리와 애니메이션을 표현하기 위하여 rive.dart를 import합니다.

```
import 'dart:math';
import 'package:rive/rive.dart';
```

03_ 다음과 같이 Dice라는 새 클래스를 만듭니다.

```
class Dice {}
```

04_ 클래스에서 animations라는 정적 애니메이션 리스트를 추가합니다. 여기에는 결과를 표시해야할 때 앱에서 호출할 애니메이션이 포함되어 있으며, 다음 코드 블록에서 볼 수 있습니다.

```
static List<SimpleAnimation> animations = [
  SimpleAnimation('Set1'),
  SimpleAnimation('Set2'),
  SimpleAnimation('Set3'),
  SimpleAnimation('Set4'),
  SimpleAnimation('Set5'),
  SimpleAnimation('Set6'),
];
```

05_ 임의의 값을 반환하는 getRandomNumber()라는 정적 메서드를 만듭니다.

```
static getRandomNumber() {
  var random = Random();
  int num = random.nextInt(5) + 1;
  return num;
}
```

06_ int 타입의 Map 및 getRandomAnimation이라는 문자열을 반환하는 또 다른 정적 메서드를 만듭니다. 이 메서드의 목적은 0에서 5 사이에 있는 임의의 숫자를 생성하고, 숫자 자체의 위치에 있는 애니메이션 리스트의 애니메이션 번호와 애니메이션이 포함된 Map을 반환하는 것입니다. 다음 코드 조각에서 필요한 코드를 참고할 수 있습니다.

```
static Map<int, SimpleAnimation> getRandomAnimation() {
  var random = Random();
  int num = random.nextInt(5);
  Map<int, SimpleAnimation> result = {num: animations[num]};
  return result;
}
```

07_ 이 클래스의 마지막 메서드는 여전히 정적인 메서드인 wait3seconds()입니다. 이름에서 짐작할 수 있는 것처럼, 이 함수의 목적은 3초만 기다리는 것입니다. 이것은 주사위의 구르기 애니메이션을 제공하려는 시간입니다. 앞서 만든 구르기 애니메이션의 원래 지속시간이 1초라는 것을 기억하실 겁니다. 3초 동안 기다리면 애니메이션이 1초만 지속 되기 때문에, 애니메이션을 세 번 반복합니다.

클래스에 다음 코드를 추가합니다.

```
static Future wait3seconds() {
  return new Future.delayed(const Duration(seconds: 3), () {});
}
```

이것으로 주사위 클래스를 완성했습니다. 이제 single.dart 화면을 만들겠습니다.

🎲 단일 주사위 화면 만들기

앱에서 만들 첫 번째 화면은 사용자가 하나의 주사위를 "던지기" 할 수 있는 화면입니다. 이것은 규칙이나 플레이가 없습니다. 사용자에게 1과 6 사이에 해당하는 임의의 값을 제공합니다. 그러면 플러터 화면에서 작동중인 Rive 애니메이션을 볼 수 있습니다. 이렇게 하려면 다음 단계를 수행하십시오.

01_ 프로젝트의 lib 폴더에 single.dart라는 새 파일을 만듭니다.

02_ 파일의 맨 위에서 다음과 같이 일반적인 material.dart, dice.dart, Rive를 사용할 수 있는 라

이브러리인 rive.dart, 애셋의 바이너리를 가져오기 위한 services.dart 네 개의 파일을 import합니다.

```
import 'dice.dart';
import 'package:flutter/material.dart';
import 'package:rive/rive.dart';
import 'package:flutter/services.dart' show rootBundle;
```

03_ stful 단축키를 사용하여, Stateful 위젯을 만들고, 이 클래스를 Single이라고 합니다.

04_ 다음과 같이 _SingleState 클래스의 맨 위에 currentAnimation이라는 RiveAnimation Controller와 _artboard라는 이름의 Artboard를 선언해 줍니다.

```
class _SingleState extends State<Single> {
  RiveAnimationController currentAnimation;
  Artboard _artboard;
```

05_ initState() 메서드를 재정의하고, 그 안에 Start를 포함하도록 currentAnimation에 SimpleAnimation('Start')을 설정합니다. 화면이 처음 로드될 때 처음에 표시하려는 Rive 애니메이션의 이름을 포함하고 있으며, 필요한 코드는 다음 코드 조각에서 볼 수 있습니다. 또한 이것을 Rive에서 표현할 Artboard에 할당해주어 표현될 수 있도록 하는 _loadRiveFile() 이라는 함수를 만들어 호출해 줍니다. 이곳에서 asset의 이름을 사용합니다. 이 경우에는 assets/dice.riv입니다.

```
@override
void initState() {
  currentAnimation = SimpleAnimation('Start');
  _loadRiveFile();
  super.initState();
}

void _loadRiveFile() async {
  final bytes = await rootBundle.load('assets/dice.riv');
  final file = RiveFile();
  if (file.import(bytes)) {
    setState(() => _artboard = file.mainArtboard
      ..addController(
        currentAnimation,
```

```
      ));
   }
 }
```

06_ build() 메서드 맨 위에서 MediaQuery.of(context)의 size 프로퍼티를 호출하여 앱에서 사용 가능한 높이와 너비를 찾습니다.

07_ 여전히 build() 메서드에서 AppBar에 Single Dice 제목이 포함된 Scaffold를 반환합니다.

08_ Scaffold의 body에는 child가 Column인 Center 위젯이 포함되어 있습니다.

09_ Column의 첫 번째 위젯은 Container입니다. Container의 height은 height / 1.7이고, width 는 width * 0.8로 설정합니다. 기본 설정에 따라 이 설정 값을 조정할 수 있습니다.

10_ Container 위젯의 child는 마지막으로 Rive 애니메이션입니다. 이를 표시하려면 Rive 생성자를 호출합니다.

11_ 첫 번째 매개변수는 fit 프로퍼티입니다. Rive 콘텐츠가 위젯 경계 내에 포함되도록 BoxFit. contain으로 설정합니다. 마지막 매개변수는 표시될 Artboard입니다. 이 자리에 앞에서 할당한 _artboard를 배치해 줍니다.

12_ 애니메이션 아래에 사용자가 재생할 수 있는 버튼을 삽입합니다. 화면의 사용가능한 높이와 너비에 따라 이 버튼을 다소 크게 만들고 싶기 때문에, SizedBox를 MaterialButton의 부모로 사용합니다. 버튼의 텍스트는 **Play**로 설정합니다.

13_ 버튼을 누르면 **Roll** 애니메이션을 보여주려고 합니다.

14_ 3초 후 결과가 포함된 애니메이션을 표시하고, 이를 완성하기 위해 callResult() 라는 함수를 생성합니다. 애니메이션을 추가하는 과정에서 addController를 진행하기 전 반드시 removeController로 정리한 뒤 추가해야 문제없이 추가됩니다.

이 절차가 끝나면 코드는 다음과 같아집니다.

```
@override
Widget build(BuildContext context) {
  double width = MediaQuery.of(context).size.width;
  double height = MediaQuery.of(context).size.height;
  return Scaffold(
    appBar: AppBar(
      title: Text('Single Dice'),
    ),
```

```
    body: Center(
        child: Column(
      children: <Widget>[
        Container(
            height: height / 1.7,
            width: width * 0.8,
            child: Rive(
              fit: BoxFit.contain,
              artboard: _artboard,
            )),
        SizedBox(
            width: width / 2.5,
            height: height / 10,
            child: RaisedButton(
              child: Text('Play'),
              shape: RoundedRectangleBorder(
                  borderRadius: BorderRadius.circular(24)),
              onPressed: () {
                setState(() {
                  _artboard.removeController(currentAnimation);
                  currentAnimation = SimpleAnimation('Roll');
                  _artboard.addController(currentAnimation);
                });
                Dice.wait3seconds().then((_) {
                  _artboard.removeController(currentAnimation);
                  callResult();
                  _artboard.addController(currentAnimation);
                });
              },
            ))
      ],
    )),
  );
}
```

15_ 이제 화면을 완성하기 위해, 비동기 메서드인 callResult()를 추가합니다.

16_ 메서드 내에서 int 타입의 Map과 animation이라는 SimpleAnimation을 선언합니다. 이 메서드는 Dice 클래스에서 getRandomAnimation() 정적 메서드를 호출합니다.

17_ 애니메이션이 준비되면 setState() 메서드를 호출하여 랜덤하게 반환된 것으로

currentAnimation을 설정합니다. 여러분은 getRandomAnimation() 메서드가 SimpleAnimation 의 **Set1**, **Set2** 등을 반환한다는 것을 기억할 것입니다. 필요한 코드는 다음 코드 조각에서 볼 수 있습니다.

```
void callResult() async {
  Map<int, SimpleAnimation> animation = Dice.getRandomAnimation();
  setState(() {
    currentAnimation = animation.values.first;
  });
}
```

18_ 앱에서 애니메이션을 시도하기 전 마지막 단계는 main.dart 파일의 MyApp 클래스에서 화면을 호출하는 것입니다. 다음과 같이 single.dart를 가져와서 Single 클래스를 MaterialApp의 홈으로 설정해야 합니다.

```
import 'single.dart';
import 'package:flutter/material.dart';

void main() => runApp(MyApp());

class MyApp extends StatelessWidget {
  @override
  Widget build(BuildContext context) {
    return MaterialApp(
      title: 'Flutter Demo',
      theme: ThemeData(
        brightness: Brightness.dark,
        primarySwatch: Colors.blue,
      ),
      home: Single(),
    );
  }
}
```

이제 앱을 실행해 보세요. 앱을 열면 화면 상단에 주사위가 보일 것입니다. **Play** 버튼을 누르면 구르는 애니메이션이 3초간 표시되고, 그 후에 임의의 숫자가 표시될 것입니다.

모든 것을 요약하자면, 이 화면에서 Rive 애니메이션을 추가하고 상호작용하였습니다. 이제 녹아웃 게임을 위한 화면과 로직을 생성할 준비가 되었습니다.

녹아웃 게임 만들기

이 프로젝트의 최종 화면에는 **녹아웃** 게임이 포함되어 있습니다. 이 화면에서 플레이어는 기기와 대결합니다. 단일 주사위 대신, 이미 단일 화면 클래스에서 사용한 것과 동일한 애니메이션을 사용하는 두 개의 주사위가 있습니다.

사용자가 플레이 할 때 주사위의 합이 7이 아니면, 두 주사위의 합이 점수에 추가됩니다. 이 경우는 점수에 아무것도 더해지지 않습니다. 플레이어 또는 **AI**가 받은 점수가 50점을 넘을때, 점수가 가장 높은 플레이어가 승리합니다. 이제 다음과 같이 시작하겠습니다.

01_ 앱에 새 화면을 추가하여 시작합니다. 이름은 knockout.dart라고 하겠습니다.

02_ 파일 맨 위에 import를 추가합니다. 애니메이션을 위한 rive.dart 라이브러리, 주사위 로직을 위한 dice.dart, 일반적인 material.dart 및 앱의 다른 화면인 single.dart를 **녹아웃** 화면에서 **단일 주사위** 화면으로 이동할 수 있어야 합니다. 애셋 파일의 바이너리를 가져오기 위해 services.dart도 포함합니다. 이 모든 작업은 다음 코드를 실행하여 수행할 수 있습니다.

```
import 'single.dart';
import 'package:rive/rive.dart';
import 'package:flutter/material.dart';
import 'dice.dart';
import 'package:flutter/services.dart' show rootBundle;
```

03_ 그런 다음, stful 숏컷을 이용하여, Stateful 위젯을 만들고, 다음과 같이 KnockOutScreen이라고 부르겠습니다.

```
class KnockOutScreen extends StatefulWidget {
  @override
  _KnockOutScreenState createState() => _KnockOutScreenState();
}

class _KnockOutScreenState extends State<KnockOutScreen> {
  @override
  Widget build(BuildContext context) {
    return Container();
  }
}
```

04_ _KnockOutScreenState 클래스의 맨 위에 몇 가지 변수를 만들 것입니다. 플레이어와 AI의 점수를 위한 두 개의 정수, 두 개의 주사위 애니메이션을 위한 두 개의 문자열을 포함한 RiveAnimationController와 두 개의 Artboard, 그리고 게임이 끝날 때 메시지에 SnackBar를 사용하기 위해 나중에 올바른 context를 검색하는 데 쓰일 GlobalKey를 생성할 것입니다. 필요한 코드는 다음 코드 조각에서 확인할 수 있습니다.

```
int _playerScore = 0;
int _aiScore = 0;
RiveAnimationController _animation1;
RiveAnimationController _animation2;
Artboard _artboard1;
Artboard _artboard2;
var _scaffoldKey = new GlobalKey<ScaffoldState>();
```

✖ NOTE

GlobalKey는 요소들을 고유하게 식별하는 데 사용합니다. GlobalKey는 BuildContext를 포함하여 해당 요소와 관련된 다른 객체에 대한 액세스를 제공합니다.

05_ 다음으로 initState 메서드를 재정의하여, 다음과 같이 초기 애니메이션을 앞서 Rive에서 만든 'Start' 애니메이션을 설정합니다. 그리고 이 단계에서 _loadRiveFile()을 정의하여 dice.riv 파일을 불러옵니다.

```
@override
void initState() {
  _animation1 = SimpleAnimation('Start');
  _animation2 = SimpleAnimation('Start');
  _loadRiveFile();
  super.initState();
}

void _loadRiveFile() async {
  final bytes = await rootBundle.load('assets/dice.riv');
  final file = RiveFile();
  final file2 = RiveFile();
  if (file.import(bytes)) {
    setState(() => _artboard1 = file.mainArtboard
      ..addController(
```

```
      _animation1,
    ));
  }
  if (file2.import(bytes)) {
    setState(() => _artboard2 = file2.mainArtboard
      ..addController(
        _animation2,
      ));
  }
}
```

06_ build() 메서드에서 MediaQuery.of(context) size 값을 사용하여 현재 너비와 높이를 검색한 다음 Scaffold를 반환합니다.

07_ Scaffold의 appBar에서 Text 위젯에 Knockout Game title을 배치합니다. body의 경우 SingleChildScrollView에서 다음과 같이 이 화면에 대한 UI 위젯을 포함할 Column 위젯을 삽입합니다.

```
@override
Widget build(BuildContext context) {
  double width = MediaQuery.of(context).size.width;
  double height = MediaQuery.of(context).size.height;
  return Scaffold(
    key: _scaffoldKey,
    appBar: AppBar(
      title: Text('Knockout Game'),
    ),
    body: SingleChildScrollView(
      child: Container(
        alignment: Alignment.center,
        padding: EdgeInsets.all(24),
        child: Column(children: []))));
}
```

08_ Column 내부의 첫 번째 위젯은 Rive 애니메이션을 포함하는 두 개의 주사위입니다. 두 개의 주사위는 같은 행에 나란히 배치됩니다.

09_ Column 안에 children이 두 개인 Container가 될 Row 위젯을 만듭니다. 각 컨테이너의 높이는 화면의 1/30이고, 사용 가능한 화면 너비의 너비는 2.5로 나눕니다.

10_ 각 Container에는 다음 블록과 같이 dice.riv 애셋을 불러올 Rive가 포함됩니다. 첫 번째 주사위의 애니메이션은 _animation1이고, 두 번째는 예측할 수 있는 것처럼 _animation2입니다.

```
child: Column(
  children: [
    Row(
      mainAxisAlignment: MainAxisAlignment.spaceEvenly,
      children: <Widget>[
        Container(
          height: height / 3,
          width: width / 2.5,
          child: Rive(
            artboard: _artboard1,
            fit: BoxFit.contain,
          )),
        Container(
          height: height / 3,
          width: width / 2.5,
          child: Rive(
            artboard: _artboard2,
            fit: BoxFit.contain,
          )),
      ],),),
```

두 개의 주사위가 있는 Row 아래에 플레이어와 AI의 점수에 대한 몇 가지 Text 위젯을 배치합니다. 이러한 위젯을 여러 번 반복해야 하므로, 이를 위해 특별히 다음과 같이 새 위젯을 만듭니다.

01_ 파일 맨 아래에서 stless 숏컷을 이용하여 새로운 Stateless 위젯을 만들어 보겠습니다. 이것을 GameText라고 하겠습니다.

02_ 클래스 내에서 세 개의 final 프로퍼티를 만듭니다. 첫 번째는 text라는 이름의 문자열이고, 두 번째는 color라는 이름의 Color입니다. 마지막은 isBordered라는 bool입니다. 셋 다 생성자에서 설정됩니다.

03_ build() 메서드에서 child은 Text 위젯이 되며, 위젯에 전달된 텍스트를 포함하고, 스타일은 글꼴 크기를 24로 설정하고, 전달된 color로 색상을 설정하는 Container를 반환합니다. Decoration으로 isBordered를 사용하여 BoxDecoration을 설정합니다. 다음의 내용은 이 단계를

수행한 후의 코드입니다.

```
class GameText extends StatelessWidget {
  final String text;
  final Color color;
  final bool isBordered;
  GameText(this.text, this.color, this.isBordered);

  @override
  Widget build(BuildContext context) {
    return Container(
      decoration: BoxDecoration(
        border: isBordered ? Border.all() : null,
        borderRadius: BorderRadius.circular(24),
      ),
      child: Text(
        text,
        style: TextStyle(fontSize: 24, color: color),
      ),
    );
  }
}
```

04_ _KnockOutScreenState 클래스의 build() 메서드에 있는 Scaffold body의 Column으로 돌아가서 **플레이어와 AI**의 점수를 표시하는 두 개의 새로운 Row를 추가합니다. 각 행에는 label인 Player 또는 AI가 할당되며, 두 위젯은 Row 위젯의 mainAxisAlignment 프로퍼티를 사용하여 균일한 간격으로 배치됩니다.

05_ 두 행 사이와 두 번째 행 뒤에, 화면 높이를 24로 나눈 Padding 위젯을 추가합니다. 이렇게 하면 행 사이에 약간의 공간이 생기고, 이에 대한 코드는 다음 블록에서 볼 수 있습니다.

```
Row(
  mainAxisAlignment: MainAxisAlignment.spaceEvenly,
  children: <Widget>[
    GameText('Player: ', Colors.deepOrange, false),
    GameText(_playerScore.toString(), Colors.white, true),
  ],
),
Padding(padding: EdgeInsets.all(height / 24),),
```

```
Row(
  mainAxisAlignment: MainAxisAlignment.spaceEvenly,
  children: <Widget>[
    GameText('AI: ', Colors.lightBlue, false),
    GameText(_aiScore.toString(), Colors.white, true),
  ],
),
Padding(
  padding: EdgeInsets.all(height / 12),
),
```

열의 마지막 행에는 두 개의 버튼이 있어야 합니다. 하나는 플레이 하기 위한 것이고, 다른 하나는 게임을 리셋하기 위한 것입니다. 이번에는 Container를 사용하는 대신 SizedBox를 사용할 것입니다.

 TIP

이 경우 Container와 SizedBox 사이에는 거의 차이가 없습니다. SizedBox를 사용하는 경우, 너비나 높이, 또는 둘 다 지정해야 합니다. SizedBox에 대한 자세한 내용은 비디오 클립(https://www.youtube.com/watch?v=EHPu_DzRfqA)을 참고하십시오.

06_ 각 SizedBox 위젯에 RaisedButton을 삽입합니다. 첫 번째 child는 'Play' 텍스트를 가지고 있으며, 색상은 green입니다. 두 번째는 'Restart' 텍스트를 가지고 있으며, 색상은 grey 입니다. 둘 다 둥근 모서리가 있으므로, 모양에는 반경이 24인 원형 borderRadius가 있는 RoundedRectangleBorder가 포함됩니다.

07_ 누르면 첫 번째 버튼은 play() 메서드를 호출하고, 두 번째 버튼은 reset() 메서드를 호출합니다. 다음으로는 메서드를 만들 것입니다. 여기에서 설명된 단계에 대한 코드는 다음에서 볼 수 있습니다.

```
Row(
  mainAxisAlignment: MainAxisAlignment.spaceEvenly,
  children: <Widget>[
    SizedBox(
      width: width / 3,
      height: height / 10,
      child:RaisedButton(
        child: Text('Play'),
```

```
      color: Colors.green,
      shape: RoundedRectangleBorder(
        borderRadius: BorderRadius.circular(24)
      ),
      onPressed: () {
        play(context);
      },
    )
  ),
  SizedBox(
    width: width / 3,
    height: height / 10,
    child:RaisedButton(
      color: Colors.grey,
      child: Text('Restart'),
      shape: RoundedRectangleBorder(
        borderRadius: BorderRadius.circular(24)
      ),
      onPressed: () {
        reset();
      },
    )
  ),
  ],
),
```

08_ reset() 메서드는 다소 간단합니다. setState() 메서드를 호출하여, 애니메이션 문자열을 'Start' 값으로 설정하고, **플레이어**와 **AI**의 점수를 0으로 설정하면 됩니다.

_KnockOutScreenState 클래스에 다음 코드를 추가합니다.

```
void reset() {
  setState(() {
    _artboard1.removeController(_animation1);
    _artboard2.removeController(_animation2);
    _animation1 = SimpleAnimation('Start');
    _animation2 = SimpleAnimation('Start');
    _artboard1.addController(_animation1);
    _artboard2.addController(_animation2);
    _aiScore = 0;
```

```
    _playerScore = 0;
  });
}
```

play() 메서드는 게임의 로직을 포함합니다. 이 메서드는 주사위를 던지고, 결과에 대한 관련 애니메이션을 호출하고, 점수를 플레이어와 AI에 추가하고, 결과로 화면을 업데이트합니다. 또한, 한 게임이 끝날 때 사용자에게 메시지를 표시하는 메서드를 호출하기도 합니다.

09_ _KnockOutScreenState 클래스에 play()라는 새 메서드를 추가합니다. 몇 초 동안 지속되는 애니메이션이 호출되므로, play() 메서드는 비동기입니다. 또한, 다음 코드 조각에 표시된대로 BuildContext 매개변수를 사용하여 SnackBar를 사용자에게 표시합니다.

```
Future play(BuildContext context) async {}
```

10_ play() 메서드 내에서 message라는 String을 만들고, 다음과 같이 초기 값을 빈 문자열로 설정합니다.

```
String message = '';
```

11_ 다음으로 setState() 메서드를 호출하여 다음과 같이 Rive에서 이미 만든 'Roll' 애니메이션이 되도록 애니메이션을 설정합니다.

```
setState(() {
  _artboard1.removeController(_animation1);
  _artboard2.removeController(_animation2);
  _animation1 = SimpleAnimation('Roll');
  _animation2 = SimpleAnimation('Roll');
  _artboard1.addController(_animation1);
  _artboard2.addController(_animation2);
});
```

12_ 게임에 약간의 서스펜스를 추가하기 위해 Dice 클래스에서 static wait3seconds() 메서드를 호출하여 롤링 애니메이션을 3초 동안 유지합니다. 3초가 지난 후 then 함수를 사용하여 Dice 클래스의 getRandomAnimation() 메서드를 호출하여 랜덤 숫자(그리고 애니메이션)을 생성할 수 있습니다. 다음과 같이 animation1 및 animation2에 대해 이것을 호출합니다.

```
Dice.wait3seconds().then((_) {
  Map<int, SimpleAnimation> animation1 = Dice.getRandomAnimation();
  Map<int, SimpleAnimation> animation2 = Dice.getRandomAnimation();
});
```

13_ then() 함수에서 주사위 결과 두 개를 추가하고(List는 0부터 시작하므로, List의 위치에 1을 더해야 합니다) 다음과 같이 합계를 result라는 새 변수에 넣습니다.

```
int result = animation1.keys.first +1 + animation2.keys.first+1;
```

14_ 다음으로, 계속해서 then() 함수에서 AI도 플레이됩니다. Dice 클래스의 getRandomNumber()를 두 번 호출하고 결과를 합산하면 됩니다. 여기에서 선언할 변수는 다음 코드 조각과 같이 aiResult입니다.

```
int aiResult = Dice.getRandomNumber() + Dice.getRandomNumber();
```

15_ 녹아웃 번호는 7입니다. 따라서 두 주사위의 합이 7이면, 플레이어 또는 AI의 총 점수에 아무것도 더해지지 않습니다. 다음과 같이 then() 메서드에 있는 이전 코드 아래에 다음의 코드를 추가합니다.

```
if (result == 7) result = 0;
if (aiResult == 7) aiResult = 0;
```

 TIP

두 개의 주사위로 7을 던질 확률은 16.67% 또는 1/6번으로 가능한 모든 결과 중 가장 높은 확률입니다. 가장 낮은 확률은 2개 또는 12개를 던지는 것입니다. 각각의 확률은 2.78% 또는 1/36번입니다.

16_ 그런 다음, 계속해서 then() 메서드에서 setState() 메서드를 호출하여 다음과 같이 플레이어 및 AI 점수와 주사위 애니메이션을 업데이트합니다.

```
setState(() {
  _playerScore += result;
  _aiScore += aiResult;
  _artboard1.removeController(_animation1);
```

```
_artboard2.removeController(_animation2);
_animation1 = animation1.values.first;
_animation2 = animation2.values.first;
_artboard1.addController(_animation1);
_artboard2.addController(_animation2);
});
```

17_ 점수를 업데이트한 후 플레이어 또는 AI가 50점에 도달했는지 확인해야 합니다. 그렇게 하면 메시지가 업데이트되고, 새 메서드인 showMessage()가 호출됩니다. 다음으로 이 메서드를 만들 것입니다. 한편, play() 메서드 하단에 다음 코드를 추가합니다.

```
if (_playerScore >= 50 || _aiScore >= 50) {
  if (_playerScore > _aiScore) {message = 'You win!';}
  else if (_playerScore == _aiScore) {message = 'Draw!'; }
  else {message = 'You lose!';}
  showMessage(message);
}
```

18_ 우리 앱의 마지막 메서드는 showMessage() 메서드입니다. 플레이어에게 승패 또는 무승부를 알려주는 SnackBar를 생성합니다. SnackBar의 context로 _scaffoldKey를 사용하고 있습니다. _KnockOutScreenState 클래스에 다음 코드를 추가해줍니다.

```
void showMessage(String message) {
  SnackBar snackBar = SnackBar(
    content: Text(message),
  );
  _scaffoldKey.currentState.showSnackBar(snackBar);
}
```

앱을 완성하려면 사용자가 **Single Dice** 화면에서 KnockOut 게임으로 또는 그 반대로 탐색할 수 있는 내비게이션만 추가하면 됩니다.

01_ 그러므로 single.dart에서 다음과 같이 필요한 import를 추가합니다.

```
import 'knockout.dart';
```

02_ build() 메서드에서 다음과 같이 Navigator.push() 메서드를 호출하여 Knockout 화면을 여는 IconButton을 AppBar에 추가합니다.

```
appBar: AppBar(
  actions: <Widget>[
    IconButton(
      icon: Icon(Icons.fitness_center),
      onPressed: () {
        MaterialPageRoute route =
        MaterialPageRoute(builder:(context)=> KnockOutScreen());
        Navigator.push(context, route);
      },
    )
  ],
),
```

03_ 그런 다음 knockout.dart 파일에서 동일한 작업을 수행하지만, 대신 이번에는 다음과 같이 single.dart 화면을 호출해야 합니다.

```
appBar: AppBar(
  actions: <Widget>[
    IconButton(
      icon: Icon(Icons.repeat_one),
      onPressed: () {
        MaterialPageRoute route =
        MaterialPageRoute(builder: (context)=> Single());
        Navigator.push(context, route);
      },
    )
  ],
),
```

이제 앱이 완성되었습니다! Knockout을 몇 번 플레이하면서 모든 것이 예상대로 작동하는지 확인해봅시다. 단, 너무 많은 시간을 소비하지는 마십시오. 아직 이 책에서 완료해야 할 몇 가지 프로젝트가 남아있으니 말입니다!

요약

Rive는 플러터로 직접 내보내는 벡터 디자인 및 애니메이션 도구입니다. 플러터 앱에 Rive를 사용하면 몇 가지 장점이 있습니다. 하나는 Rive로 만든 애니메이션을 런타임에 플러터 코드에서 변경할 수 있다는 점입니다. 애셋을 생성하고, 애니메이션을 적용한 다음 Flutter에 바로 오브젝트를 묶을 수 있습니다. Rive는 브라우저에서 사용할 수 있으며 설치가 필요하지 않습니다. Rive는 작업 공유에 동의하는 한 무료로 사용할 수 있습니다(Rive 2는 개인 비공개 사용 목적이라도 무료로 사용이 가능합니다).

Stage와 상호작용하는 방법, 디자인을 만드는 작업 영역, 그리고 Rive 계층 구조의 최상위 노드인 **Artboard**를 배치하는 방법을 살펴보았습니다. 우리는 **디자인** 및 **애니메이션** 모드를 모두 사용하였습니다. 디자인 모드에서는 앱용 주사위를 만들었고, Animate 모드에서는 앱에서 사용한 주사위 애니메이션을 만들었습니다.

rive.app 웹 사이트에서 '.riv' 파일을 내보내고 다운로드한 후 Rive 애셋을 플러터 프로젝트에 사용하는 데 필요한 단계를 따라 진행하였습니다.

주사위를 앱에 통합한 후 앱에서 이들과 상호작용하기 시작하였습니다. 특히 Rive 위젯을 사용하여, 사용할 애셋, 표시할 애니메이션 및 애니메이션의 화면 사용방법을 지정할 수 있습니다.

앱에 로직을 추가하여 Rive 애니메이션과 상호작용하였습니다. 랜덤 숫자를 활용하여 주사위 결과를 변경하고, 주사위 결과에 따라 프로그래밍 방식으로 애니메이션을 설정하는 방법을 살펴보았습니다. 마지막으로 Knockout 게임 로직을 앱에 추가하였습니다.

다음 장에서는 Google developers에서 플러터 앱에 권장하는 디자인 패턴인 **BLoC(Business Logic Component)** 패턴에 대해 살펴보겠습니다.

질문

각 프로젝트의 끝에는 이 장에서 다룬 내용을 기억하고 리뷰하는 데에 도움이 되는 몇 가지 질문이 있습니다.

다음 질문에 답해 보십시오. 확실하지 않은 경우 이 장의 내용을 잘 살펴보면 모든 답을 찾을 수 있습니다.

1. Rive에서 내보낸 파일을 pubspec.yaml 파일의 어느 곳에 배치해야 합니까?

2. Rive에서 **디자인** 모드와 **Animate** 모드의 차이점은 무엇입니까?

3. Rive 프로젝트에는 몇 개의 Artboard가 필요합니까?

4. Rive에서 타임라인의 목적은 무엇입니까?

5. Rive의 계층 구조는 무엇입니까?

6. 플러터 프로젝트에서 Rive 애셋을 사용할 때, 애니메이션 이름을 사용하는 시기와 이유는 무엇입니까?

7. 플러터에서 Rive 애니메이션을 표시하는 데 사용할 수 있는 위젯은 무엇입니까?

8. 플러터 앱에서 1과 6 사이의 랜덤 숫자를 어떻게 생성합니까?

9. 앱에서 언제 내장 애니메이션 대신 Rive 애니메이션을 사용합니까?

10. 다음 코드에서 첫 번째 매개변수로 무엇을 입력하시겠습니까?

```
Rive([첫 번째 매개변수],
  fit: BoxFit.contain,
)
```

추가 읽을거리

새로운 기술을 배우는 가장 빠른 방법은 사용해보는 것이지만, 그 다음 방법은 숙련된 개발자와 디자이너가 이미 만든 프로젝트를 살펴보는 것입니다. Rive의 몇 가지 훌륭한 샘플을 보려면 https://github.com/rive-app/rive-flutter을 살펴보십시오.

이 장에서는 Rive를 사용하여 간단한 게임을 만들었습니다. 플러터로 게임을 개발하는 데 관심이 있다면, 인생을 더 쉽게 살 수 있도록 만들어 줄 게임 엔진도 있다는 사실에 기뻐하게 될 것입니다. 자세한 내용은 Flame(https://flame-engine.org)을 참고하세요.

앱에 내장된 애니메이션을 사용하는 방법에 대한 복습은 다음 링크(https://flutter.dev/docs/development/ui/animations)에서 찾을 수 있는 공식 플러터 가이드를 참고하세요.

게임 개발에 대해 진지하게 생각한다면, 사용하는 언어나 플랫폼에 관계없이 신뢰할 수 있는 일반적인 원칙을 제공하는 훌륭한 무료 리소스가 있습니다. 자세한 내용은 링크의 내용(https://www.freecodecamp.org/news/learn-game-development-from-harvard/)을 참고하십시오.

할 일 관리 앱 - BLoC 패턴 및 Sembast 활용하기

✔ 기술 요구사항
✔ 프로젝트 개요
✔ 데이터를 저장하기 위해 sembast를 이용하기
✔ BLoC 패턴

앱의 구조 또는 아키텍처를 설계하는 것은 특히 프로젝트의 복잡성과 규모가 커질 때 앱을 만들거나 업그레이드를 해야 할 경우 개발자가 해결해야 하는 가장 중요한 문제입니다.

각 언어에는 **Model-View-Controller(MVC)** 또는 **Model-View-Viewmodel(MVVM)**과 같은 '즐겨 사용하는' 패턴이 있습니다. 플러터도 예외는 아니며, 현재 Google Developers에서 제안하는 패턴은 **BLoC(Business Logic Components)** 패턴입니다. BLoC를 사용하면 많은 이점이 있는데, 그 중 하나는 이미 플러터에 통합되어 있으므로, 별도의 플러그인이 필요하지 않다는 점입니다.

이전 장에서는 SQFlite 및 파이어베이스 Firestore 데이터베이스와 같은 앱에서 데이터를 유지하는 다양한 방법을 살펴보았습니다. 이 프로젝트를 위해 우리는 다른 컨텍스트에서 최상의 솔루션을 선택할 수 있는 다른 도구를 소개할 것입니다. 즉, 간단한 임베디드 애플리케이션 스토어 데이터베이스(**Simple Embedded Application Store Database**, 짧게 줄여서 sembast)입니다. 이 도구를 사용하는 것은 이것의 이름을 기억하는 것보다 훨씬 쉽습니다.

또한 앱의 상태를 처리하기 위해 setState()를 사용하는 대신 BLoC 패턴을 사용합니다. 이것은 플러터에서 상태 변경을 관리하기 위해 스트림 기능을 활용하게 됩니다. BLoC 패턴을 사용하면 UI에서 비즈니스 로직을 분리하는 데 도움이 됩니다.

이 프로젝트가 끝나면 BLoC 패턴과 함께 간단한 임베디드 애플리케이션 스토어 데이터베이스를 활용하여 앱에서 데이터와 상태를 유지할 수 있습니다. 이 장의 프로젝트에서는 UI와 데이터 간의 인터페이스로 BLoC 패턴을 사용합니다.

이 장에서는 다음 항목을 다룹니다.

- 간단한 임베디드 애플리케이션 스토어 데이터베이스 또는 sembast 사용
- BLoC 패턴 소개
- BLoC 및 스트림을 사용하여 UI 업데이트

10-1 기술 요구사항

완성된 앱 코드는 책의 GitHub 저장소에서 찾을 수 있습니다(https://github.com/binsoopark/FlutterProjectExamples).

이 책의 코드 예제를 따르려면 Windows, Mac, Linux, Chrome OS 기기에 다음 소프트웨어가 설치되어 있어야 합니다.

- Flutter SDK(Software Development Kit)
- Android 용으로 개발하려면 Android SDK(Android Studio에서 쉽게 설치)
- iOS 용으로 개발하려면 macOS 및 Xcode
- 디버깅이 가능한 에뮬레이터(Android), 시뮬레이터(iOS) 또는 연결된 iOS 또는 Android 기기
- 편집기: Visual Studio Code(VS Code), Android Studio 또는 IntelliJ 또는 IDEA를 권장합니다. 모두 Flutter/Dart 확장 프로그램이 설치되어 있어야 합니다.

10-2 프로젝트 개요

이 장에서 구현할 앱은 간단한 '할 일' 관리 애플리케이션입니다. 두 개의 화면으로 구성됩니다. 첫 번째 화면에서는 완료해야 하는 할 일 목록이 포함되어 있습니다. 여기에서 사용자는 왼쪽 또는 오른쪽으로 스와이프하여 목록의 모든 항목을 삭제하고, 새 할 일 항목을 추가하거나 앱의 두 번째 화면을 불러서 기존 항목을 편집할 수도 있습니다. 다음은 앱의 첫 페이지에 대한 스크린샷입니다.

앱의 두 번째 화면은 하나의 할 일에 대한 세부사항입니다. 여기에서 사용자는 할 일의 세부사항을 입력하고, 이를 sembast 데이터베이스에 저장할 수 있습니다. 할 일에 필요한 필드는 할 일의 이름(name), 설명(description), 우선 순위(priority) 및 날짜(date)입니다.

'Save' 버튼을 클릭하면, 모든 변경사항이 유지됩니다. 'Back' 버튼을 클릭하면, 변경사항이 취소됩니다. 다음은 두 번째 화면의 스크린샷입니다.

특히 이 장의 프로젝트는 코드가 많습니다. 앱에서 BLoC 패턴을 구현하는 데 여러 단계가 필요하기 때문입니다. 하지만, 이 단계가 완료되면, 다른 프로젝트에서 코드를 쉽게 재사용할 수 있게 될 것입니다.

이 프로젝트를 완료하는 데 필요한 전체 시간은 약 3시간입니다.

10-3 데이터를 저장하기 위해 sembast를 이용하기

대부분의 경우 앱에서 구조화된 데이터를 유지하기 위해 '6장. 데이터 저장 – Sq(F)Lite를 사용하여 로컬 데이터베이스에 데이터를 저장하기'와 같은 SQL 데이터베이스를 선택할 수 있습니다. 그러나 데이터가 구조화되지 않았거나, 너무 단순해서 SQL 데이터베이스가 필요하지 않은 경우가 있습니다. 이러한 경우 플러터에서 사용할 수 있는 매우 효율적인 솔루션이 있습니다. 그것은 Simple Embedded Application Store Database입니다.

Sembast는 단일 파일에 있는 문서 기반의 데이터베이스입니다. 앱에서 열 때 메모리에 로드되며, 필요할 때 파일이 자동으로 압축되므로 매우 효율적입니다. 데이터는 Key-Value 쌍과 함께 JSON 형식으로 저장됩니다. 필요로 하는 경우 데이터를 암호화할 수도 있습니다.

라이브러리는 Dart로 작성되어 있으며, Sembast를 사용하기 위해 해야 하는 유일한 필요조건은 pubspec.yaml 파일에 종속성을 추가하는 일 뿐입니다.

편집기로 새 앱을 만들고, pubspec.yaml 파일을 엽니다. 종속성 노드에서 코드를 추가하여 sembast 및 path_provider 라이브러리를 추가하십시오. 평소와 같이 Dart 패키지 웹 사이트(https://pub.dev/)에서 최신 버전을 확인하는 것이 좋습니다.

```
sembast: ^2.4.8+1
path_provider: ^1.6.27
```

여기에 path_provider가 포함된 이유는 각각의 기기가 다른 방식으로 파일 시스템에 저장하기 때문입니다. path_provider를 사용하여 앱이 iOS 및 Android와 호환되는지 확인합니다.

평소처럼 모든 것은 클래스로 시작됩니다. 프로젝트의 첫 번째 단계는 할 일 자체에 대한 클래스를 만드는 것입니다.

01_ 앱의 lib 폴더에 data 패키지를 만듭니다.

02_ data 패키지에서 todo.dart라는 새 파일을 만듭니다.

03_ 파일에 데이터베이스에서 사용할 필드(id, name, description, 작업완료날짜를 포함하는 completeBy 문자열, priority 정수)와 함께 Todo라는 클래스를 추가합니다.

```
class Todo {
  int id;
```

```
    String name;
    String description;
    String completeBy;
    int priority;
  }
```

04_ Todo 객체 생성을 단순화하기 위해, Todo 객체의 모든 필드(ID 제외)를 취하는 생성자를
생성합니다.

```
  Todo(this.name, this.description, this.completeBy, this.priority);
```

 TIP

sembast에서 ID는 데이터베이스에서 자동으로 생성되며, 그것은 SQLite에서 취급되는 것과 유사하게 각 저장소/문
서에 대해 고유합니다.

데이터가 sembast에 JSON으로 저장되기 때문에, Todo 객체를 Map으로 변환하는 방법이 필요
합니다. 그런 다음 sembast 엔진은 자동으로 Map을 JSON으로 변환합니다.

05_ Todo 클래스에서 Todo 필드를 포함하는 동적 타입인 String의 Map을 반환하는 toMap()
이라는 함수를 작성하십시오. 다음의 코드를 추가하여 toMap() 메서드를 만듭니다.

```
  Map<String, dynamic> toMap() {
    return {
      'name': name,
      'description': description,
      'completeBy': completeBy,
      'priority': priority,
    };
  }
```

06_ Todo 클래스의 마지막 메서드는 정확하게 그 반대입니다. Map이 전달되면, 함수는 새로운
Todo를 반환합니다. 이 메서드는 Todo를 반환하는 데 객체가 필요하지 않으므로 static입니다.
다음 코드를 추가하여 fromMap() 함수를 만듭니다.

```
static Todo fromMap(Map<String, dynamic> map) {
  return Todo(map['name'], map['description'],
          map['completeBy'], map['priority']);
}
```

이것으로 Todo 클래스가 완성되었습니다. 다음으로는 데이터를 다루겠습니다.

Sembast: 데이터 다루기

이 섹션에서는 데이터베이스를 생성하는 클래스를 만들고, 데이터베이스를 연 다음 CRUD 작업을 수행하는 메서드를 추가합니다.

01_ 앱의 data 패키지에서 todo_db.dart라는 새로운 파일을 만듭니다.

02_ todo_db.dart 파일의 맨 위에, 다음에 필요한 import를 삽입해주세요.

```
import 'dart:async';
import 'package:path_provider/path_provider.dart';
import 'package:path/path.dart';
import 'package:sembast/sembast.dart';
import 'package:sembast/sembast_io.dart';
import 'todo.dart';
```

03_ 데이터베이스를 두 번 이상 여는 것은 합리적이지 않으므로, TodoDb 클래스는 싱글톤이어야 합니다. 따라서 TodoDb 클래스를 만든 후, _internal이라는 명명된 생성자를 추가합니다. 그다음, 새 TodoDb 인스턴스가 호출될 때마다 반환할 _singleton이라는 static private TodoDb 객체를 만듭니다.

```
class TodoDb {
//이것은 싱글톤이어야 합니다.
  static final TodoDb _singleton = TodoDb._internal();
//private internal 생성자
  TodoDb._internal();
}
```

04_ 마지막으로, _singleton 객체를 반환할 팩토리 생성자를 만듭니다.

```
factory TodoDb() {
  return _singleton;
}
```

다음으로, 데이터베이스와 상호작용하는 데 필요한 객체와 메서드를 추가합니다.

sembast 데이터베이스 열기

우리가 사용할 첫 번째 객체는 DatabaseFactory입니다. 데이터베이스 팩토리를 이용하면,
sembast 데이터베이스를 열 수 있습니다. 각 데이터베이스는 파일입니다. 단계를 살펴보겠습
니다.

01_ 생성자 아래에 다음 코드를 추가하여 DatabaseFactory를 만듭니다.

```
DatabaseFactory dbFactory = databaseFactoryIo;
```

02_ 데이터베이스를 열고난 뒤, 파일을 저장할 위치를 지정해야 합니다. **store**는 데이터베이스
내부의 '폴더'로 간주될 수 있습니다. store는 **영구적인 맵**이고, 해당 값은 Todo 객체입니다. 다
음 코드를 추가하여 읽기/쓰기 작업을 위한 저장소를 지정합니다.

```
final store = intMapStoreFactory.store('todos');
```

03_ 다음으로 데이터베이스를 엽니다. 먼저 _database라는 이름으로 Database 객체를 선언합
니다.

```
Database _database;
```

04_ 그런 다음 _database가 이미 설정되었는지 여부를 확인하는 getter를 추가합니다. 설

정된 경우 getter는 기존 _database를 반환합니다. 그렇지 않은 경우, 다음 단계에서 만들 _openDb() 비동기 메서드를 호출합니다. 이것은 코드에서 싱글톤이 필요할 때마다 사용할 수 있는 패턴입니다.

```
Future<Database> get database async {
  if (_database == null) {
    await _openDb().then((db) {
      _database = db;
    });
  }
  return _database;
}
```

05_ 이제 sembast 데이터베이스를 여는 _openDb() 비동기 메서드를 작성할 준비가 되었습니다.

```
Future _openDb() async {}
```

06_ openDb() 메서드 내에서 데이터가 저장될 특정 디렉토리를 얻을 수 있습니다. 이것은 플랫폼에 따라 다르지만 path 라이브러리를 사용하므로, 운영체제가 데이터를 저장하는 방식에 대해 걱정할 필요가 없습니다. 다음 코드를 추가하여 시스템의 document 디렉토리를 검색하십시오.

```
final docsPath = await getApplicationDocumentsDirectory();
```

07_ 다음으로 join() 메서드를 호출하여 docsPath와 현재 플랫폼의 구분 기호(separator)를 사용하여 todos.db라는 데이터베이스의 이름을 하나의 경로로 합쳐줍니다. 여기에서 .db 확장자는 선택사항입니다.

```
final dbPath = join(docsPath.path, 'todos.db');
```

08_ 마지막으로 dbFactory를 사용하여 openDatabase() 메서드를 호출하여 실제로 sembast 데이터베이스를 열고 그것을 반환합니다.

```
final db = await dbFactory.openDatabase(dbPath);
return db;
```

이제, 데이터베이스가 열려 있으므로, 작업 생성, 읽기, 업데이트 및 삭제를 위한 메서드를 작성해야 합니다.

sembast로 CRUD 메서드 만들기

sembast의 CRUD 메서드는 이 책의 이전 프로젝트에서 살펴보았던 다른 데이터베이스의 메서드와 유사합니다. 구문은 다음 표에 나와 있습니다.

작업	메서드
새로운 document 삽입	add()
기존 document를 갱신	update()
document를 삭제	delete()
하나 이상의 document 검색	find()

프로젝트에서 이러한 메서드가 실제로 작동하는지 살펴보겠습니다.

01_ Sembast 데이터베이스에 새 항목을 삽입하라면, store를 통해 add() 메서드를 호출하여 삽입하려는 객체의 데이터베이스와 맵을 전달하기만 하면 됩니다. 예상하셨겠지만, sembast 데이터베이스의 읽기 및 쓰기 작업은 비동기입니다.

02_ 다음 코드를 추가하여 InsertTodo() 메서드를 구현합니다.

```
Future insertTodo(Todo todo) async {
  await store.add(_database, todo.toMap());
}
```

03_ 마찬가지로 데이터베이스의 기존 항목을 업데이트하려면, store의 update() 메서드를 호출할 수 있습니다. 여기에서 차이점은 Finder와 같은 다른 객체도 필요하다는 점입니다. Finder는 store 내부를 검색하는 데 사용할 수 있는 헬퍼입니다. update() 메서드를 사용하면, 업데이트하기 전에 Todo를 검색해야 하므로 문서를 업데이트하기 전에 Finder가 필요합니다.

Finder는 문서를 필터링하는 메서드를 지정하는 데 사용할 수 있는 filter라는 매개변수를 사용합니다. 이 경우 ID를 사용하여 Todo를 검색하므로 필터의 byKey() 메서드를 사용합니다.

04_ 다음 코드를 추가하여 updateTodo() 메서드를 구현합니다.

```
Future updateTodo(Todo todo) async {
  //Finder는 특정 store를 검색하는 헬퍼입니다
```

```
  final finder = Finder(filter: Filter.byKey(todo.id));
  await store.update(_database, todo.toMap(), finder: finder);
}
```

기존 항목을 삭제하려면 Finder도 필요합니다. 이번에 store를 통해 호출하는 메서드는 데이터베이스와 파인더만 사용하는 delete() 입니다.

05_ 다음 코드를 추가하여 deleteTodo() 메서드를 구현합니다.

```
Future deleteTodo(Todo todo) async {
  final finder = Finder(filter: Filter.byKey(todo.id));
  await store.delete(_database, finder: finder);
}
```

06_ Store에서 모든 레코드를 삭제할 수 있는 메서드를 만드는 것도 유용할 것입니다. 다음 코드를 추가하여 deleteAll() 메서드를 구현합니다.

```
Future deleteAll() async {
  //store로부터 모든 레코드를 제거합니다
  await store.delete(_database);
}
```

사용 가능한 Todo를 모두 검색하는 메서드도 필요합니다. 이 경우에도 여전히 finder를 사용할 수 있지만, 데이터를 필터링하는 대신 목록의 정렬 순서를 지정할 수 있습니다. priority 및 id 순으로 아이템을 정렬합니다.

이 함수는 Todo 목록을 반환하며 평소처럼 비동기입니다.

07_ 다음 코드를 추가하여 getTodos() 함수를 만듭니다.

```
Future<List<Todo>> getTodos() async {
  await database;
  final finder = Finder(sortOrders: [
    SortOrder('priority'),
    SortOrder('id'),
  ]);
}
```

이제 Finder가 설정되었습니다. Sembast 저장소에서 데이터를 검색하는 메서드는 find() 메서드로, 데이터베이스와 Finder를 다시 가져옵니다.

 NOTE

find() 메서드는 List⟨Todo⟩가 아닌 Future⟨List⟨RecordSnapshot⟩⟩을 반환합니다.

08_ getTodos() 함수에서, Finder를 설정한 후, 이어서 다음 코드를 추가합니다.

```
final todosSnapshot = await store.find(_database, finder: finder);
```

09_ find 메서드가 Snapshot을 반환하므로, map() 메서드를 사용하여 snapshot을 Todo로 변환해야 합니다. 모든 목록에서 map() 함수를 호출하면 목록의 값을 한 타입에서 다른 타입으로 변환할 수 있습니다. 다음 코드를 추가하여 todosSnapshot 객체에서 map() 메서드를 호출하고 snapshot을 Todo 객체 List로 변환합니다.

```
return todosSnapshot.map((snapshot){
  final todo = Todo.fromMap(snapshot.value);
  //id는 자동으로 생성됩니다
  todo.id = snapshot.key;
  return todo;
}).toList();
```

Todo 앱의 데이터 부분이 완성되었습니다. 모든 것이 예상대로 작동하는지 테스트해 보겠습니다.

sembast 사용하기

이제 메서드를 테스트하여 모든 것이 작동하는지 확인하고 프로젝트의 다음 부분으로 이동하기 전에 몇 가지 샘플 데이터를 추가할 수 있습니다.

01_ main.dart 파일을 열고, 기존 코드를 삭제하고, 필요한 패키지에 대해 import를 추가합니다.

```
import 'package:flutter/material.dart';
import 'data/todo_db.dart';
import 'data/todo.dart';
```

02_ MyApp을 호출할 수 있는 Stateless 위젯을 호출하도록 main() 메서드를 추가하십시오. 또한 MaterialApp에 debugShowCheckedModeBanner: false를 추가하여 화면 상단의 디버그 기호를 제거합니다.

```
void main() => runApp(MyApp());

class MyApp extends StatelessWidget {
  @override
  Widget build(BuildContext context) {
    return MaterialApp(
      title: 'Todos BLoC',
      debugShowCheckedModeBanner: false,
      theme: ThemeData(
        primarySwatch: Colors.orange,
      ),
      home: HomePage(),
    );
  }
}
```

03_ 이제 HomePage() 라는 Stateful 위젯을 만듭니다. 이것은 할 일 목록을 포함할 앱의 메인 화면입니다. 현재는 테스트 목적으로만 사용합니다.

```
class HomePage extends StatefulWidget {
  @override
  _HomePageState createState() => _HomePageState();
}

class _HomePageState extends State<HomePage> {
  @override
  Widget build(BuildContext context) {
    return Container();
  }
}
```

04_ _HomePageState 클래스에서 _testData() 라는 비동기 메서드를 추가합니다. 이 메서드는 todo_db.dart 파일에 작성한 CRUD 메서드를 호출하고 테스트합니다.

05_ _testData() 메서드 내에서 TodoDb 클래스의 인스턴스를 만듭니다.

06_ getTodos() 메서드를 한 번 호출합니다. 또한 이것은 데이터베이스를 엽니다.

07_ 데이터베이스에서 모든 레코드를 삭제하려면 deleteAll() 메서드를 호출합니다. 이렇게 하면 _testData()를 두 번 이상 호출해야 하는 경우, 이전 테스트에서 남은 데이터가 없도록 해줍니다. 4~7단계에 해당하는 코드는 다음과 같습니다.

```
Future _testData() async {
  TodoDb db = TodoDb();
  await db.database;
  List<Todo> todos = await db.getTodos();
  await db.deleteAll();
  todos = await db.getTodos();
}
```

08_ 초기설정 후 _testData() 메서드에 있는 동안 insertTodo() 메서드를 테스트해 보겠습니다. 세 개의 간단한 Todo 객체를 만들고 각각에 대해 insertTodo() 메서드를 호출합니다.

09_ 다음으로, getTodos() 메서드를 호출하여 할 일 목록을 다시 업데이트합니다.

```
await db.insertTodo(Todo('Call Donald', 'And tell him about Daisy', '02/02/2020', 1));
await db.insertTodo(Todo('Buy Sugar', '1 Kg, brown', '02/02/2020', 2));
await db.insertTodo(Todo('Go Running', '@12.00, with neighbours', '02/02/2020', 3));
todos = await db.getTodos();
```

10_ 데이터베이스에 세 개의 문서를 삽입한 후, 디버그 콘솔을 사용하여 모든 것이 예상대로 작동하는지 확인할 수 있습니다.

```
debugPrint('First insert');
todos.forEach((Todo todo){
  debugPrint(todo.name);
});
```

11_ 다음의 코드 블록과 같이 첫 번째 문서를 'Call Donald'에서 'Call Tim'으로 변경하여 updateTodo() 메서드를 테스트할 수 있습니다.

```
Todo todoToUpdate = todos[0];
todoToUpdate.name = 'Call Tim';
await db.updateTodo(todoToUpdate);
```

12_ 이제, 'Buy sugar'를 제거하며 deleteTodo( ) 메서드를 테스트합니다. 어차피... 설탕은 건강에 좋지 않으니까요!

```
Todo todoToDelete = todos[1];
await db.deleteTodo(todoToDelete);
```

13_ 이제 데이터를 다시 읽으십시오. 처음 입력한 세 개가 아닌 두 개의 문서만 있을 것으로 예상되며, 첫 번째 문서는 'Call Tim'이어야 합니다.

```
debugPrint('After Updates');
todos = await db.getTodos();
todos.forEach((Todo todo){
  debugPrint(todo.name);
});
```

14_ _HomePageState 클래스의 build( ) 메서드에서 _testData( ) 메서드를 호출합니다.

```
@override
Widget build(BuildContext context) {
  _testData();
  return Container();
}
```

15_ 앱을 실행합니다. 몇 초 후에는 디버그 콘솔에서 다음의 이미지와 같은 결과가 표시될 것입니다.

디버그 콘솔에 데이터가 올바르게 표시되면, sembast 데이터베이스에서 데이터를 읽고 쓸 수 있음을 의미합니다. 다음 섹션에서는 BLoC 패턴을 사용하여 데이터베이스와 상호작용합니다.

10-4 BLoC 패턴

지금까지 구현한 대부분의 프로젝트에서는 Stateful 위젯을 사용하여 상태를 처리하였습니다. 이 접근 방식은 프로토타이핑이나 간단한 앱에는 적합하지만 앱이 성장할 때에 사용하기에는 이상적인 방법이 아닙니다.

이에 대한 이유가 몇 가지 있습니다. 가장 중요한 이유는 적어도 레이아웃과 동일한 클래스에 앱 로직의 일부를 배치하기 때문입니다. 다른 상황에서 동일한 코드를 유지하고 재사용하기 어렵기 때문에 레이아웃과 코드를 혼합하지 않아야 합니다. 또한 로직과 UI를 명확하게 분리하면 동일한 그룹의 개발자가 동일한 코드 기반에서 작업하기가 훨씬 더 쉬워집니다.

또한 앱에서 변경되는 데이터가 있고, 다른 화면에서 여러 위젯을 업데이트해야 하는 경우 코드가 불필요하게 복제될 위험이 있습니다. 앱을 유지보수하는 데 많은 비용이 들 수 있으며, 소프트웨어의 품질을 유지하는 것이 어려울 수 있습니다.

BLoC 패턴은 Google에서 권장하는 플러터용 상태 관리 시스템입니다. BLoC는 상태를 관리하고 프로젝트의 공유 클래스에서 데이터에 액세스하는 데 도움이 됩니다.

✖ NOTE

> 플러터에서 상태를 관리하는 방법에는 여러 가지가 있습니다. 현재 BLoC가 권장되지만 하위 위젯으로 데이터를 전파할 수 있는 **상속된 위젯** 메서드와 상속된 위젯 및 Redux 위에 구현된 외부 패키지인 **범위 지정 모델 메서드**도 언급할 가치가 있습니다. 이것은 React를 사용해 본 적이 있다면 익숙할 것입니다. 상태를 유지하기 위한 다양한 방법에 대한 자세한 내용은 https://flutter.dev/docs/development/data-and-backend/state-mgmt/options를 참고하십시오.

⚡ BLoC 패턴 사용하기

BLoC 패턴을 사용하면 모든 것이 이벤트의 **스트림**입니다.

BLoC는 앱의 데이터 소스와 데이터가 필요한 위젯 사이의 레이어입니다. 예를 들어 소스는 웹 API의 HTTP 응답 또는 데이터베이스의 쿼리 결과일 수도 있으며, 위젯은 데이터를 수신하는 ListView일 수 있습니다.

BLoC는 소스에서 **이벤트** 또는 데이터 스트림을 수신하고 비즈니스 로직을 처리하며, 하나 이상의 데이터 스트림을 **수신** 또는 **구독**하는 위젯에 반환 또는 **게시**합니다.

다음 이미지에는 BLoC 역할에 대해 간단한 다이어그램이 나와 있습니다.

BLoC에는 싱크(sink)와 스트림(stream)의 두 가지 구성요소가 있으며, 둘 다 StreamController의 일부입니다.

여러분은 스트림을 파이프라고 생각할 수 있습니다. 이 파이프에는 입구와 출구라는 두 끝이 있습니다. '단방향 전용' 파이프입니다. 파이프에 무언가를 삽입하면, 싱크로 들어가서 (원하는 경우) 내부에서 변형된 다음, 스트림에서 나가게 됩니다.

여러분은 플러터에서 BLoC 패턴을 사용할 때 다음 사항에 유의해야 합니다.

- 파이프를 스트림(Stream)이라고 합니다.
- 스트림을 제어하려면 StreamController를 사용합니다.
- 스트림으로 들어가는 방법은 StreamController의 sink 프로퍼티입니다.
- 스트림에서 나가는 방법은 StreamContoller의 stream 프로퍼티입니다.

Stream을 사용하고, 무엇인가 나올 때 알림을 받기 위해서는 Stream을 리슨(listen)해야 합니다. StreamSubscription 객체를 사용하여 리스너(listener)를 정의합니다.

StreamSubscription은 스트림과 관련된 이벤트가 트리거될 때마다 알림을 받습니다. 예를 들어 일부 데이터가 스트림에서 유출되거나 오류가 있을 때마다 알림을 받습니다.

StreamTransformer라는 객체를 통해 Stream 내부의 데이터를 변환할 수 있습니다. 예를 들면, 데이터 필터링 또는 수정할 수 있습니다.

단계별 BLoC 가이드라인

앱에서 BLoC를 구현하는 과정은 몇 가지 단계로 이루어져 있습니다. 앞으로 진행할 과정에 대해 감을 잡을 수 있도록 먼저 요약해드리겠습니다.

1. BLoC 역할을 할 클래스를 만듭니다.
2. 클래스 안에서, 앱에서 업데이트해야 하는 데이터(우리의 경우 Todo 객체 리스트)를 선언합니다.
3. StreamController들을 설정합니다.
4. stream 및 sink에 대한 getter를 만듭니다.
5. BLoC의 로직을 추가합니다.
6. 데이터를 설정하고, 변경사항을 수신할 생성자를 추가합니다.
7. dispose( ) 메서드를 설정합니다.
8. UI에서 BLoC의 인스턴스를 만듭니다.
9. StreamBuilder를 사용하여 BLoC 데이터를 사용할 위젯을 구현합니다.
10. 데이터 변경사항에 대한 이벤트를 sink에 추가합니다.
11. dispose( ) 메서드를 호출합니다.

이 목록을 이 장의 나머지 부분에서 수행할 단계의 요약으로 사용하면 됩니다.

1. BLoC 클래스 만들기

앱에서 BLoC 패턴을 구현하려면 앱의 lib 폴더에 bloc이라는 이름의 새 패키지를 만듭니다.

bloc 패키지 안에 todo_bloc.dart라는 새 파일을 만듭니다.

StreamController들은 'dart:async' 라이브러리를 통해 액세스할 수 있으므로, import에서 dart:async와 우리의 todo.dart 파일 및 todo_db.dart 파일을 추가하여 데이터베이스에 연결합니다.

필수 import에 대한 코드를 아래와 같이 추가하십시오.

```
import 'dart:async';
import '../data/todo.dart';
```

```
import '../data/todo_db.dart';
```

이 파일에는 UI와 앱 데이터 간의 인터페이스 역할을 하는 TodoBloc이라는 클래스가 포함됩니다.

```
class TodoBloc{}
```

2. 변경될 데이터 선언하기

클래스 내에서 TodoDb 클래스와 Todo 항목의 List를 선언합니다.

```
TodoDb db;
List<Todo> todoList;
```

3. StreamController들을 설정하기

StreamController들을 만듭니다. 하나는 Todo 항목의 List용이고, 세 개는 삽입과 업데이트 및 삭제 작업용입니다. StreamController는 제네릭이므로 StreamController가 관리할 데이터 타입도 지정해야 합니다. 업데이트를 위한 하나의 할 일과 _todosStreamController에 대한 할 일 타입의 List입니다.

스트림에는 **단일-구독** 스트림과 **브로드캐스트** 스트림의 두 가지 종류가 있습니다. 단일-구독 스트림은 스트림의 수명 전체 동안 단일 리스너만 허용합니다. 반면 브로드캐스트 스트림은 언제든지 추가할 수 있는 여러 리스너를 허용합니다. 각 리스너는 스트림 수신을 시작하는 순간부터 데이터를 수신합니다. 우리 프로젝트에서는 여러 리스너를 허용하는 브로드캐스트 스트림을 사용합니다.

```
final _todosStreamController = StreamController<List<Todo>>.broadcast();
final _todoInsertController = StreamController<Todo>();
final _todoUpdateController = StreamController<Todo>();
final _todoDeleteController = StreamController<Todo>();
```

4. stream 및 sink에 대한 getter 만들기

이제 Stream getter를 만들어 보겠습니다. 데이터 플로우에서 sink 프로퍼티를 사용하여 데이터를 추가하고, stream 프로퍼티를 사용하여 데이터를 가져올 것입니다.

```
Stream<List<Todo>> get todos => _todosStreamController.stream;
StreamSink<List<Todo>> get todosSink => _todosStreamController.sink;
StreamSink<Todo> get todoInsertSink => _todoInsertController.sink;
StreamSink<Todo> get todoUpdateSink => _todoUpdateController.sink;
StreamSink<Todo> get todoDeleteSink => _todoDeleteController.sink;
```

5. BLoC 로직 추가하기

다음으로, 계속해서 TodoBloc 클래스에서 sembast 데이터베이스에서 todos를 가져올 메서
드로 시작하여, 데이터 스트림을 구현하는 데 필요한 함수를 만듭니다. getTodos()는 Future
를 반환하고 todos 리스트를 업데이트하기 전에 db.Todos의 결과를 기다립니다.

```
Future getTodos() async {
  List<Todo> todos = await db.getTodos();
  todoList = todos;
  todosSink.add(todos);
}
```

또한, todos 리스트를 반환하는 함수를 만들고 returnTodos라고 합니다.

```
List<Todo> returnTodos(todos) {
  return todos;
}
```

마지막으로, 데이터베이스 메서드를 호출하여 Todo를 삭제, 업데이트, 추가하는 데 필요한 세
가지 메서드를 만듭니다. 각 데이터베이스 함수를 호출한 뒤 getTodos() 메서드를 호출하여
데이터 스트림을 업데이트합니다.

```
void _deleteTodo(Todo todo) {
  db.deleteTodo(todo).then((result) {
    getTodos();
  });
}

void _updateTodo(Todo todo) {
```

```
    db.updateTodo(todo).then((result) {
      getTodos();
    });
  }

  void _addTodo(Todo todo) {
    db.insertTodo(todo).then((result) {
      getTodos();
    });
  }
```

6. 생성자 만들기

다음 단계는 TodoBloc 클래스에 생성자를 추가하는 것입니다.

```
TodoBloc() {}
```

생성자에서 TodoDb 클래스의 인스턴스를 호출한 다음 getTodos() 메서드를 호출합니다.

```
db = TodoDb();
getTodos();
```

그런 다음, 생성자에서 생성한 각 메서드의 변경사항을 수신합니다.

```
_todosStreamController.stream.listen(returnTodos);
_todoInsertController.stream.listen(_addTodo);
_todoUpdateController.stream.listen(_updateTodo);
_todoDeleteController.stream.listen(_deleteTodo);
```

7. dispose() 메서드 설정하기

이 클래스의 마지막 단계로 네 개의 StreamController를 닫는 dispose() 메서드를 추가합니다. 이렇게 하면, 디버깅하기 어려운 메모리의 누수 및 오류를 방지할 수 있습니다.

```
//dispose 메서드에서 스트림 컨트롤러를 닫아야 합니다
void dispose() {
  _todosStreamController.close();
```

```
    _todoInsertController.close();
    _todoUpdateController.close();
    _todoDeleteController.close();
}
```

이제 BLoC가 완성되었습니다. 필요한 마지막 단계는 BLoC 패턴을 사용하여 앱의 상태를 처리하는 방식으로 사용자 인터페이스를 구현하는 것입니다.

BLoC와 스트림을 사용하여 UI 업데이트하기

이제 앱의 모든 연결 공사가 끝났습니다. BLoC과 상호작용하고, 사용자에게 데이터를 표시하려면 사용자 인터페이스를 추가하기만 하면 됩니다. 앱의 메인 화면에는 ListView의 todos 목록이 포함됩니다. 화면은 다음 이미지와 비슷할 것입니다.

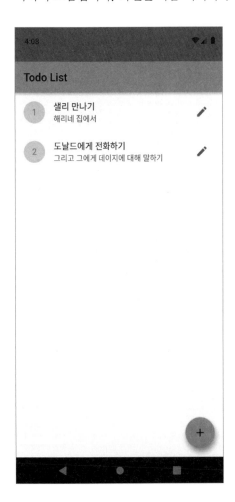

이 섹션에서는 사용자 인터페이스에서 BLoC과 상호작용하는 데 필요한 나머지 단계를 완성합니다.

1. BLoC의 인스턴스를 생성합니다.
2. 그런 다음, 스트림을 표시할 때 사용하는 객체인 StreamBuilder에 UI를 포함합니다.
3. 다음으로, 데이터 변경을 위해 sink에 이벤트를 추가합니다.
4. 마지막으로 dispose() 메서드를 재정의하고, 그곳에서 디버깅하기 매우 어려운 메모리 누수를 방지하기 위해 BLoC의 dispose() 메서드를 호출합니다. 이것이 setState() 메서드를 사용할 필요가 없더라도 Stateful 위젯이 권장되는 이유이기도 합니다.

🚀 홈페이지 화면 사용자 인터페이스

HomePage 화면은 BLoC에서 데이터를 읽고 Todo 객체가 포함된 ListView를 사용자에게 표시합니다. 이 화면에서 사용자는 ListView에서 항목을 스와이프할 때 객체를 삭제하여 BLoC에 기록합니다.

01_ main.dart 파일에서 todo_bloc.dart 파일에 대한 참조와 곧 추가하게 될 todo_screen.dart 파일을 포함하도록 import를 편집하십시오. 다른 import는 제거하면 됩니다.

```
import 'package:flutter/material.dart';
import 'todo_screen.dart';
import 'data/todo.dart';
import 'bloc/todo_bloc.dart';
```

02_ _HomePageState 클래스의 시작 부분에서 화면에 표시될 TodoBloc 필드와 Todo List 필드를 만들고, 기존 코드를 제거합니다.

```
class HomePage extends StatefulWidget {
  @override
  _HomePageState createState() => _HomePageState();
}


class _HomePageState extends State<HomePage> {
  TodoBloc todoBloc;
  List<Todo> todos;
}
```

03_ initState() 메서드를 재정의하고, 함수 내에서 todoBloc 필드를 TodoBloc 클래스의 인스턴스로 설정해 보겠습니다. 그러면 BLoC의 인스턴스가 생성됩니다.

```
@override
void initState() {
  todoBloc = TodoBloc();
  super.initState();
}
```

04_ 또한, dispose() 메서드를 재정의하여 나중에 해야 하는 것을 잊지 않도록 합니다. 여기에서는 todoBloc 객체의 dispose() 메서드를 호출합니다.

```
@override
void dispose() {
  todoBloc.dispose();
  super.dispose();
}
```

05_ build() 메서드에서 코드를 추가하여 비어 있는 새로운 todo를 생성하고, 호출한 Todo 객체의 리스트인 todos를 채웁니다. BLoC의 todoList 프로퍼티에는 데이터베이스에서 검색된 객체가 포함됩니다.

```
@override
Widget build(BuildContext context) {
  Todo todo = Todo('', '', '', 0);
  todos = todoBloc.todoList;
}
```

06_ 그런 다음, 계속해서 build() 메서드에서 AppBar의 title에는 'Todo List'라 하고, Container의 body를 갖는 Scaffold를 반환합니다.

```
return Scaffold(
  appBar: AppBar(
    title: Text('Todo List'),
  ),
  body: Container()
);
```

마지막으로 앱의 모든 연결 공사를 구축한 뒤에 StreamBuilder 위젯을 사용할 수 있습니다. 이것은 Stream의 이벤트를 수신하고, Stream의 최신 데이터를 사용하여 모든 하위 항목을 다시 빌드합니다.

업데이트해야 하는 UI가 포함된 builder와 스트림 프로퍼티를 통해 Stream에 연결할 수 있습니다. 또한 initialData 프로퍼티를 설정하여 이벤트를 수신하기 전에 처음에 표시되는 항목을 제어할 수 있습니다.

07_ Container에서 child로 StreamBuilder를 추가하여, todoBloc 인스턴스의 todos Stream에 연결하고 초기 데이터로 todos 리스트를 갖도록 만듭니다. 기억하시겠지만, StreamBuilder를 사용하여 BLoC 데이터를 사용할 위젯을 빌드합니다.

```
child: StreamBuilder<List<Todo>>(
  stream: todoBloc.todos,
  initialData: todos,
)
```

08_ 그런 다음, 컨텍스트를 가져오는 builder 메서드와 스냅샷을 설정합니다.

```
builder: (BuildContext context, AsyncSnapshot snapshot) {}
```

09_ StreamBuilder의 builder 메서드 안에 ListView.builder를 추가합니다. itemCount 매개변수의 경우 삼항연산자를 사용합니다. snapshot.hasData 프로퍼티가 true라면 스냅샷에 포함된 데이터의 length를 사용하고, 그렇지 않으면 0을 사용합니다. 그런 다음 ListView에 대해 빈 itemBuilder를 설정합니다.

```
return ListView.builder(
  itemCount: (snapshot.hasData) ? snapshot.data.length : 0,
  itemBuilder: (context, index) {}
);
```

10_ ListView의 itemBuilder 함수에서 Dismissible을 반환하여 사용자가 항목을 스와이프하고 sembast 데이터베이스에서 Todo를 삭제할 수 있도록 합니다. 이 일은 todoDeleteSink를 호출하고, 인덱스 위치에 Todo를 추가하면서 발생합니다. 다음은 이전 섹션의 BLoC 가이드라인 10단계입니다.

```
return Dismissible(
  key: Key(snapshot.data[index].id.toString()),
    onDismissed: (_) =>
    todoBloc.todoDeleteSink.add(snapshot.data[index])
);
```

11_ Dismissible 위젯의 child는 CircleAvatar에서 우선 순위를 보여주는 ListTile이고, 그 다음으로는 Todo의 이름을 title로 하고, description을 subtitle로 표시합니다. Dismissible 위젯에서 ListTile을 설정하려면 다음의 코드를 추가하십시오.

```
child: ListTile(
  leading: CircleAvatar(
    backgroundColor: Theme.of(context).highlightColor,
    child: Text("${snapshot.data[index].priority}"),
  ),
  title: Text("${snapshot.data[index].name}"),
  subtitle: Text("${snapshot.data[index].description}"),
)
```

계속해서 ListTile 안에 trailing icon을 추가합니다. 사용자가 아이콘을 누르면 앱의 두 번째 화면으로 이동하여 할 일 세부 정보를 표시하고, 사용자가 선택한 할 일을 편집하고, 저장할 수 있습니다. 이것은 편집을 위한 것이므로, Icons.edit 아이콘을 선택하고, onPressed 함수에서 Navigator.push() 메서드를 사용하여 이 화면을 완성한 후, TodoScreen으로 이동합니다. 선택된 할 일과 함께 이것이 새로운 할 일이 아닌 기존에 있던 할 일임을 화면에 알려주는 bool(false)을 생성될 화면에 전달합니다.

12_ 다음 코드를 추가하여 trailing IconButton을 만들고 앱의 두 번째 화면으로 이동합니다.

```
trailing: IconButton(
  icon: Icon(Icons.edit),
  onPressed: () {
```

```
    Navigator.push(
      context,
      MaterialPageRoute(
        builder: (context) => TodoScreen(snapshot.data[index], false)
      ),
    );
  },
),
```

13_ Scaffold의 appBar 아래에서 사용자가 새 Todo를 만들고 싶을 때 누를 수 있는 FloatingActionButton을 설정합니다. 이것도 앱의 두 번째 화면으로 이동하지만, 이번에는 전달되는 bool값이 새로운 할 일이므로 true가 됩니다.

14_ Scaffold에 다음 코드를 추가하여 FloatingActionButton을 추가하십시오.

```
floatingActionButton: FloatingActionButton(
  child: Icon(Icons.add),
  onPressed: () {
    Navigator.push(
      context,
      MaterialPageRoute(builder: (context) => TodoScreen(todo, true)),
    );
  },
),
```

이제, HomePage 화면이 준비되었으니 다음으로 TodoScreen을 추가해 보겠습니다.

TodoScreen 사용자 인터페이스

우리가 만들어야 하는 앱의 마지막 부분은, 사용자가 sembast 데이터베이스에서 할 일을 보고 편집하거나 추가할 수 있는 할 일 세부 정보 화면입니다.

01_ lib 폴더에서 todo_screen.dart라는 새 파일을 추가하십시오. 필요한 import를 파일 맨 위에 추가하십시오.

```
import 'package:flutter/material.dart';
import 'bloc/todo_bloc.dart';
```

```
import 'data/todo.dart';
import 'main.dart';
```

02_ 다음으로 Stateless 위젯을 추가하고, 이를 TodoScreen이라고 하겠습니다.

```
class TodoScreen extends StatelessWidget {
  @override
  Widget build(BuildContext context) {
    return Container();
  }
}
```

03_ 클래스의 맨 위에 몇 가지 final 변수를 선언합니다. 하나는 사용자가 표시하고 편집할 Todo 객체에 대한 변수, 하나는 Todo가 새 할 일인지 기존 할 일인지를 알려주는 bool, 그리고 화면에 넣을 TextField 위젯에 대한 TextEditingController 몇 개가 이에 해당하는 것입니다.

```
final Todo todo;
final bool isNew;
final TextEditingController txtName = TextEditingController();
final TextEditingController txtDescription = TextEditingController();
final TextEditingController txtCompleteBy = TextEditingController();
final TextEditingController txtPriority = TextEditingController();
```

04_ bloc이라는 이름의 TodoBloc을 추가하고, 전달된 Todo와 Todo가 새 것인지 여부를 결정하는 bool 변수로 Todo를 설정하는 생성자를 만듭니다.

05_ 생성자 내부에서 TodoBloc 클래스의 인스턴스를 만듭니다.

```
final TodoBloc bloc;
TodoScreen(this.todo, this.isNew) : bloc = TodoBloc();
```

NOTE

TodoScreen 생성자에서 콜론 뒤의 부분은 initializer 목록이며, 계산된 식을 사용하여 final 필드를 초기화하는 데 사용할 수 있습니다.

이 화면에는 사용자가 화면에서 저장 버튼을 누를 때 호출되는 메서드인 save()만 필요합니다. 이 메서드의 목적은 form의 데이터를 읽고 BLoC를 사용하여 스트림의 이벤트를 업데이트하는 것입니다. Todo 객체가 새로운 것일 경우 BLoC에서 todoInsertSink의 add() 메서드를 호출합니다. 그렇지 않으면 todoUpdateSink에서 동일한 메서드를 호출합니다.

06_ 다음 코드를 추가하여, save() 메서드를 만듭니다.

```
Future save() async {
  todo.name = txtName.text;
  todo.description = txtDescription.text;
  todo.completeBy = txtCompleteBy.text;
  todo.priority = int.tryParse(txtPriority.text);
  if (isNew) {
    bloc.todoInsertSink.add(todo);
  } else {
    bloc.todoUpdateSink.add(todo);
  }
}
```

07_ build() 메서드 내의 맨 위에서 전달된 Todo 객체의 값에 따라 TextField 위젯의 내용을 설정하고, 위젯 사이에 간격을 추가하는 상수를 만듭니다.

```
final double padding = 20.0;
txtName.text = todo.name;
txtDescription.text = todo.description;
txtCompleteBy.text = todo.completeBy;
txtPriority.text = todo.priority.toString();
```

08_ appBar에 'Todo Details'가 있는 텍스트를 할당하고, 해당 body에 SingleChildScrollView가 포함된 Scaffold를 반환하여 위젯이 사용 가능한 공간 이상을 차지하지 않도록 합니다.

```
return Scaffold(
  appBar: AppBar(
    title: Text('Todo Details'),
  ),
  body: SingleChildScrollView()
);
```

09_ SingleChildScrollView의 child로 Column을 배치해 주는데, 이 곳에는 Todo에 대한 TextField가 children으로 포함됩니다. 양식을 구성하는 위젯들 사이에 약간의 공간을 만들기 위해 각 TextField가 Padding 위젯에 포함되는 구조입니다. 첫 번째 TextField는 할 일의 name 프로퍼티를 위한 것이며, 사용자를 돕기 위해 hintText로 'Name'도 추가할 것입니다.

```
body: SingleChildScrollView(
  child: Column(
    children: <Widget>[
      Padding(
        padding: EdgeInsets.all(padding),
        child: TextField(
          controller: txtName,
          decoration: InputDecoration(
            border: InputBorder.none,
            hintText: 'Name'
          ),
        )
      ),
    ]
  )
)
```

10_ Column의 두 번째 TextField 위젯은 Todo에 대한 description입니다.

```
Padding(
  padding: EdgeInsets.all(padding),
  child: TextField(
    controller: txtDescription,
    decoration: InputDecoration(
      border: InputBorder.none,
      hintText: 'Description'
    ),
  )
),
```

11_ Description 아래에 또 다른 TextField를 추가합니다. 이번에는 'Complete by' 필드에 해당하며, 이 내용을 hintText에 추가합니다.

```
Padding(
  padding: EdgeInsets.all(padding),
  child: TextField(
    controller: txtCompleteBy,
    decoration: InputDecoration(
      border: InputBorder.none,
      hintText: 'Complete by'
    ),
  )
),
```

12_ 마지막 TextField는 Priority입니다. 이것은 숫자이므로, keyboardType을 numeric으로 설정하는 것으로 하겠습니다.

```
Padding(
  padding: EdgeInsets.all(padding),
  child: TextField(
    controller: txtPriority,
    keyboardType: TextInputType.number,
    decoration: InputDecoration(
      border: InputBorder.none,
      hintText: 'Priority',
    ),
  )
),
```

13_ 이 화면의 마지막 위젯은 MaterialButton인 **Save**입니다. 누르면 save() 비동기 메서드가 호출되고, 실행이 완료되면, 사용자는 홈 화면으로 돌아갑니다. 이 경우 내비게이터에서 간단한 push() 메서드를 사용하는 대신 내비게이션 스택을 삭제하는 pushAndRemoveUntil()을 사용할 수 있습니다. 즉, 홈 화면에서 뒤로 버튼을 표시할 필요없다는 것을 의미합니다.

```
Padding(
  padding: EdgeInsets.all(padding),
  child: MaterialButton(
```

```
    color: Colors.green,
    child: Text('Save'),
    onPressed: () {
      save().then((_)=> Navigator.pushAndRemoveUntil(
        context,
        MaterialPageRoute(builder: (context) => HomePage()),
        (Route<dynamic> route) => false,
        )
      );
    },
  )
),
```

이것으로 이 장의 프로젝트를 완성하였습니다. BLoC 패턴을 사용하여 sembast 데이터베이스에서 항목을 추가, 편집 및 삭제할 준비가 되었습니다.

이제 이 앱을 완전 종료 후 다시 실행해봅시다.

요약

이 장에서 구축한 프로젝트의 핵심은 앱의 기능이 아닙니다. 훨씬 간단한 방법으로 할 일 앱을 만들 수도 있습니다. 여기에서 중요한 주제는 여러분이 실제로 경험한 아키텍처입니다. 비동기 데이터 스트림을 사용하여 앱의 상태를 업데이트하는 것은 프로젝트를 엔터프라이즈 레벨로 확장하는 데 도움이 됩니다. 이 장의 시작 부분에서는 데이터가 JSON 형식으로 저장되는 단일 파일에 있는 Simple Embedded Application Store Database(sembast)를 사용하는 방법을 살펴보았습니다.

Sembast에서 DatabaseFactory를 사용하면 각 파일이 데이터베이스가 되며, 저장소를 데이터베이스의 위치로 삼아, 데이터를 저장하고 검색할 수 있습니다.

Sembast 데이터베이스에 새 항목을 삽입하려면 저장소를 통해 add( ) 메서드를 호출하여 데이터베이스와 삽입할 객체의 맵을 전달해야 합니다. Finder는 지정된 저장소에서 데이터를 필터링하고 정렬하기 위한 헬퍼입니다.

기존 항목을 삭제하려면 저장소에서 delete( ) 메서드를 호출하십시오. 이것은 데이터베이스와 파인더를 매개변수로 사용합니다.

기존 항목을 업데이트하려면, 저장소에서 update( ) 메서드를 호출합니다. 이렇게 하면 데이터베이스, 업데이트된 객체의 맵 및 Finder가 사용됩니다. 데이터를 검색하려면 Finder와 find( ) 메서드를 사용합니다.

다음으로 BLoC 패턴을 활용하여 앱 상태를 관리하는 방법을 살펴보았습니다. BLoC를 사용하는 경우 모든 것이 이벤트 스트림입니다. BLoC는 소스에서 이벤트/데이터 스트림을 수신하고, 필요한 비즈니스 로직을 처리하고 데이터 스트림을 게시합니다. BLoC에는 sink와 stream 두 가지 구성요소가 있으며, 둘 다 StreamController의 일부입니다.

Stream을 사용하고, 어떤 것이 나올 경우 알림을 받으려면 Stream을 listen해야 합니다. 따라서 Stream과 관련된 이벤트가 트리거될 때마다 알림을 받는 StreamSubscription 객체로 리스너를 정의합니다.

StreamBuilder 위젯은 Stream의 이벤트를 수신하고, Stream의 최신 데이터를 사용하여 하위 항목을 다시 작성합니다.

다음 장에서는 플러터로 반응형 웹 앱을 만드는 방법을 알아보겠습니다.

질문

각 프로젝트의 끝에는 이 장에서 다룬 내용을 기억하고 리뷰하는 데에 도움이 되는 몇 가지 질문이 있습니다.

다음 질문에 답해 보십시오. 확실하지 않은 경우 이 장의 내용을 잘 살펴보면 모든 답을 찾을 수 있습니다.

1. 여러분이 앱에서 SQLite보다 sembast를 더 사용하기 좋다고 생각하는 때는 언제입니까?

2. sembast 데이터베이스의 저장소에서 모든 문서를 검색하려면 어떻게 해야 합니까?

3. sembast 데이터베이스의 저장소에서 모든 문서를 어떻게 삭제할 수 있습니까?

4. sembast 데이터베이스의 기존 객체를 업데이트하려면, 다음의 방법을 사용할 때 어떻게 완성하면 될까요?

```
Future updateTodo(Todo todo) async {
    //여기에 코드를 추가하세요
}
```

5. Future와 Stream의 주요 차이점은 무엇입니까?

6. 앱에서 BLoC 패턴을 언제 사용하나요?

7. StreamController에서 stream과 sink의 사용 목적은 무엇인가요?

8. Stream에서 이벤트를 수신하고, 모든 하위 항목을 다시 빌드할 수 있는 객체는 무엇입니까?

9. Stream의 변경사항을 어떻게 listen할 수 있나요?

10. setState( ) 메서드를 호출한 적이 없음에도 불구하고, BLoC를 다룰 때 Stateful 위젯을 사용하는 이유는 무엇입니까?

추가 읽을거리

플러터를 사용할 때 BLoC 패턴이 현재 권장되는 상태 관리 패턴이지만, 다른 선택사항도 있습니다. 플러터에서 상태를 유지하기 위한 다른 선택사항에 대해서는 링크(https://flutter.dev/docs/development/data-and-backend/state-mgmt/options)의 공식 문서에 설명되어 있습니다.

특히 다음 특징을 잘 인지하시기 바랍니다.

- **Inherited Widget(상속된 위젯)**: 하위 위젯에 데이터를 전파
  - https://api.flutter.dev/flutter/widgets/InheritedWidget-class.html
- **Scoped Model(범위 모델)**: 상태 관리를 단순화하는 패키지
  - https://pub.dev/packages/scoped_model
- **Redux**: React를 사용해 본 적이 있다면 사용하기 좋은 패키지
  - https://pub.dev/packages/flutter_redux

상태 관리와 마찬가지로 플러터에서 데이터를 유지할 때 선택할 수 있는 몇 가지 도구가 있습니다. 그것에 대한 목록은 링크(https://flutter.dev/docs/cookbook/persistence)의 공식 문서를 참고하십시오.

처음에는 Streams로 작업하는 것이 어려울 수 있습니다. 다트에서 Streams를 사용하는 주요 개념을 완전히 이해하고 싶다면 잘 되어 있는 튜토리얼(https://dart.dev/tutorials/language/streams)이 있으니 확인 및 진행해보기 바랍니다.

플러터 웹 앱 구축하기

✔ 기술 요구사항

✔ 필수 이론 및 컨텍스트

✔ 프로젝트 개요

✔ 브라우저에서 실행되는 플러터 앱 구축하기

✔ 반응형 UI 만들기

✔ shared_preferences를 사용하여 다양한 플랫폼 웹에 데이터 저장하기

✔ 웹 서버에 플러터 앱 게시하기

범용 앱을 만들겠다는 꿈은 새로운 일이 아니지만, 오늘날에는 여러 폼 팩터에서 실행할 수 있는 앱을 만드는 것이 훨씬 더 시급한 일입니다. 사람들이 매일 사용하는 많은 장치(스마트폰, 태블릿, 스마트 워치, 노트북, 스마트 TV, 게임 콘솔, 데스크탑 PC 등)를 생각해 보십시오. 이것들은 개발자로서 소프트웨어를 잠재적으로 설치할 수 있는 모든 클라이언트라고 할 수 있습니다. 플러터는 처음부터 iOS와 Android를 지원해 왔으며, 이는 이미 개발자의 엄청난 요구를 해결한 셈이지만, 계속해서 모든 개발자의 꿈을 위해 큰 걸음을 내딛고 있습니다. 플러터는 어디에서나 실행할 수 있는 앱을 개발할 수 있도록 진정한 범용 플랫폼을 보유하고 있습니다. 웹용 플러터 구현은 Flutter Interact 2019에서 발표되었으며, **Flutter for Web**이라고 합니다.

이 글을 쓰는 시점에서 플러터는 Flutter의 **베타 채널**에서 웹 개발을 지원하고, **알파 채널**에서 macOS용 데스크탑 개발을 지원합니다. 이 장에서는 플러터를 사용한 웹 개발에 초점을 맞출 것이지만, 데스크탑에도 동일한 설계 원칙을 적용할 수 있습니다.

이 장에서는 다음 항목에 대해 다룹니다.

- 브라우저에서 실행되는 플러터 앱 구축
- 반응형 **사용자 인터페이스(UI)** 만들기
- shared_preferences를 사용하여 Android, iOS, Web에 데이터 저장하기
- 웹 서버에 플러터 앱 게시하기

11-1 기술 요구사항

완성된 앱 코드는 책의 GitHub 저장소에서 찾을 수 있습니다(https://github.com/binsoopark/FlutterProjectExamples).

이 책의 코드 예제를 따르려면 Windows, Mac, Linux, Chrome OS 기기에 다음 소프트웨어가 설치되어 있어야 합니다.

- Flutter **SDK(Software Development Kit)**
- Android 용으로 개발하려면 Android SDK(Android Studio에서 쉽게 설치)
- iOS 용으로 개발하려면 macOS 및 Xcode
- 디버깅이 가능한 에뮬레이터(Android), 시뮬레이터(iOS) 또는 연결된 iOS 또는 Android 기기
- 편집기: **Visual Studio Code(VS Code)**, Android Studio 또는 IntelliJ 또는 IDEA를 권장합니다. 모두 Flutter/Dart 확장 프로그램이 설치되어 있어야 합니다.
- 이 장을 진행하기 위해서는 여러분의 컴퓨터에 크롬 브라우저가 설치되어 있어야 합니다.

11-2 필수 이론 및 컨텍스트

웹용 플러터로 웹 앱을 개발하는 원칙은 모바일 앱을 구축하는 방법과 거의 비슷합니다. 여러분은 플러터로 모바일 앱을 구축하는 방법을 이미 알고 있으므로, 아름답고 매력적인 대화형웹 사이트를 구축하는 방법도 이미 알고 있는 것과 다를 바 없습니다. 여전히 다트, 위젯, 라이브러리를 사용하고, 동일한 방식으로 앱 상태를 관리합니다. 핫 리로드와 같은 일부 기능이 아직 포함되어 있지 않고, 디스크에 파일을 쓰는 것과 같은 웹 관련 제한사항이 있긴 하지만, 플러터를 사용하는 대부분의 중요한 이유에 대해서는 웹에서도 유효하다고 할 수 있습니다.

Flutter for Web을 이용하면, 실제로 몇 가지 장점이 있습니다. 배포하기 쉽고, 애플리케이션에서 빠르게 반복할 수 있으며, 가장 중요한 사실은 모바일 및 웹 플랫폼 모두에 동일한 코드기반으로 작업이 가능하다는 사실입니다.

오늘날 브라우저는 HTML, JavaScript, CSS만 지원합니다. 웹용 플러터를 사용하면, 코드가 해당 언어로 컴파일되므로 브라우저 플러그인이나 특정 웹 서버가 필요하지 않습니다.

Flutter 1.14 버전부터는 베타 채널에서 웹 지원이 가능하며, 플러터 앱을 디버깅하기 위해서는 **크롬 브라우저**가 필요합니다.

웹용 플러터에 추가된 또 다른 훌륭한 기능은 플러그인 사용에 대한 것입니다. Flutter for Web도 지원하는 여러 라이브러리가 있습니다. 업데이트된 최신 목록은 https://pub.dev/flutter/packages?platform=web에서 확인 가능합니다.

이 장의 프로젝트에서는 iOS, Android 및 웹에서 작동하는 shared_preferences 라이브러리를 사용할 것입니다.

11-3 프로젝트 개요

이 장에서 만들 앱은 두 페이지로 구성됩니다. 홈페이지에서 사용자는 도서를 검색할 수 있는 텍스트 필드를 볼 수 있습니다. Search 버튼을 누른 후 도서가 발견되면 제목과 설명을 포함한 도서 목록이 표시됩니다. 각 목록에는 사용자가 Favorites에 도서를 추가할 수 있도록 버튼이 있습니다. 좋아하는 도서가 로컬에 저장됩니다.

다양한 폼 팩터를 상대할 때, 처리해야 하는 문제 중 하나는 화면의 공간을 사용하는 방식에 대한 것입니다. 따라서 앱에 약간의 조정을 추가할 것입니다. 스마트폰과 같이 화면이 '작은' 경우, 사용자에게 ListView가 표시됩니다. 그렇지 않으면, 테이블이 표시됩니다. 여기에서 표가 포함된 큰 화면의 첫 페이지 스크린샷을 볼 수 있습니다.

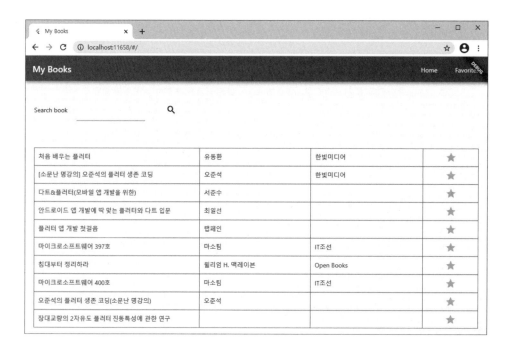

여기에서 작은 화면의 첫 번째 스크린샷을 볼 수 있습니다. 이것은 ListTiles가 있는 ListView입니다. appBar에는 전체 텍스트 대신 경로를 변경하는 아이콘이 표시됩니다.

앱의 두 번째 화면은 Favorite Books(즐겨찾는 도서) 페이지입니다. 즐겨찾기로 표시된 모든 도서가 나열됩니다. 여기에서 사용자는 즐겨찾기 목록에 있는 도서를 제거할 수 있습니다.

다시 말하지만, 앱에 반영되는 UI는 화면 크기에 따라 변경됩니다. 여기에서 더 큰 화면의 스크린샷을 볼 수 있습니다.

다음은 동일한 화면을 더 작은 스크린에서 본 스크린샷입니다.

이 프로젝트의 구축에 소요되는 시간은 약 2.5시간입니다.

11-4 브라우저에서 실행되는 플러터 앱 구축하기

이 앱의 요구사항을 다음과 같이 요약해 보겠습니다.

1. 앱은 iOS, Android, Web에서 작동해야 합니다.
2. 좋아하는 도서를 로컬에 저장해야 합니다.
3. 화면 크기에 따라 사용자에게 다른 레이아웃을 표시할 것입니다.

플러터 1.14 버전부터 플러터용 웹 개발은 베타 채널에서 사용할 수 있으며, 웹 지원을 명시적으로 활성화하려면 환경을 맞게 설정해야 합니다. 그러나 먼저, 여전히 이 내용이 유효한지에 대해서는 공식 사이트(https://flutter.dev/web)에서 확인하시기 바랍니다.

여러분의 개발 환경에 웹 지원을 추가하는데 필요한 cli 명령은 다음과 같이 자세히 설명되어 있습니다.

01_ 터미널/명령 프롬프트를 열고, 다음 명령을 입력하여 베타 채널 및 웹 개발을 활성화합니다.

```
flutter channel beta
flutter upgrade
flutter config --enable-web
```

02_ 다음과 같이 flutter devices 명령을 실행합니다.

```
flutter devices
```

웹이 정상적으로 활성화된 경우, 다음과 같이 Chrome 기기가 표시됩니다.

03_ 선호하는 편집기로 새 플러터 프로젝트를 만든 다음, 터미널/명령 프롬프트에서 새 프로젝트를 저장한 폴더로 이동합니다.

04_ 다음과 같이 크롬 브라우저를 기기처럼 지정해 앱을 실행합니다.

```
flutter run -d chrome
```

그러면, 플러터 앱과 앱을 서비스하는 로컬 웹 서버가 있는 크롬 브라우저가 열립니다. 이 책을 읽은 후 처음으로 실행한다면, 다음과 같이 크롬에서 실행되는 플러터 예제 앱을 볼 수 있을 것입니다.

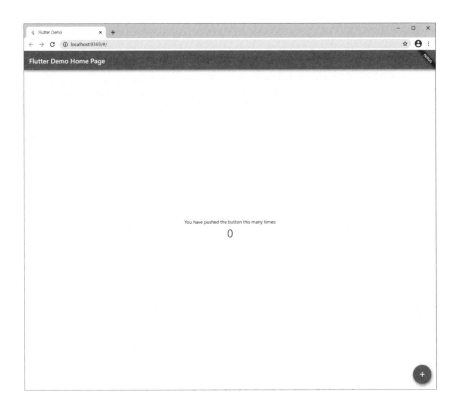

브라우저에서 예제 앱을 처음 실행해보면 모바일 앱과 달리 엄청난 양의 공간이 눈에 들어옵니다. 앱을 사용하게 될 사람들 역시도 같은 화면을 마주할 겁니다. 이는 모바일 기기와 웹(또는 데스크탑)에서 모두 실행할 수 있는 앱을 설계할 때 고려해야 하는 과제 중 하나입니다. 이 장에서는 다양한 폼 팩터를 허용하는 반응형 앱을 만드는 데 도움이 될 수 있는 몇 가지 제안을 살펴보도록 하겠습니다.

Google Books API 웹 서비스에 연결하기

앱에서 도서를 검색할 수 있도록 Google Books API에 연결합니다. Books API는 정말 놀라운 웹 서비스입니다. 이 서비스의 목적은 지금까지 출판된 대부분의 도서에 대한 정보를 전 세계 어디에서나 공유하는 것입니다. Google Books API 서비스를 활용하면, 이 장에서 구축할 웹 앱에 수백만 권의 데이터가 포함될 수 있습니다. 필요한 정보를 얻으려면 **URL(Uniform Resource Locator)**을 통해 Google API에 접근해야 합니다. 이 URL은 다음과 같이 여러 부분으로 구성됩니다.

- 스키마(scheme): 이 경우 HTTPS
- 기관(authority): www.googleapis.com
- Books API의 특정 경로(path): books/v1/volumes
- 쿼리 문자열(query string): 물음표, "q", 등호와 찾고 있는 제목(예: ?q=flutter)

이번에 연결할 전체 URL은 https://www.googleapis.com/books/v1/volumes?q=flutter입니다.[1] 이 URL을 브라우저에 넣으면 실제로 Google Books API에 연결해 JSON 형식의 데이터를 수신하고 있음을 알 수 있습니다. 서비스에서 검색된 JSON 데이터의 스크린 샷은 아래와 같이 확인할 수 있습니다.

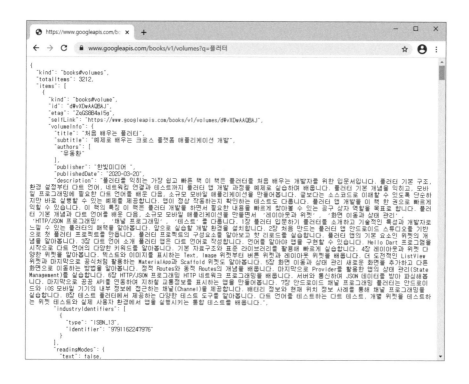

---

1 역자 주: 당연히 한글로 된 것도 검색 가능합니다. 예를 들면, https://www.googleapis.com/books/v1/volumes?q=플러터 같이 접속해도 됩니다

대부분의 웹 서비스와 마찬가지로 Google Books API는 웹 서비스에 연결하기 위해 키를 사용합니다. 서비스에 추가할 키를 얻으려면 https://developers.google.com/books/docs/v1/using#APIKey 페이지를 살펴보기 바랍니다.

API 키를 받으면, **Books API** 용 API 키를 활성화했는지 확인하십시오.

라이브러리에서 Books API용 키를 활성화했다면 다음 화면과 유사한 화면이 보여야 합니다.

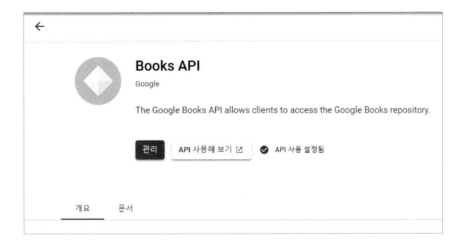

브라우저에 표시되는 데이터는 웹 앱의 첫 페이지에 넣을 데이터입니다. 볼륨 배열을 포함하는 항목 노드에서 필요한 필드(ID, volumeInfo 노드의 title, author, description)만 가져옵니다.

여기에서는 JSON 데이터 구문 분석에 대한 세부 정보를 다루지는 않겠습니다. 웹 서비스에 연결하고 JSON을 사용하는 방법에 대한 복습은 '5장. 영화 보러 가자 – 웹에서 데이터 가져오기'를 참조하십시오.

다음 섹션에서는 구문 분석된 JSON에서 모델 클래스를 생성합니다.

Book 모델 클래스 만들기

다음과 같이 앱의 콘텐츠 역할을 할 Google Books API에서 가져온 JSON 데이터를 선택하여 모델 클래스를 만듭니다.

01_ 앱의 lib 폴더에서 data라는 새 패키지를 만듭니다.

02_ 패키지 안에 book.dart라는 새 파일을 추가하십시오. 여기에는 다음 코드 조각에서 나타내고 있는 것처럼, 앱에서 모델로 사용할 Book 클래스가 포함될 것입니다.

```
class Book {}
```

03_ 앱에 필요한 프로퍼티를 Book 클래스에 추가합니다. id, title, authors, description, publisher입니다.

```
String id;
String title;
String authors;
String description;
String publisher;
```

author는 Google Books API에서 검색된 JSON을 기준으로 보면 배열로 반환되지만, 간단한 문자열로 취급하겠습니다.

04_ 다음과 같이 클래스를 만들 때, 모든 필드를 설정할 수 있도록 생성자를 만듭니다.

```
Book(this.id, this.title, this.authors, this.description, this.publisher);
```

또한 map을 받아서 Book을 반환하는 명명된 생성자도 필요합니다. 이는 JSON 데이터를 구문 분석하고 이를 Book 객체 리스트로 변환할 때 유용합니다.

05_ 다음 코드를 추가하여 fromJson으로 명명된 생성자를 만듭니다.

```
factory Book.fromJson(Map<String, dynamic> parsedJson) {
  final String id = parsedJson['id'];
  final String title = parsedJson['volumeInfo']['title'];
  String authors
    = (parsedJson['volumeInfo']['authors'] == null) ?
```

```
      '' : parsedJson['volumeInfo']['authors'].toString();
  authors = authors.replaceAll('[', '');
  authors = authors.replaceAll(']', '');

  final String description
    = (parsedJson['volumeInfo']['description']==null) ?
      '' : parsedJson['volumeInfo']['description'];
  final String publisher
    = (parsedJson['volumeInfo']['publisher'] == null) ? '':
      parsedJson['volumeInfo']['publisher'];
  return Book(
    id,
    title,
    authors,
    description,
    publisher,
  );
}
```

코드에서 authors의 경우 toString() 메서드를 사용하여 JSON 배열을 String으로 변환한 다음, replaceAll() 메서드를 사용하여 대괄호를 제거합니다. 오류를 방지하기 위해 값이 null 인지 확인하는 삼항연산자를 여러 번 사용합니다. 생성자의 끝에서 기본 생성자를 호출하여 Book을 반환합니다.

Book 클래스를 완료하려면, 다음 코드 블록과 같이 클래스 인스턴스의 값을 JSON 형식으로 반환하는 toJson() 메서드를 만들어야 합니다.

```
Map<String, dynamic> toJson() {
  return {
    'id': id,
    'title': title,
    'authors': authors,
    'description': description,
    'publisher': publisher
  };
}
```

이제 모델 클래스를 만들었으므로, HTTP 서비스를 사용하여, 도서를 검색하는 방법을 이해해 봅시다.

🛫 HTTP 서비스를 사용하여 도서 검색하기

앱은 HTTP를 통해 서비스에 연결해야 하므로, 수행해야 할 첫 번째 단계는 pubspec.yaml 파일에 최신 버전의 http 패키지를 추가하는 것입니다. 이 파일을 편집할 때, 이 장의 뒷부분에서 사용할 shared_preferences에 대한 support도 추가하겠습니다. 평소처럼 https://pub.dev 웹 사이트에서 최신 버전을 확인하시기 바랍니다.

pubspec.yaml의 종속성 노드에서 다음과 같이 HTTP 및 shared_preferences support를 추가합니다.

```
http: ^0.12.2
shared_preferences: ^0.5.12+4
```

앱의 lib/data 패키지에서 Google Books API에 대한 쿼리를 빌드하는 클래스가 포함된 books_helper.dart 라는 새 파일을 만들어 보겠습니다.

🔊 TIP

웹 서비스에 연결하고 JSON을 사용하는 방법에 대한 복습은 '5장. 영화 보러 가자 – 웹에서 데이터 가져오기'에서 '웹 서비스에 연결하고 HTTP를 사용하여 데이터 검색하기' 섹션을 참조하십시오.

이 파일에는 연결을 위한 http 패키지, JSON 데이터를 디코딩하기 위한 dart:convert 패키지, 비동기처리를 위한 dart:async 라이브러리, 탐색을 위한 material.dart, 데이터를 로컬에 저장하기 위한 shared_preferences(뒤에서 설명 예정)가 필요합니다. 물론 Book 클래스도 있습니다.

다음과 같이 books_helper.dart 파일 구현을 시작하겠습니다.

01_ 다음의 코드를 추가하여 필요한 import를 추가합니다.

```
import 'package:http/http.dart' as http;
import 'package:flutter/material.dart';
import 'dart:convert';
import 'dart:async';
import 'package:http/http.dart';
import 'package:shared_preferences/shared_preferences.dart';
import 'book.dart';
```

02_ 계속해서, books_helper.dart 파일에서 다음과 같이 BooksHelper라는 클래스를 만듭니다.

```
class BooksHelper { }
```

03_ BooksHelper 클래스 안에 몇 가지 상수를 만들어 쿼리의 URL을 구성합니다. urlKey는 Google Books API 키를 나타내고, urlQuery는 사용자 쿼리를 나타내며, urlBase는 다음 코드 조각에 표시된 것처럼 웹 서비스에서 정보를 검색하는 고정된 부분입니다.

```
final String urlKey = '&key=[ADD YOUR KEY HERE]';
final String urlQuery = 'volumes?q=';
final String urlBase = 'https://www.googleapis.com/books/v1/';
```

04_ 이제, getBooks()라는 새 메서드를 만듭니다. 이것은 사용자가 찾고 있는 도서가 포함된 문자열을 가져오고, 다음과 같이 동적 아이템 리스트에 대한 Future를 반환합니다.

```
Future<List<dynamic>> getBooks(String query) async {}
```

05_ getBooks() 메서드에서 다음과 같이 쿼리와 키를 포함하는 전체 URL을 만듭니다.

```
final String url = urlBase + urlQuery + query + urlKey;
```

06_ URL 문자열이 준비되면, http 라이브러리를 활용하여 도서 데이터를 검색할 get() 메서드를 호출할 수 있습니다. 이것은 비동기이며 Response 객체를 반환하므로 여기에서는 await 문을 사용하여 다음과 같이 결과를 얻게 됩니다.

```
Response result = await http.get(url);
```

07_ 응답 상태가 성공(statusCode 200)이면, result의 body를 jsonResponse라는 변수로 디코딩합니다. 특히 우리는 body의 item이라는 노드가 필요합니다. 이 노드는 볼륨의 정보를 담고 있습니다. 아이템 노드가 검색되면, 해당 노드 위에 map() 메서드를 호출하고, 아이템 노드의 각 볼륨에 대해 json 객체에서 Book을 만든 다음, 만들어진 도서의 리스트를 반환합니다.

08_ 응답 상태가 성공적이지 않은 경우, 이 메서드는 null을 반환합니다. getBooks( ) 메서드에 다음의 코드를 추가하여 Google Books API에서 데이터를 검색합니다.

```
if (result.statusCode == 200) {
  final jsonResponse = json.decode(result.body);
  final booksMap = jsonResponse['items'];
  List<dynamic> books = booksMap.map((i) => Book.fromJson(i)).toList();
  return books;
} else {
  return null;
}
```

이제, Google Books API에서 도서를 검색하는 메서드를 작성했으므로, 사용자에게 결과의 일부를 표시할 수 있도록 사용자 인터페이스(UI)를 추가하겠습니다.

11-5 반응형 UI 만들기

앱의 홈페이지에서 사용자에게 Google Books API 라이브러리의 도서를 검색할 수 있는 텍스트 필드를 표시하려고 합니다. 결과는 검색 창 아래에 표시되며, 결과의 모양은 화면에 따라 다릅니다. 여기에서 사용자는 Favorites에 도서를 추가할 수 있습니다. 다음과 같이 단계를 살펴보겠습니다.

01_ main.dart 파일의 기본 예제 코드를 다음의 내용으로 바꿔줍니다.

```
import 'package:flutter/material.dart';
import './data/books_helper.dart';

void main() => runApp(MyApp());

class MyApp extends StatelessWidget {
  @override
  Widget build(BuildContext context) {
    return MaterialApp(
      title: 'My Books',
      theme: ThemeData(
```

```
      primarySwatch: Colors.blueGrey,
    ),
    home: MyHomePage(),
  );
  }
}
```

앞의 코드에서 books_helper.dart 파일을 import하였고, MaterialApp의 테마 색상과 제목을 변경했습니다.

02_ 다음으로 stful 숏컷을 사용하여 MyHomePage라는 Stateful 위젯을 만듭니다. 다음의 코드가 생성될 것입니다.

```
class MyHomePage extends StatefulWidget {
  @override
  _MyHomePageState createState() => _MyHomePageState();
}

class _MyHomePageState extends State<MyHomePage> {
  @override
  Widget build(BuildContext context) {
    return Container();
  }
}
```

03_ _MyHomePageState 클래스에서 몇 개의 필드를 만듭니다. 첫 번째는 BooksHelper 클래스의 인스턴스이고, 그 다음은 화면에 표시될 도서의 List, 검색된 도서의 수를 나타내는 Integer, 마지막으로 Search 텍스트필드에 대한 TextEditingController입니다.

```
BooksHelper helper;
List<dynamic> books = [];
int booksCount;
TextEditingController txtSearchController;
```

04_ 이 화면이 로드되면 BooksHelper 인스턴스와 txtSearchController 객체를 설정한 다음, 도서의 목록을 검색하려고 합니다. 이 마지막에 해야 하는 작업을 위해, 다음 단계로 initialize()라는 새 메서드를 만들 것입니다.

```
@override
void initState() {
  helper = BooksHelper();
  txtSearchController = TextEditingController();
  initialize();
  super.initState();
}
```

Initialize() 메서드는 비동기이며, Future를 반환합니다. 메서드 내에서 BooksHelper의 getBooks() 메서드를 호출합니다. 이 예에서는 "Flutter"가 포함된 도서를 검색합니다. 실제 앱에서는 더 자연스럽게 첫 번째 화면을 선택하여 새로운 검색으로 안내할 수 있지만, 이 프로젝트에서는 이 방법이 적합하다고 할 수 있습니다.

05_ 도서를 검색한 후에 setState() 메서드를 호출하여 이 도서의 목록과 booksCount 필드를 업데이트합니다. 결과적으로 _MyHomePageState 클래스의 끝에 다음의 코드를 추가합니다.

```
Future initialize() async {
  books = await helper.getBooks('플러터');
  setState(() {
    booksCount = books.length;
    books = books;
  });
}
```

다음으로, build() 메서드를 업데이트하고, 여기에 반응형 앱을 구축하는 데 도움이 되는 첫 번째 코드를 추가합니다.

06_ build() 메서드에서, 다음과 같이 isSmall이라는 bool을 만들고 false로 설정합니다.

```
bool isSmall = false;
```

너비가 600 단위 미만인 모든 화면을 "small" 스크린으로 간주합니다. 화면 크기를 얻어오기 위해 MediaQuery 위젯을 사용합니다.

플러터는 기본적으로 Android의 **기기 독립적 픽셀(Device-Independent Pixels, dip)**과 동일한 "논리적 픽셀"로 크기를 측정합니다. 이렇게 하면 앱이 모든 기기에서 거의 동일한 크기로 보일 수 있습니다. 논리적 픽셀과 물리적 픽셀의 관계에 대한 자세한 내용은 다음의 링크(https://api.flutter.dev/flutter/dart-ui/Window/devicePixelRatio.html)를 참고하십시오.

07_ 다음과 같이 장치가 "small"인지 확인하는 코드를 추가합니다.

```
if (MediaQuery.of(context).size.width < 600) {
  isSmall = true;
}
```

평소와 같이 여기에 Scaffold를 반환합니다. Scaffold에는 title이 "My Books"인 AppBar가 포함됩니다. actions 배열도 추가하겠습니다. 사용자의 action에서 페이지를 변경할 수 있으며, 여기에서 이 앱에 대한 첫 번째 반응형 위젯을 추가합니다.

08_ 다음 코드를 추가하여, build() 메서드에서 Scaffold를 반환합니다.

```
return Scaffold(
  appBar: AppBar(
    title: Text('My Books'),
    actions: <Widget>[]
  )
);
```

AppBar의 action에서 터치(또는 데스크탑 클릭)에 반응하는 단순한 직사각형 영역인 두 개의 InkWell 위젯을 추가합니다.

09_ 첫 번째 InkWell 위젯의 child에 대해 모든 측면에 패딩이 20인 Padding을 추가합니다. Padding 위젯의 child는 화면 크기에 따라 달라집니다. 작은 화면에서 사용자는 아이콘 enum의 home 아이콘을 볼 수 있습니다. 더 큰 화면에서는 다음과 같이 'Home'이라는 글자로 텍스트가 보여집니다.

```
InkWell(
  child: Padding(
    padding: EdgeInsets.all(20.0),
    child: (isSmall) ? Icon(Icons.home) : Text('Home')
```

Chapter 11

```
    ),
  ),
```

10_ 두 번째 InkWell은 동일한 로직으로 되어있지만 home 아이콘을 표시하는 대신, star 아이콘을 표시하고 텍스트는 다음 코드 블록처럼 'Favorites'가 표시됩니다.

```
InkWell(
  child: Padding(
    padding: EdgeInsets.all(20.0),
    child: (isSmall) ? Icon(Icons.star) : Text('Favorites')
  ),
),
```

11_ Scaffold의 body에 SingleChildScrollView를 배치하여 화면 내용이 사용 가능한 공간을 넘치지 않도록 합니다. 다음 코드 조각에 표시된 것처럼 child는 Column입니다.

```
body: SingleChildScrollView(
  child: Column(children: [ ]),
)
```

12_ Column의 첫 번째 위젯은 Padding이므로, 사용자가 도서를 검색할 수 있는 작은 양식은 모든 방향으로 20 논리적 픽셀인 스페이스를 갖게 됩니다. Padding의 child는 다음 코드 조각과 같이 Row가 됩니다.

```
Padding(
  padding: EdgeInsets.all(20),
  child: Row(children: []),
)
```

13_ Row에 다음과 같이 'Search book' 문자열이 포함된 Text를 입력해 줍니다.

```
Text('Search book'),
```

14_ 계속해서 Row에 동일한 20 논리적 픽셀인 Padding과 200의 너비가 있는 Container를 추가합니다. 다음 코드 조각에서 표시된 것처럼 child는 TextField가 됩니다.

```
Container(
  padding: EdgeInsets.all(20),
  width: 200,
  child: TextField()
)
```

15_ 이제 TextField를 설정해야 합니다. 컨트롤러는 우리가 클래스의 맨 위에 만든 txtSearch
Controller가 될 것입니다. 다음 코드 조각에서 보여주고 있는 것처럼 가상 키보드가 있는 휴대기
기의 경우 keyboardType은 text 타입이 되고, textInputAction은 search 타입이 됩니다.

```
controller: txtSearchController,
keyboardType: TextInputType.text,
textInputAction: TextInputAction.search,
```

그러나, 가상 키보드의 경우에만 사용자가 검색 버튼을 클릭할 때 검색 쿼리를 제출하고자 합니다.

16_ 헬퍼의 getBooks() 비동기 메서드를 호출하는 onSubmitted() 메서드를 추가하고, 쿼리 값
이 반환되면, setState() 메서드를 호출하여 다음과 같이 books List를 업데이트합니다.

```
onSubmitted: (text) {
  helper.getBooks(text).then((value) {
    setState(() {
      books = value;
    });
  });
},
```

17_ Row의 마지막 위젯은 가상 키보드가 없지만, 모든 장치에서 볼 수 있도록 모든 장치에 필요
한 검색 아이콘 버튼입니다. 다음과 같이 20짜리 Padding으로 묶습니다.[2]

```
Flexible(child:
  Container(
    padding: EdgeInsets.all(20),
    child: IconButton(
```

---

2 역자 주: 크기가 줄어들면 RenderFlex overflow 관련 오류가 표시될 수 있으므로, 그럴 경우 다음의 맨 위와 맨 아랫줄과 같이
  Container를 Flexible로 묶어줍니다

```
        icon: Icon(Icons.search),
        onPressed: () => helper.getBooks(txtSearchController.text)
      )
    ),
  ),
```

18_ 이제, Row에는 Search Text, TextField 및 IconButton이 포함됩니다. 이 Row 아래에 쿼리의 실제 결과를 배치해 주어야 합니다. 지금은 다음과 같이 빈 Container인 child가 있는 Padding을 Column에 추가하기만 하면 됩니다.

```
Padding(
  padding: EdgeInsets.all(20),
  child: Container(),
),
```

패딩의 child는 helper.getBooks( ) 메서드를 사용하여 검색한 Books List를 포함해야 합니다. 다음 섹션에서는 이것을 하도록 하겠습니다.

🎯 반응형 위젯: ListView 아니면 Table?

앱의 홈페이지(또는 메인 화면)에는 리스트가 포함됩니다. 앞의 다른 프로젝트에서는 사용자에게 표시할 데이터 목록이 있을 때마다 세로 스크롤이 있는 ListView 위젯을 사용하였습니다. 이것은 일반적으로 기기의 높이가 너비보다 크고, 사용자가 데이터를 보는 기본 방법으로 스크롤을 당연하게 여기는 장치인 스마트폰에 적합합니다.

노트북이나 데스크탑에서는 일반적으로 화면 너비가 높이보다 크며, 사용 가능한 공간을 활용하는 테이블에 많은 양의 데이터가 배치되어 여러 데이터 조각을 행과 열로 나눕니다. 다양한 크기, 해상도 및 회전 방향을 가지고 있는 태블릿을 고려하면 상황이 더 복잡해질 수도 있습니다.

따라서 지금 하려는 질문은, 데이터를 어디에 두어야 좋을 지에 대한 것입니다. 스크롤되는 ListView에 두어야 할까요? 아니면 Table에 두어야 할까요?

제 답은… 둘 다입니다. 화면이 작을 경우에는 ListView를 보여줍니다. 그렇지 않으면, Table을 보여줄 것입니다.

UI를 디자인하기 전에, 우리에겐 또 다른 문제가 있습니다. 우리 앱에는 도서를 검색하는 페이지와 즐겨찾기를 표시하는 페이지가 있습니다. 생각해 보면, 두 페이지 모두 같은 종류의 콘텐츠, 즉, 도서 목록을 공유합니다. 차이점은 데이터 소스(웹 또는 내부 저장소)와 사용자가 수행할 수 있는 작업입니다. 홈페이지에서 사용자는 즐겨찾기에 도서를 추가할 수 있습니다. 그 반대로, 즐겨찾기 페이지에서는 도서를 제거할 수 있습니다. 도서의 출처에 따라서 레이아웃을 변경하지는 않겠지만, 작업 내용은 변경됩니다.

두 페이지 모두에 동일한 레이아웃을 사용하고, 테이블이나 목록의 작업 버튼만 변경하는 것이 좋습니다. 다음 단계로 넘어가겠습니다.

더 큰 장치를 위한 Table 만들기

다음 과정을 따라 더 큰 장치를 위한 테이블을 디자인하는 것으로 시작하겠습니다.

01_ ui.dart라는 파일을 만들고, 파일 맨 위에 두 개의 import를 추가합니다. 하나는 material.dart 라이브러리이고, 다른 하나는 books_helper.dart 파일입니다.

```
import 'package:flutter/material.dart';
import 'data/books_helper.dart';
```

02_ 다음으로 BooksTable이라는 Stateless 위젯을 만듭니다. 이 클래스는 호출될 때 도서 목록과 호출자가 홈페이지인지 아니면 즐겨찾기 페이지인지(그래도 만들어야 하지만)를 지정하는 bool 값을 가져옵니다. 또한 BooksHelper 클래스의 인스턴스를 만듭니다. 다음 코드를 추가하여 BooksTable Stateless 위젯을 만듭니다.

```
class BooksTable extends StatelessWidget {
  final List<dynamic> books;
  final bool isFavorite;

  BooksTable(this.books, this.isFavorite);
  final BooksHelper helper = BooksHelper();

  @override
  Widget build(BuildContext context) {
    return Container();
  }
}
```

03_ build() 메서드에서 Container를 반환하는 대신, 위젯을 그리드에 배치할 수 있는 Table을 반환합니다. Table을 사용하는 것은 간단한 편입니다. Table 위젯을 만들고, 여기에 TableRow 위젯을 추가하기만 하면 됩니다. 각 열의 너비를 결정할 수도 있습니다. 이 경우 FlexColumnWidth 위젯을 사용하여 각 열이 Table에서 상대적인 공간을 차지하는지 확인합니다. 예를 들어 너비가 FlexColumnWidth(1)인 첫 번째 열과 FlexColumnWidth(2) 너비를 가진 두 번째 열이 있는 테이블을 생성하면, 두 번째 열은 첫 번째 열의 두 배가 되는 공간을 차지하게 됩니다.

> **NOTE**
>
> 절대값으로 테이블 열의 너비를 지정할 수도 있습니다. 자세한 내용은 공식가이드의 링크(https://api.flutter.dev/flutter/widgets/Table-class.html)를 참고하세요.

04_ 테이블에는 title(제목), author(작성자), publisher(출판사), action icon button(액션 아이콘 버튼)에 해당하는 네 개의 열이 필요합니다. 다음 코드를 추가하여 각 열의 상대적 크기를 지정합니다.

```
return Table(
  columnWidths: {
    0: FlexColumnWidth(3),
    1: FlexColumnWidth(2),
    2: FlexColumnWidth(2),
    3: FlexColumnWidth(1),
  },
);
```

05_ 테이블 위젯의 또 다른 훌륭한 기능은 테두리를 지정할 수 있다는 것입니다. 다음 코드를 추가하여 테이블의 테두리를 설정합니다.

```
border: TableBorder.all(color: Colors.blueGrey),
```

06_ 드디어 테이블에 내용을 넣을 준비가 되었습니다. children 프로퍼티를 이용하여 이것을 수행할 수 있습니다. 이 경우 books 목록에서 map() 메서드를 호출하여 다음과 같이 반복해 줍니다.

```
children: books.map((book) {}).toList()
```

07_ 테이블의 텍스트에 스타일을 추가하겠습니다. 그러기 위해 사용자에게 보여주고 싶은 문자열을 가져오는 TableText라는 Stateless 위젯을 만들고, 우리가 표에 보여줄 도서의 각 값에 스타일과 패딩을 추가합니다.

```
class TableText extends StatelessWidget {
  final String text;
  TableText(this.text);

  @override
  Widget build(BuildContext context) {
    return Container(
      padding: EdgeInsets.all(10),
      child: Text(
        text,
        style: TextStyle(color: Theme.of(context).primaryColorDark),
      ),
    );
  }
}
```

BooksTable 클래스의 build() 메서드 내 map() 메서드에서 TableRow를 반환하겠습니다. 테이블의 각 행에는 동일한 수의 children이 있어야 합니다.

TableRow에는 테이블의 단일 셀인 TableCell 위젯이 하나 이상 포함되어 있습니다. 각 셀에는 map() 메서드에 전달된 도서의 값(title, author, publisher)이 배치됩니다. 마지막 열에는 isFavorite 값에 따라 사용자가 즐겨찾기에서 도서를 추가하거나 제거할 수 있는 IconButton이 포함됩니다. 아직 값을 로컬로 저장하는 방법을 작성하지는 않았지만, 이 장 뒷부분의 Android, iOS 및 웹에서 데이터를 저장하기 위해 shared_preferences 사용 섹션에 이 내용을 추가할 것입니다.

08_ 다음 코드를 추가하여 BooksTable 클래스를 완성합니다.

```
books.map((book) {
  return TableRow(
    children: [
      TableCell(child:TableText(book.title)),
      TableCell(child:TableText(book.authors)),
      TableCell(child:TableText(book.publisher)),
      TableCell(
```

```
        child: IconButton(
          color: (isFavorite) ? Colors.red : Colors.amber,
          tooltip: (isFavorite) ? 'Remove from favorites' : 'Add to favorites',
          icon: Icon(Icons.star),
          onPressed: () {}))
    ]);
}).toList(),
```

09_ 테이블 레이아웃을 실행하기 전 마지막 단계는 앱의 홈페이지에서 이 클래스를 호출하는 main.dart 파일로 돌아가서 _MyHomePageState 클래스의 build() 메서드에 있는 마지막 Padding에서 다음과 같이 BooksTable 클래스에 대한 호출을 추가합니다. ui.dart를 import 한 뒤에 진행합니다.

```
Padding(
  padding: EdgeInsets.all(20),
  child: BooksTable(books, false)
),
```

이제, Chrome 브라우저에서 테이블을 사용할 준비가 되었습니다. 최종 결과는 다음 스크린샷과 비슷하게 나와야 합니다.

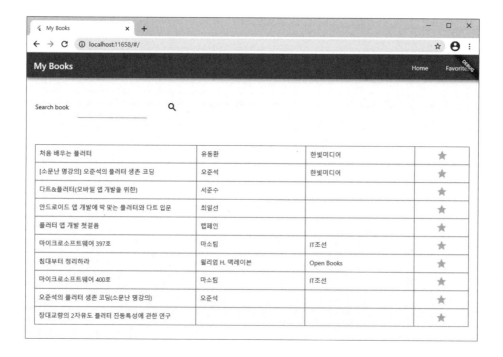

다음으로는 더 작은 장치의 레이아웃을 디자인해 보겠습니다.

더 작은 장치를 위한 ListView 만들기

Table 레이아웃은 큰 화면에 적합하지만 ListView는 작은 장치에 필요합니다. UI를 만드는 로직은 테이블을 만드는 것과 매우 유사합니다. 도서 목록을 반복하여 사용자에게 값을 보여주면 되지만, Table, TableRow, TableCell 위젯을 사용하는 대신 ListView와 ListTile 위젯을 사용합니다. 단계를 살펴보겠습니다.

01_ ui.dart 파일에서 BooksList라는 Stateless 위젯을 추가하고, books 목록과 isFavorite bool 값을 받는 생성자를 만듭니다. 이 클래스가 호출되면 다음 코드 조각과 같이 BooksHelper 클래스의 인스턴스도 생성됩니다.

```
class BooksList extends StatelessWidget {
  final List<dynamic> books;
  final bool isFavorite;
  BooksList(this.books, this.isFavorite);
  final BooksHelper helper = BooksHelper();

  @override
  Widget build(BuildContext context) {
    return Container();
  }
}
```

02_ BooksList의 build() 메서드에서 도서의 수를 할당할 정수 변수를 만들고, Container의 height을 화면 높이에서 1.4로 나눈 값으로 설정합니다(화면 높이의 약 60%).

03_ Container 위젯의 child는 ListView입니다. ListView.builder 생성자를 호출하여 ListView 인스턴스를 만듭니다. itemCount 매개변수의 경우 삼항 연산자를 사용하십시오. booksCount 변수가 null이면, itemCount는 0이 됩니다. 그렇지 않으면, 다음의 코드 블록에서 보여주고 있는 것처럼 booksCount 값을 사용합니다.

```
@override
Widget build(BuildContext context) {
  final int booksCount = books.length;
  return Container(
```

```
    height: MediaQuery.of(context).size.height / 1.4,
    child: ListView.builder(
        itemCount: (booksCount == null) ? 0 : booksCount,
        itemBuilder: (BuildContext context, int position) {}));
}
```

04_ itemBuilder 매개변수에서 ListTile을 반환합니다. title은 도서의 제목, subtitile은 도서의 저자(author)를 가져옵니다. 여기에서는 출판사(publisher)를 건너 뛰지만, 다음 코드 블록에 보이는 것처럼 즐겨찾기 추가/제거 작업을 추가합니다.

```
return ListTile(
  title: Text(books[position].title),
  subtitle: Text(books[position].authors),
  trailing: IconButton(
    color: (isFavorite) ? Colors.red : Colors.amber,
    tooltip: (isFavorite) ? 'Remove from favorites' : 'Add to favorites',
    icon: Icon(Icons.star),
    onPressed: () {}
  )
);
```

05_ 우리는 앱이 작은 화면에서 실행될 때 BooksTable 위젯 대신 BooksList를 표시하려고 합니다. main.dert 파일로 돌아가서, _MyHomePageState 클래스의 build() 메서드에 있는 마지막 Padding에서 다음과 같이 코드를 편집합니다.

```
Padding(
  padding: EdgeInsets.all(20),
  child: (isSmall) ? BooksList(books, false) : BooksTable(books, false)
),
```

이제, 더 작은 화면에서 앱을 실행해 볼 수 있습니다. 브라우저를 사용하는 경우 테이블 대신 ListView가 나타날 때까지 브라우저의 너비를 줄여보십시오. 스마트폰 또는 시뮬레이터/에뮬레이터에서 시도하는 경우 이미 ListView를 볼 수 있습니다.

그리고 이제 첫 번째 반응형 레이아웃을 사용하여 즐겨찾기 데이터를 우리의 장치에 로컬로 저장해 보겠습니다(유니버설하게 말이죠!).

11-6 shared_preferences를 사용하여 다양한 플랫폼에 데이터 저장하기

shared_preferences 플러그인을 사용하면, 간단한 데이터(Key-Value 쌍)를 로컬에서 비동기로 유지할 수 있으며, 현재 Android, iOS 및 Flutter for Web에서 사용할 수 있습니다.

이는 shared_preferences가 실행되는 시스템에 따라 다른 기술을 래핑(wrapping)하기 때문에 가능합니다. iOS에서는 NSUserDefaults를 활용합니다. Android에서는 SharedPreferences를 활용하고, 브라우저에서는 window.localStorage 객체를 활용합니다. 기본적으로 데이터를 저장하는 보편적인 방법이 있으며, 앱이 실행될 여러 장치에 대해 코드를 복제해야 하는 것에 걱정할 필요가 없습니다.

 TIP

shared_preferences는 저장된 데이터가 암호화되지 않고, 쓰기가 항상 보장되는 것도 아니므로 중요한 데이터에 사용해서는 안 됩니다. 앞의 장에서 사용했던 민감하거나 중요한 데이터를 위해서 사용할 수 있는 다른 기술인 sembast 및 Firestore 데이터베이스는 이미 Flutter for Web과 호환되어 있습니다.

현재 Flutter for Web을 지원하는 라이브러리가 이미 여러 개 있지만, 대부분은 지원하지 않습니다. 상황이 매우 빠르게 변하고 있기 때문에, 여러분이 이 정보를 읽을 때에는 장치별로 완전히 다른 라이브러리를 웹(데스크탑)에서 사용할 수 있게 되더라도 놀라지 않을 것 같습니다.

 NOTE

현재 Flutter for Web을 지원하는 라이브러리의 업데이트된 목록은 다음의 페이지(https://pub.dev/flutter/packages?platform=web)를 참고하십시오.

이제, 데이터를 앱에 유지하는 코드를 추가해 보겠습니다.

기존 books_helper.dart 파일을 사용하여 shared_preferences에 읽고 기록하는 메서드를 추가하겠습니다. 우리는 세 개의 메서드가 필요합니다. 하나는 즐겨찾기에 항목을 추가하는 메서드, 다른 하나는 항목을 제거하는 메서드, 마지막 하나는 즐겨찾기 목록을 가져오는 메서드입니다. 다음과 같이 shared_preferences에 즐겨찾기를 추가하는 것으로 시작하겠습니다.

01_ BooksHelper 클래스에서 addToFavorites()라는 새 비동기 메서드를 추가합니다. 이 것은 Book 객체를 취하며, Future를 반환합니다. 메서드에서 preferences라고 불리는 SharedPreferences 인스턴스를 호출합니다.

02_ 다음으로 도서가 이미 로컬 저장소에 있는지 확인합니다. 그렇지 않은 경우 preferences의 setString() 메서드를 호출하여 저장소에 추가합니다.

03_ SharedPreferences는 단순하게 데이터만 취하므로, 객체를 문자열로 변환해야 합니다. 다 음의 코드 조각에서 보여주고 있는 것처럼 json 형식으로 변환된 book에 대해 json.encode() 메서드를 호출하여 이를 수행할 수 있습니다.

```
Future addToFavorites(Book book) async {
  SharedPreferences preferences = await SharedPreferences.getInstance();
  String id = preferences.getString(book.id);
  if (id != '') {
    await preferences.setString(book.id, json.encode(book.toJson()));
  }
}
```

다음으로, 즐겨찾기 목록에서 기존 도서를 삭제하는 메서드를 작성합니다. 삭제할 도서와 현재의 BuildContext를 사용합니다. FavoriteScreen을 다시 로드하여 업데이트합니다. 앱의 상태를 유 지하기 위해 다른 접근방식을 사용할 수 있으므로, 가장 명쾌한 솔루션은 아닐 수 있습니다. 하지 만 이 예제에서는 충분합니다.

04_ 다음 코드를 추가하여 removeFromFavorites() 메서드를 앱에 추가합니다.

```
Future removeFromFavorites(Book book, BuildContext context) async {
  SharedPreferences preferences = await SharedPreferences.getInstance();
  String id = preferences.getString(book.id);
  if (id != '') {
    await preferences.remove(book.id);
    Navigator.push(
        context, MaterialPageRoute(builder: (context) => FavoriteScreen()));
  }
}
```

BooksHelper 클래스에 추가해야 하는 마지막 메서드는 getFavorites() 비동기 메서드입니다. 그 러면, SharedPreferences에서 검색할 도서의 목록이 반환됩니다.

05_ SharedPreferences의 인스턴스를 생성하고, 도서가 포함된 목록을 만든 후, getKeys() 메서드를 사용하여 현재 SharedPreferences에 저장된 모든 키를 검색합니다.

06_ 키의 Set이 비어있지 않으면, 각 키에 대해 SharedPreferences 인스턴스의 get() 메서드를 사용하여 현재 위치에서 값을 검색합니다. 이것은 String이므로 json으로 변환한 뒤, json에서 Book을 만들고 도서 목록에 추가합니다.

07_ 다음 코드를 추가하여 getFavorites() 메서드를 완료합니다.

```
Future<List<dynamic>> getFavorites() async {
  //즐겨찾는 도서들 혹은 빈 목록을 반환한다
  final SharedPreferences prefs = await SharedPreferences.getInstance();
  List<dynamic> favBooks = [];
  Set allKeys = prefs.getKeys();
  if (allKeys.isNotEmpty) {
    for (int i = 0; i < allKeys.length; i++) {
      String key = (allKeys.elementAt(i).toString());
      String value = prefs.get(key);
      dynamic json = jsonDecode(value);
      Book book = Book(json['id'], json['title'], json['authors'],
          json['description'], json['publisher']);
      favBooks.add(book);
    }
  }
  return favBooks;
}
```

이제, 앱의 즐겨찾기에 데이터를 읽고, 기록하는 메서드가 준비되었으므로, UI에서 호출해야 합니다. 다음 섹션에서 이어서 진행하겠습니다.

앱 UI 완성하기

앱의 홈페이지에는 사용자가 즐겨찾기에 도서를 추가하기 위해서 누를 수 있는 IconButton이 이미 있습니다. BooksHelper 클래스의 addFavorites() 메서드에 연결만 하면 작동합니다. 이 과정을 살펴보겠습니다.

01_ ui.dart 파일로 이동하고 build() 메서드의 BooksTable 클래스, 마지막 TableCell에서 IconButton을 편집하여 onPressed() 메서드에서 다음과 같이 즐겨찾기 목록에 도서를 추가(또는 제거)할 수 있습니다.

```
child: IconButton(
  color: (isFavorite) ? Colors.red : Colors.amber,
  tooltip: (isFavorite) ? 'Remove from favorites' : 'Add to favorites',
  icon: Icon(Icons.star),
  onPressed: () {
    if (isFavorite) {
      helper.removeFromFavorites(book, context);
    } else {
      helper.addToFavorites(book);
    }
  }
))
```

02_ BooksList 위젯에서 동일한 작업을 수행해야 합니다. build() 메서드의 trailing: IconButton 에서 다음과 같이 BooksHelper 클래스의 addToFavorites() 또는 removeFromFavorites() 메서드를 호출하도록 코드를 업데이트합니다.

```
trailing: IconButton(
  color: (isFavorite) ? Colors.red : Colors.amber,
  tooltip: (isFavorite) ? 'Remove from favorites' : 'Add to favorites',
  icon: Icon(Icons.star),
  onPressed: () {
    if (isFavorite) {
      helper.removeFromFavorites(books[position], context);
    } else {
      helper.addToFavorites(books[position]);
    }
  }
),
```

앱을 완성하는 마지막 단계는 앱의 두 번째 페이지인 즐겨찾기 화면을 추가하는 것입니다. 다음과 같은 방법으로 수행할 수 있습니다.

01_ lib 폴더에 favorite_screen.dart라는 새 파일을 추가하십시오.

02_ 파일 맨 위에 다음과 같이 필요한 import를 추가합니다.

```
import 'package:flutter/material.dart';
import 'ui.dart';
import 'data/books_helper.dart';
import 'main.dart';
```

03_ 다음과 같이 FavoriteScreen이라는 새로운 Stateful 위젯을 만듭니다.

```
class FavoriteScreen extends StatefulWidget {
  @override
  _FavoriteScreenState createState() => _FavoriteScreenState();
}

class _FavoriteScreenState extends State<FavoriteScreen> {
  @override
  Widget build(BuildContext context) {
    return Container();
  }
}
```

04_ _FavoriteScreenState 클래스에서 다음과 같이 BooksHelper 객체와 상태를 만드는 프로퍼티(books라는 이름의 리스트와 booksCount라는 이름의 정수)를 추가합니다.

```
BooksHelper helper;
List<dynamic> books = [];
int booksCount;
```

이 화면이 호출되면 SharedPreferences에 현재 저장된 즐겨찾기 도서를 불러와야 합니다.

05_ 다음의 코드 블록과 같이 화면 상태, 특히 도서 목록과 bookCount 프로퍼티를 업데이트하는 initialize()라는 새 비동기 메서드를 만듭니다.

```
Future initialize() async {
  books = await helper.getFavorites();
  setState(() {
    booksCount = books.length;
    books = books;
```

```
    });
  }
```

06_ 다음과 같이 initState() 메서드를 재정의하고, BooksHelper 클래스의 인스턴스를 호출하고, 방금 만든 initialize() 메서드를 호출합니다.

```
@override
void initState() {
  helper = BooksHelper();
  initialize();
  super.initState();
}
```

build() 메서드는 MyHomePage 클래스의 build() 메서드와 매우 유사합니다. 동일한 메뉴를 공유하고, 화면이 작은 것인지 큰 것인지 확인하고, 그에 따라 즐겨찾기에 대한 Table 아니면 ListView를 표시할 지를 선택합니다. BooksList 및 BooksTable의 isFavorite 매개변수는 지금 부터 true로 설정됩니다.

07_ 다음 코드 조각은 즐겨찾기 화면의 build() 메서드에 대한 코드를 보여줍니다. 프로젝트에 추가하십시오.

```
@override
Widget build(BuildContext context) {
  bool isSmall = false;
  if (MediaQuery.of(context).size.width < 600) {
    isSmall = true;
  }
  return Scaffold(
    appBar: AppBar(
      title: Text('Favorite Books'),
      actions: <Widget>[
        InkWell(
          child: Padding(
              padding: EdgeInsets.all(20.0),
              child: (isSmall) ? Icon(Icons.home) : Text('Home')),
          onTap: () {
            Navigator.push(
                context, MaterialPageRoute(builder: (context) => MyHomePage()));
```

```
          },
        ),
        InkWell(
          child: Padding(
              padding: EdgeInsets.all(20.0),
              child: (isSmall) ? Icon(Icons.star) : Text('Favorites')),
        ),
      ],
    ),
    body: Column(
      children: <Widget>[
        Padding(padding: EdgeInsets.all(20), child: Text('My Favorite Books')),
        Padding(
            padding: EdgeInsets.all(20),
            child:
                (isSmall) ? BooksList(books, true) : BooksTable(books, true)),
      ],
    ),
  );
}
```

여기에서 홈페이지로 쉽게 이동할 수 있지만, 홈페이지에서 즐겨찾기 화면으로 이동하는 방법도 필요합니다.

08_ main.dart로 돌아가서 별 아이콘이나 'Favorites' 텍스트가 포함된 InkWell에서 다음과 같이 FavoriteScreen으로 이동하는 코드를 추가합니다. 정상적인 실행을 위해서는 data/books_helper.dart와 main.dart에 favorite_screen.dart를 import하십시오.

```
InkWell(
  child: Padding(
    padding: EdgeInsets.all(20.0),
    child: (isSmall) ? Icon(Icons.star) : Text('Favorites')
  ),
  onTap: () {
    Navigator.push(context,
    MaterialPageRoute(builder: (context) => FavoriteScreen()));
  },
),
```

브라우저에서 앱을 실행해 보고, 목록에 즐겨찾기를 추가하고, 창 크기를 변경하여 UI가 사용 가능한 공간에 어떻게 반응하는지 확인해 보세요. API에서 검색했지만, 전혀 사용하지 않은 도서에 대한 설명이 포함된 세부 정보 페이지 구축을 포함해서, 이 앱을 어떻게 개선할 수 있는지 (많은) 방법을 생각해 봅시다.

또한, 이 책의 마지막 프로젝트인 앱을 완성했으므로 **여러분 스스로 자축하십시오!**

11-7 웹 서버에 플러터 앱 게시하기

이제 웹 앱이 완성되었으므로, 웹 서버에 게시하는 방법이 궁금할 것입니다. 현재 브라우저는 HTML, CSS 및 JavaScript만 지원하므로, 플러터 코드를 웹 서버에 게시하면 브라우저에서 실행될 것이라 기대하기는 어렵습니다.

다행히 플러터에서 웹 앱을 빌드하기 위한 지원 내용에는 플러터 코드를 JavaScript로 변환하는 도구가 포함되어 있습니다. 개발 컴퓨터의 명령 줄 인터페이스에서 다음 명령을 실행하면 됩니다.

```
flutter build web
```

이 명령을 실행하면 앱 디렉토리에 /build/web 폴더가 생성될 것입니다. 이 폴더를 열면 웹 앱의 홈페이지인 index.html 파일이 표시됩니다.

✖ NOTE

웹 릴리즈 버전을 빌드하면, 프레임워크가 파일을 축소화(minify)하고 난독화를 수행합니다. 해당 절차에 대한 자세한 내용은 https://flutter.dev/docs/deployment/web를 참고하세요.

파일을 열면 다음과 같이 매우 간단한 HTML 코드가 표시됩니다.

```
<!DOCTYPE html>
<html>
<head>
  <meta charset="UTF-8">
  <title>web_app</title>
</head>
```

```
<body>
  <script src="main.dart.js" type="application/javascript"></script>
</body>
</html>
```

웹 페이지의 body에는 main.dart.js라는 JavaScript의 파일만 포함되어 있습니다. 이것은 우리의 Dart 코드를 JavaScript로 실제 변환한 것입니다. 이 파일은 성능상의 이유로 축소되었으므로 main.dart.js 파일을 열면 어떤 흥미로운 내용도 볼 수 없지만, 여기에서 핵심은 flutter build web 명령을 실행할 때, Flutter 프레임워크에서 완벽하게 호환되는 HTML, CSS, JavaScript 앱으로 변환하여 게시할 수 있다는 것입니다. 게시 후 앱은 Chrome 뿐만 아니라 모든 브라우저와 호환됩니다.

컴파일된 웹 버전이 HTML, CSS, JavaScript이므로, **FTP(File Transfer Protocol)** 클라이언트를 사용하여 모든 웹 서버에 게시할 수 있습니다. Linux 및 Windows 서버가 모두 작동합니다. 복사해야 하는 폴더는 프로젝트의 /build/web 디렉토리입니다.

요약

플러터는 이제 모바일, 웹 및 데스크탑 용 앱을 만들 수 있으며, 여러 장치에 동일한 코드를 사용하는 것은 개발자에게 큰 이점이지만, 앱의 UI를 디자인할 때 다양한 폼 팩터에 대해 대응하기가 어려울 수 있습니다. 사용자에게 가능한 훌륭한 사용자 경험을 제공하는 접근 방식은 반응형 레이아웃을 사용하는 것입니다. 이 장의 프로젝트에서는 MediaQuery.of(context). size.width를 사용하여 화면에서 사용할 수 있는 논리적 픽셀 수에 따라 다른 레이아웃(큰 화면을 위해서는 Table, 작은 화면을 위해서는 ListView)을 선택하도록 했습니다.

Flutter for Web을 사용하면 Chrome 브라우저로 플러터 앱을 디버깅해야 하지만, 게시된 앱은 어떤 최신 브라우저와도 호환이 됩니다.

다른 시스템에서 실행되는 앱에서의 도전과제는 특정 기능을 사용하는 것입니다. iOS, Android, 브라우저에서 데이터를 저장하는 것은 각 경우에 대해 근본적으로 다릅니다. 플러터 접근 방식에는 다양한 플랫폼별 기술을 중심으로 래퍼를 만든 것이 포함됩니다. 이 프로젝트에서 빌드한 앱에서 shared_preferences 라이브러리를 사용하여 데이터를 로컬에 저장하고 각 플랫폼에 대해 커스텀 코드를 작성하지 않아도 됩니다. 이미 모바일 및 웹 개발과 호환되는 여러 라이브러리가 있으며, 그 목록은 빠르게 증가하고 있습니다.

오늘날 브라우저는 HTML, CSS 및 JavaScript만 지원합니다. 웹용 플러터 앱을 구축할 때 프레임워크는 플러터 코드를 JavaScript로 변환하여 자동으로 축소 및 난독화를 수행합니다. 웹용 플러터 앱을 빌드하려면 터미널 창에서 flutter build web 명령을 사용해야 합니다.

플러터를 배우는 이 여정에 참여해 주셔서 감사합니다. 이 책에서 가치를 발견하셨기를 진심으로 바랍니다. 때로는 어려울 수 있지만, 코딩은 코딩을 배우는 유일한 방법입니다. 다시 말하지만, 끝까지 성공하신 것을 축하합니다. 만약 여러분이 계속 배우고 싶다면, 웹은 리소스로 가득 차 있습니다. 플러터는 점점 더 인기를 얻고 있기 때문입니다. 누가 알겠습니까? 어쩌면 우리가 미래에 이 여정의 또 다른 부분을 함께 만들지도 모릅니다. 그때까지, 계속 코딩하시기 바랍니다!

질문

각 프로젝트의 끝에는 이 장에서 다룬 내용을 기억하고 리뷰하는 데에 도움이 되는 몇 가지 질문이 있습니다.

다음 질문에 답해 보십시오. 확실하지 않은 경우 이 장의 내용을 잘 살펴보면 모든 답을 찾을 수 있습니다.

1. 플러터 환경에서 웹 개발을 활성화하는 데 필요한 단계는 무엇입니까?
2. 물리적 픽셀과 논리적 픽셀의 차이점은 무엇입니까?
3. 사용자 장치의 너비를 어떻게 알 수 있습니까?
4. Table 위젯을 사용할 때, 행과 셀을 어떻게 추가합니까?
5. 반응형 디자인의 뜻은 무엇입니까?
6. FlexColumnWidth 위젯의 목적은 무엇입니까?
7. shared_preferences의 목적은 무엇입니까?
8. 여러분은 shared_preferences를 사용하여 암호를 저장하시겠습니까? 왜 그렇게 생각하시나요?
9. 브라우저는 어떻게 플러터 앱을 실행할 수 있습니까?
10. 플러터 앱을 웹 서버에 어떻게 게시할 수 있습니까?

추가 읽을거리

Google 도서관 프로젝트는 매력적이고 야심찬 프로젝트입니다. 누구나 무료로 희귀 도서 및 절판 도서를 포함하여 수백만 권의 도서를 검색할 수 있는 서비스를 상상해 보십시오. 이것이 바로 Google 도서관 프로젝트입니다. 2019년 10월 기준 Google에서 스캔하여 사용할 수 있는 책은 4천만 개가 넘습니다. 프로젝트에 대한 자세한 내용은 https://support.google.com/books/partner/answer/3398488?hl=enref_topic=3396243 페이지를 참고하세요.

이 책에서 사용한 많은 기술은 Google에서 만든 것입니다. 여기에는 플러터 자체, 다트, 안드로이드 및 파이어베이스가 포함됩니다. 그러나 Microsoft에서 만든 프로그램인 VS Code도 있습니다. 전 개발을 할 때 VS Code를 가장 많이 사용합니다. 플러터 프로젝트뿐만 아니라 다양한 클라이언트 개발을 진행할 때도 말입니다. VS Code는 빠르고 안정적이며 무료입니다. 저만 그런 것이 아닙니다. Stack Overflow는 2019년 개발자 설문조사에서 VS Code가 가장 인기있는 개발자 도구라는 사실을 발견했으며, VS Code가 제작된 지 불과 4년 밖에 안된 시점에 수천 명의 개발자 중 50% 이상이 이 도구를 사용한다고 말했습니다. 이 편집기에 대한 자세한 정보는 공식 홈페이지(https://code.visualstudio.com/)를 참고하십시오.

이 장에서는 플러터로 웹 앱을 만드는 데 중점을 두었습니다. 또 다른 훌륭한 추가 기능으로는 macOS, Windows 및 Linux에 대한 데스크탑 지원입니다. 아직 초기 단계이지만, 이것이 어떻게 성장하는지 볼수록 흥미로울 것입니다. 데스크탑 지원의 업데이트된 현황을 보려면 https://flutter.dev/desktop을 확인하십시오.

CHAPTER 12 >>>

해설

각 장의 끝에 있는 질문에 대한 답을 여기에서 찾을 수 있습니다.

1장

1. 위젯이란 무엇입니까?

위젯은 사용자 인터페이스에 대한 묘사입니다. 이 묘사는 객체가 빌드될 때 실제 뷰로 "확장" 됩니다.

2. 다트와 플러터 앱의 시작점은 무엇입니까?

main() 함수는 모든 다트 및 플러터 애플리케이션의 시작점입니다.

3. 다트/플러터 클래스에 몇 개의 명명된 생성자를 가질 수 있습니까?

다트/플러터 클래스에서는 명명된 생성자를 여러 개 가질 수 있지만, 명명되지 않은 생성자는 하나만 가질 수 있습니다.

4. 세 개의 EdgeInsets 생성자를 지정할 수 있습니까?

이 장에서는 EdgeInsets.all, EdgeInsets.only, EdgeInsets.symmetric을 사용했습니다.

5. Text 위젯에서 텍스트 스타일을 어떻게 지정할 수 있습니까?

Text 위젯에는 style 프로퍼티가 있습니다. 거기에서 TextStyle()을 사용하여 글꼴 크기, 두께, 색상 및 기타 여러 프로퍼티를 설정할 수 있습니다.

6. flutter doctor 명령어를 사용하는 목적은 무엇입니까?

시스템에서 플러터 설치를 확인하는 데 사용할 수 있는 CLI 도구입니다.

7. 위젯 아래에 다른 위젯을 여러 개 포함하기 위해서, 어떤 위젯을 사용하겠습니까?

Column 위젯에는 또 다른 위젯을 하위에 배치할 수 있는 children 프로퍼티를 포함하고 있습니다.

8. "화살표 구문(arrow syntax)"이란 무엇입니까?

화살표 구문(arrow syntax)은 함수에서 값을 반환하는 간결한 방법입니다. 화살표 구문의 예는 다음과 같습니다.

```
bool convertToBool(int value) => (value == 0) ? false : true;
```

9. 위젯 사이에 공간을 만드는 데 사용할 수 있는 위젯은 무엇입니까?

이것을 위해 여러 위젯을 사용할 수 있습니다. 그 중, Padding 위젯을 사용하여 화면의 child

와 다른 모든 위젯 사이에 공간을 만들 수 있습니다.

10. 사용자에게 이미지를 어떻게 보여줄 수 있습니까?

Image 위젯을 사용하여 이미지를 표시할 수 있습니다. Image는 한 줄의 코드를 이용하여 URL에서 이미지를 자동으로 다운로드하는 네트워크 생성자가 있습니다.

2장

1. 앱에서 언제 Stateful 위젯을 사용해야 합니까?

앱에서는 위젯이 사용자 인터페이스의 생명주기 동안 변경될 수 있는 정보인 상태를 유지해야 할 때 Stateful 위젯을 사용합니다.

2. 클래스의 State를 업데이트하는 방법은 무엇입니까?

setState( ) 메서드는 State를 업데이트합니다.

3. 사용자가 드롭다운 목록에서 옵션을 선택할 수 있도록 하려면, 어떤 위젯을 사용하시겠습니까?

DropdownButton 위젯을 사용하면 사용자가 선택할 수 있는 DropdownMenuItem 위젯 목록을 만들 수 있습니다.

4. 사용자가 텍스트를 입력할 수 있도록 하려면, 어떤 위젯을 사용하시겠습니까?

TextField는 사용자가 텍스트를 입력할 수 있는 위젯입니다.

5. 사용자 입력에 반응할 때 사용할 수 있는 이벤트는 무엇입니까?

onChanged 이벤트를 사용하면 TextField의 내용에 대한 변경에 응답할 수 있습니다.

6. 위젯이 화면에서 사용할 수 있는 것보다 더 많은 공간을 차지하면 어떻게 됩니까? 이 문제는 어떻게 해결할 수 있습니까?

SingleChildScrollView 위젯과 같은 스크롤 위젯으로 위젯을 묶을 수 있습니다.

7. 화면 너비를 어떻게 구할 수 있습니까?

MediaQuery.of(context).size.width 명령어를 사용하여 화면 너비를 가져올 수 있습니다.

8. 플러터에서 Map이란 무엇입니까?

플러터에서 Map 위젯을 사용하면 첫 번째 요소가 key이고, 두 번째 요소가 value인 Key-Value 쌍을 삽입할 수 있습니다.

9. 텍스트 스타일을 어떻게 지정할 수 있습니까?

TextStyle 위젯을 만들고, 이를 사용하여 여러 위젯에 동일한 텍스트 스타일을 적용할 수 있습니다.

10. UI에서 앱의 로직을 어떻게 분리할 수 있습니까?

플러터의 UI에서 로직을 분리하는 방법에는 여러 가지가 있습니다. 이 장에서 살펴본 가장 기본적인 것은 앱의 로직을 포함하는 클래스를 만들고, 적절한 케이스에서 사용자 인터페이스에서 사용하는 것입니다.

3장

1. 세로로 스크롤되는 GridView의 가로축은 무엇입니까?

주축이 수직이면, 교차축은 수평입니다.

2. SharedPreferences에서 값을 어떻게 검색합니까?

SharedPreferences의 인스턴스를 만든 후, getInt 또는 getString과 같은 메서드 중 하나를 호출하여 키를 전달할 수 있습니다. 이것들은 그 값을 검색합니다. 다음 코드 블록에 예가 나와 있습니다.

```
prefs = await SharedPreferences.getInstance();
int workTime = prefs.getInt(WORKTIME);
```

3. 화면 너비를 검색하기 위해 어떤 명령을 사용하시겠습니까?

MediaQuery.of(context).size.width 명령어를 사용하여 화면 너비를 가져올 수 있습니다.

4. 앱에서 다른 화면을 어떻게 엽니까?

Navigator의 push() 메서드를 호출하여 라우트를 탐색 스택에 추가할 수 있습니다. 예를 들면 다음과 같습니다.

```
Navigator.push(
  context, MaterialPageRoute(builder: (context) =>SettingsScreen())
);
```

5. 앱에서 모든 종속성을 포함하고 있는 파일은 무엇입니까?

pubspec.yaml 파일에는 앱의 종속성이 포함되어 있습니다.

6. Stream과 Future의 차이점은 무엇입니까?

Stream은 일련의 결과입니다. Stream에는 여러 이벤트가 반환될 수 있지만, Future는 한 번만 반환됩니다.

7. TextField의 값을 어떻게 변경합니까?

TextEditingController를 사용하여 TextField 내의 값을 변경할 수 있습니다.

8. 새 Duration 객체를 어떻게 생성합니까?

Duration은 시간 범위를 포함하는 데 사용되는 Dart 클래스입니다. Duration을 생성하려면 다음 호출 예제와 같이 duration의 길이를 지정하는 생성자를 호출합니다.

```
Duration(seconds: 1)
```

9. 앱에 메뉴 버튼을 어떻게 추가할 수 있습니까?

다음과 같이 PopupMenuButton 위젯을 사용하여 Scaffold의 AppBar에 추가할 수 있습니다.

```
appBar: AppBar(
  title: Text('My Work Timer'),
  actions: [
    PopupMenuButton<String>(
      itemBuilder: (BuildContext context) {
        return menuItems.toList();
      },
```

10. 앱에 외부 라이브러리를 설치하는 방법은 어떤 단계로 진행합니까?

pubspec.yaml 파일에 종속성을 추가한 다음 이것을 사용할 파일의 맨 위에 사용할 라이브러리를 import하고, 마지막으로 해당 파일의 코드에서 사용하면 됩니다.

4장

1. Stack의 경계를 기준으로 정확한 위치를 결정하기 위해 Stack 내부에서 사용할 수 있는 하위 위젯은 무엇입니까?

Positioned 위젯은 Stack의 child가 배치되는 위치를 제어합니다.

2. initState와 build 메서드의 차이점은 무엇입니까?

initState() 메서드는 State가 빌드될 때 각 State 객체에 대해 한 번씩 호출됩니다. 일반적으로 클래스를 빌드할 때 필요할 수 있는 초기 값을 입력하는 곳입니다. build() 메서드는 initState 이후 및 상태가 변경될 때마다 호출됩니다.

3. 애니메이션의 지속 시간은 어떻게 설정합니까?

AnimationController의 duration 프로퍼티를 설정할 수 있으며, 여기에서 다음 예제와 같이 Duration 객체를 사용할 수 있습니다.

```
AnimationController(
  duration: const Duration(seconds: 3)
);
```

4. 여러분이 가지고 있는 클래스에서 Mixin 클래스는 어떻게 사용합니까?

Mixin은 다른 클래스의 부모 클래스가 아니어도 다른 클래스에서 사용할 수 있는 메서드를 포함하는 클래스입니다. 플러터에서는 with절을 사용하여 다음 코드 블록과 같이 클래스에서 Mixin을 사용합니다.

```
class _PongState extends State<Pong> with
SingleTickerProviderStateMixin {}
```

5. Ticker란 무엇입니까?

Ticker는 거의 일정한 간격으로 신호를 보내는 클래스로, 플러터에서는 초당 약 60회 또는 장치가 이 프레임 속도(Frame rate)를 허락하는 경우 16밀리초마다 한 번씩 신호를 보냅니다.

6. Animation과 AnimationController의 차이점은 무엇입니까?

AnimationController는 하나 이상의 Animation 객체를 제어합니다.

7. 실행중인 애니메이션을 어떻게 중지합니까? 그리고 그것의 자원은 어떻게 해제합니까?

AnimationController의 stop( ) 메서드를 사용하여 실행중인 애니메이션을 중지하고, dispose( ) 메서드를 사용하여 리소스를 해제할 수 있습니다.

8. 0에서 10 사이의 랜덤 숫자를 어떻게 생성할 수 있습니까?

Random 클래스를 사용하고, nextInt( ) 메서드를 호출하여 0에서 10 사이의 랜덤 숫자를 생성할 수 있습니다. nextInt( ) 메서드는 최대 값을 사용합니다. 랜덤 숫자는 0에서 시작하고, 최대 값은 배타적이므로 0에서 10 사이의 숫자에 대해서는 다음과 같이 작성할 수 있습니다.

```
Random random = new Random();
int randomNumber = random.nextInt(11);
```

9. 위젯 중 하나(가령 컨테이너)에 대한 사용자의 탭 액션에 응답하려는 경우 어떤 위젯을 사용해야 합니까?

GestureDetector는 탭을 포함한 제스처를 감지하는 위젯입니다. 따라서 사용자의 탭에 응답하기 위해 컨테이너를 GestureDetector로 묶을 수 있습니다.

10. 앱에서 AlertDialog를 어떻게 표시합니까?

11. AlertDialog는 피드백을 제공하거나, 사용자에게 몇 가지 정보를 요청하는 데 사용하는 위젯입니다. AlertDialog 위젯을 표시하려면 다음의 단계가 필요합니다.

1. showDialog( ) 메서드를 호출
2. context를 설정
3. builder를 설정
4. AlertDialog 프로퍼티를 반환
5. AlertDialog의 프로퍼티들을 세팅

다음 코드 블록은 AlertDialog를 표시하는 메서드의 예시입니다.

```
void contactUs(BuildContext context) {
  showDialog(
    context: context,
    builder: (BuildContext context) {
      return AlertDialog(
        title: Text('Contact Us'),
        content: Text('Mail us at hello@world.com'),
```

```
    actions: <Widget>[
      FlatButton(
        child: Text('Close'),
        onPressed: () => Navigator.of(context).pop(),
      )
    ],
  );
  },
);
}
```

5장

1. 이 코드는 정상입니까? 만약 그렇지 않다면, 왜 그런가요?

```
String data = http.get(url);
```

http의 get( ) 메서드가 비동기이므로, String이 아닌 Future를 반환합니다. 따라서 올바르지 않습니다.

2. JSON 및 XML 형식은 무엇에 사용됩니까?

JSON 및 XML은 데이터를 나타내는 텍스트 형식입니다. 웹 서비스에서 반환하면 클라이언트 앱에서 사용할 수 있습니다.

3. 쓰레드란 무엇입니까?

쓰레드는 실행할 수 있는 하나의 라인입니다.

4. 몇 가지 일반적인 비동기 시나리오를 말할 수 있습니까?

비동기 프로그래밍을 사용해야 하는 시나리오에는 http 요청, 데이터베이스 쓰기 등 일반적으로 모든 긴 시간을 요하는 작업들이 포함됩니다.

5. async/await 키워드는 언제 사용해야 합니까?

비동기 작업은 나중에 완료해야 하는 Future 객체(futures)를 반환합니다. Future가 완료될 때까지 실행을 일시 중단하려면 비농기 함수에서 await를 사용합니다.

6. ListView와 ListTile의 차이점은 무엇입니까?

ListTile은 시작과 끝에 Optional 아이콘이 있는 텍스트의 1~3줄을 포함할 수 있는 머티리얼 위젯입니다. ListView는 가로 또는 세로로 children을 차례로 표시하는 스크롤 위젯입니다. ListTile 위젯은 ListView에 포함시킬 수 있습니다.

7. 데이터를 파싱하고 목록을 생성하기 위해 map 메서드를 어떻게 활용할 수 있습니까?

map() 메서드는 목록의 각 요소를 변환하고, 변환 결과를 새 목록으로 반환합니다. 예를 들어 다음 코드 블록에 표시된 것처럼 일부 JSON 데이터를 객체로 변환할 수 있습니다.

```
final moviesMap = jsonResponse['results'];
List movies = moviesMap.map((i) => Movie.fromJson(i)).toList();
```

8. 한 화면에서 다른 화면으로 데이터를 어떻게 전달합니까?

다음 예제와 같이 새 라우트를 만들 때 빌더에서 데이터를 전달해야 합니다.

```
MaterialPageRoute route = MaterialPageRoute(builder: (_) =>
  YourScreen(yourData));
Navigator.push(context, route);
```

9. Response 객체의 body에 json.decode 메서드를 언제 사용해야 합니까?

json.decode() 메서드를 사용하여 Response를 사용자 지정 객체 또는 문자열과 같이 앱에서 사용할 수 있는 데이터 목록으로 변환합니다.

10. CircleAvatar는 무엇입니까?

CircleAvatar는 이미지 또는 일부 텍스트를 포함할 수 있는 원을 그리는 위젯입니다.

6장

1. openDatabase() 메서드를 호출하면 어떤 일이 일어납니까?

sqflite 라이브러리에는 기존 데이터베이스를 열고 반환하는 openDatabase() 메서드가 있습니다. 이 메서드는 열게 될 데이터베이스의 경로와 데이터베이스의 버전을 사용합니다. 데이터베이스가 존재하지 않으면, Optional한 onCreate 매개변수가 호출됩니다. 여기에서 데이터베이스 생성 지침을 지정할 수 있습니다.

2. database 객체의 rawQuery() 및 query() 메서드의 차이는 무엇입니까?

둘 다 데이터베이스에서 데이터를 검색하는 방법입니다. rawQuery() 메서드는 SQL 명령어를 사용하고, query() 메서드는 테이블, where 필터 및 whereArgs 매개변수를 지정하는 헬퍼입니다. 다음 코드 블록에 두 가지 메서드의 예가 나와 있습니다.

```
List places = await db.rawQuery('select * from items where idList = 1');
List places = await db.query('items', where: 'idList = ?', whereArgs: [1]);
```

3. 팩토리 생성자는 어떻게 사용합니까? 언제 사용해야 합니까?

팩토리 생성자는 새 인스턴스를 만드는 대신 클래스 생성자의 기본 동작을 재정의하며, 팩토리 생성자는 클래스의 단일 인스턴스만 반환합니다. 팩토리 생성자를 만드는 구문은 다음과 같습니다.

```
static final DbHelper _dbHelper = DbHelper._internal();
DbHelper._internal();
factory DbHelper() {
  return _dbHelper;
}
```

4. Dismissible 위젯의 목적은 무엇입니까?

Dismissible은 사용자의 좌우 스와이프 제스처를 감지하고, 객체를 제거하는 애니메이션을 보여주는 위젯입니다. 항목을 삭제하려는 경우 Dismissible을 사용하는 것이 이상적입니다.

5. query() 메서드의 where 및 whereArgs 매개변수를 어떻게 사용합니까?

query() 메서드에서 검색된 데이터를 필터링하려는 경우 where 및 whereArgs를 사용합니다. where 매개변수는 필드 이름과 비교 연산자를 취하고, whereArgs는 값을 취합니다. 다음 코드 블록에 예가 나와 있습니다.

```
List places = await db.query('items', where: 'idList = ?', whereArgs: [1]);
```

6. 앱에서 모델 클래스를 언제 사용해야 합니까?

모델 클래스는 데이터베이스의 테이블 구조를 미러링하는 객체를 만듭니다. 이렇게 하면 코드를 보다 안정적이고 쉽게 읽을 수 있으며, 데이터 불일치를 방지하는 데 도움이 됩니다.

7. SnackBar는 언제 사용합니까?

SnackBar는 앱 하단에 메시지를 표시하는 위젯입니다. 일반적으로 SnackBar를 사용하여 사용자에게 작업이 수행되었음을 알립니다.

8. SQLite 데이터베이스에서 insert( ) 메서드의 구문은 무엇입니까?

insert( ) 비동기 메서드를 사용하면 데이터를 삽입할 테이블의 이름을 특정하거나 삽입할 데이터의 맵을 특정할 수 있으며, 같은 ID를 가진 레코드를 두 번 삽입하려 할 때 실행할 충돌 알고리즘을 선택적으로 지정할 수 있습니다. insert()는 새로 삽입된 레코드의 ID를 반환합니다. 아래 코드를 보겠습니다.

```
int id = await this.db.insert( 'lists',list.toMap(),
    conflictAlgorithm: ConflictAlgorithm.replace, );
```

9. Dismissible 위젯에서 key의 용도는 무엇입니까?

Dismissible 위젯의 키는 삭제할 항목을 고유하게 식별하는 데 사용됩니다.

10. FAB는 언제 사용합니까?

FAB(Floating Action Button)는 화면의 기본 작업에 사용할 수 있는 원형 버튼입니다. 아이템 목록이 있는 경우에서 새 항목을 추가하는 것이 기본 작업이 됩니다.

7장

1. Cloud Firestore 데이터베이스에서 문서와 컬렉션의 차이점은 무엇입니까? 문서에 컬렉션이 포함될 수 있습니까?

컬렉션은 문서 집합에 대한 컨테이너입니다. 여기에서 문서는 Key-Value 쌍으로 표현된 데이터 자체입니다. 문서는 컬렉션을 포함할 수 있습니다.

2. SQL과 NoSQL 데이터베이스의 주요 차이점 세 가지를 말씀해 주시겠습니까?

SQL 데이터베이스는 SQL 언어를 사용하여 쿼리를 수행하고, JOIN을 사용하여 테이블 간의 관계를 표현하며 고정된 스키마를 갖습니다. NoSQL 저장소에는 자체 설명 데이터가 포함되어 있으며, 스키마가 필요하지 않고, SQL 언어를 사용하며, 쿼리를 수행할 수 없습니다.

3. 다음 코드를 잘 보십시오.

```
docs = await db.collection('favorites')
  .where('userId', isEqualTo: uid).get();
```

이 쿼리는 무엇을 수행합니까? 그리고 docs 변수는 어떤 데이터 타입입니까?

getDocuments() 비동기 메서드는 지정된 컬렉션(이 경우 favorites)에서 데이터를 검색합니다. 여기서 userId는 변수 uid의 값과 같습니다. 문서에는 QuerySnapshot 객체가 포함됩니다.

4. Cloud Firestore 데이터베이스에서 인증된 사용자에게만 데이터 액세스를 허용할 수 있습니까? 그렇다면 어떤 방법으로 할 수 있을까요?

Cloud Firestore 데이터베이스에서 규칙을 설정하여 인증된 사용자에게만 데이터 액세스를 허용할 수 있습니다. 여기에 예가 나와 있습니다.

```
application
service cloud.firestore {
  match /databases/{database}/documents {
    match /{document=**} {
      allow read, write: if request.auth.uid != null;
    }
  }
}
```

5. FirebaseAuth 클래스의 인스턴스를 어떻게 만들 수 있습니까?

FirebaseAuth는 Firebase 인증의 메서드 및 프로퍼티를 사용할 수 있도록 하는 객체입니다. 다음 안내에 따라 FirebaseAuth 클래스의 인스턴스를 만들 수 있습니다.

```
final FirebaseAuth _firebaseAuth = FirebaseAuth.instance;
```

6. 다음 코드를 잘 보십시오. 이 코드가 수행하는 작업을 설명할 수 있습니까?

```
var result = db.collection('favorites').add(fav.toMap()
  .then((value) => print(value.id))
  .catchError((error)=> print (error));
```

favorites 컬렉션에 새 문서가 추가됩니다. 작업이 성공하면 코드는 디버그 콘솔에서 새 문서의 documentId를 출력합니다. 오류 발생시 오류 자체가 출력됩니다.

7. 클래스의 프로퍼티에 대해서 getter 메서드는 언제 생성합니까? 그리고 그것을 만드는 코드를 어떻게 작성합니까?

getter 메서드는 클래스 인스턴스의 프로퍼티 값을 반환합니다. 이러한 방식으로 클래스에서 값을 읽기 전에 값을 확인하거나 변환할 수 있습니다. 필드 이름 앞에 get 키워드를 추가하여 getter를 지정합니다. getter는 지정한 타입의 값을 반환합니다. 예를 들어 다음과 같습니다.

```
int get price {
  return _price * 1.2;
}
```

8. Cloud Firestore 데이터베이스와 상호작용하기 위해 언제 Map 객체가 필요합니까?

Cloud Firestore 데이터베이스와 상호 작용할 때 Map 객체를 전달하여 데이터를 컬렉션에 쓸 수 있습니다. 데이터를 검색할 때 쿼리 결과를 Map 객체로 파싱할 수 있습니다.

9. Cloud Firestore 데이터베이스에서 문서를 어떻게 삭제합니까?

다음 코드 블록과 같이 문서에서 delete() 메서드를 사용합니다.

```
await db.collection('favorites').document(favId).delete();
```

10. 한 화면에서 다른 화면으로 데이터를 어떻게 전달합니까?

다음 예와 같이 새 라우트를 만들 때 builder에서 데이터를 전달해야 합니다.

```
MaterialPageRoute route = MaterialPageRoute(builder: (_) =>
  YourScreen(yourData));
Navigator.push(context, route);
```

8장

1. 앱에 path 및 path_provider 라이브러리를 추가하는 목적은 무엇입니까?

path 패키지는 결합, 분할, 정규화와 같은 path 조작을 위한 일반적인 작업을 제공합니다. path_provider를 사용하여 data 폴더와 같이 Android 및 iOS 파일 시스템에서 일반적으로 사용되는 위치를 검색할 수 있습니다.

2. Android와 iOS용 프로젝트에서 Google Maps용 API 키를 어떤 파일에 추가해야 합니까?

Android의 경우 android/app/src/main/AndroidManifest.xml에서 애플리케이션 매니페스트에 정보를 추가해야 합니다. iOS의 경우 ios/Runner/AppDelegate.swift에서 AppDelegate 내용을 업데이트해야 합니다.

3. GoogleMap 위젯에 initialCameraPosition을 전달할 때 어떤 타입의 위젯을 전달해야 합니까?

initialCameraPosition을 GoogleMap 위젯에 전달할 때, CameraPosition을 전달하면 LatLng 객체를 받습니다. 여기에 예시가 나와있습니다.

```
CameraPosition(
  target: LatLng(41.9028, 12.4964),
  zoom: 12,
);
```

4. 기기의 현재 위치를 어떻게 알 수 있습니까?

Geolocator 패키지를 사용할 수 있습니다. Geolocator 인스턴스에서 다음의 예와 같이 Position 객체를 반환하는 getCurrentPosition() 메서드를 호출할 수 있습니다.

```
pos = await Geolocator().getCurrentPosition(
  desiredAccuracy: LocationAccuracy.best
);
```

5. 마커란 무엇이며, 언제 사용합니까?

마커는 지도에서 위치를 식별하는 데 사용합니다. 마커를 사용하여 사용자에게 현재 위치 또는 앱 컨텍스트에서 관련 위치를 표시할 수 있습니다.

6. Marker에서 LatLng 위젯을 언제 사용해야 합니까?

Market는 position 프로퍼티에서 LatLng를 사용하여 지도에서 위치를 식별합니다.

```
final marker = Marker(
  position: LatLng(pos.latitude, pos.longitude)
),
```

7. 장치에서 사용가능한 카메라 목록을 반환하는 방법은 무엇입니까?

camera 패키지의 availableCameras() 메서드는 장치에서 사용 가능한 카메라 목록을 반환합니다.

8. 사용자에게 카메라 미리보기를 어떻게 보여줄 수 있습니까?

camera 패키지에는 CameraController가 포함되어 있습니다. CameraController를 전달하면 CameraPreview의 인스턴스를 생성하여 앱에 표시할 수 있습니다. CameraPreview를 사용하는 예는 다음과 같습니다.

```
cameraPreview = Center(
  child: CameraPreview(_controller)
);
```

9. CameraController의 목적은 무엇이며, 어떻게 생성합니까?

camera 패키지의 일부인 CameraController는 장치의 카메라에 대한 연결을 설정하고, 이를 사용하여 실제로 사진을 찍을 수 있게 합니다. 다음 코드 블록에 생성 방법에 대한 예시가 나와 있습니다.

```
_controller = CameraController(camera,
  ResolutionPreset.medium,
);
```

10. 플러터에서 사진을 어떻게 찍습니까?

사진을 찍으려면 CameraController를 검색하고, 다음 예제와 같이 파일을 저장하기 위한 경로를 전달하는 takePicture() 메서드를 호출해야 합니다.

```
await _controller.takePicture(path);
```

9장

1. Rive에서 내보낸 .riv 파일을 pubspec.yaml 파일의 어느 곳에 배치해야 합니까?

pubspec.yaml 파일에서 다음과 같이 assets 섹션에 .riv 애니메이션을 배치해야 합니다.

2. Rive에서 디자인 모드와 Animate 모드의 차이점은 무엇입니까?

Rive에는 Design 및 Animate의 두 가지 작업 모드가 있습니다. 디자인 모드에서는 그래픽 개체를 만들고, Animate 모드에서는 디자인한 개체에 애니메이션을 적용합니다. Rive의 인터페이스와 도구는 작업중인 모드에 따라 변경됩니다.

3. Rive 프로젝트에는 몇 개의 Artboard가 필요합니까?

Artboard는 Rive 계층 구조의 최상위 노드이며 여기에 모든 개체와 애니메이션을 배치합니다. 각 Rive 프로젝트에는 Artboard가 하나 이상 필요하지만, 원하는 만큼 만들 수 있습니다.

4. Rive에서 타임라인의 목적은 무엇입니까?

타임라인은 애니메이션의 진행을 제어하는 곳입니다. Rive에서 애니메이션의 지속 시간(duration)과 초당 프레임 수(fps)를 지정할 수도 있습니다.

5. Rive의 계층 구조는 무엇입니까?

계층은 스테이지에 있는 항목 간의 상위/하위 관계를 보여주는 Tree View입니다.

6. 플러터 프로젝트에서 Rive 애셋을 사용할 때, 애니메이션 이름을 사용하는 시기와 이유는 무엇입니까?

Rive 위젯을 사용하면 사용하려는 애셋, 표시할 애니메이션 및 애니메이션이 화면에 맞는 방식을 지정할 수 있습니다. 여기에서 다음과 같이 애니메이션 이름을 지정할 수 있습니다.

```
animation = SimpleAnimation('currentAnimation');
artboard.addController(_animation);
```

7. 플러터에서 Rive 애니메이션을 표시하는 데 사용할 수 있는 위젯은 무엇입니까?

Rive를 사용하여 플러터에서 Rive 애니메이션을 표시합니다.

8. 플러터 앱에서 1과 6 사이의 랜덤 숫자를 어떻게 생성합니까?

Random 라이브러리를 사용하여 max limit을 전달하고 첫 번째 값이 0이므로, 1을 더하는

nextInt( ) 메서드를 호출할 수 있습니다. 코드는 다음과 같습니다.

9. 앱에서 언제 내장 애니메이션 대신 Rive 애니메이션을 사용합니까?

Rive는 플러터로 직접 내보내는 벡터 디자인 및 애니메이션 도구로, 플러터 앱에서 사용할 동일한 애셋에 대해 작업할 수 있습니다. Rive로 만든 애니메이션은 런타임에 플러터 코드에서 변경할 수 있으므로, 사용자 상호 작용이 필요한 앱에 적합합니다.

10. 다음 코드에서 첫 번째 매개변수로 무엇을 입력하시겠습니까?

```
Rive([첫 번째 매개변수],
  fit: BoxFit.contain,
)
```

첫 번째 매개변수에는 RiveFile을 통해서 가져온 artboard의 인스턴스가 필요합니다.

10장

1. 여러분이 앱에서 SQLite보다 sembast를 더 사용하기 좋다고 생각하는 때는 언제입니까?

데이터가 구조화되지 않았거나 너무 단순해서 SQL 데이터베이스가 필요하지 않은 경우라면 간단한 내장형 애플리케이션 저장소 데이터베이스인 sembast가 이상적인 솔루션입니다.

2. sembast 데이터베이스의 저장소에서 모든 문서를 검색하려면 어떻게 해야 합니까?

find( ) 메서드를 사용하면 sembast 데이터베이스의 저장소에서 문서를 검색할 수 있습니다. 저장소에서 모든 문서를 검색하려면 find( ) 메서드를 호출할 때 필터를 지정하지 마십시오. 다음 코드 블록에 예가 나와 있습니다.

```
final todosSnapshot = await store.find(_database, finder: finder);
```

3. sembast 데이터베이스의 저장소에서 모든 문서를 어떻게 삭제할 수 있습니까?

저장소에 대한 필터 없이 delete( ) 메서드를 호출하여 다음과 같이 저장소의 모든 문서를 삭제할 수 있습니다.

```
await store.delete(_database);
```

4. sembast 데이터베이스의 기존 개체를 업데이트하려면, 다음의 방법을 사용할 때 어떻게 완성하면 될까요?

```
Future updateTodo(Todo todo) async {
    //여기에 코드를 추가하세요
}
```

저장소를 통해 update() 메서드를 호출하여 다음과 같이 필터를 사용하여 찾을 수 있는 문서를 전달할 수 있습니다.

```
final finder = Finder(filter: Filter.byKey(todo.id));
await store.update(_database, todo.toMap(), finder: finder);
```

5. Future와 Stream의 주요 차이점은 무엇입니까?

Stream은 일련의 결과입니다. Stream에는 여러 이벤트가 반환될 수 있지만, Future는 한 번만 반환됩니다.

6. 앱에서 BLoC 패턴을 언제 사용하나요?

BLoC 패턴은 Google Developers에서 권장하는 플러터용 상태관리 시스템입니다. BLoC는 프로젝트의 공유 클래스에서 상태를 관리하고, 데이터에 액세스하는 데 도움이 되며, 앱의 다른 구성요소와 분리된 클래스에서 앱의 상태를 중앙에서 관리하려는 경우 사용할 수 있습니다.

7. StreamController에서 stream과 sink의 사용 목적은 무엇인가요?

StreamController에서 Stream으로 들어가는 방법은 sink 프로퍼티이고, 나가는 방법은 stream입니다.

8. Stream에서 이벤트를 수신하고, 모든 하위 항목을 다시 빌드할 수 있는 객체는 무엇입니까?

StreamBuilder는 Stream 변경 후 하위 항목들을 다시 빌드합니다.

9. Stream의 변경사항을 어떻게 listen할 수 있나요?

StreamBuilder 위젯은 Stream의 이벤트를 수신하고, Stream의 최신 데이터를 사용하여 모든 하위 항목을 다시 빌드합니다. 업데이트해야 하는 UI가 포함된 빌더와 stream 프로퍼티를 통해 이를 Stream에 연결할 수 있습니다.

10. setState( ) 메서드를 호출한 적이 없음에도 불구하고, BLoC를 다룰 때 Stateful 위젯을 사용하는 이유는 무엇입니까?

Stateful 위젯은 dispose( ) 메서드를 재정의하므로, BLoC 패턴을 구현하는 데 사용되는 리소스를 해제하는 데 유용합니다.

11장

1. 플러터 환경에서 웹 개발을 활성화하는 데 필요한 단계는 무엇입니까?

플러터 01_14 버전부터 Flutter for Web 개발은 베타 채널에서 사용할 수 있으며, 웹 지원을 명시적으로 활성화하려면 환경을 설정해야 합니다. 터미널/명령 프롬프트에서 베타 채널 및 웹 개발을 활성화하려면 다음 명령을 입력해야 합니다.

```
flutter channel beta flutter config --enable-web
```

2. 물리적 픽셀과 논리적 픽셀의 차이점은 무엇입니까?

물리적 픽셀은 장치에 있는 실제 픽셀 수입니다. 플러터에서 픽셀에 대해 말할 때, 우리는 사실 물리적 픽셀이 아니라 논리적 픽셀을 이야기합니다. 각 장치에는 배수가 있으므로 논리적 픽셀을 사용할 때 화면 해상도에 대해 너무 걱정할 필요는 없습니다.

3. 사용자 장치의 너비를 어떻게 알 수 있습니까?

MediaQuery.of(context).size.width 명령어를 사용하여 사용자 장치의 너비를 가져올 수 있습니다.

4. Table 위젯을 사용할 때, 행과 셀을 어떻게 추가합니까?

Table의 children 프로퍼티에서 필요한 만큼 TableRow 위젯을 반환합니다. TableRow 위젯에는 Table에 표시될 데이터가 있는 TableCell 위젯이 포함되어 있습니다.

5. 반응형 디자인의 뜻은 무엇입니까?

사용자의 기기에 반응하는 디자인이라는 뜻입니다. 이 장에서는 화면에서 사용할 수 있는 논리적 픽셀 수에 따라 다른 레이아웃을 선택하도록 하였습니다.

6. FlexColumnWidth 위젯의 목적은 무엇입니까?

FlexColumnWidth 위젯은 각 열이 테이블에서 상대적인 공간을 차지하도록 합니다. 예를 들어 하나는 너비가 FlexColumnWidth(1)이고, 다른 하나는 너비가 FlexColumnWidth(2)인 두 개의 열이 있는 테이블을 만드는 경우에 두 번째 열은 첫 번째 열에 비해 두 배의 공간을 차지하게 됩니다.

7. shared_preferences의 목적은 무엇입니까?

shared_preferences는 Key-Value 데이터를 디스크에 유지하도록 하는 쉬운 방법입니다. 참고로 int, double, bool, String, stringList와 같은 기본 데이터만 저장할 수 있습니다.

shared_preferences 데이터는 앱 내에 저장되며, 많은 데이터를 저장하도록 설계되어 있지는 않습니다.

8. 여러분은 shared_preferences를 사용하여 암호를 저장하시겠습니까? 왜 그렇게 생각하시나요?

shared_preferences를 사용하여 암호를 저장하는 것은 권장되지 않습니다. 여기에 저장된 데이터는 암호화되지 않으며, 기록이 항상 보장되는 것도 아닙니다.

9. 브라우저는 어떻게 플러터 앱을 실행할 수 있습니까?

오늘날 브라우저는 HTML, JavaScript 및 CSS를 지원합니다. Flutter for Web을 사용하면 코드가 해당 언어로 컴파일되므로, 브라우저 플러그인이나 특정 웹 서버가 필요하지 않습니다.

10. 플러터 앱을 웹 서버에 어떻게 게시할 수 있습니까?

개발중인 컴퓨터의 콘솔에서 다음의 명령을 실행합니다.

```
flutter build web
```

그러면, 앱의 웹 버전이 포함된 /build/web 폴더가 앱 디렉토리에 생성됩니다. index.html 파일은 web app의 홈페이지입니다.

찾아보기

플러터 프로젝트

1판 1쇄 발행 2021 년 6 월 30 일

저　　자 | 시모네 알레산드리아
역　　자 | 박수빈
발 행 인 | 김길수
발 행 처 | (주)영진닷컴
주　　소 | 서울시 금천구 가산디지털1로 128
　　　　　 STX-V타워 4층 영진닷컴 기획1팀
대표팩스 | (02) 867-2207
등　　록 | 2007. 4. 27. 제16 - 4189호

ISBN 978-89-314-6428-3
http://www.youngjin.com

영진닷컴 프로그래밍 도서

영진닷컴에서 출간된 프로그래밍 분야의 다양한 도서들을 소개합니다.
파이썬, 인공지능, 알고리즘, 안드로이드 앱 제작, 개발 관련 도서 등 초보자를 위한 입문서부터
활용도 높은 고급서까지 독자 여러분께 도움이 될만한 다양한 분야, 난이도의 도서들이 있습니다.

스마트 스피커 앱 만들기

타카우마 히로노리 저 | 336쪽
24,000원

호기심을 풀어보는 신비한 파이썬 프로젝트

LEE Vaughan 저 | 416쪽
24,000원

나쁜 프로그래밍 습관

칼 비쳐 저 | 256쪽
18,000원

유니티를 이용한 VR앱 개발

코노 노부히로, 마츠시마 히로키,
오오시마 타케나오 저 | 452쪽
32,000원

하루만에 배우는 안드로이드 앱 만들기 2nd Edition

서창준 저 | 272쪽
20,000원

퍼즐로 배우는 알고리즘 with 파이썬

Srini Devadas 저 | 340쪽
20,000원

돈 되는 안드로이드 앱 만들기

조상철 저 | 512쪽 | 29,000원

IT 운용 체제 변화를 위한 데브옵스 DevOps

카와무라 세이고, 기타노 타로오,
나카야마 타카히로 저
400쪽 | 28,000원

게임으로 배우는 파이썬

다나카 겐이치로 저 | 288쪽
17,000원

멀웨어 데이터 과학
: 공격 탐지 및 원인 규명

Joshua Saxe, Hillary Sanders 저
256쪽 | 24,000원

바닥부터 배우는 강화학습

노승은 저 | 304쪽
22,000원

유니티를 몰라도 만들 수 있는 유니티 2D 게임 제작

Martin Erwig 저 | 336쪽
18,000원